琰 [印]
2025.3.2

老子校箋卷之一

瀘州田宜超學

老子上篇

[校] 大題老子下元本有道德經三字案老子書儕道德經始見於楊雄之蜀本紀（太平寰宇記劍南西道一引蜀本紀云老子爲關令尹喜箸道德經又太平御覽居處部十九亦引此文而奪德字）其由來非古也蓋先秦典籍引老子語皆直題老子無偁道德經者如韓非子難三云老子曰以智治國國之賊也戰國策齊策云雖貴必以賤爲本雖高必以下爲基魏策云故老子曰聖人無積盡以爲人己愈有既以與人己愈多皆其證也（太平御覽兵部五十三引墨子云墨子爲守使公輸般服而不肯以兵知善

出者同出於玄也異名（異名下應有者字）所施不可同也（施當作歧又可字衍）在終則謂之母玄者冥也默默無有也始母之所出也不可得而名故不可言同名曰玄（可字衍）而言謂之玄者（而言默上應有同字）取於不可得而謂之默也謂之默上應有不可得而謂之默也謂之默而已（謂之默上應有若定乎一玄五字）則是名應作則謂是其名又句下應疊謂是其名四字）則失之遠矣故曰玄之又玄也一百零六字案兩者至在終則謂之母乃釋本章經文此兩者同出而異名玄者至取於不可得而謂之默也乃釋本章經文同謂之玄謂之玄謂之默至玄之又玄也乃釋本章經文玄之又玄今各逸其處

二十三章

希言自然〔箋〕案希言猶無言也（說見十七章）希言自然者謂無教令之治乃出於自然之化非有爲而成也經云悠兮其貴希言（今諸本皆奪希字）功成事遂百姓皆謂我自然（見十七章）此之謂也〔校〕云元本作言案王注云上章云其

聽之不聞名曰希下章云取天下者常以無事（見五十七章）此同其例以作云爲是今政

道之出言淡兮其無味也視之不足見聽之不足聞然則

之詹何坐弟子侍有牛鳴於門外上無有字今據正統道藏本補)弟子曰是黑牛也而白在題詹何曰然是黑牛也而白在角使人視之果黑牛而以布裹其角以詹子之術嬰眾人之心華焉殆矣故曰道之華也嘗試釋詹子之察而使五尺之愚童子視之亦知其黑牛而以布裹其角也故以詹子之察苦心傷神而後與五尺之愚童子同功是以曰愚之首也故曰前識者道之華也而愚之首也案 (讕泥也古通作志也前者古載籍之通偁春秋左傳文公六年晉問前志以佐先君導法而不則鄭子產有注云前志猶故志也又周禮秋官保章氏掌天星辨以政可不謂支乎) 故志里戾日月星辰動鄭玄注云志古文識識記也故曰前識卽志里戾者古載籍之通偁而此則指禮文而言如經禮三百曲禮三千之屬是也春秋左傳昭公元年云故志曰買妾不知其姓則卜之其文見於禮記曲禮上證左氏已偁禮文爲故志

莊子德充符云謷乎大哉獨成其天經典釋文云崔本天字作大禮記學記云大時不齊孔穎達疏云大時也逸周書周祝云大威將至不可爲巧朱右曾注云大威天威也民不畏威則大威至矣謂爲人主者滅息作威敷虐下民迫於死而莫之畏則皇天震怒將降大威以覆滅其宗祀也尚書商書西伯戡黎云天既訖我殷命格人元龜罔敢知吉非先王不相我後人惟王淫戲用自絕故天棄我不有康食不虞天性不迪率典今我民周弗欲喪曰天曷不降威周書泰誓上云今商王弗敬上天降災下民沈酒冒色敢行暴虐罪人以族官人以世惟宮室臺榭陂池侈服以殘害于爾萬姓焚炙忠良刳剔孕婦皇天震怒命我文考肅將天威荀子疆國云狂妄之威成乎滅亡其誼同此

無陝其所尻　校 陝元
本作狎

田宜超手稿　伍

八十一章

知者不言

因自然也

言者不知

[校]知者不言言者不知,其注文元本書并在五十六章經文塞其兌閉其門上案其誼應在本章經文信言不美美言不信上今逡此

[箋]莊子天道云世之所貴道者書也書不過語語有貴也語之所貴者意也意有所隨意之所隨者不可以言傳也而世因貴言傳書世雖貴之我猶不足貴

也爲其貴非其貴也故視而可見者形與色也聽而
可聞者名與聲也悲夫世人以形色名聲爲足以得
彼之情夫形色名聲果不足以得彼之情則知者不
言言者不知而世豈識之哉淮南子道應云太清問
於無窮曰子知道乎無窮曰吾弗知又問於無爲曰
子知道乎無爲曰吾知道子之知道亦有數乎無爲曰
吾知道有數曰其數奈何無爲曰吾知道之可以弱
可以強可以柔可以剛可以陰可以陽可以窈可以明可
以包裹天地可以應待無方此吾所以知道之數也太
清又問於無始曰鄉者吾問道於無窮無窮曰吾弗
知之又問於無爲曰吾知道曰子之知道亦有數
乎無爲曰吾知道有數曰其數奈何無爲曰吾知道之

信言不美

實在質也

美言不信 [箋] 聞齊國田常將欲爲亂而憚鮑晏因欲移其兵以伐魯孔子會諸弟子而告之曰魯父母之國不可不救不忍視其受敵今吾欲屈節於田常以救魯二三子誰爲使於是子路請往齊孔子弗許子張請往又弗許子石請往又弗許三子退謂子貢曰今夫子欲屈節以救父母之國吾三人請使而不獲往此則吾子用辯之時也吾子盍請行焉子

老子校箋

田宜超◎著　付玉貞◎點校

圖書在版編目（CIP）數據

老子校箋 / 田宜超著；付玉貞點校. —成都：巴蜀書社，2024.10
 ISBN 978-7-5531-1557-3

Ⅰ.①老… Ⅱ.①田… ②付… Ⅲ.①《道德經》—研究 Ⅳ.①B223.15

中國版本圖書館CIP數據核字（2021）第210282號

老子校箋　　　　　　　　　　田宜超　著　付玉貞　點校
LAO ZI JIAO JIAN

責任編輯	肖　靜
出　版	巴蜀書社 四川省成都市錦江區三色路238號新華之星A座36樓 郵編：610023　總編室電話：(028) 86361843
網　址	www.bsbook.com
發　行	巴蜀書社 發行科電話：(028)86361852
照　排	四川勝翔數碼印務設計有限公司
印　刷	成都蜀通印務有限責任公司
版　次	2025年1月第1版
印　次	2025年1月第1次印刷
成品尺寸	170mm×240mm
印　張	30.5
字　數	600千
書　號	ISBN 978-7-5531-1557-3
定　價	128.00元

本書若有印裝質量問題，請與工廠調换

序

　　自漢魏以降，言老氏者莫不以虛無爲宗，而老氏之學乃因而沈晦終古者，何哉？良以不明訓詁，徒事空言臆決，於有無之誼未之深辨也。余閒嘗校讀上下篇，而證之以羣經傳注以及先秦諸子之書，乃知老氏之所謂有者，爲有差別之誼；無者，爲無差別之誼。其言皆具體可指，非漫立抽象之名也。蓋樸無差別，故老氏以樸爲無；器有差別，故老氏以器爲有。有差別而後可名，故器偁有名；無差別，則不可得而名，故樸號無名。夫人類歷史之發展乃由無差別，顧老氏獨尚其始，故其學薄有非爭（老氏以階級對抗爲爭），以無爲本。然老氏之所處者，固有之世也，故又唱以無御有，以樸存器，而以返有於無，返器於樸，爲極誼焉。由是乃有歷史循環之論，謂無生有而有將復返於無，樸生器而器將復返於樸。無之與有、樸之與器，相爲循環而命之曰常道（或渻偁道）、曰玄。故夫玄者，同無有、兼樸器而爲言者也。自其異而觀之，則曰無、曰有、曰樸、曰器；自其同而觀之，則曰玄也。以此理推之，萬物則美之與惡，利之與害，長之與短，高之與下，皆相依伏，是又無往而非玄也，是故天地萬物皆在玄中。自其異而觀之，則曰美、曰惡、曰利、曰害、曰長、曰短、曰高、曰下；自其同而觀之，則曰玄也，老氏之學大要如此。若論其是非得失，則老氏不知器之存在，乃與生產發展之一定歷史階段相聯繫，而薄有非爭，以無爲本，視人類歷史之發展爲循環，殆唯心主誼形而上學之疇也。當代名家或擬諸唯物主誼，或方以辯證法，淺學如余，非所敢聞。

一九六二年五月一日
田宜超敍於成都

凡　例

一、《老子》舊注唯王弼、河上公兩家，兩家經文互異，而以王氏爲近古。顧王氏之書久逸，見存諸本皆出自晁説之本。而晁本殊不可信，蓋其經文乃取諸河上公而校以陸氏《音義》及唐玄宗、張太守（梁迴序儞太守張公，其名不詳）諸家之書，固非輔嗣真本也。至其注文則從張太守集注録出，事同輯逸，失誤良多。又以其經非王氏之經，注則王氏之注，經注時相牴牾。後世校讀此書，不明晁本之所由來，於經注之相牴牾者，或徑改注從經，既不能是正經文，又增王注之誤。今則先理王注，於晁氏之失輯者補之，誤輯者汰之，誤植者迻之。核之以誼，匡之以例，使歸於醇。王注既得，然後循注以求經，辨王、河之異同，定輔嗣之真本，竝由此上溯先秦，庶獲老氏故書之仿佛。

二、古書之誤解、古誼之沈晦，多原於叚借。蓋言本誼，則一涂而已；言借誼，則多歧矣。今爲搞定古語函誼，凡經注中借字能易爲正字者，悉易之。

三、王氏所注以談玄則是，以當老氏之恉則非，故今箋此書，別注誼於經，不以魏晉玄言亂先秦道家思想，不以後世之所有歧諸古人之所無。

四、自先秦以至於魏晉，百家志傳時或儞引老氏之説，原本其意在於爲己立論，若用以解釋老子，固多不合。然而存之不足以考鏡源流，故今箋此書，首臚古載籍之言，而後斷以己見。

五、以考據明誼理，不事空言臆決，故今箋此書，凡涉及聲音訓詁、名物制度者，在所必詳。

目　録

卷一

《老子》上篇 …………………………………………（ 3 ）
　一章 ……………………………………………（ 14 ）
　二章 ……………………………………………（ 23 ）
　三章 ……………………………………………（ 32 ）
　四章 ……………………………………………（ 37 ）
　五章 ……………………………………………（ 46 ）
　六章 ……………………………………………（ 51 ）
　七章 ……………………………………………（ 54 ）
　八章 ……………………………………………（ 56 ）
　九章 ……………………………………………（ 61 ）
　十章 ……………………………………………（ 64 ）
　十一章 …………………………………………（ 73 ）
　十二章 …………………………………………（ 75 ）
　十三章 …………………………………………（ 78 ）
　十四章 …………………………………………（ 82 ）
　十五章 …………………………………………（ 87 ）
　十六章 …………………………………………（ 96 ）
　十七章 …………………………………………（104）
　十八章 …………………………………………（111）
　十九章 …………………………………………（116）

1

卷二

二十章 …………………………………………… (123)
二十一章 ………………………………………… (134)
二十二章 ………………………………………… (140)
二十三章 ………………………………………… (143)
二十四章 ………………………………………… (149)
二十五章 ………………………………………… (153)
二十六章 ………………………………………… (163)
二十七章 ………………………………………… (168)
二十八章 ………………………………………… (175)
二十九章 ………………………………………… (181)
三十章 …………………………………………… (186)
三十一章 ………………………………………… (194)
三十二章 ………………………………………… (199)
三十三章 ………………………………………… (204)
三十四章 ………………………………………… (207)
三十五章 ………………………………………… (211)
三十六章 ………………………………………… (213)
三十七章 ………………………………………… (219)

卷三

《老子》下篇 ……………………………………… (225)
三十八章 ………………………………………… (225)
三十九章 ………………………………………… (243)
四十章 …………………………………………… (250)
四十一章 ………………………………………… (252)
四十二章 ………………………………………… (260)

四十三章	(264)
四十四章	(267)
四十五章	(269)
四十六章	(274)
四十七章	(277)
四十八章	(281)
四十九章	(284)
五十章	(289)
五十一章	(294)
五十二章	(298)
五十三章	(306)
五十四章	(312)
五十五章	(317)
五十六章	(323)
五十七章	(327)
五十八章	(335)
五十九章	(344)

卷四

六十章	(351)
六十一章	(355)
六十二章	(361)
六十三章	(366)
六十四章	(371)
六十五章	(378)
六十六章	(383)
六十七章	(385)
六十八章	(391)

六十九章 …………………………………………………………（394）

七十章 ……………………………………………………………（399）

七十一章 …………………………………………………………（404）

七十二章 …………………………………………………………（407）

七十三章 …………………………………………………………（411）

七十四章 …………………………………………………………（416）

七十五章 …………………………………………………………（420）

七十六章 …………………………………………………………（423）

七十七章 …………………………………………………………（427）

七十八章 …………………………………………………………（430）

七十九章 …………………………………………………………（434）

八十章 ……………………………………………………………（438）

八十一章 …………………………………………………………（442）

本書采用《老子》版本目録 ……………………………………（451）

附録 ………………………………………………………………（454）

後記 ………………………………………………………………（464）

老子校箋 卷一

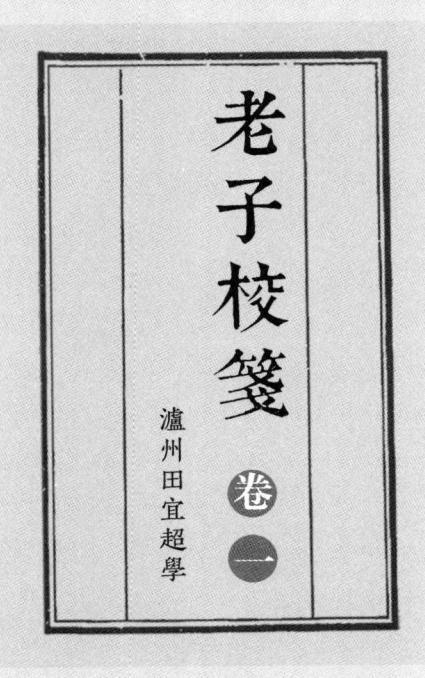

瀘州田宜超學

《老子》上篇

【校】

　　大題"老子"下，元本有"道德經"三字。案：老子書偁《道德經》，始見於楊（揚）雄之《蜀本紀》，（《太平寰宇記·劍南西道》一引《蜀本紀》云："老子爲關令尹喜箸《道德經》。"又《太平御覽·居處部》十九，亦引此文而奪"德"字。）其由來非古也。蓋先秦典籍引《老子》語皆直題"老子"，無偁《道德經》者。如《韓非子·難三》云："老子曰：'以智治國，國之賊也。'"《戰國策·齊策》云："老子曰：'雖貴必以賤爲本，雖高必以下爲基。'"《魏策》云："故《老子》曰：'聖人無積，盡以爲人己愈有，既以與人己愈多。'"皆其證也。（《太平御覽·兵部》五十三引《墨子》云："墨子爲守，使公輸般服，而不肎以兵，知善持勝者，以強爲弱。故老子曰：'道沖，而用之有弗盈也。'"其文不見於《墨子》。故近人皆據爲《墨子》逸文，竝以爲墨子曾引《老子》之證，而實則《淮南子·道應》之文也。《御覽》引之誤題《墨子》，今不取。）厥後如《新語·思務》、《新書·退讓》、《韓詩外傳》、《淮南子·齊俗》《道應》《詮言》《人間》、《史記·儒林劉傳》《日者劉傳》、《鹽鐵論·世務》《周秦》、《説苑·君道》《政理》《敬慎》、《説文解字·皿部》、《漢書·嚴助傳》、《潛夫論·思賢》，馬融延光四年日蝕上書（見《漢書·五行志六》"四年三月戊午朔日有蝕"之劉昭注），鄭玄《禮記·禮運注》《大學注》、虞翻《周易·乾坤》"屯震"注、《繫辭下》注（見《周易集解》）高誘《呂氏春秋·仲春紀》"情欲"注、《仲夏紀》"侈樂"注等引《老子》語亦然。《三國志·魏志·鍾會傳》云："弼好論儒道，辭才逸辯，注《易》及

3

《老子》。"裴松之注引《王弼傳》云："弼注《老子》，爲之指略，致有理統。"王氏《老子微旨略例》六章云："然則《老子》之文欲辯而詰者，則失其旨矣。"又十一章云："《老子》之書，其幾乎可一言而蔽之，證王氏之書，初亦自題《老子》，其'道德經'三字，實爲後人所增，今刪。"又《唐書·經籍志》箸録《玄言新記道德》二卷，《新唐書·藝文志》箸録《新記玄言道德》二卷，皆署"王弼注"，後世莫之能明。唯武内義雄以爲即王氏所注之《老子》，因於唐時收入《道藏》而改題此名。其説具見於所箸之《老子原始》一書，兹不復論。至於分爲上下二篇，則始見於《史記》之《老莊申韓列傳》（其文云："於是老子迺箸書上下篇"），厥後劉向領校中五經秘書亦定箸爲二篇，《混元紀聖》引《七略》云："劉向讎校中，老子書二篇、太史書一篇、臣向書二篇，凡中外書五篇一百四十二章，除複重三篇六十二章，定箸二篇八十一章，上經弟一，三十七章，下經弟二，四十四章。"（董箸《道德真經集解引》作上經三十四章，下經四十七章，蓋三十七章之"七"字與四十四章之下"四"字互誤也。）顧其篇章之數，《漢書·藝文志》不載。故武内義雄疑之（見武内義雄箸《老子原始》）。姚振宗曰："《漢志》於篇數章數多不及載，不獨此書。蓋其時有《别録》《七略》言之已詳，志在簡要，故悉從略。"（見《漢書藝文志條理》。）斯言蓋得其實矣。今《老子》二十章王注云："下篇云：'爲學者日益，爲道者日損。'"二十八章王注云："下篇云：'反者，道之動也。'"五十七章王注云："上章云：'其取天下者，常以無事及其有事，又不足以取天下矣。'"證王氏之書亦分上下二篇，其篇下分章，蓋亦同於劉向定箸之本。觀王氏八十一章注文，起訖分明，而無割刜之迹，可無疑矣。董思靖曰："王弼合上下爲一篇，亦不分章。"（見董箸《道德真經集解序説》）晁説之曰："弼題是書曰'道德經'不析乎道德而上下之。"（見本書《晁跋》）錢大昕曰："陸德明所撰《釋文》正用輔嗣本，題云'《道德卷上》《道德卷下》'，與河上本不異。晁氏所見者特宋時轉寫之本。"（見《潛研堂金石文跋》尾）凡此諸説不勝紛紛，然以王氏之書諭之，皆屬虛妄之論也。

【箋】

《史記·老莊申韓列傳》云："老子者，楚苦縣厲鄉曲仁里人也，名耳，字耼，姓李氏（元本名耳，字耼，姓李氏，作姓李，名耳，字伯陽，謚曰耼。今據王念孫說改）。周守藏室之史也。孔子適周，將問禮於老子。老子曰：'子所言者，其人與骨皆已朽矣，獨其言在耳。且君子得其時則駕，不得其時則蓬累而行。吾聞之，良賈深藏若虛，君子盛德，容貌若愚。去子之驕氣與多欲，態色與淫志，是皆無益於子之身。吾所以告子，若是而已。'孔子去，謂弟子曰：'鳥，吾知其能飛；魚，吾知其能游，獸，吾知其能走。走者可以爲罔，游者可以爲綸，飛者可以爲矰。至於龍，吾不能知，其乘風雲而上天。吾今日見老子，其猶龍邪！'老子修道德，其學以自隱無名爲務。居周久之，見周之衰，迺遂去。至關，關令尹喜曰：'子將隱矣，彊爲我著書。'於是老子迺著書上下篇，言道德之意五千餘言而去，莫知其所終。或曰：老萊子亦楚人也，著書十五篇，言道家之用，與孔子同時云。蓋老子百有六十餘歲，以其修道而養壽也。自孔子死之後百二十九年，而史記周太史儋見秦獻公曰：'始秦與周合，合五百歲而離，離七十歲而霸王者出焉。'（元本'始秦與周合，合五百歲而離，離七十歲而霸王者出焉'，作'始秦與周合而離，離五百歲而復合，合七十歲而霸王者出焉'。今據王念孫說改。）或曰儋即老子，或曰非也，世莫知其然否。老子，隱君子也。老子之子名宗，宗爲魏將，封於段干。宗子注，注子宮，宮玄孫假，假仕於漢孝文帝。而假之子解爲膠西王卬太傅，因家於齊焉。世之學老子者則絀儒學，儒學亦絀老子。'道不相爲謀'，豈謂是邪？李耳無爲自化，清静自正……太史公曰：老子所貴道，虛無，因應變化於無爲，故著書辭稱微妙難識。莊子散道德，放論，要亦歸之自然。申子卑卑，施之於名實。韓子引繩墨，切事情，明是非，其極慘礉少恩。皆原於道德之意，而老子深遠矣。"又《孔子世家》云："魯南宮敬叔言魯君曰：'請與孔子適周。'魯君與之一乘車，兩馬，一豎子俱，適周問禮，蓋見老子云。辭去，而老子送之曰：'吾聞富貴者送人以財，仁人者送人以言。'吾不能富貴，竊仁人之號，送子以言曰：'聰明深察而近於死者，好議人者也。博辯廣大危其身者，發人之惡者也。爲人子者毋以有己，爲人臣者毋以有己。'"《孔子家語·觀周》云:"孔子謂南宮敬叔曰:'吾聞老耼博古知今,通禮樂之原,明道德之歸,則吾師也。今將往矣。'對曰:'謹受命。'遂言於魯君曰:'……今孔子將適周,觀先王之遺制,考禮樂之所極。斯大業也。君盍以乘資之?臣請與往。'公曰:'諾。'與孔子車一乘、馬二疋、豎子侍御,敬叔與俱至周。問禮於老耼。……及去周,老子送之曰:'吾聞富貴者送人以財,仁者送人以言,吾雖不能富貴,而竊仁者之號,請送子以言乎!凡當今之士,聰明深察而近於死者,好譏議人者也;博辯閎達而危其身者,好發人之惡者也。無以有己爲人子者,無以惡己爲人臣者。'孔子曰:'敬奉教。'"又云:"孔子見老耼而問焉,曰:'甚矣!道之於今難行也,吾比執道,而今委質以求當世之君,而弗受也。道於今難行也!'老子曰:'夫説者流於辯,聽者亂於辭,如此二者,則道不可以忘也。"《禮記·曾子問》云:"曾子問曰:'古者師行,必以遷廟主行乎?'孔子曰:'天子巡守,以遷廟主行,載於齊車,言必有尊也。今也取七廟之主以行,則失之矣。當七廟五廟無虛主。虛主者,唯天子崩,諸侯薨,與去其國,與祫祭於祖,爲無主耳。吾聞諸老耼曰:天子崩,國君薨,則祝取群廟之主而藏諸祖廟,禮也。卒哭成事,而后主各返其廟,君去其國。大宰取羣廟之主以從,禮也。祫祭於祖,則祝迎四廟之主,主出廟入廟,必蹕。老耼云。'"又云:"曾子問曰:'葬引至于堩,日有食之,則有變乎,且不乎?'孔子曰:'昔者吾從老耼助葬於巷黨,及堩,日有食之,老耼曰:丘!止柩就道右,止哭以聽變。既明反,而后行,曰:禮也。反葬而丘問之曰:夫柩不可以反者也。日有食之,不知其已知遲數,則豈如行哉?老耼曰:諸侯朝天子,見日而行,逮日而舍奠。大夫使,見日而行,逮日而舍。夫柩不蚤出,不莫宿。見星而行者,唯罪人與奔父母之喪者乎!日有食之,安知其不見星也?且君子行禮,不以人之親痁患。吾聞諸老耼云。'"又云:"曾子問曰:'下殤土周葬於園,遂輿機而往,塗邇故也。今墓遠,則其葬也如之何?'孔子曰:'吾聞諸老耼曰:昔者史佚有子而死,下殤也,墓遠。召公謂之曰:何以不棺斂於宮中?史佚曰:吾敢乎哉!召公言於周公。周公曰:豈不可?史佚行之。下殤用棺衣棺,自史佚始也。'"又云:"子夏問曰:'三年之喪卒哭,金革之事無辟也者,禮與?初有司與?'孔子曰:'夏后氏三年之喪,既殯而致事,殷人既葬而致事。記曰:

君子不奪人之親，亦不可奪親也。此之謂乎！'子夏曰：'金革之事無辟也者，非與？'孔子曰：'吾聞諸老聃曰，昔者魯公伯禽有爲爲之也。今以三年之喪從其利者，吾弗知也。'"《莊子·天下》云："以本爲精，以物爲粗，以有積爲不足，澹然獨與神明居，古之道術有在於是者。關尹、老聃聞其風而悅之。建之以常無有，主之以太一，以濡弱謙下爲表，以空虛不毀萬物爲實。關尹曰：'在己無居，形物自箸。其動若水，其靜若鏡，其應若響。芴乎若亡，寂乎若清，同焉者和，得焉者失。未嘗先人而常隨人。'老聃曰：'知其雄，守其雌，爲天下谿；知其白，守其辱，爲天下谷。'人皆取先，己獨取後，曰：'受天下之垢。人皆取實，己獨取虛。无藏也故有餘，歸然而有餘。其行身也，徐而不費，无爲也而笑巧。人皆求福，己獨曲全。'曰：'苟免於咎。'以深爲根，以約爲紀，曰：'堅則毀矣，銳則挫矣。'常寬容於物，不削於人，可謂至極。關尹老聃乎！古之博大真人哉！"《荀子·天論》云："老子有見於詘，無見於信。"《呂氏春秋·審分覽·不二》云："老耽貴柔。"陳師道曰："世謂孔老同時，非也。孟子闢楊墨而不及老，荀子非墨老而不及楊，莊子先六經而墨宋慎次之；關老又次之，莊惠終焉。其闢楊之後，孟荀之間乎？"（見《後山先生集·理究》）葉適曰："言老子所自出，莫箸於《孔子家語》《世家》《曾子問》《老子劉傳》，蓋二戴記孔子從老聃祭於巷黨云云，史佚子死，下殤，有墓；禮家儒者所傳也。司馬遷記孔子見老聃，歎其猶龍，遁周藏史。至關，關令尹強之箸書，乃箸上下篇，言道德之意，非禮家儒者做傳也。以莊周言考之，謂關尹、老聃古之博大真人，亦言孔子贊其爲龍，則是爲黃老學者，借孔子以重其師之辭也。二說皆塗引巷受，非有明據。然遷謂世之學老子者則絀儒學，儒學亦絀老子。稱指必類，乃好惡之實情，烏得舉其所絀而亦謂孔子聞之哉？且使聃果爲周藏史，嘗教孔子以故記，雖心所不然，而欲自明其說，則今所箸者，豈無緒言一二辨析於其間，而故爲嚴居川、游素隱特出之語，何邪？然則教孔子者必非箸書之老子，而爲此書者必非禮家所謂老聃，妄人訛而合之爾。"（見《習學記言·老子》）吳子良曰："孔子適周問禮於老子，老子曰：'吾聞良賈深藏若虛，君子盛德容貌若愚。去子之驕氣與多欲、態色與淫志，是皆無益於子之身。吾所以告子者，若是而已。'夫孔子以禮問聃，則聃非不知禮者，而聃之言如此，亦豈非禮之意，然而獨諱言禮，顧以爲禮者，忠信之薄而亂之首也。蓋聃之於禮，尚其意不尚其文，然使文而可廢，則意亦不能以獨立矣。此老子鑒文之弊，而矯枉過正之言也。或謂有二老子，絕滅禮樂之老子，與孔子問禮之老子不同。兼太史公《老子傳》多疑詞，既稱莫知其所終，又稱百六十餘歲，或二百餘歲；既稱太史儋即老子，又稱非也，世莫知其然否。意者有二老子，而太史公不能斷邪？余謂老子答問禮之言，即是《道德》五千言之旨，其論禮之意則是，其廢禮之文則非耳。太史公雖不能斷，然亦卒斷之曰，老子隱君子也。既曰隱，則其年莫得詳亦宜矣，且太史公去周近，尚不能斷，後二千餘年，將何所據而斷邪？"（見《荆溪林下偶談》"孔子問禮於老子"條）汪中曰："《史記·孔子世家》云'南宮敬叔與孔子俱適周問禮'，蓋見老子云。《老莊申韓列傳》云：'孔子適周，將問禮于老子。'案：老子言行，今見于《曾子問》者凡四，是孔子之所從學者，可信也。夫助葬而遇日食，然且以見星爲嫌，止柩以聽變，其謹于禮也如是，而其書，則曰'禮者，忠信之薄，而亂之首也'下殤之葬，稱引周召史佚，其尊信前哲也如是，而其書則曰：'聖人不死，大盗不止。'彼此乖違甚矣！故鄭注謂'古壽考者之稱'，黄東發《日鈔》亦疑之，而皆無以輔其説。其疑一也。《本傳》云：'老子，楚苦縣厲鄉曲仁里人也。'又云：'周守藏室之史也。'案：周室既東，辛其入晉，司馬適秦，史角在魯，王官之族，或流播于四方。劉國之産，惟晉悼萇仕于周，其佗固無聞焉，況楚之于周，聲教中阻，又非魯鄭之比。且古之典籍舊聞，惟在瞽史，其人竝世官宿業，覉旅無所置其身。其疑二也。《本傳》又云：'老子，隱君子也。'身爲王官，不可謂隱。其疑三也。今案《列子·黄帝》《説符》二篇，凡三載列子與關尹子答問之語，而列子與鄭子陽同時，見于本書《六國表》'鄭殺其相駟子陽'，在韓列侯二年，上距孔子之歿凡八十二年。關尹子之年世既可攷而知，則爲關尹箸書之老子，其年世亦從可知矣。《文子·精誠篇》引《老子》'秦楚燕魏之歌，異傳而皆樂'。案：燕終春秋之世不通盟會。《精誠篇》稱：'燕自文侯之後始與冠帶之國。'文公元年，上距孔子之歿凡百二十六年，老子以燕與秦、楚、魏并稱，則老子已及見文公之始強矣。又魏之建國，上距孔子之歿凡七十五年，而老子以之與三國齒，則老子已及見其侯矣。《列子·黄帝篇》載老子教楊朱事，《楊朱篇》：'禽子曰：

以子之言，問老耼、關尹，則子言當矣。以吾言問大禹、墨翟，則吾言當矣。'然則朱固老子之弟子也。又云：'端木叔者，子貢之世也。'又云：'其死也無瘞埋之資。'又云：'禽滑釐曰：端木叔，狂人也，辱其祖矣。段干生曰：端木叔，達人也，德過其祖矣。'朱爲老子之弟子，而及見子貢之孫之死，則朱所師之老子，不得與孔子同時也。《説苑·政理篇》：'楊朱見梁王，言治天下如運諸掌。'梁之稱王自惠王始，惠王元年，上距孔子之歿凡百十八年，楊朱已及見其王，則朱所師事之老子，其年世可知矣。《本傳》云：'見周之衰，乃遂去，至關。'《抱朴子》以爲散關，又以爲函谷關。案：散關遠在岐州。秦函谷關在靈寶縣，正當周適秦之道，關尹又與鄭之列子相接，則以函谷爲是。函谷之置，書無明文，當孔子之世，二崤猶爲晉地，桃林之塞，詹瑕實守之，惟賈誼《新書·過秦篇》云'秦孝公據崤函之固'，則是舊有其地矣。秦自躁懷以後，數世中衰，至獻公而始大，故《本紀》：'獻公二十一年，與晉戰于石門，斬首六萬。二十三年，與魏晉戰少梁，虜其將公孫痤。'然則是關之置，實在獻公之世矣。由是言之，孔子所問禮者，耼也，其人爲周守藏之史，言與行，則曾子所問所載者是也。周太史儋見秦獻公，《本紀》在獻公十一年，去魏文侯之歿十三年，而老子之子宗爲魏將，封于段干，則爲儋之子無疑。而言道德之意五千餘言者，儋也。其入秦見獻公，即去周至關之事。《本傳》云：'或曰：儋即老子，其言韙矣。'至孔子稱老萊子，今見于《太傅禮·衛將軍文子》篇，《史記·仲尼弟子列傳》亦載其説，而所云'貧而樂'者，與隱君子之文正合。老萊子之爲楚人，又見《漢書·藝文志》，蓋即苦縣厲鄉曲仁里也。而老耼之爲楚人，則又因老萊子而誤，故《本傳》老子語孔子，'去子之驕氣與多欲，態色與淫志'，而《莊子·外物篇》則曰：'老萊子謂孔子，去汝躬矜，與汝容知。'《國策》載老萊子教孔子語，《孔叢子·抗志》篇則以爲老萊子語子思，而《説苑·敬慎》篇則以常樅教老子。然則老萊子之稱老子也舊矣，實則三人不相蒙也。若《莊子》載老耼之言，率原于道德之意，而《天道》篇載'孔子西藏書于周室'，尤誤後人。寓言十九，固已自揭之矣。"（見《述學補遺·老子考異》）崔述曰："《史記·孔子世家》云：'南宮敬叔言於魯君，請與孔子適周，魯君與之一車，兩馬，一豎子，適周問禮。見老子，老子送之曰："聰明深察而近於死者，好議人者也。

博辯廣大危其身者,發人之惡者也。"《老莊申韓列傳》又云:'孔子適周,將問禮於老子。老子曰:"子所言者,其人與骨皆已朽矣,獨其言在耳。吾聞之,良賈深藏若虛,君子盛德容貌若愚。去子之驕氣與多欲,態色與淫志,若是而已。"孔子謂弟子曰:"鳥,吾知其能飛,魚,吾知其能游;獸,吾知其能走。至於龍,吾不能知其乘風雲而上天。老子其猶龍邪。"'余案老耼之學,經傳未有言者,獨《戴記·曾子問》篇,孔子論禮頻及之,然亦非有詭言異論如世俗所傳云云也。戰國之時,楊墨竝起,皆託古人以自尊其說。儒者方崇孔子,爲楊氏説者因託諸老耼以紲孔子;儒者方崇堯舜,爲楊氏説者因託諸黃帝以紲堯舜。以黃帝之時,禮樂未興,而老耼隱於下位,其迹有近似乎楊氏者也。今《史記》所載老耼之言皆楊朱之説耳,其文亦似戰國諸子,與《論語》《春秋傳》之文絕不類也。且孔子驕乎?多欲乎?有態色與淫志乎?深察以近死而博辯以危身乎?老耼告孔子以此言,欲何爲者?由是言之,謂老耼告孔子以如是云云者,妄也。孔子稱述古之賢人及當時卿大夫,《論語》所載詳矣。籍令孔子果嘗稱美老耼至於如是,度其與門弟子必當再四言之,何以《論語》反不載其一言?'以德報怨',《論語》辨之矣,此世俗所傳老耼之説也。其説雖過,然猶未至如'骨朽言在'之語之猶爲不經也。孔子聞之,當如何而闢之,當如何而與門弟子共正之?其肎反稱美之以爲'猶龍',以惑世之人乎!由是言之,謂孔子稱老耼以如是云云者,妄也。昭公二十四年,孟僖子始卒,敬叔在衰絰中,不應適周。敬叔以昭公十二年生,至是年僅十三,亦不能從孔子適周。至明年而孔子已不在魯,魯亦無君之可請矣。諸侯之相朝會,容有在慼及幼穉者,彼爲國之大事,不獲已也。抑恃有相者在,敬叔不能則已,不必使人相之而往、適周以學禮也,而獨不念適周之非禮乎!且敬叔豈無車馬豎子者,而必待魯君之與之?由是言之,謂敬叔從孔子適周而魯君與之車馬者,亦妄也。此蓋莊、劉之徒,因相傳有孔子與耼論禮之事,遂從而增益附會之,以紲孔子而自張大其説。《世家》不察而誤采之,惑矣。《道德》五千言者,不知何人所作,要必楊朱之徒之所偽託,猶之乎言兵者之以《陰符》託之黃帝,《六韜》託之太公也;猶之乎言醫者之以《素問》《靈樞》託之於黃帝、岐伯也。是以孟子但距楊墨,不距黃老,爲黃老之説者非黃老,皆楊氏也,猶之乎不闢神農而闢許行也。如使其説果出老聃，老聃在楊墨前，孟子何以反無一言闢之，而獨歸罪於楊朱乎？秦漢以降，其說益盛，人但知為黃老而不復知其出於楊氏，遂有以楊墨為已衰者，亦有尊黃老之說而仍闢楊墨者。揚子雲云：'古者楊墨塞路，孟子辭而闢之，廓如也。'蓋不知世所傳為黃老之言者，即為我之說也。自是儒者遂舍楊朱而以老聃為異端之魁，嗚呼，冤矣！故凡言老聃者，惟《戴記》為近是，然其有無亦不可知。"（見《洙泗考信錄·初仕》）案：司馬遷記老子事，或據舊史，或據傳聞，其言不無舛誤，後世疵議之者，固已眾矣。顧孔子問禮於老聃，《禮記·曾子問》言之綦詳。《呂氏春秋·仲春紀·當染》亦云"孔子學於老聃、孟蘇、夔靖叔"，此非道家黜孔子者之所為，而當時儒家之徒，亦無辨其妄者，焉得如崔氏所云，其有無亦不可知哉？特其在於何時何地，難以確定耳。又《莊子·天下》述老聃寬容柔弱之教甚明，而《禮記》《中庸》亦載孔子之言，曰："寬柔以教，不報無道，南方之強也。"可知唱為寬柔之教者，即孔子嘗從問禮之老聃，焉得如後世所云，古有二老子哉？特其書非老聃之所自為，司馬遷記老聃為關尹箸書之事為誣耳。曷云其書非老聃之所自為？曰：古人不箸書，古人未嘗離事而言理也。離事而言理，蓋自私家講學始。夫老子一書，純乎言理之作也，其玄遠又勝於諸子，苟非戰國之世，焉能有此乎？況其論道，則探宇宙之本，窮萬有之原，春秋之世無其誼，孔墨之書所不聞（孔墨皆祖述堯舜，其所論述之道，皆先王之治道也）。老聃生孔墨之前，何從得而論之，此其可疑者也。崔述曰："《道德》五千言者，不知何人所作，要必楊朱之徒之所偽託。"余謂斯言近是，顧楊朱之學出於老聃，其徒箸書，題老子以表明其學術淵原，未可遽云偽託也。《孟子·滕文公子》云："楊朱、墨翟之言盈天下，天下之言，不歸楊，則歸墨。"蓋《莊子·天下》之所敘到者，如彭蒙、田駢、慎到、關尹、莊周諸子，皆楊朱之徒也。或有因崔氏之說，進而推論老子書出於環淵之手，而環淵與關尹為一人者，則是劈指其人以實之，而非實事求是之意也。曷云則是劈指其人以實之，而非實事求是之意也？曰：環淵之書名《蜎子》，與《關尹子》具見《漢書·藝文志》。可知環淵、關尹，皆各有箸述以傳其學，未可捆為一人也。今本《關尹子》雖是唐以後偽書，然而《漢書·藝文志》所載者，固不偽也，特其書早逸耳。即令《漢書·藝文志》所載者亦偽，而關尹之書即《蜎子》，然則關尹祖述老聃者也。彼既爲《老子》一書以述老聃之學，彼何不竟如古人箸書之例，并匄己說於老子，而乃別爲《蜎子》一書邪？若謂關尹但輯老聃遺言，而不欲襍以己說，然則《老子》書中，固多戰國之言，近人論之詳矣。關尹何以不惜羼入佗人之說，而乃獨擯己說邪，此皆理之所不可通者也。《吕氏春秋·審分覽·不二》云："老耽貴柔……，關尹貴清。"今論《老子》書，言貴柔之誼甚明，而貴清之誼，則無聞焉。可知關老二家之恉有別，而《老子》一書，必不出於關尹之手也。然則其書究出何人之手乎？曰：先秦諸子，初無定本，傳其學者，輒依舊說，附益己誼。是故諸家傳本，篇章多寡，時或不同，至漢成帝時，劉向領校中祕，始參合衆本，互補所無，除其複重而定箸之，其書之成，殆非一人之筆也。苟欲窮根究柢，實亦難言出自何人之手。無已，其如崔氏之言，謂其出自楊朱之徒乎？

魏王弼注

【校】

"魏"，元本作"晉"。案：明和王本作"魏"。據《三國志·魏志·鍾會傳》裴松之注引《王弼傳》，"弼卒於魏正始十年"，以作魏爲是，今改。

【箋】

《三國志·魏志·鍾會傳》云："弼好論儒道，辭才逸辯，注《易》及《老子》，爲尚書郎，年二十餘卒。"裴松之注引王弼傳云："弼幼而察慧，年十餘，好老氏，通辯能言。父業，爲尚書郎。時裴徽爲吏部郎，弼未弱冠，往造焉。徽一見而異之，問弼曰：'夫無者誠萬物之所資也，然聖人莫肯致言，而老子申之無已者何？'弼曰：'聖人體無，無又不可以訓，故不說也。老子是有者也，故恒言無所不足。'尋亦爲傅嘏所知。於時何晏爲吏部尚書，甚奇弼，歎之曰：'仲尼稱後生可畏，若斯人者，可與言天人之際乎！'正始中，黄門侍郎累缺。晏既用賈充、裴秀、朱整，又議用弼。時丁謐與晏爭衡，致高邑王黎於曹爽，爽用黎，於是以弼補臺郎。初除，覲爽，請閒，爽爲屏左右,而弼與論道,移時無所佗及,爽以此嗤之。時爽專朝政,黨與共相進用,弼通儁不治名高。尋黎無幾時病亡,爽用王沈代黎,弼遂不得在門下,晏爲之歎恨。弼在臺既淺,事功亦雅非所長,益不留意焉。淮南人劉陶,善論縱橫,爲當時所推。每與弼語,常屈弼。弼天才卓出,當其所得,莫能奪也。性和理,樂游宴,解音律,善投壺。其論道附會文辭,不如何晏,自然有所拔得,多晏也。頗以所長笑人,故時爲士君子所疾。弼與鍾會善,會論議以校練爲家,然每服弼之高致。何晏以爲聖人無喜怒哀樂,其論甚精,鍾會等述之。弼與不同,以爲聖人茂於人者神明也,同於人者五情也,神明茂故能體沖和以通無,五情同故不能無哀樂以應物,然則聖人之情,應物而無累於物者也。今以其無累,便謂不復應物,失之多矣。弼注《易》,潁川人荀融難弼大衍義,弼荅其意,白書以戲之曰:'夫明足以尋極幽微,而不能去自然之性。顏子之量,孔父之所預在,然遇之不能無樂,喪之不能無哀。又常狹斯人,以爲未能以情從理者也,而今乃知自然之不可革。足下之量,雖已定乎胸懷之内,然而隔踰旬朔,何其相思之多乎?故知尼父之於顏子,可以無大過矣。'弼注《老子》,爲之指略,致有理統。著《道略論》,注《易》,往往有高麗言。太原王濟好談,病《老》《莊》,常云:'見弼《易注》,所悟者多。'然弼爲人淺而不識物情,初與王黎、荀融善,黎奪其黄門郎,於是恨黎,與融亦不終。正始十年,曹爽廢,以公事免。其秋遇癘疾亡,時年二十四,無子絶嗣。弼之卒也,晉景王聞之,嗟歎者累日,其爲高識所惜如此。"《世説新語·文學》云:"何晏爲吏部尚書,有位望,時談客盈座,王弼未弱冠往見之。晏問弼名,因條向者勝理語弼曰:'此理僕以爲極,可得復難不?'弼便作難,一坐人便以爲屈,於是弼自爲客主數番,皆一坐所不及。"又云:"何平叔注《老子》,始成,詣王輔嗣。見王注精奇,廼神伏曰:'若斯人,可與論天人之際矣!'因以所注爲《道德二論》。"又云:"王輔嗣弱冠詣裴徽,徽問曰:'夫無者,誠萬物之所資,聖人莫肯致言,而老子申之無已,何邪?'弼曰:'聖人體無,無又不可以訓,故言必及有;老、莊未免於有,恒訓其所不足。'"又云:"何晏注《老子》未畢,見王弼自説注《老子》旨。何意多所短,不復得作聲,但應諾諾。遂不復注,因作《道德論》。"晁説之曰:"弼本深於《老子》,而《易》則未矣。其於《易》,多叚諸《老子》之恉，而《老子》無資於《易》者，其有餘不足之迹，斷可見也。"（見本書晁《跋》）又曰："嘗謂弼之於《老子》，張湛之於《列子》，郭象之於《莊子》，杜預之於《左氏》，范甯之於《穀梁》，毛萇之於《詩》，郭璞之於《爾雅》，完然成一家之學，後世雖有作者，未易加也。"（同上）案：王氏注《周易》及《老子》，非但援《老》入《易》而已，蓋亦時復以《易》解《老》，如三十八章王注云："故以復而視，則天地之心見；至日而思之，則先王之主覩也。"即用《周易·復卦》誼也。又如四十七章王注云："涂雖殊，而其歸同也；慮雖百，而其致一也。"四十九章王注云："夫天地設位，聖人成能；人謀鬼謀，百姓與能。"六十七章王注云："唯後外其身，爲物所歸，然後乃能立成器以爲天下利，爲物之長也。"皆用《周易·繫辭》語也。晁氏謂其於《易》多叚諸《老子》之恉，而《老子》無資於《易》者，殆未深攷王氏之書也。

一章

道可道，非常道；名可名，非常名。

【箋】

《韓非子·解老》云："凡理者，方圓、短長、麤靡、堅脆之分也，故理定而後可得道也。故定理有存亡，有死生，有盛衰。夫物之一存一亡，乍死乍生，初盛而後衰者，不可謂常。唯夫與天地之剖判也具生（元本'唯夫與天'下有'與'字，今據顧廣圻說刪），至天地之消散也不死不衰者謂常。而常者（元本'者'字在'而常'上，今據顧廣圻說乙轉），無攸易，無定理。無定理，非在於常所，是以不可道也。聖人觀其玄虛，用其周行，強字之曰道，然而可論。故曰：'道之可道，非常道也。'"《淮南子·道應》云："桓公讀書於堂，輪人斲輪於堂下，釋其椎鑿而問桓公曰：'君之所讀者，何書也?'桓公曰:'聖人之書。'輪扁曰:'其人焉在?'桓公曰:'已死矣。'輪扁曰:'是直聖人之糟粕耳!'桓公悖然作色而怒曰:'寡人讀書,工人焉得而譏之哉!有説則可,無説則死。'輪扁曰:'然,有説。臣試以臣之斲輪語之:大疾,則苦而不入;大徐,則甘而不固。不甘不苦,應於手,厭於心,而可以至妙者,臣不能以教臣之子,而臣之子亦不能得之於臣。是以行年七十,老而爲輪。今聖人之所言者,亦以懷其實,窮而死,獨其糟粕在耳。'故老子曰:'道可道,非常道;名可名,非常名。'"又《氾論》云:"誦先王之《詩》《書》,不若聞得其言;聞得其言,不若得其所以言。不得其所以言者,言弗能言也。故道可道者,非常道也。"俞樾曰:"'常'與'尚'古通,《史記·衛綰傳》'劔尚盛',《漢書》'尚'作'常';《漢書·賈誼傳》'尚憚以危爲安',《賈子·宗首篇》'尚'作'常',並其證也。尚者,上也。言道可道,不足爲上道;名可名,不足爲上名,即上德不德之旨也。河上公以上篇爲《道經》,下篇爲《德經》。《道經》首云:'道可道,非尚道。'《德經》首云:'上德不德',其旨一也。"(見《諸子評議》)案:道,謂禹湯文武之道也(即治道)。夫禹湯文武之道,儒墨之徒嘗偶之,故曰可道,然非老氏之常道也。常道者何?謂循環往復,始終相襲之歷史法則也。蓋老氏言道,厥誼有三焉:一謂宇宙之本體與法則也。如"有物棍成,先天地生,宗兮漠兮,獨立而不改,周行而不殆,可以爲天地母。吾不知其名,故劈字之道"(見二十五章);"道生一,一生二,二生三,三生萬物"(見四十二章),皆此之謂也。一謂歷史法則也。如"道可道,非常道"(見本章);"返者,道之動;弱者,道之用"(見四十章),皆此之謂也。一謂元始社會及其法則也。如"大道廢,焉有仁誼"(見十八章);"故失道而後惠,失惠而後仁,失仁而後誼,失誼而後禮"(見三十八章),皆此之謂也。名,謂荆斲文樲之名也(見《荀子·正名》)。夫荆斲文樲之名,商周諸夏之所具,故曰可名,然非老氏之常名也。常名者何?謂循環往復,始終相襲之歷史範疇也,如無名、有名、樸、器之屬是也。然則斯道、斯名,何以謂之常也?曰常有循環往復、始終相襲之誼也。經云"復命曰常"(見十六章),以道之終而復始爲常也。《莊子·天運》云"一死一生,一僨一起;所常無窮",言死之與生,僨之與起,其所循環往復不可窮也。蓋老氏之前,言道與名者皆無此誼,爲有以別之,故曰"道可道，非常道；名可名，非常名"也。

可道之道，可名之名，指事造形，非其常也。故不可道，不可名也。

無名萬物之始，

【校】

"萬物"，元本作"天地"。案：《史記·日者劉傳》引作"萬物"。王注云："言道以無形無名始成萬物，萬物以始以成而不知其所以然。"（見本章）又云："凡有皆始於無，故未形無名之時，則爲萬物之始。"（同上）據此，則王本亦作"萬物"。其作"天地"者，乃河上公本。（見存宋河上公本作"天地"，注云："吐氣布化，出於虛无，爲天地本始也。"）非王本也，今改。

言道以無形無名始成萬物，萬物以始以成而不知其所以然，校 "以始以成"上，元本無"萬物"二字，"而不知其所以"下，元本無"然"字。案：王注云："言道以無形始物，不繫成物，萬物以始以成，而不知其所以然。"（見二十一章）譣誼以有"萬物"及"然"字爲是，今補。玄之又玄也。校 "言道以無形無名"至"玄之又玄也"，元本在本章經文"有名萬物之母"下接注文"爲其母矣"後。案：其誼乃釋本章經文"無名萬物之始"，今迻此。

有名萬物之母。

【箋】

案：無名謂樸，有名謂器也。樸者何謂？無階級差別之元始社會及其法則也；器者何謂？有階級差別之奴隸社會及其法則也。何以知其然也？曰：古者爵號之謂名，車服之謂器。名與器者，所以別尊卑尊貴賤之等也。仲尼曰："唯器與名，不可以假人。"（見《春秋左傳·成公二年》）是故老氏以有名或消偶有及器名有階級差別之奴隸社會及其法則，而以無名或消偶無及樸名無階級差別之元始社會及其法則也。經云"樸散則爲器"（見二十八章），又云"道常無名……，始制有名"（見三十二章）者，言器生於樸，有名生於無名也，萬物謂萬官也。萬官者何謂？奴隸制國家之臣工分職也。《春秋左傳·昭公十四年》云"任良物官"，杜預注云"物，事也"，孔穎達疏云："物官，謂量事而官之也。"《國語·楚語》云"教之令使訪物官"，韋昭注云："物，事也，使議知百官之事業。"《說文》云："事，職也。"職也者，謂臣工之所職守也。《春秋左傳·昭公二十五年》云"爲政事、庸力、行務，以從四時"，杜預注云："在臣爲事。"《荀子·大略》云"臣道知事"，楊倞注云："事謂職守，故物官，即事官亦即後世所謂之職官也，而消言之或偶物。"《莊子·逍遥遊》云："孰肎以物爲事？"言孰肎以物官爲事也。《莊子·德充符》云"受命於天，唯舜獨也正，在萬物之首"（諸本奪'在萬物之首'五字，今據張君房本補），言舜在萬官之首也。《國語·鄭語》云"出千品具，萬方"，"萬方"亦萬官也，其曰萬者。《國語·楚語》云："五物之官，陪屬萬爲萬官也。"蓋老氏之言萬物，厥誼有二焉：一謂大共名也。如"天地不仁，以萬物謂芻狗"（見五章）；"道生一，一生二，二生三，三生萬物"（見四十二章），皆此之謂也。一謂臣工之分職也。如"無名萬物之始。有名萬物之母"（見本章）；"萬物作焉而不爲始"（見二章），此皆之謂也。始，謂其方據胚胎而未成也。郭璞曰："胚胎未成，亦物之始也。"（見《爾雅·釋詁》"胎，始也"郭璞注）母，謂生之成之也。《釋名·釋親屬》云："母，冒也，含生己也。""無名萬物之始，有名萬物之母"者，謂臣工之分職，胎始於無名之樸，而生成於有名之器也。蓋元始社會之末期，在部落内或部落之間，漸有麤略之社會分工，此麤略之社會分工，不僅造成私有財產與階級差別，洎乎奴隸社會，復演變爲臣工之分職。於是乎，千品出，萬方具，故曰"無名萬物之始，有名萬物之母也"。

凡有皆始於無，故未形無名之時，則爲萬物之始。及其有形有名之時，則長之、育之、亭之、毒之，爲其母矣。校"矣"元本作"也"。案：

《馬氏文通》云："也字，所以助論斷之辭氣。矣字，惟以助敍說之辭氣。"故凡句意之爲當然者，也字結之。已然者，矣字結之。所謂當然者，決是非斷可否耳。所謂已然者，陳其事，必其效而已。諡誼以作"矣"爲是，"也"誤字，今改。又"爲其母矣"下，元本有"言道以無形無名始成萬物，以始以成（'以始以成'上應有'萬物'二字）而不知其所以（'而不知其所以'下應有'然'字），玄之又玄也"二十六字。案：其誼乃釋本章經文"無名萬物之始"，今逐彼。

故常無欲，以觀其眇；

【校】

"眇"，元本作"妙"。案：《說文》有眇字，無妙字。《淮南子·要略》云："玄眇之中，精搖靡覽。"《漢書·律曆志》云："向子歆究其微眇。"蓋其字當作"眇"，"妙"俗書，今改。

眇者，校 "眇"，元本作"妙"。案：當從經文作"眇"，今改。散之極也。萬物始於散而後成，校 上二"散"字，元本皆作"微"。案：《說文》云："微，隱行也。"又云："散，眇也。"諡誼作"散"爲是，"微"，借字，今改。始於無而後生。故常無欲，空虛其裹，校 "空虛"下，元本無"其裹"二字。案：張太守本、劉惟永本皆有，而"裹"皆作"懷"。《說文》云"懷，念思也"；又云："裹，褢也，一曰藏也。"諡誼以作"裹"爲是，"懷"，其借字也，今補並改"懷"爲"裹"。可以觀其始物之眇也。校 "眇"，元本作"妙"。案：當從經文作"眇"，今改。又"可以觀其始物之眇"下，元本無"也"字。案：王氏注經之例，凡以承接連詞故字總結上文者，句末皆殿也字（例絲不舉）。此無也字者，蓋奪之也，今補。

常有欲，以觀其徼。

【校】

　　本章舊讀皆於"無名有名，常無欲常有欲"斷句，至宋司馬光、王安石輩出，始改變舊讀，於"無有常無常有"斷句，今王書久逸，而司馬氏則有《道德真經論》四卷，存《道藏》中，其句式尚可得而見也。讅《郡齋讀書志‧道家類》箸錄《溫公道德論述要》二卷，即此書，云："無名，天地之始；有名，萬物之母。常無欲，以觀其妙；常有欲，以觀其徼。"皆於無與有下斷句，不與先儒同。又箸錄王安石注《老子》二卷，云："首章皆斷無有作一讀，與溫公同。"唯王應麟謂："首章以有無字下斷句，自王介甫始。"（見《困學紀聞‧諸子》）蓋安石與光同時，其改變舊讀，孰爲之始，尚難斷定也。又丁易東曰："無名，天地之始；有名，萬物之母。或以無名、有名爲讀，或以無與有爲讀。然老子又曰：'道常無名，始制有名，是可以無與有爲讀乎？常無欲以觀其妙，常有欲以觀其徼。有常、無常爲讀者，有無欲、有欲爲讀者。'莊子曰'建之以常無有'，正指老子此語，則於常無常有斷句似也。然老子又曰'常無欲可名於小'，是又不當。以《莊子》爲證，據老子以讀《老子》可也。"（見焦箸《老子翼》）蓋本章舊讀自秦漢以來相沿如此，确乎不可易也。

【箋】

　　案："常"讀如《史記‧五帝紀》"余嘗西至崆峒"之"嘗"。蓋"常""嘗"二字，於古音皆屬陽部，故得相通也。（觀《禮記‧少儀》"馬不常秣"，《經典釋文》云"本亦作嘗"，可證。）無欲，謂樸之惠；有欲，謂器之性也。經云："無名之樸，夫亦將無欲。"（見三十七章）《莊子‧馬蹄》云："夫至德之世，同與禽獸居，族與萬物並，惡乎知君子小人哉！同乎無知，其德不離；同乎無欲，是謂素樸。素樸而民性得矣。及至聖人，蹩躠爲仁，踶跂爲義，而天下始疑矣；澶漫爲樂，摘僻爲禮，而天下始分矣。故純樸不殘，孰爲犧尊！白玉不毀，孰爲圭璋！道德不廢，安取仁義！性情不離，安用禮樂！五色不亂，孰爲文采！五聲不亂，孰應六律！夫殘樸以爲器，工匠之罪也；毀道德以爲仁義，聖人之過也……夫赫胥氏之〔時〕，民居不知所爲，行不知所之，含哺而熙，鼓腹而遊，民能以此矣。及至聖人，屈折禮樂以匡天下之形，縣跂仁義以慰天下之心，而民始乃踶跂好知，争歸於利，不可止也。"此蓋言樸，本無知無欲洎乎椒而爲器，於是乃有貪欲之心，利己之行也。眇謂始，徼謂終也。常無欲以觀其眇常有欲以觀其徼者，言嘗因樸之惪觀乎道之所以始，嘗因器之性觀乎道之所以終也。蓋老氏言道始於無名之樸，終於有名之器，始終相襲，殆若環焉。

徼，終也。校 "終也"上，元本有"歸"字。案：《老子疑問·反訊》云："王弼解妙謂始，徼謂終也。"（見《廣弘明集》）據此則王注無"歸"字，其有者乃從河上公注羼入，（河上公於本章經文"常有欲，以觀其徼"下注云："常有欲之人，可以觀世俗之所歸趣也。"）非王本也，今刪。凡有之爲利，必以無爲用；欲之所本，適道而後濟。故常有欲，可以觀其終物之徼也。

此网者

【校】

"网"，元本作"兩"。案：《説文》云："二十四銖爲一兩。"又云："网，再也。再也者，一舉而二也。"諗誼以作"网"爲是，"兩"借字，今改。

同出而異名，

【箋】

案："此网者"，謂無名之樸與有名之器也；同出而異名者，謂同出於道之循環而偶謂則異也。

网者，校"网"，元本作"兩"。案：當從經文作"网"，今改。始于母也。同出者，同出於玄也。異名者，校"異名"下，元本無"者"字。案上文云"网者，始於母也。同出者，同出於玄也"，此同其例，以有"者"字爲是，今補。所歧不同也。校"歧"，元本作"施"。案：《説文》云"施，旗貌"；又云："歧，敷也。"諡誼以作"歧"爲是，"施"借字，今改。又"所歧不"下，元本有"可"字。案：《文選·遊天台山賦》李善注所引無，當從之，今刪。在首則謂之始，在終則謂之母。校"网者"至"在終則謂之母"，元本在本章經文"眾眇之門"下。案：其誼，乃釋本章經文"此网者同出而異名"，今迻此。

同謂之玄，

【箋】

　　案：同，謂同於一也。《墨子·經上》云："同，異而俱於之一也。"玄，猶還也（還，讀若旋）。還者何，謂道之循環也。《廣雅·釋言》云"玄，天也"；《國語·越語》云"天有還形"；《吕氏春秋·季春紀·圜道》云"天道圜"，又云："何以説天道之圜也？精氣一上一下，圜周復襍，無所稽留，故曰天道圜。"同謂之玄者，謂無名之樸轉化爲有名之器，而有名之器復返於無名之樸，此网者異，而俱於之一，是謂道之循環也。

　　玄者，冥也，默然無有也，始母之所出也。不可得而名，故不言同名曰玄。校"故不"下，元本有"可"字。案：是衍文，今刪。而言同謂之玄者，校"而言"下，元本無"同"字。案：此引本章經文"同謂之玄"句，諡誼有"同"字爲是，今補。取於不可得而謂之然也。校"玄者"至"取於不可得而謂之然也"，元本在本章經文"眾眇之門"下，接注文"在終則謂之母也"後。案：其誼乃釋本章經文"同謂之玄"，今迻此。

玄之又玄，

不可得而謂之然，⬚校 "謂之然"上，元本無"不可得而"四字。案：前注云："取於不可得而謂之然也。"此蓋重申其語，諗誼以有此四字爲是，今補。則不可以定乎一玄。若定乎一玄而已，⬚校 "而已"上，元本無"若定乎一玄"五字。案：張太守本有，當從之，今補。則謂是其名。⬚校 "則謂是其名"，元本作"則是名"。案：張太守本作"則是其名"，劉惟永本作"謂是名"。諗誼以作"則謂是其名"爲是，蓋諸本皆有奪字，今互補之。謂是其名，⬚校 元本無"謂是其名"四字。案：自"不可得而謂之然"至此，皆應爲疊句，茲不疊句，蓋奪之也，今補。則失之遠矣。故曰："玄之又玄"也。⬚校 "不可得而謂之然"至"玄之又玄也"，元本在本章經文"眾眇之門"下，接注文"取於不可得而謂之然也"後。案：其誼乃釋本章經文"玄之又玄"，今迻此。

眾眇之門。

【校】

"眇"，元本作"妙"。案：當從上文作"眇"，今改。

【箋】

案："玄之又玄，眾眇之門"者，謂道之循環，終而復始，無有已時，諸神眇之迹象，皆由此演化而出也。準此，則老氏所言之道，乃循環不已之道也，其於事務之發展，殆未有見焉。近人或以辯證法解老，斯不僅崇之過高，亦非真知老子者也。

眾眇皆從玄而出，⬚校 "眾眇皆從玄而出"上，元本有"兩者（'兩'當作'网'），始與母也。同出者，同出於玄也。異名（'異名'下應有'者'

字),所施不可同也('施'當作'柀',又'可'字衍)。在首則謂之始,在終則謂之母。玄者,冥也,默然無有也,始、母之所出也。不可得而名,故不可言同名曰玄('可'字衍),而言謂之玄者(而'言'下應有'同'字),取於不可得而謂之然也。謂之然('謂之然'上應有'不可得而'四字),則不可以定乎一玄而已('而已'上應有'若定乎一玄'五字),則是名('則是名',應作'則謂是其名',又句下應疊'謂是其名'四字),則失之遠矣。故曰'玄之又玄'也"一百零六字。案:"兩者"至"在終則謂之母"乃釋本章經文"此兩者同出而異名";"玄者"至"取於不可得而謂之然也",乃釋本章經文"同謂之玄";"謂之然"至"玄之又玄也",乃釋本章經文玄之又玄。今各迻其處。又"眇",元本作"妙"。案:當從經文作"眇",今改。又"玄",元本作"同"。案:經云"玄之又玄,眾眇之門"(見本章),諠誼以作"玄"爲是,"同"誤字,今改。故曰:"眾眇之門"也。校 "眇",元本作"妙"。案:當從經文作"眇",今改。

二章

天下皆知美之爲美,斯惡已;

【箋】

《莊子·徐无鬼》云"凡成美,惡器也";《鶡冠子·環流》云"美惡相飾,命曰復周";《漢書·五行志下》云"美惡周必復"。

皆知善之爲善,斯不善已。

【校】

上二"已"字,蘇轍本、董思靖本皆作"矣"。案:已與矣同誼。《史記·

太史公自序》云"察其所以，皆失其本已"，司馬貞索引云："已者，語終之辭也。"王念孫曰："已，爲語終之辭，則與矣同義。"（見《經傳釋詞》）

【箋】

《淮南子·説山》云："善射者發不失的，善於射矣，而不善所射；善釣者無所失，善於釣矣，而不善所釣。故有所善，則不善矣。"箋案：此謂樸椷爲器而晉乎文明也。蓋夫古代文明以階級剝削爲基礎，其全部發展過程皆在經常矛盾之中進行，是以生產前進一步，則被壓迫階級之生活後退一步。利於此者害於彼，善於此者不善于彼也。老氏有見於此，故感發而爲斯言。

美者，人心之所樂進也；箋案：樂進，猶樂見也。《禮記·月令》云"止聲色，毋或進"，鄭玄注云："進，猶御見也。"惡者，人心之所惡倏也。校"倏"，元本作"疾"。案：《説文》云"疾，病也"；又云："倏，妎也。"譣誼以作"倏"爲是，"疾"，借字，今改。美惡猶喜怒也，善不善猶是非也。喜怒同根，是非同門，故不可得而偏舉也。校"故不可得"下，元本無"而"字。案：乾隆王本、光緒王本、明和王本及《永樂大典》所引皆有。王注云"玄者，冥也，默默無有也，始母之所出也，不可得而名"（見一章）；又云"天地之中蕩然任自然，故不可得而窮"（見五章）；又云"不可得而定也"（見十四章）；又云"凡此諸若，皆言其容象不可得而形名也"（見十五章）；又云"自然其崩兆不可得而見也，其意趣不可得而覩也"（見十八章）；又云"深遠不可得而見"（見二十一章）；又云"榾成無形，不可得而定"（見二十五章）；又云"無偶不可得而名"（同上）；此同其例，以有"而"字爲是，今補。又"美者"至"故不可得而偏舉也"，元本在本章經文"前後相隨"下。案：其誼乃釋本章經文"天下皆知美之爲美"至"斯不善已"，今逸此。

故有無相生，難易相成，長短相㓝，

【校】

"㓝"，元本作"較"。案：唐景龍碑、唐開元甲幢、唐開元乙幢、唐景福碑、宋景祐幢、遂州碑、唐寫本、宋河上公本、顧歡本、傅奕本、唐玄宗本、陸希聲本、陳景元本、司馬氏本、張太守本、蘇轍本、李霖本、彭耜本、董思靖本、范應元本、李榮本、劉惟永本、薛蕙本、焦竑本皆作"㓝"，此以生成。㓝，傾爲韻，以作㓝爲是，較，誤字，今改。

高下相傾，

【箋】

《淮南子·齊俗》云："古者，民童蒙不知東西，貌不羨乎情，而言不溢乎行。其衣致煖而無文，其兵戈銖而無刃，其歌樂而無轉，其哭哀而無聲。鑿井而飲，耕田而食。無所施其美，亦不求得。親戚不想毀譽，朋友不相怨德。及至禮儀之生，貨財之貴，而詐偽萌興，非譽相紛，怨德竝行，於是乃有曾參、孝己之美，而生盜跖、莊蹻之邪。故有大路龍旂，羽蓋垂緌，結駟連騎，則必有穿窬拊楗、抽箕踰備之姦；有詭文繁繡，必有菅屩跐𨅔、短褐不完者。故高下之相傾也，短脩之相㓝也，亦明矣。"

音聲相和，

【箋】

案：《禮記·樂記》云："感於物而動，故形於聲。聲相應，故生變，變成方，謂之音。"鄭玄注云："宮、商、角、徵、羽襍比曰音，單出曰聲。"

前後相隨。

【箋】

案：此亦推演章首兩句之怊也。

此六者，校"此六者"上，元本有"美者，人心之所樂進也；惡者，人心之所惡疾也（疾當作俟）。美惡猶喜怒也，善不善猶是非也。喜怒同根，是非同門，故不可得而偏舉也（故不可得下應有'而'字）"四十六字。案：其誼乃釋本章經文"天下皆知美之爲美"至"斯不善已"，今迻彼。皆賑自然，不可偏舉之名數也。校"賑"，元本作"陳"。案：《説文》云："陳，宛北，舜後嬀滿之所封。"又云："賑，剡也。"論誼以作"賑"爲是，"陳"借字，今改。又"名"，元本作"明"。案：當作"名"，蓋謂有無等對待之名也，"明"誤字，今改。

是以聖人尻無爲之事，

【校】

"尻"，元本作"處"。案：王注云"大人在上，尻無爲之事，行不言之教"（見十七章）；又云"不能以無爲爲尻，不言爲教"（同上）；又云"尻無爲之事，行不言之教"（同上）；又云"以無爲爲尻，不言爲教"（見二十三章）；又云"以無爲爲尻，以不言爲教，以恬憺爲味"（見六十三章）。據此則王本作"尻"，其作"處"者乃河上公本（見存宋河上公本正作"處"），非王本也，今改。又"是以聖人尻無爲之事"下，元本有注云"自然已足爲，則敗也"（"也"當作"矣"）。案：其誼乃釋本章經文"萬物作焉而不爲始"。蓋謂萬物之作，自然已足，爲之則敗，故"聖人輔萬物之自然而不爲始也"，今迻彼。

【箋】

《禮記·哀公問》云"無爲而物成，是天道也"；《莊子·在宥》云"無爲而尊者，天道也"；《法言·問道》云"'吾於天與，見無爲之爲矣'。或問：'彫刻眾形者非天與？'曰：'以其不彫刻也。如物刻而彫之，焉得力而給諸？'老子之言道德，吾有取焉耳"；《論衡·自然》云："天道無爲，故春不爲生，而夏不爲長，秋不爲成，冬不爲藏。陽氣自出，物自生長；陰氣自起，物自成藏。汲井決陂，灌溉園田，物亦生長。濡然而雨，物之莖葉根垓莫不洽濡。程量澍澤，孰與汲井決陂哉？故無爲之爲大矣。"案：聖人，謂上古之帝后也（即元始社會之氏族長者）。以上古之帝后嬗變而爲古代之王侯（即奴隸社會之國家君主），故老氏亦以王侯爲聖人焉。如"樸棫則爲器，聖人因之則爲官長"（見二十八章）是也。爲，猶治也。《論語·子路》云"善人爲邦百年，亦可以勝殘去殺矣"，皇侃疏云："爲者，治也。"《呂氏春秋·審應覽·離謂》云"此爲國之禁也"，高誘注云："爲，治也。"治者何謂？設官分職以爲邦國之治也。《周禮·天官敘目》云："惟王建國，辨方正位，體國經野，設官分職，以爲民極。乃立天官冢宰，使帥其屬而掌邦治。"故無爲即無治，無治者，謂無臣工分職之治也。蓋當樸之未棫，既無國家建制，亦無臣工之分職，而爲帝后者，總宅百揆也（即一切公共事務由氏族長者組成之部落會議討論處理）。聖人凥無爲之事者，謂上古之帝后總宅百揆而處無分職授政之事也。

智慧自荀，校 "荀"，元本作"備"。案：《說文》云"備，慎也"；又云："荀，具也。"諝誼以作"荀"爲是，"備"，借字，今改。爲則僞矣。校 "矣"，元本作"也"。案：當作"矣"（說見一章），今改。又"智慧自荀，爲則僞矣"，元本在本章經文"爲而不恃"下。案：其誼乃釋本章經文"是以聖人凥無爲之事"，蓋謂聖人智慧自荀爲之則僞，故凥無爲之事也。若夫爲而不恃，誼在不恃不在乎爲，以此釋之，則兩相失矣，今迻此。

行不言之教，

【箋】

　　《莊子·知北遊》云："知北遊於玄水之上，登隱弅之北，而適遭无爲謂焉。知謂无爲謂曰：'予欲有問乎若：何思何慮則知道？何處何服則安道？何從何道則得道？'三問而无爲謂不荅也，非不荅也，不知荅也。知不得問，反於白水之南，登狐闋之上，而睹狂屈焉。知以之言也問乎狂屈。狂屈曰：'唉！予知之，將語若，中欲言而忘其所欲言。'知不得問，返於帝宫，見黄帝而問焉。黄帝曰：'无思无慮始知道，无處无服始安道，无從无道始得道。'知問黄帝曰：'我與若知之，彼與彼不知也，其孰是邪？'黄帝曰：'彼无爲謂真是也，狂屈似之，我與汝終不近也。夫知者不言，言者不知，故聖人行不言之教。'"《春秋繁露·保位權》云："爲人君者，居無爲之位，行不言之教，寂而無聲，静而無形，執一無端，爲國源泉。"案：言，謂政教法令也。《詩·大雅·蕩之什·抑》云"慎爾出話"，毛亨傳云："話，善言也。"鄭玄箋云："言，謂教令也。"《國語·周語》云"有不祀則修言"，韋昭注云："言，號令也。"行不言之教者，謂行無政教法令之教令，即不煩政教法令，而以純樸不離之惠化民成俗也。蓋當樸之未散，既無國家建制，亦無正教法令，其民人但遵循習俗而已。

萬物作焉而不爲始，

【校】

　　"不爲始"，元本作"不辭"。案遂州碑、唐寫本、傅奕本、范應元本皆作"不爲始"。范應元曰："王弼、楊孚同古本。"（見范著《老子道德經古本集注》）王注云"大人在上，凥無爲之事，行不言之教，萬物作焉而不爲始"（見十七章）；又云"聖人不立形名以檢於物，不造進向以殊棄不肖，輔萬物之自然而不爲始"（見二十七章）。據此則王本亦作"不爲始"。其作"不辭"者，乃河上公本（見存宋河上公本正作"不辭"，注云"不辭，謝而逆止"），非王本也，今改。又"萬物作焉不爲始"下，元本有"生而不有，爲而不恃"八字。案：此八字重見於十章及五十一章經文，然王氏於彼二章皆有注，獨於此無注（"智慧自備，爲則僞矣"八字乃是以"聖人凥無爲之事"下注文，非此之注也），其中殆有可疑者。諗遂州碑、唐寫本皆無"生而不有"四字，而《經典釋文》又於"以知乎"下方出"恃"字，證陸氏所據王本復無"爲而不恃"四字。蓋此八字，皆王本所無，其有者乃河上公本（見存宋河上公本正有"生而不有，爲而不恃"八字，並於"生而不有"下，注云"元氣生萬物而不有"，於"爲而不恃"下注云"道所施，爲而不恃，望其報也"），非王本也，今刪。又"爲而不恃"下，元本有注云"智慧自備"（"備"當作"葡"），爲則僞也（"也"當作"矣"）。案：其誼乃釋本章經文"是以聖人凥無爲之事"，今迻彼。

【箋】

于省吾曰："始與辭，均嗣之借字。辭、嗣，金文同用經典司字，金文十九作嗣，如有嗣、嗣土、嗣工、嗣馬之類是也。《兮甲盤》'王命甲政辭成周四方責'，政辭，即征司。《書·皋陶謨》：'在治忽。'《漢書·律曆志》作'七始詠'，即在司訓之譌文也，詳《尚書·新證》《易·繫辭》。'辭'本亦作'嗣'，《說文》辭，籒文作嗣。案：嗣，司也，司訓主乃通詁。萬物作焉而不司，言萬物作焉而不爲之主也。"（見《雙劍誃諸子新證》）高亨曰："《說文》'辭'，籒文作'嗣'，从司聲，始从台聲，司台二聲系之字，古韻並屬之部，古書往往相通。《書·舜典》：'舜讓于德，弗嗣。'《史記·五帝紀》集解引徐廣曰：'《今文尚書》作不怡，《秦誓》俾君子易辭，《公羊傳·文公十二年》傳辭作怠，《詩·青衿》子寧不嗣音，釋文嗣，《韓詩》作詒，《左傳·莊公八年經》甲午治兵，《公羊經》治作祠，皆其證。'辭、始並當讀爲司，十章、五十一章並云'長而不宰'，不司與不宰同。"（見高箸《老子正詁》）案：萬物，即萬方或萬官，謂臣工之分戝也（說見一章）。萬物作焉者，爲樸械爲器而千品出萬方具，臣工之分職以興也。始，猶先也。《淮南子·脩務》云"虐始於楚"，高誘注云："始，先也。"《國語·晉語》云"安始而可"，韋昭注云:"始,先也。"不爲始者,謂不爲物先,但因之而已。夫唯因之,乃能爲臣工之長也。經云:"樸散則爲器,聖人因之,則爲官長。"(見二十八章)謂聖人因樸之散而爲臣工之長也。蓋因之者,非先之也,所謂"不敢爲天下先,故能成器長也"(見六十七章)。器長即官長,曰器長者,以對國家建制而言也;曰官長者,以對臣工而言也。于、高二氏釋始爲司,皆未會老氏之恉也。

自然已足,爲則敗矣。[校]"矣",元本作"也"。案:當作"矣"(説見一章),今改。又"自然已足,爲則敗矣",元本在本章經文"是以聖人處無爲之事"下。案:其誼乃釋本章經文"萬物作焉而不爲始"(説見上),今迻此。

功成而不凥。

【校】

"不",元本作"弗"。案:唐景龍碑、唐開元甲幢、唐開元乙幢、唐景福碑、宋景祐幢、遂州碑、唐寫本、傅奕本、唐玄宗本、陸希聲本、陳景元本、司馬氏本、張太守本、蘇轍本、李霖本、彭耜本、董思靖本、范應元本、李榮本、劉惟永本、薛蕙本、焦竑本及《淮南子·道應》《太平御覽·皇王部一》《永樂大典》所引皆作"不"。王注云:"因物而用,功自彼成,故不凥也。"(見本章)據此則王本亦作"不"。其作"弗"者乃河上公本(見存宋河上公本正作"弗"),非王本也,今改。又"凥",元本作"居"。案:《説文》云"居,蹲也";又云"凥,處也"。諡誼以作"凥"爲是,"居"借字,今改。

【箋】

案:《墨子·經上》云:"功,利民也。"功成而不凥者,言聖人因樸之散而爲臣工之長,成利民之功而不以之自凥也。

因物而用,功自彼成,故不凥也。[校]"凥",元本作"居"。案:當從經文作"尻",今改。

夫唯不尻,

【校】

"不",元本作"弗"。案唐景龍碑、唐開元甲幢、唐開元乙幢、宋景祐幢、遂州碑、唐寫本、傅奕本、唐玄宗本、陸希聲本、陳景元本、司馬氏本、張太守本、蘇轍本、李霖本、彭耜本、董思靖本、范應元本、薛蕙本、焦竑本及《淮南子·道應》《太平御覽·皇王部一》《永樂大典》所引皆作"不"。此承上文"功成而不尻"而言,上文王本既作"不",則此亦以作"不"爲是。其作"弗"者,乃河上公本(見存宋河上公本正作"弗"),非王本也,今改。又"尻",元本作"居"。案:當從上文作"尻",今改。

是以不去。

【箋】

《淮南子·道應》云:"子發攻蔡,踰之。宣王郊迎,劉田百頃而封之執圭。子發辭不受,曰:'治國立政,諸侯入賓,此君之德也。發號施令,師未合而敵遁,此將軍之威也。兵陳戰而勝敵者,此庶民之力也。夫乘民之功勞而取其爵祿者,非仁義之道也。'故辭而弗受。故老子曰:'功成而不居。夫唯不居,是以不去。'"案:人類歷史之發展,一詘一信,迭廢迭興,雖欲不去,其可得乎?而老氏乃曰:"夫唯不尻,是以不去。"吾是以知其學終反乎辯證法之怡,且必爲後世統治者之所資也。

使功在己,則功不可久矣。校 "矣",元本作"也"。案:當作"矣"(説見一章),今改。

三章

不尚賢，使民不爭；

【箋】

《淮南子·齊俗》云："夫玉璞不厭厚，角觡不厭薄；漆不厭黑，粉不厭白。此四者相反也，所急則均，其用一也。今之裘與蓑，孰急？見雨則裘不用，升堂則蓑不御，此代爲常者也。譬若舟、車、楯、肆、窮廬，故有所宜也。故老子曰：'不上賢'者，言不致魚於木，沈鳥於淵。故堯之治天下也，舜爲司徒，契爲司馬，禹爲司空，后稷爲大田師，奚仲爲工。其導萬民也，水處者漁，山處者木，谷處者牧，陸處者農。地宜其事，事宜其械，械宜其用，用宜其人，澤皋織網，陵陂耕田，得以所有易所無，以所工易所拙，是故離判者寡，而聽從者眾。譬若播棊丸於地，圓者走澤，方者處高，各從其所安，夫有何上下焉？若風之遇簫，忽然感之，各以清濁應矣。"

不貴難得之貨，使民不爲盜；

【箋】

《淮南子·齊俗》云："治國之道，上無苛令，官無煩治，士無僞行，工無淫巧，其事經而不擾，其器完而不飾。亂世則不然。爲行者相揭以高，爲禮者相矜以僞，車輿極於雕琢，器用逐於刻鏤，求貨者爭難得以爲寶，詆文者處煩撓以爲慧，爭爲佹辯，久稽而不決，無益于治。工爲奇器，歷歲而後成，不周於用。故神農之法曰：'丈夫丁壯而不耕，天下有受其飢者。婦人當年而不織，天下有受其寒者。'故身自耕，而妻親織，以爲天下先。其導民也，不貴難得之貨，不器無用之物。是故其耕不強者，無以養生；其織不強者，無以捄形。有餘不足，各歸其身。衣食饒溢，姦邪不生，安樂無事而天下均平。"鄭玄曰："金玉曰貨。"（見《周禮·天官冢宰》"六曰商賈，阜通貨賄"鄭玄注）《漢書·食貨志》云："夫珠玉金銀，饑不可食，寒不可衣，然而眾貴之者，以上用之故也。其爲物輕微易藏，在於把握，可以周海內而亡饑寒之患。此令臣輕背其主，而民易去鄉，盜賊有所勸，亡逃者得輕資也。粟米布帛生於地，長於時，聚於力，非可一日成也；數石之重，中人弗勝，不爲姦邪所利，一日弗得而饑寒至。是故明君貴五穀而賤金玉。"

不見可欲，使民心不敵。

【校】

"敵"，元本作"亂"。案：《說文》云："亂，治也。"又云："敵，煩也。"諫誼以作"敵"爲是，"亂"，借字，今改。

【箋】

《淮南子·道應》云："令尹子佩請飲莊王，莊王許諾。子佩具於京臺，莊王不往。明日（元本無'子佩具於京臺莊王不往明日'十二字，今據《太平御覽·人事部》一百九所引補），子佩跣揖（元本'跣'作'疏'，今據《太平御覽·人事部》一百九所引改），北面立於殿下，曰：'昔者君王許之，今不果往。意者，臣有罪乎？'莊王曰：'吾聞子具於京臺。京臺者（元本二"京"字皆作"強"，今據《太平御覽·人事部》一百九所引改），南望獵山（元本"獵"作"料"，今據《太平御覽·人事部》一百九所引改）以臨方皇，左江而右淮，其樂忘歸（元本"歸"作"死"，今據《太平御覽·人事部》一百九所引改）。若吾薄德之人，不可以當此樂也。恐流而不能反（元本"流"作"留"，今據《太平御覽·人事部》一百九所引改）。'故老子曰：'不見可欲，使心不亂。'"《三國志·蜀書·秦宓傳》云："成湯大聖，覩野魚而有獵逐之失，定公賢者，見女樂而棄朝事，若此輩類，焉可勝陳。道家法曰：'不見所欲，使心不亂。'"

賢，猶能也。尚者，嘉之名也。貴者，隆之偁也。校"偁"，元本作"稱"。案：《說文》云："稱，銓也。"又云："偁，揚也。"徐鍇曰："稱字，權衡稱量也。此則相偁舉也。"（見《說文繫傳》）諟誼以作"偁"爲是，"稱"，借字，今改。唯能是任，尚之曷爲？校"之"，元本作"也"。案：張太守本作"之"，此與下文"貴之曷爲"同例，以作"之"爲是，今改。唯用是蚑，校"蚑"，元本作"施"。案：當作"蚑"（說見一章），今改。貴之曷爲？校"曷"，元本作"何"。案：張太守作"曷"，此與上文"尚之曷爲"同例，以作"曷"爲是，今改。尚賢顯明，榮過其任，下奔而競，效能相射。校"下奔而競，效能相射"，元本作"焉而常校能相射"。案：張太守本、劉惟永本皆作"下奔而競，效能相射"（唯張太守本"效"作"効"，蓋《說文》有"效"字無"効"字，"効"乃"效"之俗書也）。蓋墨子尚賢而老子非之，王氏又針對墨子之說，以明老子不尚賢之誼也。《墨子·尚賢上》云："古者聖王之爲政，列德而尚賢，雖在農與工肆之人，有能則舉之，高予之爵，重予之祿，任之以事，斷予之令……，故當是時，雖在於厚祿尊位之臣，莫不敬懼而施；雖在農與工肆之人，莫不競勸而尚意。"而王氏爲注，則一反其說，云尚賢顯名，榮過其任者，席高予之爵，重予之祿之非也。云"下奔而競，效能相射"者，譴在農與工肆之人，莫不競勸而尚意之害也。諟誼以作"下奔而競，效能相射"爲是，其作爲而常校能相射者，乃後人據誤本《經典釋文》竄改，非王注之舊也，今改。箋陶鴻慶曰："相射，猶言相勝。《文子·上德篇》：'兇兇者獲，提提者射。'《劉子·楊朱篇》'樓上博者射'，釋文'食亦反'。張注云：'凡戲爭能取中，皆曰射。'《史記·孫吳劉傳》'田忌數與齊諸公子馳逐重射'，'射'亦當讀食亦反，謂以重注賭勝也。《索引》解爲好射，非是。"（見《讀諸子札記》）貴貨過用，貪者競趣，穿窬探篋，沒命而盜。故可欲不見，心無所亂也。校"亂"，元本作"亂"。案：當從經文作"亂"，今改。

是以聖人之治，虛其心，實其腹；

心裹智而腹裹食，校上二"裹"字，元本皆作"懷"。案：當作"裹"（説見一章），今改。虛有智而實無知也。

弱其志，

【箋】

孔穎達曰："六情徧觀，在心未見爲志。"（見《禮記·曲禮上》"志不可滿"疏）

志生事以譈，校"譈"，元本作"亂"。案：當從經文作"譈"，今改。又"志生事以譈"，元本在本章經文"彊其骨"下，接注文"骨無知以幹"後。案：其誼，乃釋本章經文"弱其志"，今迻此。故弱之。校元本無"故弱之"三字。案：《老子翼》所引有，當從之，今補。

彊其骨。

【校】

"彊"，元本作"強"。案：唐寫本、陳景元本皆作"彊"。《説文》云"強，蚚也"；又云"彊，弓有力也"，引申之，則爲凡有力之偁。諒誼以作"彊"爲是，"強"借字，今改。

骨無知以幹，校"骨無知以幹"下，元本有"志生事以亂（'亂'當作'譈'，又'志生事以亂下'應有'故弱之'三字）心虛則志弱也"十一字。案："志生事以亂"，乃釋本章經文"弱其志"，今迻彼。又案："心虛則志弱也"，張太守本、劉惟永本、正統王本、明和王本，皆無其文，蓋王本初無此六字，至清乾隆中，校理《四庫全書》，館臣始據《經典釋文》補入。其後諸本，展轉相沿，遂皆有之。然諗唐開元二幢及唐玄宗《道德真經注》，此六字實唐玄宗注語，不知何時羼入《經典釋文》，館臣以爲王注，固非。若以爲陸書之所故有，亦非是也，今刪。故彊之。[校]元本無"故彊之"三字。案：《老子翼》所引有，唯"彊"作"強"，今補，竝從經文改"強"爲"彊"。

常使民無知無欲，

　　守其真也。

使夫智者不敢爲。

【校】

　　"智"，元本作"知"。案：乾隆王本、光緒王本皆作"智"。"知"與"智"，古雖通用，然諗《老子》經文，凡智慧字，皆作"智"，不作"知"。如"烝民治國，能無以智乎？"（見十章）"智慧出，有大偽"（見十八章）；"絕聖棄智，民利百倍"（見十九章）；"不貴其師，不烝其資，雖智大迷"（見二十七章）；"知人者智，自知者明"（見三十三章）；"民多智慧，而衺事滋起"（見五十七章）；"民之難治，以其多智。故以智治國，國之賊；不以智治國，國之福"（見六十五章）；皆其證也。據例以作"智"爲是，今改。又"使夫智者不敢爲"下，元本有"也"字。案：景龍碑、唐開元甲幢、唐景福碑、顧歡本、傅奕本及《老子疑問反訊》所引皆無，當從之，今刪。[箋]案："使夫智者不敢爲"者，謂使夫智者不敢割樸以爲器也。

　　智者，[校]"智"，元本作"知"。案：劉惟永本、乾隆王本、光緒王本，皆作"智"，經文既當作"智"，則此亦以作"智"爲是，今改。謂知爲者也。[校]"謂知爲"下，元本無"者"字。案：此以知爲者釋智者也。經云"使夫智者不敢爲（見本章），猶云使夫智者不敢爲也"，諟誼以有"者"字爲是，今補。

爲無爲，則無不爲矣。

【校】

"無不爲矣"，元本作"無不治"。案：傅奕本、范應元本皆作"無不爲矣"（唯范應元本"無"作"无"）。范應元曰："河上公作无不治。"（見范著《老子道德經古本集注》）然則王本當作"無不爲矣"，其作"無不治"者乃河上公本（見存宋河上公本正作"無不治"），非王本也，今改。

箋案：無爲，謂無臣工分職之治也（説見二章），"爲無爲，則無不治矣"者，謂爲無臣工分職之治則天下無不治矣。

四章

道盅，而用之

【校】

"盅"，元本作"沖"。案：傅奕本及《説文・皿部》所引皆作"盅"，此與四十五章經文"大盈若盅"同例，王本亦當作"盅"。其作"沖"者，乃河上公本（見存宋河上公本正作"沖"，注云："沖，中也。"道匿名藏譽，其用在中），非王本也，今改。又案：老子故書當於"盅"字斷句，"而用之"三字當連下文"又不盈"讀，王本於"之"字斷句，失之。

又不盈，

【校】

"又"，元本作"或"。案：唐景龍碑、遂州碑、唐寫本、傅奕本、范應元本及《淮南子·道應》所引皆作"又"。王注云："故盅而用之，又復不盈。"（見本章）據此，則王本亦作"又"，其作"或"者，乃河上公本（見存宋河上公本正作"或"，注云："或，常也。"道常謙虛，不盈滿），非王本也，今改。

【箋】

高亨曰："既言沖又言不盈，文意重複，疑盈當讀爲逞。《左傳·襄公二十五年》傳'不可億逞'，杜注'逞，盡也'；《文選·思玄賦》李注引《字林》：'逞，盡也。'盈、逞，古通用。《左傳·昭公四年》傳'逞其心，以厚其毒'；《新序·善謀篇》引'逞'作'盈'；《昭公二十三年》傳'沈子盈'，《穀梁傳》'沈子逞'；《襄公二十三年》傳'欒盈'，《史記·晉世家》作'欒逞'，竝其證。'其'本字當作'罄'或'窒'，《說文》'罄，器中空也'，'窒，空也'；《爾雅·釋詁》'罄，盡也'。逞、窒古通用，據《說文》，逞從呈聲，呈從壬聲，窒從至聲，至從壬省聲，是二字同聲系也。窒、罄古亦通用。《詩·蓼莪》'瓶之罄矣'，《說文》引'罄'作'窒'，即其證。'道沖而用之或不盈'者，謂道虛，而用之或不盡也。六章稱道曰'用之不勤'，勤亦盡也；三十五章稱道曰'用之不可既'，既亦盡也，竝與此句同意。又五章曰'虛而不屈'，屈亦盡也；四十五章曰'大盈若沖，其用不窮'，窮亦盡也，亦可作此句左證。"（見高著《老子正詁》）案：老子故書"盈"當作"㡀"。《周易·上象》"雷雨之動滿盈"，李鼎祚集解："盈"正作"㡀"蓋㡀、盈二字，古音皆屬耕部，以音近而致僞也。《管子·心術上》云"虛無無形謂之道"，"道盅而用之又不㡀"者，言道體盅虛而用之，又復無形也。十五章經文"保此道者不欲盈，夫唯不盈，故能蔽而不新成"，"盈"亦當作"㡀"。今王本作"盈"，高氏謂其本字當作"罄"或"窒"，皆非。

【箋】

《淮南子·道應》云："趙襄子攻翟而勝之，取尤人、終人。使者來謁之，襄子方將食而有憂色。左右曰：'一朝而兩城下，此人之所喜也。今君有憂色，何也？'襄子曰：'江、河之大也，不過三日。飄風暴雨，日中不須臾。今趙氏之德行無所積，今一朝兩城下，亡其及我乎！'孔子聞之曰：'趙氏其昌乎！'夫憂，所以爲昌也；而喜，所以爲亡也。勝非其難矣，持之者其難也。賢主以此持勝，故其福及後世。齊、楚、吳、越皆嘗勝也，然而卒取亡焉，不通乎持勝也。唯有道之主能持勝。孔子勁扣國門之關，而不肎以力聞。墨子爲守攻，公輸般服，而不肎以兵知。善持勝者，以強爲弱。故老子曰：'道沖，而用之又弗盈也。'"

夫執一家之量者，不能全家；執一國之量者，不能成國；窮力舉重，不能爲用。故人雖知萬物治也，治而不以二儀之道，[箋]劉良曰："二儀，天地也。"（見《文選·宣德皇后令》"不易日月而二儀貞觀"劉良注）則不能贍矣。[校]"矣"，元本作"也"。案：當作"矣"（說見一章），今改。地雖形魄，不法於天則不能全其甯；[校]"甯"，元本作"寧"。案：《說文》云"寧，願詞也"，又云"甯，定息也"。諲誼以作"甯"爲是，"寧"借字，今改。天雖精象，不法於道則不能保其清。[校]"清"，元本作"精"。案：經云"天得一以清"（見三十九章）；又云"天無以清將恐裂"（同上）。諲誼以作"清"爲是，其作"精"者，蓋因形似而誤也，今改。盅而用之，用乃不窮。滿以造實，實來則溢。故盅而用之，[校]上二"盅"字，元本皆作"沖"。案：當從經文作"盅"，其作"沖"者，乃後人改易其字，以合河上公本經文，非王注之舊也，今改。又復不盈，其爲無窮亦已極矣。[校]"夫執一家之量者"至"亦已極矣"，元本在本章經文"象帝之先"下。案：其誼乃釋本章經文"道盅而用之又不盈"，今迻此。

淵兮似萬物之宗。

【箋】

　　《管子·形勢解》云"淵者，眾物之所生也"；《荀子·正名》云"物也者，大共名也"。夫道爲萬物之宗主，而淵則象之，故曰："淵兮似萬物之宗也。"

　　形雖大，不能纍其體；校 "纍"，元本作"累"。案：《說文》有"纍"字無"累"字。《太玄·止次七》云"車纍其虎"；《老子銘》云"九等之敍，何足纍名"。（見《隸釋》）蓋其字當作"纍"，"累"俗書，今改。事雖殷，箋案：殷，猶眾也、多也。《詩·國風·鄭·溱洧》云"士與女，殷其盈矣"，毛亨傳云："殷，眾也。"《尚書·夏書·禹貢》云"九江孔殷"，孔穎達疏引鄭玄注云："殷，猶多也。"事雖殷，猶云事雖眾多也。不能充其量。萬物捨此而求主，校 "捨"，元本作"舍"。案：劉惟永本作"捨"。《說文》云"市居曰舍"，又云："捨，釋也。"諫誼以作"捨"爲是，"舍"，借字，今改。主其安在乎？不亦淵兮似萬物之宗乎？校 "形雖大"至"不亦淵兮似萬物之宗乎"，元本在本章經文"象帝之先"下，接注文"亦已極矣"後。案：其誼乃釋本章經文"淵兮似萬物之宗"，今迻此。

挫其銳，解其紛，和其光，同其塵。

【校】

　　案："挫其銳"至"同其塵"十二字亦見於五十六章，唯此處與上文"淵兮似萬物之宗"下文"湛兮似或存"恉誼殊不相屬，蓋五十六章之複簡也，當刪去，以王本已然，故並存之。

湛兮似或存，

【箋】

案：湛，古沈字，湛兮，潛隱不見之貌也。《太玄·玄圖》云："降隊幽藏存乎沈。"

銳挫而無損，紛解而不勞，和光而不污其體，同塵而不渝其真，不亦湛兮似或存乎？ 校 "銳挫而無損"至"不亦湛兮似或存乎"，元本在本章經文"象帝之先"下，接注文"不亦淵兮似萬物之宗乎"後。案：其誼乃釋本章經文"挫其銳"至"湛兮似或存"，今迻此。

吾不知其誰之子，

【校】

"吾不知"下，元本無"其"字。案：唐景龍碑、宋景祐幢、唐玄宗本、陸希聲本、李霖本、范應元本、焦竑本皆有，王注云："吾不知其誰之子，故曰：先天帝生也。"（見二十五章）據此，則王本亦有。其無者，乃河上公本（見存宋河上公本正無"其"字），非王本也，今補。

【箋】

案之字，語中助詞，無誼。誰之子，猶云，誰子也（唐景龍碑、唐開元甲幢、唐開元乙幢、遂州碑、唐寫本、司馬氏本，正作"誰子"）。誰子，即誰何。《荀子·王霸》云："誰子之與也。""吾不知其誰之子"者，言吾不知其誰何也。近人蔣錫昌、朱謙之等據《廣雅·釋言》釋"誰之子"，爲誰似（見蔣著《老子校詁》、朱箸《老子校釋》），古語無此例證，失之。

象帝之先。

【箋】

案:《尚書璇璣鈐》云:"帝者,天號。"(見《説郛》)"象帝之先"者,言其先天地生也。經云:"有物棍成,先天地生,寂兮漠兮,獨立而不改,周行而不殆,可以爲天地母。吾不知其名,故劈字之曰道。"(見二十五章)

象帝,天帝也。[校] "帝,天帝也",元本在下文"不亦象帝之先乎"下。案:王氏注經之例,皆先釋一詞一字之誼,然後乃就其全文,貫通釋之。如一章"故常無欲,以觀其眇",注云:"眇者,散之極也。"(以上釋"眇"字之誼)"萬物始於散而後成,始於無而後生。故常無欲,空虛其裏,可以觀其始物之眇也。"(以上通釋全文)"常有欲,以觀其徼",注云"徼,終也"(以上釋"徼"字之誼);"凡有之爲利,必以無爲用;欲之所本,適道而後濟。故常有欲,可以觀其終物之徼也"(以上通釋全文)。三章"不尚賢,使民不爭;不貴難得之貨,使民不爲盜;不見可欲,使民心不敵",注云"賢,猶能也"(以上釋"賢"字之誼);"尚者,嘉之名也"(以上釋"尚"字之誼);"貴者,隆之偶也"(以上釋"貴"字之誼);"唯能是任,尚之曷爲?唯用是歧,貴之曷爲?尚賢顯名,榮過其任,下奔而競,效能相射。貴貨過用,貪者競趨,穿窬探篋,沒命而盜。故可欲不見,則心無所敵矣"(以上通釋全文)。五章"天地之間,其猶橐籥乎?虛而不屈,動而俞出",注云"橐,排橐也"(以上釋"橐"字之誼);"籥,樂籥也"(以上釋"籥"字之誼);"橐籥之中,空洞無情爲無,故虛而不得窮屈,動而不可渴盡也"(以上通釋全文)。九章"持而盈之,不如其已",注云"持,謂不失惠也"(以上釋"持"字之誼);"既不失其惠,又盈之,勢必傾危。故不如其已者,謂乃更不如無惠無功者也"(以上通釋全文)。十章"載營魄抱一,能無離乎"注云"載,猶處也"(以上釋"載"字之誼);"營魄,人之常尻處也"(以上釋"營魄"一詞之誼);"一,人之真也"(以上釋"一"字之誼);"言人處常尻之宅,抱一清神,能常無離乎?則萬物自賓矣"(以上通釋全文)。"專氣致柔,能如嬰兒乎?"注云"專,任也"(以上釋"專"字之誼);"致,極也"(以上釋"致"字之誼);"言任自然之气,致極柔之和,能若嬰兒之無所欲乎?則物全而性得矣"(以上通釋全文)。"滌除玄覽,能無疵乎?"注云"玄,物之極也"(以上釋"玄"字之誼);"言滌除衺飾,至於極覽,能不以物介其明。疵其神乎?則終與玄同矣"(以上通釋全文)。十三章"何謂貴大患若身"注云"大患,榮寵之屬也。生之厚,必入死之地,故謂之大患也"(以上釋"大患"一詞之誼);"人迷之於榮寵,返之於身,故曰:貴大患若身也"(以上通釋全文)。十七章"大上,下知有之",注云"大上,謂大人也。大人在上,故曰'大上'也"(以上釋"大上"一詞之誼);"大人在上,尻無爲之事,行不言之教,萬物作焉而不爲始,故下知有之而已"(以上通釋全文)。"功成事遂,百姓皆謂我自然",注云"自然,其耑兆不可得而見也,其意趣不可得而覩也"(以上釋"自然"一詞之誼);"尻無爲之事,行不言之教,不以形理物,故功成事遂,而百姓不知其所以然也"(以上通釋全文)。二十一章"孔惪之搈,唯道是從",注云"孔,空也"(以上釋"孔"字之誼);"唯以空爲惪,然後乃能動作從道也"(以上通釋全文)。"窈兮冥兮,其中有精",注云"窈冥,深遠之歎"(以上釋"窈"字、"冥"字之誼),"深遠不可得而見,然而萬物由之。不可得見,以定其真,故曰'窈兮冥兮,其中有精'也。"(以上通釋全文)"其精甚真,其中有信",注云"信,信驗也"(以上釋"信"字之誼);"物返窈冥,則真精之極得,萬物之性定,故曰:'其精甚真,其中有信'也。"(以上通釋全文)"以閱眾甫",注云"眾甫,物之始也"(以上釋"眾甫"一詞之誼);"以無名閱萬物始也"(以上通釋全文)。"吾何以知眾甫之然哉?以此",注云"此,上之所云也"(以上釋"此"字之誼);"言吾何以知萬物之始於無哉,以此知之也"(以上通釋全文)。二十三章"希言自然",注云"聽之不聞名曰希"(以上釋"希"字之誼);"下云,道之出言,淡兮其無味,視之不足見,聽之不足聞。然則無味不足聽之言,乃是自然之至言也"(以上通釋全文)。"故從事於道者,同於道",注云"從事,謂舉動從事於道者也"(以上釋"從事"一詞之誼);"道以無形無爲成濟萬物,故從事於道者,以無爲爲尻,不言爲教,緜緜若存,而物得其真,與道同體,故曰'同於道也'。"(以上通釋全文)"得者,同於得",注云"得,少也。少則得，故曰得也"（以上釋"得"字之誼）；"行得則與得同體，故曰'同於得'也"（以上通釋全文）。"失者，同於失"，注云"失，累多也。累多則失，故曰'失'也"（以上釋"失"字之誼）；"行失則與失同體，故曰'同於失'也"（以上通釋全文）。二十七章"不善人者，善人之資"，注云"資，取也"（以上釋"資"字之誼）；"善人以善齊不善，不以善棄不善，故不善人，善人之所取也"（以上通釋全文）。二十八章"知其雄，守其雌"，注云："雄，先之屬"（以上釋"雄"字之誼）；"雌，後之屬也"（以上釋"雌"字之誼）；"知爲天下之先者必後也。是以聖人後其身而身先也"（以上通釋全文）。三十章"故善者，果而已矣，不以取彊"，注云："果，猶濟也"（以上釋"果"字之誼）；"言善用師者，趣以濟難而已矣，不以兵力取彊於天下也"（以上通釋全文）。"物壯則老，是謂不道，不道早已"，注云"壯，武力暴興也，喻以兵彊於天下者也"（以上釋"壯"字之誼）；"飄風不終朝，驟雨不終日，故暴興不道，必早已也"（以上通釋全文）。三十二章"始制有名"，注云："始制，謂樸散始爲官長之時也"（以上釋"始制"一詞之誼），"始制官長，不可不立名分以定尊卑，故曰'始制有名'也"（以上通釋全文）。四十章"夷道若纇"，注云"纇，坳也"（以上釋"纇"字之誼）；"大夷之道，因物之性，不執平以割物。其平不見，乃更反若纇坳也"（以上通釋全文）。"建惪若偷"，注云"偷，匹也"（以上釋"偷"字之誼）；"建惪者，因物自然，不立不敀，故若偷匹也"（以上通釋全文）。五十一章"是以萬物莫不尊道而貴惪"，注云"道者，物之所由也"（以上釋"道"字之誼）；"惪者，物之所得也"（以上釋"惪"字之誼）；"由之乃得，故不得不尊；失之則害，故不得不貴也"（以上通釋全文）。五十八章"廉而不劌"，注云"廉，清廉也"（以上釋"廉"字之誼）；"劌，傷也"（以上釋"劌"字之誼）；"以清廉清民，令去其污，而不以清廉劌傷於物也"（以上通釋全文）。五十九章"治人事天莫若嗇"，注云"莫若，猶莫過也"（以上釋"莫若"一詞之誼）；"嗇，農夫也"（以上釋"嗇"字之誼），"農夫之治田，務去其殊類，歸於齊一也。全其自然，不急其荒病，除其所以荒病。上承天命，下綏百姓，莫過於此"（以上通釋全文）。六十一章"牝常以牮勝牡"，注云："牝，雌也"（以上釋"牝"字之誼）；"牡，雄也"（以上釋"牡"字之誼）；"雄趮動貪欲，雌常以牮，故能勝雄也"（以上通釋全文）。皆其證也。此注"地守其形"至"不亦象帝之先乎"，乃通釋本章經文"象帝之先"，而"帝天帝也"四字，則專釋"帝"字之誼者也。據例應在"地守其形"上，今逸此。**地守其形**，校 "地守其形"上，元本有"夫執一家之量者，不能全家；執一國之量者，不能成國；窮力舉重，不能爲用。故人雖知萬物治也，治而不以二儀之道，則不能瞻也（'也'當作'矣'）。地雖形魄，不法於天則不能全其寧（'寧'當作'甯'）；天雖精象，不法於道，則不能保其精（'精'當作'清'）。沖而用之，用乃不能窮。滿以造實，實來則溢。故沖而用之（上二'沖'字皆當作'盅'），又復不盈，其爲無窮亦已極矣。形雖大，不能累其體（'累'當作'纍'）；事雖殷，不能充其量。萬物舍此而求主（'舍'當作'捨'），主其安在乎？不亦淵兮似萬物之宗乎？銳挫而無損，紛解而不勞，和光而不污其體，同塵而不渝其真，不亦湛兮似或存乎"一百八十二字。案："夫執一家之量者"至"亦已極矣"，乃釋本章經文"道盅而用之，又不盈"。"形雖大"至"不亦淵兮似萬物之宗乎"，乃釋本章經文"淵兮似萬物之宗"。"銳挫而無損"至"不亦湛兮似或存乎"，乃釋本章經文"挫其銳"至"湛兮似或存"，今各逸其處。**悳不能過其載**；校 "悳"，元本作"德"。案：《說文》云"德，升也"；又云"悳，外得於人，內得於己也"。諡誼以作"悳"爲是，"德"借字，今改。**天慊其象**，箋案：慊，猶足也。《莊子·天運》云："盡去而後慊。"《經典釋文》云："李云，足也。"《日知錄》云："《孝文紀》'天下人民未有嗛志'，與《樂毅傳》'先王以爲慊於志'同，皆厭足之意。"（見卷二十七《史記》注條）**悳不能過其覆**。校 "悳"，元本作"德"。案：當從上文作"悳"，今改。箋案：《莊子·天下》云："天能覆之而不能載，地能載之而不能覆之。"天地皆有所止，故云"不能過"也。**天地莫能及之，不亦象帝之先乎？**校 "象"，元本作"似"。案：當從經文作"象"，今改。又"不亦象帝之先乎"下，元本有"帝，天帝也"四字。案：當在上文"地守其形"上（說見上），今逸彼。

五章

天地不仁，以萬物爲芻狗；

【箋】

案：芻狗者，結芻爲狗，巫祝用之以求福謝過者也。《莊子·天運》云："夫芻狗之未陳也，盛以篋衍，巾以文繡，尸祝齊戒以將之；及其陳也，行者踐其首脊，蘇者取而爨之而已。"《淮南子·齊俗》云："所謂禮義者，五帝三王之法籍風俗，一世之迹也。譬若芻狗土龍之始成，文以青黄，絹以綺繡，纏以朱絲，尸祝袀袨，大夫端冕，以送迎之。及其已用之後，則壤土草薊而已，夫有孰貴之！"又《説山》云："聖人用物，若用朱絲約芻狗，若爲土龍以求雨。芻狗待之而求福，土龍待之而得食。"又《説林》云："夫隨一隅之迹，而不知因天地以游，惑莫大焉。雖時有所合，然而不足貴也。譬若旱歲之土龍，疾疫之芻狗，是時爲帝者也。""天地不仁，以萬物爲芻狗"者，言天地無私於萬物而任其自然興廢，若芻狗之以時爲用也。王注以芻狗分釋，非是。

天地任自然，無爲無造，萬物自相治理，故不仁也。仁者必造立岐化，有恩有爲。造立岐化，校 上二"岐"字，元本皆作"施"。案：當作"岐"（説見一章），今改。則物失其真。有恩有爲，則物不具存。校 "則"，元本作"剅"。案：張太守本、劉惟永本、正統王本、乾隆王本、光緒王本、明和王本皆作"則"。諟誼以作"則"爲是，其作"剅"者，蓋因形似而誤也，今改。物不具存，則不足以覆載矣。校 "覆"，元本作"備"。案：此承上文"天地任自然"而言，故云"物不具存，則不足覆載矣"。諟誼以作"覆"爲是,"備"誤字,今改。天地不爲嚚生芻,而嚚食芻; 校 "地不爲嚚生芻"上,元本無"天"字。案:張太守本有,當從之,今補。又上二"嚚"字,元本皆作"獸"。案:《説文》云"獸,守備者也";又云:"嚚,㹂也。"諟誼以作"嚚"爲是,"獸"借字,今改。不爲人生狗,而人食狗。無爲於萬物而萬物各適其所用,則莫不贍矣。若惠由已樹, 校 "惠",元本作"慧"。案:劉惟永本作"惠"。《説文》云"慧,儇也";又云:"惠,仁也。"諟誼以作"惠"爲是,"慧",借字,今改。未足任也。

聖人不仁,以百姓爲芻狗。

【箋】

《國語·楚語》云:"民之徹官百。王公之子弟之質能言能聽徹其官者,而物賜之姓,以監其官,是爲百姓。"案:姓者,上古之氏族,泊乎樸㭊爲器,階級差別之形既箸,於是昔之氏族或淪爲羣黎而不能保其物姓,其偁百姓者,唯貴族耳。"聖人不仁,以百姓爲芻狗"者,言聖人無私於百姓,任其自然興廢若芻狗之時爲用也。

聖人與天地合其惪, 校 "惪",元本作"德"。案:當作"惪"(説見四章),今改。 箋 《白虎通·德論》:"聖人云:'聖者……與天地合德,日月合明,四時合序,鬼神合吉凶。'"以百姓比芻狗也。

天地之閒,

【校】

"閒",元本作"間"。案:唐開元甲幢、唐景福碑、薛蕙本、乾隆王本、光緒王本皆作"閒"。《説文》有"閒"字無"間"字。《墨子·經上》云"有閒,中也","閒,不及旁也"。《莊子·庚桑楚》云:"寇莫大於陰陽,無所逃於天地之閒。"蓋其字當作"閒","間",俗書,今改。

其猶橐籥乎?

【校】

"籥",元本作"籥"。案:《説文》云"籥,書僮,竹笘也";又云:"籥,樂之竹管,三孔以合眾聲也"。諗誼以作"籥"爲是,"籥",借字,今改。

【箋】

高誘曰:"橐,冶鑪排橐也。"(見《淮南子·本經》"鼓橐吹埵,以銷銅鐵"高誘注)李善曰:"橐,冶鑄者用以吹火使炎熾。"(見《文選·文賦》"同橐籥之罔窮,與天地乎並育"李善注)又鄭玄曰:"籥如笛,三孔。"(見《禮記·明堂位》"土鼓、蕢桴、葦籥,伊耆氏之樂也"鄭玄注)毛亨曰:"籥,六孔。"(見《詩·國風·邶風》"簡兮,左手執籥,右手秉翟"毛亨傳)《廣雅·釋樂》云:"籥,謂之笛有七孔。"饒炯曰:"籥乃竹管之通名,非專器,故孔無定數,説亦互異。"(見《〈説文解字〉部首訂》)

虛而不屈,動而俞出。

【校】

"俞"元本作"愈"。案:唐景龍碑、傅奕本、范應元本皆作"俞"。《説文》有"俞"字,無"愈"字。《荀子·榮辱》云:"清之而俞濁者,口也;豢之而俞瘠者,交也。"《漢書·禮樂志》云:"如以湯止沸,沸俞甚而無益。"《漢繁陽令楊君碑》云:"故乃名問俞高,休聲益著。"(見《隸釋》)蓋其字當作"俞","愈"俗書,今改。案:以此橐籥之虛而不屈,喻守中之不可窮也,下文云多言數窮不如守中。

橐,排橐也。[校]"排橐",《一切經音義》(卷十一)引作"橐囊"。籥,樂龠也。校上二"龠"字，元本皆作"籥"。案：當從經文作"龠"，今改。又"樂龠"，《文選·文賦》李善注引作"樂器"。橐龠之中校"龠"，元本作"籥"。案：當從經文作"龠"，今改。空洞，無情無爲，故虛而不得窮屈，動而不可渴盡也。校"渴"，元本作"竭"。案：《説文》云："竭，負舉也。"又云："渴，盡也。"諝誼以作"渴"爲是，"竭"，借字，今改。天地之中，蕩然任自然，故不可得而窮，猶若橐龠也。校"龠"，元本作"籥"。案：當從經文作"龠"，今改。

多言數窮，

數謂理數也，校元本無"數謂理數也"五字。案河上公注云："數，王弼注音雙遇反，謂理數也。"（見宋本《河上公老子道德經注》）《經典釋文》云"王云理數也"，據此則王注應有此五字，今補。

不如守中。

【箋】

《淮南子·道應》云："王壽負書而行，見徐馮於周。徐馮曰：'事者，應變而動。變生於時，故知時者無常行。書者，言之所出也。言出於知者，智者不藏書。'（元本'知者'下無'不'字，今據王念孫説補）於是王壽乃焚書而舞之。故老子曰：'多言數窮，不如守中。'"案：言，謂政教法令也（説見二章）；數，猶速也。《禮記·曾子問》云"日有食之，不知其已之遲數"，鄭玄注云"數，讀如速"；又《祭義》云"其行也趨趨以數"，鄭玄注云："數之，言速也。""中"，當作"盅"，謂之道也，經云："道盅，盅虛而用之又不盈。"（見四章）"多言數窮，不如守中"者，謂世之王侯以政教法令爲治國之具，不知其教令俞繁而民俞叛，意在求治而乃速其困窮，固不如守此盅虛之道，能應乎無窮也。《周易·象下》云："有言不信，尚口乃窮。"此之謂也。蓋老氏唱不言之教，而反對以政教法令爲治，其云是以"聖人尻無爲之事，行不言之教"（見二章）；又云："言不足（諸本'言'誤作'信'），焉有不信。悠兮其貴希言（諸本言上奪'希'字）。功成事遂，百姓皆謂我自然。"（見十七章）又云："希言自然。故飄風不終朝，驟雨不終日。孰爲此者？天地。天地尚不能久，而況於人乎？"（見二十三章）又云："不言之教，無爲之益，天下希及之。"（見四十三章）又云："塞其兌，閉其門，終身不勤。開其兌，濟其事，終身不救。"（見五十二章）又云："法令滋彰，盜賊多有。"（見五十七章）皆同一愲誼而反復言之耳。

俞爲之則俞失之矣。[校]上二"俞"字，元本皆作"愈"。案：當從經文作"俞"，今改。物樹其惠，[校]"惠"，元本作"惡"。案：王注云："若惠由己樹，未足任也。"（見本章）諗誼以作"惠"爲是，其作"惡"者，蓋因形似而誤也，今改。事錯其言，其惠不濟，[校]"不濟"上，元本無"其惠"二字。案：此承上文"物樹其惠"而言。諗誼以有此二字爲是，今補。

其言不理，

【校】

"其"元本作"不"。案：宇惠曰："不言之'不'，一作'其'。"（見宇惠箸《王注老子道德經考訂》）蓋此承上文"事錯其言"而言，諗誼以作"其"爲是，"不"，誤字，今改。

必窮之數也。橐龠而守數中，則無窮盡。棄己任物，則莫不理。若橐龠有意於爲聲也，[校]上二"龠"字，元本皆作"籥"。案：當從經文作"龠"，今改。則不足以供吹者之求矣。[校]"供"元本作"共"，張太守本、劉惟永本皆作"供"。《說文》云："共，同也。"又云："供，設也，一曰供給。"諗誼以作"供"爲是，"共"，借字，今改。又"矣"，元本作"也"。

案：當作"矣"（說見一章），今改。又《道德真經取善集》於本章經文"多言數窮，不如守中"下引王注云："若不法天地之虛靜，同橐籥之無心，動不從感，言不會機，動與事乖，故曰數窮。不如內懷道德，抱一不移，故曰守中。"其文與此相異，謹錄之以備參攷。

六章

谷神不死，是謂玄牝，

【箋】

《大戴禮記・易本命》云："谿谷爲牝。"

谷神，谷中央無者也。校 "者"，元本作"谷"。案：《經典釋文》"出谷字"，下注云"中央無者也"，即引王氏注文，蓋其字據陸書當作"者"，"谷"誤字，今改。無形無影，無屰無韋，校 "屰"，元本作"逆"。案：《說文》云"逆，迎也"；又云"屰，不順也"。諗誼以作"屰"爲是，"逆"借字，今改。又"韋"，元本作"違"。案：《說文》云"違，離也"；又云"韋，相背也"。諗誼以作"韋"爲是，"違"，借字，今改。處卑不動，守竫不衰，校 "竫"，元本作"靜"。案：《說文》云"靜，審也"；又云"竫，亭安也"。諗誼以作"竫"爲是，"靜"借字，今改。物以之成 校 "物"，元本作"谷"。案：王注云："無物不成，用而不勞。"（見本章）諗誼以作"物"爲是，"谷"誤字，今改。而不見其形，此至物也。處卑守竫，校 "處卑"下，元本無"守竫"二字。案：此承上文"處卑不動，守竫不衰"而言。諗誼以有此二字爲是，今補。不可得而名，校 "不可得而名"，元本作"而不可得名"。

51

案：王注云："玄者，冥也，默然無有也，始、母之所出也。不可得而名。"（見一章）又云："無偶不可得而名。"（見二十五章）此同其例，以作"不可得而名"爲是，今改。故謂之玄牝也。校 "故謂之玄牝也"，元本作"故謂天地之根，緜緜若存，用之不勤"。案："天地之根"至"用之不勤"，乃本章經文羼入注中，非王注之所有也。《劉子·天瑞》注引作"故謂之玄牝"，當從之，今改。並據王注文例，於"故謂之玄牝"下增"也"字（參考一章校記）。又"谷神"至"故謂之玄牝也"，元本在本章經文"用而不勤"下。案：其誼乃釋本章經文"谷神不死，是謂玄牝"，今迻此。

玄牝之門，是謂天地之根。

【校】

"是謂天地"下，元本無"之"字。案：唐景福碑、傅奕本、陸希聲本及《劉子·天瑞》引黃帝書皆有。王注云："本其所由，與大極同體，故謂之天地之根也。"（見本章）據此，則王本亦有，其無者，乃河上公本（見存宋河上公本正無"之"字），非王本也，今補。

門，玄牝之所由也。本其所由，與大極同體，校 "與"下，元本無"大"字。案：《劉子·天瑞》張湛注所引有，當從之，今補。故謂之天地之根也。校 "門"至"故謂之天地之根也"，元本在本章經文"用而不勤"下，接注文"故謂之玄牝也"後。案：其誼，乃釋本章經文"玄牝之門，是謂天地之根"，今迻此。

緜緜若存，

【箋】

《説文》云："緜，聯微也。"徐灝曰："聊微者，言其散眇相續也。"（見徐箸《説文解字注箋》）

欲言存邪，則不見其形；欲言亡邪，則萬物以之生。校 "萬物以之生"上，元本無"則"字。案：上文云"欲言存邪，則不見其形"，此同其例，以有"則"字爲是，今補。故曰 校 "故"下，元本無"曰"字。案：《列子・天瑞》張湛注所引有，當從之，今補。緜緜若存也。校 "欲言存邪"至"緜緜若存也"，元本在本章經文"用而不勤"下，接注文"故謂之天地之根也"後。案：其誼乃釋本章經文"緜緜若存"，今逸此。

用而不勤，

【校】

"而"，元本作"之"。案：王注云："無物不成，用而不勞，故曰用而不勤也。"（見本章）據此，則王本作"而"，其作"之"者，乃河上公本（見存宋河上公本正作"之"），非王本也，今改。

【箋】

《列子・天瑞》云："有生不生，有化不化。不生者能生生，不化者能化化。生者不能不生，化者不能不化。故常生常化。常生常化者，無時不生，無時不化。陰陽爾，四時爾，不生者疑獨，不化者往復。往復，其際不可終（元本'其際不可終'上，無'往復'二字，今據盧文弨説補）；疑獨，其道不可窮。《黃帝書》曰：'谷神不死，是謂玄牝。玄牝之門，是謂天地之根。綿綿若存，用之不勤。'故生物者不生，化物者不化。自生自化，自形自色，自智自力，自消自息。謂之生化形色智力消息者，非也。"

無物不成 校 "無物不成"上，元本有"谷神、谷中央無谷也（'谷也'當作'者也'）。無形無影，無逆無違（'逆'當作'迕'，'違'當作'韋'），處卑不動，守靜不衰（'靜'當作'竫'），谷以之成（'谷'當作'物'）而不見其形，此至物也。處卑（'處卑'下應有'守竫'二字）而不可得名（'而不可得名'當作'不可得而名'），故謂天地之根，縣縣若存，用之不勤（'故謂天地之根'至'用之不勤'，當作'故謂之玄牝也'）。門，玄牝之所由也。本其所由，與極同體（'與'下應有'大'字），故謂之天地之根也。欲言存邪，則不見其形；欲言亡邪，萬物以之生（'萬物以之生'上應有'則'字）。故（'故'下應有'曰'字）'縣縣若存'也"一百零五字。案："谷神"至"用之不勤"，乃釋本章經文"谷神不死，是謂玄牝"。"門"至"故謂之天地之根也"，乃釋本章經文"玄牝之門，是謂天地之根"。"欲言存邪"至"縣縣若存也"乃釋本章經文"縣縣若存"。今各逐其處。**用而不勞，** 校 "用而不勞"下，元本有"也"字。案：是衍文，今刪。故曰用而不勤也。

七章

天地長久。

【校】

"天地長久"，元本作"天長地久"。案：遂州碑作"天地長久"，下文云"天地所以能長久者，以其不自生，故能長久"，即承此而言。讖誼以作"天地長久"爲是，今改。

天地所以能長久者，

【校】

"天地所以能長"下，元本有"且"字。案：唐景龍碑、唐開元甲幢、遂州碑、唐寫本皆無，當從之，今刪。

以其不自生，

自生則與物爭，不自生則物歸矣。校 "矣"，元本作"也"。案：當作"矣"，"也"誤字（見一章），今改。

故能長久。

【校】

"久"，元本作"生"。案：唐景龍碑、遂州碑、唐寫本、司馬氏本、薛蕙本及《晉書·紀瞻傳》所引，皆作"久"。此承上文"天地所以能長久者"而言，諟誼以作"久"爲是。其作"生"者，蓋涉上文"以其不自生"而誤也，今改。

是以聖人後起身而身先，外其身而身存。不以其無私邪，

【校】

"不"，元本作"非"。案：傅奕本作"不"。陳景元曰："河上公、嚴君平作'以其無私'，王弼古本作'不以其無私邪'，開元御本作'非以其無私邪'。"（見陳箸《道德真經藏室纂微篇》）據此，則王本亦作"不"，其作"非"者，乃唐玄宗本（見存唐玄宗本正作"非"），非王本也，今改。

故能成其私。

【箋】

　　《淮南子·道應》云：“公儀休相魯，而嗜魚。一國獻魚，公儀子弗受。其弟子諫曰：‘夫子嗜魚。弗受，何也?’答曰：‘夫唯嗜魚，故弗受。夫受魚而免於相，雖嗜魚，不能自給魚。毋受魚而不免於相，則能長自給魚。’此明於爲人爲己者也。故老子曰：‘後其身而身先，外其身而身存。非以其無私邪，故能成其私。’”

　　無私者，無爲於身也。身先身存，故曰“能成其私”也。

八章

上善若水。

【箋】

　　案：積上善則乃至於上惪，故上善者幾於上惪者也。《大戴禮記·勸學》云“積善成德”；《國語·晉語》云“善，德之建也……德，無建不可以立”；而經偶“故幾於道者”，蓋亦管子所謂：“道與德無閒，言之者不別耳。”（見《管子·心術上》）

水善利萬物而不争，處衆人之所惡，

　　人惡卑也。

夫唯不爭，故無訧。

【校】

"訧"，元本作"尤"。案：《説文》云"尤，異也"；又云"訧，罪也"。賈誼以作"訧"爲是，"尤"借字，今改。

處衆人之所惡，故幾於道。

【校】

"夫唯不爭，故無訧"，元本在本章經文"動善時"下。又"故幾於道"上，元本無"處衆人之所惡"六字。案：此承上文"水善利萬物而不爭，處衆人之所惡"而言，故云"夫唯不爭，故無訧。處衆人之所惡，故幾於道"。元本蓋有錯簡奪文，今迻。"夫唯不爭，故無訧"，於此並補"處衆人之所惡"六字。

道無水有，[箋]案："道無水有"，謂道無形而水有形也。《淮南子·原道》云："夫無形者，物之大祖也；無音者，聲之大宗也。其子爲光，其孫爲水，皆生於無形乎！夫光可見而不可握，水可循而不可毀，故有形之類（元本'形'作'像'，今據《文選·海賦》李善注所引改），莫尊於水。"故曰幾也。[箋]案：鄭玄曰："幾，近也。"（見《禮記·樂記》"知樂則幾於禮矣"鄭玄注）近也者，謂水雖非道而近於道也，蓋道無形而水有形。故水非道，然水能處衆人之作惡，則水固近於道矣。

凥善地，

【校】

"凥"，元本作"居"。案：當作"凥"（説見二章），今改。

【箋】

案：地有卑誼。《周易·繫辭上》云："天尊地卑，乾坤定矣。"《莊子·天道》云："天尊地卑，神明之位也。""凥善地"者，言其處身如水之善，自卑抑也。《管子·水地》云："人皆赴高，己獨赴下，卑也。卑也者，道之室，王者之器也，而水以爲都居。"

心善淵，

【箋】

案：《廣雅·釋詁》云："淵，深也。""心善淵"者，言其存心如水之善，自深默也。《詩·國風·邶·燕燕》云："仲氏任只，其心塞淵。"《劉子·黃帝》云："心如淵泉，形如處女。"《太玄·閑·次二測》云："閑其藏，中心淵也。"

與善仁，

【箋】

案：韓康伯曰："以我臨物，故曰與。"（見《周易·襦卦》"或與或求"韓康伯注）"與善仁"者，言其臨物如水之善，爲仁惠也。《管子·水地》云："夫水，淖弱以清，而好灑人之惡，仁也。"

言善信，

【箋】

案：言，謂要言也。《禮記·曲禮上》云"史載筆，士載言"，鄭玄注云："言，謂會同盟要之辭。""言善信"者，言其遵守要言如水之善，爲誠信也。《周易·上象》云："水流而不盈，行險而不失其信。"蕭吉曰："水爲信

者，水之有潮，依期而至，故以水爲信。"（見《五行大義論襟配》）

政善治，

【校】

　　"政"，元本作"正"。案：唐景龍碑、唐開元甲幢、唐開元乙幢、唐景福碑、遂州碑、唐寫本、顧歡本、傅奕本、唐玄宗本、陸希聲本、陳景元本、司馬氏本、張太守本、蘇轍本、李霖本、彭耜本、董思靖本、范應元本、劉惟永本、薛蕙本、焦竑本及《永樂大典》所引皆作"政"。王注云："爲政之善，無葴無偏，如水之治，至清至平。"（見本章）據此則王本亦作"政"，其作"正"者，乃河上公本（見存河上公本正作"正"），非王本也，今改。

【箋】

　　案：孔穎達曰："治，謂脩治也。"（見《禮記・禮運》"以治政也"孔穎達疏）"政善治"者，言其爲政如水之善修治也。《晏子春秋内篇・問下》云："景公問晏子：'廉政而長久，其行何也？'晏子對曰：'其行水也。美哉水乎清清，其濁無不雩途，其清無不灑除，是以長久也。'"

　　爲政之善，無葴無偏，如水之治，至清至平。[校]元本無"爲政之善"至"至清至平"十六字。案：《道德真經取善集》所引有"唯葴作穢耳"。謐《説文》有"葴"字，無"穢"字。《荀子・王霸》云"涂葴則塞"，又《大略》云："交讁之人，妒昧之臣，國之葴孽也。"蓋其字當作"葴"，"穢"，俗書也，今補竝改"穢"爲"葴"。[箋]《莊子・刻意》云："水之性，不襟則清，莫動則平。"

59

事善能，

【箋】

　　案：《廣雅·釋詁》云："能，任也。""事善能"者，言其行事如水之善其任使也。《淮南子·原道》云："天下之物，莫柔弱於水，然而大不可極，深不可測，脩極於無窮，遠淪於無涯，息耗減益，通於不訾，上天則爲雨露，下地則爲潤澤，萬物弗得不生，百事不得不成。"

動善時。

【校】

　　"動善時"下，元本有"夫唯不爭，故無尤"（"尤"當作"訧"）七字。案：其誼當在本章經文"水善利萬物而不爭，處衆人之所惡"下（說見前），今逸彼。

【箋】

　　案：韋昭曰："時，天時也。"（見《國語·越語》"時將有反"韋昭注）"動善時"者，言其動靜有常，如水之凝澤，善應天時也。《周禮·冬官·考工記敍目》云："水有時以凝，有時以澤，此天時也。"

　　言水皆應於此道也。 校 "言水皆應於此道也"，元本作"言人皆應於治道也"。案：張太守本、劉惟永本及《永樂大典》所引皆作"言水皆應於此道也"。蓋本章經文自"尻善地"至"動善時"皆以水喻道，譣誼以作"言水皆應於此道也"爲是，今改。

60

九章

持而盈之，

【箋】

　　韋昭曰："持，守也；盈，滿也。"（見《國語・越語》"夫國家之事有持盈"韋昭注。）

不如其已。

【箋】

　　案：《春秋左傳・哀公十一年》云："盈必毀，天之道也。"故曰"持而盈之，不如其已"也。

　　持，謂不失惪也。既不失其惪，又盈之，勢必傾危。故不如其已者，謂乃更不如無惪無功者也。校上三"惪"字，元本皆作"德"。案：當作"惪"（說見四章），今改。

揣而銳之，

【校】

　　"銳"，元本作"梲"。案：唐景龍碑、唐開元甲幢、唐開元乙幢、唐景福碑、宋景祐幢、遂州碑、宋河上公本、顧歡本、唐玄宗本、陸希聲本、陳景元本、司馬氏本、張太守本、蘇轍本、李霖本、彭耜本、董思靖本、范應元本、李榮本、劉惟永本、薛蕙本、焦竑本、正統王本、明和王本及《淮南子·道應》所引，皆作"鋭"。王注云："既揣末令尖，又鋭之令利。"（見本章）據此，則王本亦作"鋭"。《說文》云："梲，木杖也。"又云："鋭，芒也。"諡誼以作"鋭"爲是，"梲"，借字，今改。

【箋】

《集韻》云："揣，冶擊也。"《老子》："揣而鋭之。"孫詒讓曰："此'揣'字，蓋當讀作'捶'。王云'既揣末令尖，又鋭之令利'，即謂捶鍜鉤鍼，使之尖鋭。《淮南子·道應》云'大馬之捶鉤者'，高注云：'捶，鍜擊也。'《說文·手部》云：'揣，量也，一曰捶之。'蓋與捶聲轉字通也。"（見孫箸《札迻》）

不可長保。

【箋】

《淮南子·道應》云："白公勝得荆國，不能以府庫分人。七日，石乞入曰：（元本'乞'作'乚'，今據王念孫説改）'不義得之，又不能布施，患必至矣。不能予人，不若焚之，毋令人害我。'白公弗聽也。九日，葉公入，乃發大府之貨以予眾，出高庫之兵以賦民，因而攻之，十有九日而擒白公。夫國非其有也，而欲有之，可謂至貪也。不能爲人，又無以自爲，可謂至愚矣。譬白公之嗇也，何異於鴞之愛其子？故老子曰：'持而盈之，不如其已。揣而鋭之，不可長保也。'"

既揣末令尖，又鋭之令利，勢必摧衂，[箋] 李善曰："衂，折傷也。"（見《文選·吳都賦》"莫不衂鋭挫鋩"李善注。）**故曰**[校]"故"下，元本無"曰"字。案：王氏注經之例，凡結尾引經文，皆冠"故曰"二字（例繇不舉），此無"曰"字者，蓋奪之也，今補。**"不可長保"也。**

金玉滿室，

【校】

"室"，元本作"堂"。案：唐寫本、傅奕本、范應元本，皆作"室"。陳景元曰："嚴君平、王弼本作'金玉滿室'。"（見陳著《道德真經藏室纂微篇》）范應元曰："室字，嚴遵、楊孚、王弼同古本。"（見范著《老子道德經古本集注》）據此，則王本亦作"室"，其作"堂"者，乃河上公本（見存宋河上公本正作"堂"），非王本也，今改。

莫之能守。

不如其已。校 "如"，元本作"若"。案：經云"持而盈之，不如其已"（見本章），王注云："故不如其已者，謂乃更不如無惠無功者也。"（同上）此同其例，以作"如"爲是，今改。

富貴而驕，自遺其咎。

不可長保也。

功成身退，

【校】

"成"，元本作"遂"。案：《經典釋文》云："本，又作成。"王注云"四時更運，功成則移"（見本章），據此則王本實作"成"，今改。

天之道也。

【校】

"天之道"下，元本無"也"字。案：唐景福碑及《淮南子·道應》《群書治要》所引皆有。蓋此句《老子》故書作"天之道也哉"，與二十章經文"我愚人之心也哉"、二十二章經文"豈虚言也哉"、五十三章經文"盜夸非道也哉"同式，"泊乎漢世，誤哉爲載"並屬之下章句首，而此句之末，遂僅存"也"字（參考十章校記），繼則又并"也"字去之，而舊本益不可考。後世讀者，其如遭變之迹何，今補。

【箋】

《淮南子·道應》云："魏武侯問於李克曰：'吳之所以亡者，何也？'李克對曰：'數戰而數勝。'武侯曰：'數戰數勝，國之福。其獨以亡，何故也？'對曰：'數戰則民罷，數勝則主憍。以憍主使罷民，而國不亡者，天下鮮矣。憍則恣，恣則極物；罷則怨，怨則極慮。上下俱極，吳之亡猶晚矣！夫差之所以自刭于干遂也。'故老子曰：'功成名遂，身退，天之道也。'"

四時更運，功成則迻。校 "迻"，元本作"移"。案：《説文》："移，禾相倚移也。"又云："迻，遷徙也。"諭誼以作"迻"爲是，"移"，借字，今改。

十章

載營魄抱一，

【校】

唐玄宗《頒示道德經注孝經疏詔》云："道爲理本，孝實天經，將闡教以化人，必深究於微旨。朕欽承聖訓，覃思玄宗，頃改《道德經》載字爲哉，仍隸屬上句，及乎議定，眾以爲然，遂錯綜真詮，因成注解。"（見《全唐文》卷三十二）褚伯秀曰："首'載'字注解難通，蓋以前三字爲句，'抱一'屬下文，與后語不類，所以費解牽合。嘗深考其義得之郭忠恕《佩觿集》引《開元詔》，語云：'朕欽承聖訓，覃思玄宗，頃改正《道德經》十章載字爲哉，仍屬上句。及乎議定，眾以爲然，遂錯綜真詮，因成注解。'此說明當，可去千載之惑。蓋古本不分章，後人誤以'天之道哉'句末字加次章之首，傳錄又訛爲'載'耳。五十三章末'非道也哉'句法可證。"（見劉箸《道德真經集義》）孫詒讓曰："舊注竝以'天之道'斷章，而讀'載營魄抱一'爲句。《淮南子·道應訓》及《羣書治要》三十九引'道'下竝有'也'字，而章句亦同。《楚辭·遠遊》云'載營魄而登霞兮'，王注云'抱我靈魂而上升也'，屈子似即用《老子》語。然則自先秦、西漢至今，釋此書者，咸無異讀，惟《冊府元龜》載《唐玄宗天寶五載詔》云：'頃改《道德經》載字爲哉，仍隸屬上句，遂成注解。'郭忠恕《佩觿》則云：'《老子上卷》改載爲哉，注亦引玄宗此詔。'檢《道經》三十七章，王本及玄宗注本竝止第十章有一載字，則玄宗所改爲哉字，即此載字。又改屬上章'天之道'爲句，今《易州石刻玄宗道德經注》仍作載，讀亦與舊同者，彼立石於開元二十年，蓋以後別有改定，故特詔宣示，石刻在前，尚沿舊義也。載、哉古字通，玄宗此讀，雖與古絕異，而審文校義，亦尚可通。天寶後定之注，世無傳帙，開元頒本，雖石刻具存，而與天寶詔兩不相應。近代畢沅、錢大昕、武億、王昶考錄御注，咸莫能證驗，今用詔文，推校石本，得其輗迹，聊復記之，以存異讀。"（見孫箸《札迻》）馬敘倫曰："載、哉古通，不煩改字，然以載字屬上句讀是也。蓋上章十二句，句末'之已之保室守驕咎辱殆退哉'十二字，以'之脂幽宵候'五部叶韵（謐上章經文止十句，句末爲'之已之保室守驕咎退哉'十字，馬氏云十二句，句末十二字者蓋誤計'知足不辱，知止不殆'二句入上章也）。此章'營魄抱一，專氣致柔，滌除玄覽，愛民治國，天門開闔，明白四達'，皆以四字爲句，不得此獨加一'載'字。《老子》佗章亦無以'載'字起辭者，而五十三章'非道也哉'，與此辭例正同，均可證'哉'字，當屬上讀。"（見馬箸《老子覈詁》）。案：馬說是也，遠遊襲司馬相如

《大人賦》，又盛言神仙之事，蓋西漢孝武時人手筆，孫氏據"載營魄而登霞"之語，斷定先秦舊讀如此，失之。故《淮南子》引《老子》亦作"載營魄"，則此讀之誤，漢世已然，王氏沿之，不可復改。

【箋】

案：營，猶守也。《漢書·揚雄傳上》云："然至羽獵，田車戎馬，器械儲偫，禁御所營。"顏師古注云："營，謂圍守也。魄，謂形體也。"《禮記外傳》云："形體謂之魄。"（見《太平御覽·禮儀部二十八》）"營魄抱一"者，猶云守形抱一也。王注沿漢讀之，誤。上連"載"字爲句，而以"處常尻之宅，抱一清神"釋之，非是。

能無離乎？

載，猶處也。營魄，人之常尻處也。一，人之真也。言人處常尻之宅，校"言人"下，元本有"能"字。案：王注云"言任自然之氣，致極柔之和，能若嬰兒之無所欲乎"（見本章）；又云"言天門開闔能爲雌乎"（同上）；又云："言至明四達，無迷無惑，能無以爲乎。"（同上）此同其例，以無"能"字爲是，其有者，蓋涉下文"能常無離乎"而衍，今刪。抱一清神能常無離乎？則萬物自賓矣。

專气致柔，

【校】

"气"，元本作"氣"。案：《説文》云"氣，饋客芻米也"，又云"气，雲气也"，引申之，則爲凡气之偁。諰誼以作"气"爲是，"氣"借字，今改。

能如嬰兒乎？

【校】

"能"下，元本無"如"字。案：唐景福碑、顧歡本、傅奕本、唐玄宗本、陸希聲本、陳景元本、司馬氏本、張太守本、蘇轍本、李霖本、彭耜本、董思靖本、范應元本、薛蕙本及《淮南子·道應》所引皆有。《道德真經集義》引王本經文云："專氣致柔，能如嬰兒乎？"據此，則王本亦有，其無者，乃河上公本（見存宋河上公本正無"如"字），非王本也，今補。

【箋】

《淮南子·道應》云："顏回謂仲尼曰：'回益矣。'仲尼曰：'何謂也？'曰：'回忘禮樂矣。'仲尼曰：'可矣。猶未也。'異日復見，曰：'回益矣。'仲尼曰：'何謂也？'曰：'回忘仁義矣。'仲尼曰：'可矣，猶未也。'異日復見曰：'回坐忘矣。'仲尼遽然曰：'何謂坐忘？'顏回曰：'墮支體，黜聰明，離形去知，洞於化通，是謂坐忘。'仲尼曰：'洞則無善也，化則無常矣。而夫子薦賢，丕請從之後。'故老子曰：'載營魄抱一，能無離乎！專氣至柔，能如嬰兒乎！'"案：《釋名·釋長幼》云："人始生曰嬰兒，胸前曰嬰，抱之嬰前乳養之也。或曰嬰婗，嬰，是也。言是人也，婗其唬聲也，故因以名之也。"

專，任也。致，極也。言任自然之气，校 "气"，元本作"氣"。案：當從經文作"气"，今改。致①極柔之和，能若嬰兒之無所欲乎？則物全而性得矣。

---

① 按：樓宇烈《老子道德經注校釋》作"至"，中華書局2018年版，第23頁。

滌除玄覽，能無疵乎？

【箋】

　　案："覽"，誼如《莊子·天道》"聖人之心靜乎，天地之鑒也"，"之鑒"蓋"覽鑒"二字，於古音皆屬"談"部，故乃相通也。"滌除玄鑒（覽），能無疵乎"者，謂從事於道者，能常絜美，其心使之，虛靜恬淡，不爲物纍，其明乎？則其明，無所不照矣。《淮南子·脩務》云："執玄鑒於心，照物明白，不爲古今易意。"《太玄·童次八》云"脩其玄鑒"，語皆本此。

　　玄，物之極也。言滌除衺飾，校 "言"下，元本有"能"字。案：此與前注言"人處常凥之宅"同例，以無"能"字爲是，今刪。又"衺"，元本作"邪"。案：《説文》云"邪，琅邪郡名也"，又云"衺，褒也"，引申之，則爲凡不正之偁。諲誼以作"衺"爲是，"邪"借字，今改。至於極覽，能不以物介其明，疵其神乎？校 "疵"下，元本有"之"字。案：張太守本、劉惟永本皆無，當從之，今刪。則終與玄同矣。校 "矣"，元本作"也"。案：當作"矣"（説見一章），今改。

悉民治國，

【校】

　　"悉"，元本作"愛"。案："愛"篆作"𢜽"，《説文》云"𢜽，行貌也"；又云："悉，惠也。"諲誼以作"悉"爲是，"愛"借字，今改。

能無以智乎？

【校】

　　"無以智"，元本作"無知"。案：傅奕本作"無以知"，范應元本作"无以知"，蓋"无"與"無"，"知"與"智"，古相通用也。范應元曰："王弼、孫登同古本。"（見范著《老子道德經古本集注》）王注云："治國無以智，猶棄智也。能無以智乎？則民不僻而國治矣。"（見本章）據此，則王本實作"無以智"，其作"無知"者，乃河上公本（見存宋河上公本正作"無知"，注云："治國者，布施惠德，无令下知也。"），非王本也，今改。又俞樾曰："唐景龍碑作'愛民治國能無爲，天門開闔能爲雌，明白四達能無知'，其義並勝，當從之。愛民治國能無爲，即老子無爲而治之旨。明白四達能無知，即知白守黑之義也。王弼本誤倒之。"（見俞著《諸子平議》）案：經云："以智治國，國之賊；不以智治國，國之福。"（見六十五章）悉民治國能無以智乎，即不以智治國之誼也。俞氏謂王弼本誤倒之，非是。顧《淮南子·道應》引《老子》亦有"明白四達，能無以知乎"之句，其文雖與景龍碑有緐簡之別，然自是同一系統，蓋漢唐之世，所傳之又一別本也。

任術以求成，運數以求匿者，智也。玄覽無疵，猶絕聖也。治國無以智，猶棄智也。能無以智乎？則民不僻而國治矣。校 "僻"，元本作"辟"。案：張太守本作"僻"。《說文》云"辟，法也"；又云"僻，避也（中略），一曰從旁，牽也"，引申之則爲衺僻之偶。諟誼以作"僻"爲是，"辟"借字，今改。又"則民不僻而國治"下，元本有"之"字。案：張太守本無，當從之，今刪。又"矣"，元本作"也"。案：當作"矣"（説見一章），今改。

天門開闔，

【校】

"闔"，元本作"闓"。案：《説文》有"闔"字，無"闓"字，蓋其字當作"闔"，"闓"俗書，今改。

能爲雌乎？

【箋】

案：天門，喻大道也。《莊子·天運》云"其心以爲不然者，天門弗開矣"；《經典釋文》云"一云大道也"；又《庚桑楚》云："有實而无乎處者，宇也；有長而无本剽者，宙也。有乎生，有乎死，有乎出，有乎入，入出而无見其形，是謂天門。天門者，无有也，萬物出乎无有。"此以天門與宇宙竝提，而又以爲萬物之所出，其喻大道，亦甚明矣。《周易·繫辭上》云"一陰一陽之謂道"，然則所謂大道者，實勹括陰陽言之。開闔，猶陰陽也。《楚辭·天問》云："何闔而晦？何開而明？"洪興祖《補注》云："闔，閉户也；開，闢户也。"陰闔而晦，陽開而明。然則天門以開爲陽，闔爲陰，一開一闔，陰陽相推，而變化見矣。爲雌，猶爲後也。王注云："雌，後之屬也。"（見二十八章）《淮南子·原道》云："聖人守清道而抱雌節，因循應變，常後而不先。""天門開闔，能爲雌乎"，謂陰陽相推，始卒若環，而從事於道者，能因循應變，後而不先乎？則天下莫之能先矣。王注釋開闔爲治亂之際，失之。

天門，天下之所由從也。 校 "由從" 元本作 "從由"。案：張太守本、正統本、乾隆王本、光緒王本、明和王本皆作 "由從"，當從之，今乙轉。**開闔，** 校 "闔"，元本作 "闓"。案：當從經文作 "闔"，今改。**治亂之際也。** 校 "亂"，元本作 "亂"。案：當作亂（説見三章），今改。**或開或闔，經通於天下，故曰"天門開闔"也。** 校 上二 "闔"，元本皆作 "闓"。案：當從經文作 "闔"，今改。**雌應而不唱，** 校 "唱"，元本作 "倡"。案：張太守本、劉惟永本，皆作 "唱"。《説文》云 "倡，樂也"；又云："唱，導也"。譣誼以作 "唱" 爲是，"倡"，借字，今改。箋《淮南子·原道》云："不爲先唱，感而應之。"**因而不爲。** 箋《淮南子·原道》云："天下之事，不可爲也，因其自然而推之。" **言天門開闔，** 校 "闔"，元本作 "闓"。案：當從經文作"闆",今改。能爲雌乎？則物自賓而處自安矣。

明白四達，能無爲乎？

【箋】

《淮南子·道應》云："齧缺問道於被衣，被衣曰：'正女形，壹女視，天和將至。攝女知，正女度，神將來舍。德將爲若美（元本爲作來附，今據王念孫説改），而道將爲女居。惷乎若新生之犢，而無求其故。'言未卒，齧缺繼以雠夷。被衣行歌而去曰：'形若槁骸，心如死灰。真其實如，不以故自持（元本真其實知，不以故自持作直實不知，以故自持，今據王念孫説改）。墨墨恢恢，無心可與謀。彼何人哉！'故老子曰：'明白四達，能無以知乎！'"

言至明四達，無迷無惑，能無以爲乎？則物化矣。所謂道常無爲，侯王若能守，則萬物自化。

生之、

不塞其原也。

畜之，

不禁其性也。

生而不有，爲而不恃，長而不宰，

【箋】

《莊子·達生》云："有孫休者，踵門而詫子扁慶子曰：'休居鄉不見謂不脩，臨難不見謂不勇，然而田原不遇歲，事君不遇世，賓於鄉里，逐於州部，則胡罪乎天哉？休惡遇此命也？'扁子曰：'子獨不聞夫至人之自行邪？忘其肝膽，遺其耳目，芒然彷徨乎塵垢之外，逍遥乎无事之業，是謂爲而不恃，長而不宰。今汝飾知以驚愚，脩身以明汙，昭昭乎若揭日月而行也。汝得全而形軀，具而九竅，无中道夭於聾盲跛蹇而比於人數，亦幸矣，又何暇乎天之怨哉！子往矣！'"

是謂玄惪。

【校】

"惪"，元本作"德"。案：當作"惪"（説見四章），今改。

【箋】

案："生之"至"是謂玄惪"二十字，亦見於五十一章經文，唯此處與上文"明白四達能無爲乎"愾誼殊不相屬，蓋五十一章之複簡也。本當刪去，以王本已然，故竝存之。

不塞其原，則物自生，何功之有？不禁其性，則物自濟，何爲之恃？物自長足，不吾宰成，有惪無主，校 "惪"，元本作"德"。案：當作"惪"（説見四章），今改。非玄如何。校 "如"，劉惟永本、正統本、乾隆王本、光緒王本皆作"而"。案："如"與"而"古相通用，《春秋左傳·隱公七年》云"及鄭伯盟歃如忘"；《經典釋文》云"服虔云如而也"；《周易·革卦象》云："大亨以正，革而當，其悔乃亡。"王弼注云："革而大亨以正，非當如何。"如何，即而何也。凡言玄惪，皆有惪而不知其主，校 上二"惪"字，元本皆作"德"。案：當作"惪"（説見四章），今改。出乎幽冥。校 "凡言玄惪"至"出乎幽冥"，陳箸《道德經真經藏室纂微篇引》作"玄德者有德而不知其主，出乎幽冥者也"。

十一章

三十輻共一轂，

【箋】

案：《周禮·冬官考工記·輪人》云："轂也者，以爲利轉也。輻也者，以爲直指也。"又《輈人》云"輪輻三十以象日月也"，阮元曰："日月三十日合朔遷一舍，輪周三十輻在地遷一蒙似之。"（見《車制圖解》）

當其無，有車之用。

【箋】

案：無，謂藪也。《周禮·冬官考工記·輪人》云"以其圍之阞捎其藪"，鄭玄注云："鄭司農云：'藪，讀爲蜂藪之藪，謂轂空壺中也，一俙樔。'"《急就篇》云"輻、轂、輨、轄、輮、輞、樔"，顏師古注云："樔者，轂中之空受軸處也，一俙操。"《說文》云："操，車轂中空也。"車轂中空以利轉，故曰："當其無，有車之用也。"

轂所以能統三十輻者，無也。以其無能受物之故，故能以寡統眾也。

校 "寡"，元本作"實"。案：《道德真經論》引作"寡"。諟誼以作"寡"爲是，其作"實"者，蓋因形似而誤也，今改。

挻埴以爲器，

【校】

"挻"，元本作"挺"。案：唐開元甲幢、唐開元乙幢、范應元本及《經典釋文》所引皆作"挻"，當從之，今改。

【箋】

案："挻"誼如《周禮・冬官・考工記》"摶埴之工"之"摶"，《史記・屈原賈生列傳》"大專槃物"之"槃"，《漢書・賈誼傳》"大鈞播物"之"播"。蓋"挻""摶""槃""播"四字於古音皆屬元部，故得相通也。埴，謂黏土也。《尚書・夏書・禹貢》云："厥土赤埴墳。"孔安國傳云："土黏曰埴。"《釋名・釋地》云："土黄而細密曰埴。埴，膱也，黏胒如脂之膱也。""挻埴以爲器"者，謂寘黏土於鈞上而播轉之以爲器也。《文選・西征賦》云"上之遷下，猶鈞之挻埴"，此之謂也。

當其無，有器之用。鑿户牖以爲室，當其無，有室之用。

木、埴、壁所以成三者，[箋]案：三者，謂車、器、室也。而皆以無爲用也。[校]"木、埴、壁所以成三者，而皆以無爲用也"，元本在本章經文"無之以爲用"下。案：其誼乃釋本章經文"三十輻"至"有室之用"，今迻此。

故有之以爲利，無之以爲用。

【箋】

《淮南子・説山》云："物莫不因其所有，而用其所無。"

言無者，校 "言無者"上元本有"木、埴、壁所以成三者，而皆以無爲用也"十五字。案：其誼乃釋本章經文"三十輻"至"有室之用"，今迻彼。有之所以爲利，皆賴無以爲用也。

故去彼取此。

【校】

"故去彼取此"下，元本有注云："爲腹者，以物養己；爲目者，以物役己。故聖人不爲目也。"案：其誼乃釋本章經文"是以聖人爲腹不爲目"，今迻彼。

十二章

五色令人目盲，

【箋】

王肅曰："五色者，青、赤、白、黑、黄。"（見《孔子家語·禮運》"五色、六章，十二衣還相爲主"王肅注）

五音令人耳聾，

【箋】

趙岐曰："五音，宫、商、角、徵、羽也。"（見《孟子·離婁上》"不以六律，不能正五音"趙岐注）

五味令人口爽，

【箋】

　　鄭玄曰："五味，醯、酒、飴、薑、鹽之屬。"（見《周禮·天官》"疾醫以五味、五穀、五藥養其病"鄭玄注）王肅曰："五味，酸、苦、鹹、辛、甘。"（見《孔子家語·禮運》"五味、六和，十二食還相爲質"王肅注）俞樾曰："《吕氏春秋·尊師篇》曰：'且天生人也，而使其耳可以聞，不學，其聞不若聾；使其目可以見，不學，其見不若盲；使其口可以言，不學，其言不若爽。'以口爽與耳聾、目盲竝舉，正與《老子》此章同。《列子·仲尼篇》曰：'目將眇者，先睹秋豪；耳將聾者，先聞蚋飛；口將爽者，先辨淄澠；鼻將窒者，先覺焦朽；體將僵者，先亟奔佚；心將迷者，先識是非。'然則爽者，口病之名，故《莊子·天地篇》云'五味濁口，使口厲爽'，《淮南子·精神篇》云'五味亂口，使口爽傷'，疑古語然也。《新序·襍事篇》引《吕子》'爽'作'喑'，可知'口爽'猶'口喑'，正與聾盲一律矣。"（見《諸子平議》）于省吾曰："爽、塽二字，音義古並通，《免殷》：'王在周，昧喪。'喪即塽，昧塽即昧爽。《詩·皇矣》'受祿無喪'，即受祿無雙也。'五味令人口爽'，言五味令人喪其口之本然也。"（見《老子新證》）案：于説是也。《尚書·商書·仲虺之誥》云"用爽厥師"，《墨子·非命上》正引作"龔喪厥師"，畢沅注云："龔用喪爽音同。"又《國語下》云"晉侯爽二"，韋昭注云："爽當爲喪字之誤也。"

　　爽，差失也。失口之用，故謂之爽也。校 "故謂之爽"下，元本無"也"字，案：其文例應有（説見一章），今補。又"爽，差失也"至"故謂之爽也"，元本在本章經文"馳騁畋獵，令人心發狂"下。案：其誼乃釋本章經文"五味令人口爽"，今迻此。

馳騁畋獵令人心發狂，

【箋】

　　案：馳騁，亦畋獵也。《呂氏春秋·審分覽·任數》云"馳騁而因耳矣"，高誘注云："馳騁，田獵也。狂，猶荒也。荒者何？迷亂之謂也。"《逸周書·諡法》云"外內從亂曰荒"，《尚書·夏書·五子之歌》云"內作色荒，外作禽荒"，孔安國傳云"迷亂曰荒"，孔穎達疏云："老子云'馳騁田獵令人心發狂'，好色好田，則精神迷亂。"

　　夫耳、目、心、口，校 "夫耳、目、心、口"上，元本有"爽，差失也。失口之用，故謂之爽"（"故謂之爽"下應有"也"字）十二字。案：其誼乃釋本章經文"五味令人口爽"，今逐彼。又"心、口"元本作"口、心"。案：張太守本作"心、口"，當從之，今乚轉。皆順其性也。不以順性命，反以傷自然，故曰盲、聾、爽、狂也。校 "盲、聾"，元本作"聾、盲"。案：張太守本、正統王本、乾隆王本、光緒王本、明和王本皆作"盲、聾"，今乚轉。

難得之貨令人行妨。

【箋】

　　孔穎達曰："妨，謂有所害。"（見《春秋左傳》隱公三年"且夫賤妨貴"孔穎達疏）

　　難得之貨塞人正路，故曰：校 "故"下，元本無"曰"字。案：其文例應有（說見九章），今補。令人行妨也。

是以聖人爲腹不爲目，

【箋】

《理惑論》云："《老子》曰'五色令人目盲，五音令人耳聾，五味令人口爽，馳騁畋獵令人心發狂，難得之貨令人行妨，聖人爲腹不爲目'，此言豈虛哉。柳下惠不以三公之位易其行，段干木不以其身易魏文之富，許由、巢父栖木而居，自謂安於帝宇；夷、齊餓於首陽，自謂飽於文武；蓋各得其志而已。"

爲腹者以物養己，爲目者以物役己，故聖人不爲目也。校 "爲腹者"至"故聖人不爲目也"，元本在本章經文"故去彼取此"下。案：其誼乃釋本章經文"是以聖人爲腹不爲目"，今迻此。

故去彼取此。

【校】

"故去彼取此"下，元本有注云："爲腹者，以物養己；爲目者，以物役己。故聖人不爲目也。"案：其誼乃釋本章經文"是以聖人爲腹不爲目"，今迻彼。

十三章

寵辱若驚，貴大患若身。何謂寵辱若驚？

【校】

"何謂寵辱若驚"下，元本有"寵爲下"三字。案：《世説新語·棲逸》

注所引無，王注云："爲下得寵辱榮患若驚，則不足以託天下矣。"（見本章）蓋"爲下"二字乃王注羼入經文，而後之讀者又增"寵"字以足句耳，譣誼以無此三字爲是，今刪。

得之若驚，失之若驚，是謂寵辱若驚。

寵必有辱，榮必有患，寵辱等，校 "寵辱"，元本作"驚辱"。案：此承上文"寵必有辱"而言，譣誼以作"寵辱"爲是，今改。榮患同也。爲下得寵辱榮患若驚，則不足以託天下矣。校 "託"，元本作"亂"。案：王注云："無物可以易其身，故曰貴也。如此乃可以託天下也。"（見本章）蓋"無物可以易其身"者，謂寵辱榮患不驚也。苟爲下得寵辱榮患若驚，則不足以託天下矣。譣誼以作"託"爲是，"亂"，誤字，今改。又"矣"，元本作"也"。案：當作"矣"（説見一章），"也"，誤字，今改。

何謂貴大患若身？

大患，榮辱之屬也。生之厚必入死之地，故謂之大患也。人迷之於榮寵，返之於身，故曰"貴大患若身"也。校 "大患若身也"上，元本無"貴"字。案：上文云"人迷之於榮寵，返之於身，榮寵謂大患"，而"迷之"二字則釋"貴"字之誼也，譣誼以有"貴"字爲是。高亨據此奪字注文謂王本無"貴"字，經中"貴"字皆後人依河上公本增入（見《老子正詁》），其説非也，今補。

吾所以有大患者，爲吾有身，

由有其身也。

及吾無身，

【校】

"及吾無身"下，元本有注云："歸之自然也。"案：其誼乃并釋本章經文"吾有何患乎"，今迻彼。

吾有何患乎！

【校】

"吾有何患"下，元本無"乎"字。案：唐景福碑、傅奕本皆有，今補。

歸之自然也。校 "歸之自然也"，元本在本章經文"及吾無身"下。案：其誼乃并釋本章經文"吾有何患乎"，今迻此。

故貴以身爲天下者，則可以託天下矣。

【箋】

《莊子·讓王》云："堯以天下讓許由，許由不受。又讓於子州支父，子州支父曰：'以我爲天子，猶之可也。雖然，我適有幽憂之病，方且治之，未暇治天下也。'夫天下至重也，而不以害其生，又況他物乎！唯无以天下爲者，可以託天下也。"

無物可以易其身，校 "無"下，元本無"物可"二字。案：王注云："無物可以損其身，故曰恋也。如此乃可以寄天下也。"（見本章）此同其例，以有此二字爲是，今補。故曰"貴"也。如此乃可以託天下也。

悉以身爲天下者，則可以寄天下矣。

【校】

"故貴以身爲天下者"至"則可以寄天下矣"，元本作"故貴以身爲天下，若可寄天下；愛以身爲天下，若可託天下"。案：陳景元曰："王弼本作'故貴以身爲天下者，則可以託天下矣；愛以身爲天下者，則可以寄天下矣'。"（見《道德真經藏室纂微篇》）蓋王氏舊本如此，顧"愛"當作"悉"，"愛"，其借字也（説見十章），今竝改正。

【箋】

《莊子·在宥》云："聞在宥天下，不聞治天下也。在之也者，恐天下之淫其性也；宥之也者，恐天下之遷其德也。天下不淫其性，不遷其德，有治天下者哉！昔堯之治天下也，使天下欣欣焉人樂其性，是不恬也；桀之治天下也，使天下瘁瘁焉人苦其性，是不愉也。夫不恬不愉，非德也。非德也而可長久者，天下无之。人大喜邪，毗於陽。大怒邪，毗於陰。陰陽並毗，四時不至，寒暑之和不成，其反傷人之形乎！使人喜怒失位，居處无常，思慮不自得，中道不成章，於是乎天下始喬詰、卓鷙，而後有盜跖、曾、史之行。故舉天下以賞其善者不足，舉天下以罰其惡者不給，故天下之大不足以賞罰。自三代以下者，匈匈焉終以賞罰爲事，彼何暇安其性命之情哉！而且説明邪，是淫於色也；説聰邪，是淫於聲也；説仁邪，是亂於德也；説義邪，是悖於理也；説禮邪，是相於技也；説樂邪，是相於淫也；説聖邪，是相於藝也；説知邪，是相於疵也。天下將安其性命之情，之八者，存可也；亡也可也；天下將不安其性命之情，之八者，乃始臠卷、獊囊而亂天下也。而天下乃始尊之惜之，甚矣天下之惑也！豈直過也而去之邪！乃齊戒以言之，跪坐以進之，鼓歌以儛之，吾若是何哉！故君子不得已而臨莅天下，莫若无爲。无爲也，而後安其性命之情。故貴以身於爲天下，則可以託天下；愛以身於爲天下，則可以寄天下。"《淮南子·道應》云："大王亶父居邠，翟人攻之。事之以皮帛珠玉而弗受，曰：'翟人之所求者地，無以財物爲也。'大王亶父曰：

'與人之兄居而殺其弟，與人之父處而殺其子，吾弗爲。皆勉處矣！爲吾臣，與翟人奚以異？且吾聞之也，不以其所養害其養。'杖策而去，民相連而從之，遂成國於岐山之下。大王亶父可謂能保生矣。雖富貴，不以養傷身；雖貧賤，不以利累形。今受其先人之爵禄，則必重失之。生之所自來者（元本'所自來者'上無'生之'二字，今據王念孫説補）久矣，而輕失之，豈不惑哉！故老子曰：'貴以身爲天下焉，可以託天下；愛以身爲天下焉，可以寄天下矣。'"

無物可以損其身，故曰'惡'也。 校 "惡"，元本作"愛"。案：當從經文作"惡"，今改。如此乃可以寄天下也。不以寵辱榮患損易其身，然後乃可以天下付之也。

十四章

視之不見名曰幾，

【校】

　　"幾"，元本作"夷"。案：范應元本作"幾"。范應元曰："幾字，孫登、王弼同古本。"（見《老子道德經古本集注》）據此則王本亦作"幾"，其作"夷"者乃河上公本（見存宋河上公本正作夷，注云："無色曰夷，言一無采色，不可得視而見之。"），非王本也，今改。

　　箋 韓康伯曰："幾者，去无入有，理而无形，不可以名，尋不可以形覿者也。"（見《周易·繫辭下》"幾者，動之微，吉之先見者也"韓康伯注）

聽之不聞名曰希，

【箋】

　　陸德明曰："希，疏也，静也。"（見《經典釋文・老子道經音義》）

搏之不得名曰散。

【校】

　　"散"，元本作"微"。案：當作"散"，"微"，借字（説見一章），今改。

　　[箋]陸德明曰："微，細也。"（見《經典釋文・老子道經音義》）

此三子者不可致詰，故捆而爲一。

【校】

　　"捆"，元本作"混"。案：《説文》云"混，豐流也"；又云："捆，同也。"譣誼以作"捆"爲是，"混"借字，今改。

　　無狀無象，無聲無響，無所不通，[校]"無所不通"上，元本有"故能"二字。案：《文選・頭陀寺碑文》注所引無，蓋"無狀無象"者，謂視之不見也；"無聲無響"者，謂聽之不聞也；"無所不通、無所不往"者，謂搏之不得也。其文句皆相平行，此二字實屬衍文，今刪。無所不往。不得而知，更以我耳、目、體不知爲名，故不可致詰，捆而爲一也。[校]"捆"，元本作"混"。案：當從經文作"捆"，今改。

其上不皦，其下不昧，純純兮不可名，

【校】

　　"純純"，元本作"繩繩"。案：《説文》云"繩，索也"，又云"純，絲也"。絲之美者，純而不雜，故引申爲純一之偁。其云"純純兮不可名"者，以名生於分，有分然後有名也。大道純一，無所分別，故不可名焉。經云"純純兮"（見二十章），王注云："無所別析，不可爲名也。"（同上）諟誼以作"純純"爲是，"繩繩"借字，今改。又"純純"下，元本無"兮"字。案：唐景福碑、傅奕本、陸希聲本、司馬氏本、張太守本、彭耜本、董思靖本、范應元本、焦竑本及《老子疑問反訊》《永樂大典》所引皆有，今補。

復歸於無物，是謂無狀之狀，無物之象。

【箋】

　　《韓非子·解老》云："人希見生象也，而得死象之骨，案其圖以想其生也，故諸人之所以意想者皆謂之象也。今道雖不可得聞見，聖人執其見功以處見其形，故曰：'無狀之狀，無物之象。'"《淮南子·道應》云：田駢以道術説齊王，王應之曰：'寡人所有，齊國也。道術難以除患，愿聞國之政。'田駢對曰：'臣之言無政，而可以爲政。譬之若林木無材，而可以爲材。愿王察其所謂，而自取齊國之政焉已。雖無除其患害，天地之間，六和之内，可陶冶而變化也。齊國之政，何足問哉！'此老聃之所謂'無狀之狀，無物之象'者也。若王之所問者，齊也；田駢所稱者，材也。材不及林，林不及雨，雨不及陰陽，陰陽不及和，和不及道。"

　　欲言無邪，而物由以成。欲言有邪，而不見其形。故曰"無狀之狀，無物之象"也。

是謂忽怳。

【校】

"忽怳",元本作"惚恍"。案:唐開元乚幢、遂州碑皆作"忽怳"。《經典釋文》出"怳",彭耜曰:"'怳',王弼作'恍'。"(見《道德經集注釋文》)疑王本亦作"忽怳"。《說文》有"忽怳"字,無"惚恍"字。《淮南子・原道》云:"忽兮怳兮,不可爲象兮;怳兮忽兮,用不屈兮。"《文選・西征賦》云:"寥廓忽怳,化一氣而甄三才。"蓋其字當作"忽怳","惚恍",俗書,今改。

不可得而定也。

迎之不見其首,隨之不見其後。執古之道,以御今之有,

【箋】

劉師培曰:"'有',即'域'字之叚文也,'有'通作'或','或'即古'域'字。《詩・商頌・烈祖》('烈祖'當作'玄鳥')'奄有九有',毛傳:'九有,九州也。'又'正域彼四方',毛傳:'域,有也。'《國語・魯語》'共工氏之伯九有也',韋注:'有,域也。'此文'有'字與'九有'之'有'同,'有'即'域','域'即二十五章'域中有四大之域也'。御今之有,猶言御今之天下國家也。《禮記・中庸》'生乎今之世,反古之道',此文'今之有'與彼'今之世'略同。"(見《老子斠補》案:其說是也,王注以"有其事"爲訓,失之。汪中《經義知新記》:"《詩》奄有九有,毛傳'九有,九州也'。《國語・魯語》'共工氏之伯九有也',注'有,域也',意古'有'與'圍'通。故有得爲域歟。有,從又,從月,月亦聲,毛詩無不爾,或承筵,或之言有也。無逸亦罔或克壽。《漢書・鄭崇傳》及《論衡》引作時亦'罔有克壽'。《說文・戈部》或即域字,域乃重文。"(《經解本》)

有，有其事也。校"有其事"下，元本無"也"字。案：其文例應有，今補。無形無名者，萬物之宗也。箋《老子微旨略例》一章云："夫物之所以生，功之所以成，必生乎無形，由乎無名，無形無名者，萬物之宗也。"雖今古不同，時逖俗易，校"逖"，元本作"移"。案：當作"逖"（説見九章），今改。故莫不由乎此以成其治者也。故可執古之道以御今之有也。校"以御今之有"下元本無"也"字。案：其文例應有（説見一章），今補。又"無形無名者"至"以御今之有也"，元本在本章經文"是謂道紀"下。案：其誼乃釋本章經文"執古之道以御今之有"，今逖此。又《道德真經取善集》於本章經文"執古之道以御今之有"下引王注云："古今雖異，其道常存，執之者方能御物。"案：其文與此相異，僅録之以備參攷。

能知古始，是謂道紀。

【箋】

案："古始"，謂古始之道，承上文"執古之道"而言也。"紀"，謂耑緒也。《方言》第十云："緤末，紀緒也，南楚皆曰緤，或曰端，或曰紀，或曰末，皆楚轉語也。"能知古始是謂道紀者，謂古始之道立於一，能知此一，是謂知道之耑緒也。《鬼谷子·本經陰符》云："道者，天地之始，一其紀也。"以章首云此三者，不可致詰，故捆而爲一，故此以道紀之，言結之也。

上古雖遠，校"上古雖遠"上元本有"無形無名者，萬物之宗也。雖今古不同，時移俗易（'移'當作'逖'），故莫不由乎此以成其治者也。故可執古之道以御今之有"（今之有下應有"也"字）四十二字。案：其誼乃釋本章經文"執古之道，以御今之有"，今逖彼。其道存焉，故雖在今可以知古始也。

十五章

古之善爲道者，

【校】

"道"元本作"士"。案：傅奕本及《後漢書·黨錮傳》李賢注所引皆作"道"。下文"保此道者不欲盈"正與此前後呼應。譣誼以作道爲是。"士"誤字，今改。

【箋】

案：爲道，猶爲樸也。蓋老氏言道同無有兼樸器（此兩者同出而異名），而以無爲其本（道常無名）。故無名之樸亦謂之道也。

敳眇玄通，

【校】

"敳眇"，元本作"微妙"。案：當作"敳眇"（説見一章），今改。

【箋】

案：玄通，謂通於道之循環也。蓋無名之樸轉化爲有名之器，而有名之器復返於無名之樸，是謂道之循環也。

深不可識。

【箋】

　　案：經云"玄惪深矣、遠矣，與物返矣"（見六十五章），故曰"深不可識"。

夫唯不可識，故勥爲之頌曰：

【校】

　　"勥"，元本作"強"。案：《説文》云"強，蚚也"，又云："勥，迫也。"段玉裁曰："勥者，以力相迫也。凡云勉勥者，當用此字。"（見《説文解字段氏注·力部》"勥"字條）謙誼以作"勥"爲是，"強"，借字，今改。又"頌"，元本作"容"。案：《文選·魏都賦》劉淵林注引作"頌"。《説文》云"容，盛也"，又云"頌，貌也"。謙誼以作"頌"爲是，"容"借字，今改。又"故勥爲之頌"下，元本無"曰"字。案：傅奕本有，當從之，今補。

豫兮其若冬涉川，

【校】

　　"豫兮"下，元本無"其"字。案：《文子·上仁》所引有，下文云"儼兮其若客"，又云"惇兮其若樸，曠兮其若谷，涵兮其若濁"，此同其例，以有"其"字爲是，今補。

　　冬之涉川，豫然若欲渡，若不欲渡，校 上二"渡"字，元本皆作"度"。案：《説文》云"度，法制也"，又云："渡，濟也。"謙誼以作"渡"爲是，"度"借字，今改。其情不可得見之貌也。

猶兮其若畏四鄰，

【校】

"猶兮"下，元本無"其"字。案：《文子·上仁》所引有，據例以有"其"字爲是（説見上），今補。

【箋】

案：豫兮、猶兮，皆謂篿箸不決之貌也。《禮記·曲禮上》云"所以使民決嫌疑，定猶豫也"，孔穎達疏云："《説文》云：'猶，獸名，玃屬；豫，亦是獸名，象屬。'此二獸皆進退多疑，人多疑惑者似之，故謂之猶豫。"《顔氏家訓·書證》云："《禮》云：'定猶豫，決嫌疑。'《離騷》曰：'心猶豫而狐疑。'先儒未有釋者。案：《尸子》曰：'五尺犬爲猶。'《説文》云：'隴西謂犬子爲猶。'吾以爲人將犬行，犬好豫在人前，待人不得，又來迎候，如此往還，至於終日，斯乃豫之所以爲未定也，故稱猶豫。或以《爾雅》曰：'猶如麂，善登木。'猶，獸名也，既聞人聲，乃豫緣木，如此上下，故稱猶豫。狐之爲獸，又多猜疑，故聽河冰無流水聲，然後敢渡。今俗云：'狐疑虎卜'則其義也。"《史記·吕后本紀》云："欲待灌嬰兵與齊合而發，猶與未決。"司馬貞索引云："猶，鄹音，以獸反。與，音預，又作豫。"崔浩云："猶，獀類也，卬鼻長尾，性多疑。又《説文》云：'猶，獸名，多疑，故比之也。'"案：狐性亦多疑，渡冰而聽水聲，故云"狐疑"也。今解者又引《老子》"與兮若冬涉川，猶兮若畏四鄰"，故以爲"猶與"是常語，且案"狐聽冰"，而此云若冬涉川則與是狐類不疑。"猶兮若畏四鄰"，則"猶"定是獸，自不保同類，故云"畏四鄰"也。《漢書·高后紀》云"或以爲不便計，猶豫未有所決"，顏師古注云："猶，獸名也，《爾雅》曰：'猶，如麂，善登木。'此獸性多疑慮，常居山中，忽聞有聲，即恐有人且來害之，每豫上樹，久之無人，然後敢下，須臾又上，如此非一，故不決者稱猶豫焉。一曰隴西俗謂犬子爲猶，犬隨人行，每豫在前，待人不得，又來迎候，故云猶豫也。"《文選·洛神賦》云"感交甫之棄言兮，悵猶豫而狐疑"，李善注云："《爾雅》曰'猶，如麂，善登木'，此獸多疑慮，常居山中，忽聞有聲，則恐人來害之，每預上樹，久久無度復下，須臾又上，如此非一，故不決者稱猶焉。一曰隴西俗謂犬子隨人行，每預前，待人不得，又來迎候，故言猶豫也。狐之爲獸，其性多疑，每渡冰行，且聽且渡，故疑者稱狐疑。"《水經·江水》云"又東南過棘人道縣北"，酈道元注云："山多猶猢，似猴而短足，好遊巖樹，一騰百步或三百丈，順往倒返，乘空若飛。所謂猶是獸名者，其謂此乎？"《廣雅·釋訓》云"躇躊，猶豫也"，王念孫疏證云："此雙聲之相近者也。躇，猶躊豫，爲疊韻，躇躊猶豫爲雙聲。"《說文》："䇽䇽，箸也。"《楚辭·九辯》"塞淹留而躊躇"，《七諫》注云："躊躇，不行貌，竝與躇躇同，猶豫字或作猶與，單言之則曰猶、曰豫。"《楚辭·九章》"壹心而不豫兮"，王注云："豫，猶豫也。"《老子》云"與兮若冬涉川，猶兮若畏四鄰"；《淮南子·兵略》云"擊其猶猶，陵其與與"，合言之則曰猶豫，轉之則曰夷猶，曰容與。《楚辭·九歌》"君不行兮夷猶"，王注云："夷猶，猶豫也。"《九章》云"然容與而狐疑"，容與，亦猶豫也。案：《曲禮》云："卜筮者，先聖王之所以使民決嫌疑，定猶豫也。"《離騷》云："心猶豫而狐疑兮。"《史記·淮陰侯傳》云："猛虎之猶豫，不若蜂蠆之致螫；騏驥之蹢躅，不如駑馬之安步；孟賁之狐疑，不如庸夫之必至也。"嫌疑、狐疑、猶豫、蹢躅皆雙聲字，狐疑與嫌疑一聲之轉耳，後人誤讀狐疑二字，以爲狐性多疑，故曰狐疑。又因離騷、猶豫、狐疑相對成文，而謂"猶"是犬名，犬隨人行，每豫在前，待人不得，又來迎候，故曰猶豫。或又謂猶是獸名，每聞人聲，即豫上樹，久之復下，故曰猶豫。或又以豫字，從象而謂猶豫，俱是多疑之獸。以上諸說具見於《水經注》《顏氏家訓》《禮記正義》及《漢書注》《文選注》《史記索隱》等。夫雙聲之字，本因聲以見義，不求諸聲而求諸字，固宜其說之多鑿也。四鄰，謂四近之國也。《商子·兵守》："好興兵以距四鄰者國危。"（元本"好"下有"舉"字，今據俞樾說刪）《韓非子·飾邪》："強匡天下，威行四鄰。"

四鄰合攻中央之主，猶然不知所趣向者也。上悳之人，校 "悳"，元本作"德"。案：當作"悳"（說見四章），今改。其朕兆不可見，校 "朕"，元本作"端"。案：《説文》云"端，直也"，又云"耑，物初生之題也"。諡誼以作"耑"爲是，"端"，借字，今改。又"見"，元本作"覩"。案：王注云"自然其耑兆不可得而見也"（見十七章），此同其例，以作"見"爲是，今改。意趣不可覩，校 "意"，元本作"德"。案："德"之本字作"悳"，"意"字似之，因以致誤，今改。又"覩"，元本作"見"。案：王注云"其意趣不可得而覩也"（見十七章），此同其例，以作"覩"爲是，今改。亦猶此也。

儼兮其若客，

【箋】

案：儼、嚴古通。《尚書·周書·無逸》云"嚴恭寅畏"，釋文云："馬作儼。"《論語·子張》云"望之儼然"，釋文云"儼"本作"嚴"。《楚辭·離騷》云"湯禹嚴而祇敬兮"，王逸注云："嚴，畏也。"又《孫子·九地》云"凡爲客之道，深則專，淺則散"，張預注云"先舉兵者爲客"。"儼兮其若客"者，謂儼然謹畏，若爲客之師去國越境，深入重地也。

渙兮其若冰之將釋，

【校】

"渙兮"下，元本無"其"字。案：《文子·上仁》所引有，據例以有"其"字爲是（説見上），今補。箋 案："冰"讀如《周禮·冬官·考工記·敘目》"水有時以凝"之凝，釋讀如《周禮·冬官·考工記·敘目》"有時以澤"之澤。

惇兮其若樸，

【校】

"惇"，元本以作"敦"。案：《說文》"敦，怒也"，又云"惇，厚也"。諗誼以作"惇"爲是，"敦"借字，今改。案："若樸"者，謂若樸之無知無欲也。經云："無名之樸，夫亦將無欲。"《莊子·馬蹄》云："同乎无知，其德不離；同乎无欲，是謂素樸。"

涽兮其若濁，

【校】

"涽"，元本作"混"。案：《說文》云"混，豐流也"，又云"涽，亂也，一曰水濁貌"。諗誼以作"涽"爲是，"混"借字，今改。又"涽兮其若濁"五字，元本在本章經文"曠兮其若谷"下。案：唐景福碑及《文子·上仁》所引皆在本章經文"惇兮其若樸"下，蓋《老子》古本如此也，今逡此。

臧精匿照，外不異物，涽同波塵，故曰"若濁"也。校 元本無"臧精若照"至"若濁也"十七字。案：《道德真經取善集》所引有，"唯'臧'作'藏'，'照'作'炤'，'涽'作'混'，若濁下無'也'字耳"。諗《說文》"藏"字乃大徐新附。《荀子·天論》云："繁啓蕃長於春夏，畜集收臧於秋冬。"《漢書·禮樂志》云"今叔孫通所撰禮儀，與律令同錄，臧於理官"，證其字實當作"臧"，"藏"，俗書也。又諗《說文》有"照"字無"炤"字，"炤"乃"照"之消也。又諗"混"爲"涽"之借字，經文"涽兮其若濁"，既當作"涽"，則此亦以作"涽"爲是。又諗王注文例，凡引經文末句皆殿"也"字（例絫不舉）。此無"也"字者，蓋奪之也，今補，並改"藏"爲"臧"，改"炤"爲"照"，改"混"爲"涽"，於"若濁"下增"也"字。

曠兮其若谷。

【校】

"曠兮其若谷"下，元本有"混兮其若濁"（"混"當作"溷"）五字。案：此五字當在本章經文"惇兮其若樸"下（説見上），今逸彼。

凡此諸若，皆言其頌象不可得而形名也。校 "頌"元本作"容"。案：當從經文作"頌"，今改。

孰能晦以理之而徐明？

【校】

"孰能"下，元本無"晦以理之而徐明"七字。案：王注云："夫晦以理，物則得明。"（見本章）據此則王本有此七字，其無者乃河上公本（見存宋河上公本正無此七字），非王本也，今補。

濁以竫之而徐清，

【校】

"竫"，元本作"静"。案：當作"竫"（説見六章），今改。又"濁以竫"下元本無"而"字。案：傅奕本、范應元本皆有。范應元曰："而字，王弼同古本。"（見《老子道德經古本集注》）據此則王本亦有，其無者乃河上公本（見存宋河上公本正無"而"字），非王本也，今補。

安以動之而徐生？

【校】

"安以動之而徐生"上，元本有"孰能"二字。案：唐景龍碑、遂州碑、唐寫本、顧歡本皆無，今刪。又"安以"下，元本有"久"字。案：唐景龍碑、遂州碑、唐寫本、陸希聲本、張太守本、彭耜本、董思靖本及《永樂大典》所引皆無。王注云："安以動，物則得生。"（見本章）據此則王本亦無，其有者乃河上公本（見存宋河上公本正有"久"字，注云："誰能安靜以久，徐徐以長生也。"），非王本也，今刪。又"安以動之"下，元本無"而"字。案：傅奕本、范應元本皆有，上文"濁以靜之而徐清"，王本既有"而"字，則此亦當有之，其無者乃河上公本（見存宋河上公本正無"而"字），非王本也，今補。

孰能者，言其難也。徐者，詳慎也。校 "孰能者"至"詳慎也"，元本在下文"此自然之道也"下。案：王氏注經之例皆先釋一詞一字之誼，然後乃就其全文貫通釋之（參考四章校記）。此注"夫晦以理物則得明"至"此自然之道也"乃通釋本章經文"孰能晦以理之而徐明"至"安以動之而徐生，而孰能者至詳慎也"，則專釋"孰能"及"徐"字之誼者也。據例以在"夫晦以理物則得明"上爲是，今逐此。夫晦以理，物則得明；濁以竫，物則得清；校 "竫"元本作"靜"。案：當作"竫"（說見六章），今改。安以動，物則得生。此自然之道也。校 "此自然之道也"下，元本有"孰能者，言其難也。徐者，詳慎也"十二字。案：此十二字當在上文"夫晦以理物則得明"上（說見上），今逐彼。

保此道者不欲盈，

【箋】

案：老氏故書"盈"當作"朌"（說見四章）。保此道者不欲朌，言保有此道者，不欲箸之於形也。下文"夫唯不盈"之"盈"，亦當作"形"。

<u>盈必溢也。</u>

夫唯不盈，故能蔽而不新成。

【校】

"故能蔽"下，元本無"而"字。案：《淮南子·道應》所引有，當從之，今補。

【箋】

《淮南子·道應》云："孔子觀桓公之廟，有器焉，謂之宥巵。孔子曰：'善哉！予得見此器。'顧曰：'弟子取水！'水至，灌之，其中則正，其盈則覆。孔子造然革容曰：'善哉，持盈者乎！'子貢在側曰：'請問持盈。'曰：'挹而損之。'曰：'何謂挹而損之?'（元本二'挹'字皆作'益'，今據王念孫説改）曰：'夫物盛而衰，樂極則悲，日中而移，月盈而虧。是故聰明睿智，守之以愚；多聞博辯，守之以儉；武力毅勇，守之以畏；富貴廣大，守之以陋（元本儉、陋二字互誤，今據王念孫説改）；德施天下，守之以讓。此五者，先王所以守天下而弗失也。反此五者，未嘗不危也。'故老子曰：'服此道者不欲盈，夫唯不盈，故能獘而不新成。'"案："新"與"信"同。《漢書·王子侯》"表有新鄉侯"，而同書《王莽傳》"新"作"信"，顏師古注云："古者新、信同音，故耳然則信者何?"《春秋左傳·定公八年》云"盟以信禮也"，杜預注云："信，猶明也。"《吕氏春秋·孟秋紀·禁塞》云"下稱五伯名士之謀，以信其事"，高誘注云："信，明也。"成，謂所成功也。《國語·晉語》云"黄帝以姬水成，炎帝以姜水成"，韋昭注云："成，謂所生長以成功也。""故能蔽而不新成"者，謂故能斂迹匿光，而不以其成功明箸於天下也。今王本及《淮南子》皆譌形爲盈，而新成之誼遂千古莫解矣。

蔽，覆葢也。校 "葢"元本作"蓋"。案：《說文》有"葢"字無"蓋"字，"蓋"其字當作"葢"，"蓋"俗書，今改。箋《釋名·釋言語》云"覆，孚也，如孚甲之在物外也"；"葢，加也，加物之上也"。

十六章

致虛極，守竫竺，

【校】

"竫"，元本作"靜"。案：當作"竫"（説見六章），今改。又"竺"，元本作"篤"。案：《說文》云"篤，馬行頓遲也"，又云："竺，厚也。"厚則固，故引申之則爲竺固之偶。譣諸以作"竺"爲是，"篤"借字，今改。

【箋】

案：致虛守竫，所以法天地也。《管子·心術上》云："天曰虛，地曰靜。"《新書·道術》云："明主者，南面而正，清虛而靜，令名自宣，命物自定。"又案：極、竺皆狀詞。極，猶言至也；竺，猶言固也。王注增"真正"二字釋之，非是。

言致虛，物之極真；守竫，物之竺正也。校 "竫、竺"，元本作"靜、篤"。案：當從經文作"竫、竺"，今改。又"真""竺"二字，元本互誤。案：王注云："物返窈冥，則真精之極得，萬物之性定。"（見二十一章）夫窈冥狀其深遠，而亦具虛無之誼，此云致虛物之極真，語意與之略同。又《漢書·公孫宏卜式兒寬傳》云："先世之吏正，故其民篤；今世之吏邪，故其民薄。"此云"守竺物之笁正",謂守清竺之道,則民竺而吏正矣。元本以"真"爲"竺"、以"竺"爲"真",非是,今互易之。

萬物竝作,

作生長也。校 "作生長也",元本作"動作生長"。案:《文選·時興詩》李善注引作"作生長也",當從之,今改。

吾以觀其復。

【校】

"吾以觀"下,元本無"其"字。案:唐景龍碑、唐開元甲幢、唐開元乙幢、唐景福碑、宋景祐幢、遂州碑、唐寫本、宋河上公本、顧歡本、傅奕本、唐玄宗本、陸希聲本、陳景元本、司馬氏本、張太守本、蘇轍本、李霖本、彭耜本、董思靖本、范應元本、李榮本、薛蕙本、焦竑本及《淮南子·道應》《文選·時興詩》李善注,《太平御覽·道部一》所引皆有。王注云"以虛竺觀其反復者也"(見本章)。據此則王本亦有,今補。

【箋】

《淮南子·道應》云:"尹需學御,三年而無得焉,私自苦痛,常寢想之。中夜,夢受秋駕於師。明日,往朝。師望而謂之曰(元本'而'作'之',今據王念孫說改):'吾非愛道於子也,恐子不可予也。今日教子以秋駕。'尹需反走,北面再拜曰:'臣有天幸,今夕固夢受之。'故老子曰:'致虛極,守靜篤,萬物竝作,吾以觀其復也。'"

以虛竺觀其反復者也。校 "竺",元本作"靜"。案:當作"竺"(說見六章),今改。"以虛竺觀其反復"下,元本無"者也"二字。案:《文選·時興詩》李善注所引有,今補。凡有起於虛,動起於竺,故萬物雖竝動作,卒復歸於虛竫，校上二"竫"字，元本皆作"静"。案：當作"竫"（説見六章），今改。是物之極竺也。校"竺"，元本作"篤"。案：當從經文作"竺"，今改。

夫物賆賆，

【校】

"賆賆"，元本作"芸芸"。案：傅奕本、范應元本皆作"賆賆"。《説文》云"芸，草也"，又云："賆，物數紛賆，亂也。"諫誼以作"賆賆"爲是，"芸"借字，今改。

各歸其根。

【校】

"各"下，元本有"復"字。案：唐景龍碑、唐開元甲幢、唐開元乙幢、遂州碑、唐寫本、顧歡本、傅奕本、陸希聲本、陳景元本、蘇轍本、彭耜本、董思靖本、范應元本、李榮本、薛蕙本、焦竑本皆無，今刪。

各返其所始也。

歸根曰竫，

【校】

"竫"，元本作"静"。案當作"竫"（説見六章），今改。

歸根則竫，故曰竫也。校上二"竫"字，元本皆作"静"。案：當作"竫"（説見六章），今改。又"竫"下元本無"也"字。案：其文例應有（説見十五章），今補。又"歸根則竫"至"竫也"，元本在本章經文"復命曰常"下。案：其誼乃釋本章經文"歸根曰竫"，今迻此。

竫曰復命，

【校】

　　"竫曰"，元本作"是謂"。案：唐景龍碑、唐開元甲幢、唐開元乚幢、宋景祐幢、遂州碑、唐寫本、唐玄宗本、陸希聲本、陳景元本、司馬氏本、張太守本、蘇轍本、李霖本、彭耜本、董思靖本、范應元本、李榮本、薛蕙本、焦竑本皆作"静曰"，顧"静"爲"竫"之借字。讞誼以作"竫曰"爲是，今改。

【箋】

　　案：《廣雅·釋詁》云："命，道也。"《詩·周頌·清廟之什·維天之命》云"維天之命，於穆不已"，鄭玄箋云"命，猶道也"，復命者，謂復返於道之本始也。蓋老氏言道始於無名，終於有名，終則則返其所始焉。

　　竫則復命，校 "竫"，元本作"静"。案：當作"竫"（説見六章），今改。故曰復命也。校 "竫則復命"至"復命也"，元本在本章經文"復命曰常"下，接注文"故曰竫也"後。案：其誼乃釋本章經文"竫曰復命"，今迻此。

復命曰常，

　　復命則得性命之常，校 "復命則得性命之常"上，元本有"歸根則静（'静'當作'竫'），故曰静（'静'當作'竫'，'竫'下當有'也'字），静則復命（'静'當作'竫'），故曰'復命'也"十六字。案："歸根則静，故曰静"乃釋本章經文"歸根曰竫"。"竫則復命，故曰'復命'也"乃釋本章經文"竫曰復命"，今各迻其處。故曰'常'也。

知常曰明，

常之爲物，不偏不彰，無曒昧之狀、溫涼之象，故曰"知常曰明"也。校"常之爲物"至"知常曰明也"，元本在本章經文"不知常，妄作，凶"下。案：其誼乃釋本章經文"知常曰明"，今迻此。

不知常，妄作，凶。

唯此復，乃能勹通萬物，校"唯此復，乃能勹通"上，元本有"常之爲物，不偏不彰，無曒昧之狀，溫涼之象，故曰'知常曰明也'"二十四字。案：其誼乃釋本章經文"知常曰明"，今迻彼。又"勹"，元本作"包"。案：《說文》云"包，象人裹妊巳在中，象子未成形也"，又云："勹，裹也。"譣誼以作"勹"爲是，"包"借字，今改。無所不容。失此以往，則衺入乎分，校"衺"，元本作"邪"。案：當作"衺"（說見十章），今改。箋案：高誘曰："分，明也。"（見《呂氏春秋·慎行論·察傳》"是非之經不可不分"高誘注）衺入乎分，猶云衺入乎明也。經云："知常曰明"（見本章），衺入乎明，固不知常。衺入乎分，校元本無"衺入乎分"四字。案：古籍重文書寫之例，則"衺入乎分""衺入乎分"二句，可寫爲"則衺＝入＝乎＝分＝"。觀《尚書·商書·說命上》"知之曰明哲，明哲實作則"，唐寫隸古定本作"知㞢曰明＝哲＝實作則"（見《鳴沙石室古佚書》）。《春秋左傳·定公五年》"吳子乃歸，囚閶輿罷，閶輿罷請先"，六朝寫本作"吳子乃歸，囚閶＝輿＝罷＝請先"（見《鳴沙石室古籍叢殘》）。《史記·殷本紀》"伊尹名阿衡，阿衡欲干湯而無由"，日本古寫本作"伊尹名阿＝衡＝欲干湯而無由"（見《吉石盦叢書》四集）。《漢書·王莽傳》"攻更始，更始降之"，唐寫本作"攻更＝始＝降之"（見《鳴沙石室古籍叢殘》），可證後人不明此例，消則衺＝入＝乎＝分＝爲則，"衺入乎分"，遂奪此四字，而與下文"則物離分"文誼不屬矣，今補。則物離分，校"則物離"下，元本有"其"字。案：張太守本、正統王本、明和王本皆無，蓋此"其"字乃乾隆王本據誤本《經典釋文》補入，以後諸本皆沿乾隆王本之誤，今刪。 [箋]案：離分者，謂皦與昧，溫與涼，相離分而有所偏彰也。王注云："常之爲物，不偏不彰，無皦昧之狀，溫涼之象。"（見本章）故曰不知常妄作凶也。 [校]"妄作凶也"上，元本有"則"字。案：據經文無，今刪。

知常容，

【箋】

案：容，謂勺容也。《今文尚書·周書·洪範》云："思心曰容。"《伏勝傳》云"思心之不容，是謂不聖……"言不寬大包容臣下，則不能居聖位（見《漢書·五行志下》）。又案："思心曰容"，《古文尚書》作"思曰睿"，馬融注云："睿，通也。"（見《史記·宋微子世家》"思曰睿"裴駰集解）

無所不勺通也。 [校]"勺"，元本作"包"。案：當作"勺"（說見上），今改。 [箋]案：此以勺通釋容，乃兼用《尚書》今古文誼也。

容乃公，

無所不勺通， [校]"勺"，元本作"包"。案：當作"勺"（說見上），今改。則乃至於蕩然公平矣。 [校]"矣"，元本作"也"。案：當作"矣"（說見一章），今改。

公乃周，

蕩然公平，則乃至於無所不周普矣。 [校]"矣"，元本作"也"。案：當作"矣"（説見一章），今改。

周乃天，

【校】

　　上二"周"字，元本皆作"王"。案：王注云"蕩然公平，則乃至於無所不周普矣"（見本章）；又云："無所不周普，則乃至於同乎天矣。"（同上）據此則王本作"周"，其作"王"者乃河上公本（見存宋河上公本正作"王"，注云"公正無私可以爲天下王"；又注云："能王德合神明乃與天通。"），非王本也，今改。

【箋】

　　案：周，謂圜周也。"周乃天"者，謂其圜周復匝無所稽留，則乃至於同乎天也。《國語·越語下》云："天有還形。"（"還"借爲"圜"）《吕氏春秋·春紀·圜道》云"天道圜"；又云："何以説天道之圜也？精氣一上一下，圜周復雜（高誘注云：'雜猶匝。'），無所稽留，故曰天道圜。"

　　無所不周普，則乃至於同乎天矣。校 "矣"，元本作"也"。案：當作"矣"（説見一章），今改。

天乃道，

【箋】

　　案：《淮南子·原道》云"循天者，與道游者也"，故曰"天乃道"也。

　　與天合悥，校 "悥"，元本作"德"。案：當作"悥"（説見四章），今改。體道大通，則乃至於窮極虚無矣。校 "則乃至於"下，元本無"窮"

字。案：王注云："窮極虛無，得道之常，則乃至於不窮極矣。"（見本章）譣誼以有"窮"字爲是，今補。又"矣"，元本作"也"。案：當作"矣"（説見一章），今改。

道乃久。

窮極虛無，得道之常，則乃至於不窮極矣。校 "窮"，元本作"有"。案：張太守本、乾隆王本、光緒王本及《永樂大典》所引皆作"窮"。譣誼以作"窮"爲是，"有"誤字，今改。又"矣"，元本作"也"。案：當作"矣"（説見一章），今改。

殁身不殆。

【校】

"殁"，元本作"沒"。案：《説文》云"沒，湛也"；又云"殁，終也"。譣誼以作"殁"爲是，"沒"借字，今改。

無之爲物，水火不能害，金石不能殘。用之於心，則虎兕無所措其爪角，校 "措其爪角"，元本作"投其齒角"。案：張太守本及《永樂大典》所引皆作"投其爪角"，蓋"投"字亦誤。王注云："器之害者，莫甚乎兵戈；嘼之害者，莫甚乎虎兕。而令兵戈無所容其鋒刃，虎兕無所措其爪角，斯誠不以欲纍其身者也，何死地之有乎！"（見五十章）據例以作"措其爪角"爲是，今改。兵戈無所容其鋒刃，何危殆之有乎！

十七章

大上，

【箋】

《慎子·民襍》云："大君者，太上也，兼畜下者也。下之所能不同，而皆上之用也。是以大君因民之能爲資，盡包而畜之，無能去取焉。是故不設一方以求於人，故所求者無不足也。大君不擇其下，故足。不擇其下，則易爲下矣。易爲下，則莫不容；莫不容，故多下。多下之謂太上。"

大上，謂大人也。

【箋】

《周易·文言》云："夫大人者，與天地合其德，與日月合其明，與四時和其序，與鬼神合其吉凶。先天而天弗違，後天而奉天時。"《莊子·徐無鬼》云："聖人并包天地，澤及天下，而不知其誰氏。是故生无爵，死无諡，實不聚，名不立，此之謂大人。"

大人在上，故曰"大上"也。校 "大上"下，元本無"也"字。案：其文例應有（說見十五章），今補。又"大上"至"故曰大上也"，元本在本章經文"下知有之"下。案：其誼乃釋本章經文"大上"，今迻此。

下知有之。

【箋】

《韓非子・難三》云："今有功者必賞，賞者不德君（元本'德'作'得'，今據顧廣圻說改），力之所致也；有罪者必誅，誅者不怨上，罪之所生也。民知誅賞之皆起於身也（元本'賞'作'罰'，今據顧廣圻說改），故疾功利於業，而不受賜於君。'太上，下智有之'（顧廣圻曰'智讀爲知'）。此言太上之下民無說也，安取懷惠之民？上君之民無利害，說以'悅近來遠'，亦可舍已！"《淮南子・主術》云："是故得道者不爲醜飾，不爲僞善，一人被之而不褒，萬人蒙之而不褊。是故重爲惠，若重爲暴，則治道通矣。爲惠者，尚布施也。無功而厚賞，無勞而高爵，則守職者懈於官，而游居者亟於進矣。爲暴者，妄誅也。無罪而死亡，行直而被刑，則修身者不勸善，而爲邪者輕犯上矣。故爲惠者生姦，而爲暴者生亂。姦亂之俗，亡國之風。是故明主之治，國有誅者而主無怒焉，朝有賞者而君無與焉。誅者不怨君，罪之所當也；賞者不德上，功之所致也。民知誅賞之來，皆在於身也，故務功修業，不受贐於君。是故朝廷蕪而無迹，田野辟而無草，故'太上，下知有之'。"案："大"讀如"太"，大上謂上古之帝后也。上古之帝后當樸之未楙，不煩正教法令，而化民成俗。民亦但知帝后在上，而不見功烈，故曰"下知有之也"。其偁大上者，蓋因其次以立名，所以明陞降之差等也。《春秋左傳・襄公二十四年》云："太上有立德，其次有立功，其次有立言。"《呂氏春秋・先識覽・察微》云："太上知始，其次知終，其次知中。"《戰國策・魏策》云："太上伐秦，其次賓秦，其次堅約而詳講。"凡此皆言其差等也。

大人在上，校 "大人在上"上，元本有"大上，謂大人也。大人在上，故曰'大上'"（"大上"下應有"也"字）十四字。案：其誼乃釋本章經文"大上"，今迻彼。尻無爲之事，校 "尻"，元本作"居"。案：當作"尻"（說見一章），今改。行不言之教，萬物作焉而不爲始，故下知有之而已。校 "故下知有之而已"下，元本有"言從上也"四字。案：張太守本、正統王本、明和王本此四字皆在本章經文"信不足，焉有不信"下，其意蓋謂"上於信不足，則下必至於偷薄詐僞也"。乾隆王本、光緒王本及此皆沿《永樂大典》之誤，今逐彼。

其次，親而譽之。

【箋】

案：其次，謂古之王侯也。古之王侯，因樸之枎而爲器長，於是乃爲正教法令以導民，以其政教寬仁，民懷其惠，故云"親而譽之"也。

不能以無爲爲尻，校"爲尻"，元本作"居事"。案：王注云："以無爲爲尻，以不言爲教，以恬淡爲味，治之極也。"（見三十六章）此同其例，以作"爲尻"爲是，今改。不言爲教，立善岐惠，校"岐惠"，元本作"行施"。案：王注云："失無爲之事，更以岐惠立善，導物也。"（見十八章）諗誼以作"岐惠"爲是，今改。箋鄭玄曰："施惠，賙衈之。"（見《周禮·地官司救》"凡歲時有天患民病，則以節巡國中及郊野，而以王命施惠"鄭玄注）使下得親而譽之也。

其次，畏之。

【箋】

案：其次，亦謂古之王侯而次於前者也，以其教令嚴明，民咸憚服，故云畏之也。

不能以恩仁令物，校"不能"下，元本有"復"字。案：王注云"不能以無爲爲尻"（見本章）；又云"不能以法齊民"（同上），此同其例，以無"復"字爲是，今刪。而賴威權也。

其次，侮之。

【箋】

案：其次，亦謂古之王侯而又次於前者也，以其教令暴疾失度，民叛其令而弗從，故云侮之也。

不能以法正齊民， 校 "不能以法正齊民"，元本作"不能法以正齊民"。陶鴻慶曰："'不能法以正齊民'疑本作'不能以法齊民'，'法'字古文作'𠃎'，遂誤爲正。後人輒增'法'字以足義耳。"（見《讀諸子札記》）案："正"字既非"法"字之誤，而"法"字亦非後人所增，唯"法以"二字，上下顛倒耳，其文當爲"不能以法正齊民"。《荀子·性惡》云："明禮義以化之，起法正以治之，重刑罰以禁之。"又云："凡禹之所以爲禹者，以其爲仁義法正也。"證"法正"爲古語，今乚轉。**而以智治國，下知避之，其令不從，故曰"侮之"也。**

信不足，焉有不信。

【校】

"焉有不信"下，元本有"焉"字。案：唐景福碑、傅奕本、彭耜本皆無。王念孫曰："無下'焉'字者，是也，'信不足'爲句；'焉有不信'爲句。焉，於是也，言不足於是有不信也。《呂氏春秋·季春篇》注曰：'焉，猶於此也。'《聘禮記》曰'及享，發氣焉盈容'，言發氣於是盈容也。《月令》曰'天子焉始乘舟'，言天子於是始乘舟也。《晉語》曰'焉始爲令'，言於是始爲令也。《三年問》曰'故先王焉爲之立中制節'，言先王於是爲之立中制節也。《大荒南經》曰'雲雨之山，有木名曰欒……帝焉取藥'，言帝於是取藥也。《管子·揆度篇》曰'民財足，則君賦斂焉不窮'，言賦斂於是不窮也。《墨子·非攻篇》曰'天乃命湯於鑣宮，用受夏之大命……湯焉敢奉率其眾，是以鄉有夏之境'，言湯於是敢伐夏也。《楚辭·九章》曰'焉洋洋而爲客'，又曰'焉舒情而抽信兮'，言於是洋洋而爲客，於是舒情而抽信也。又僖十五年《左傳》'晉於是乎作爰田……晉於是乎作州兵'，《晉語》作'焉作轅田……焉作州兵'。《西周策》：'君何患焉？'《史記·周本紀》作：'君何患於是？'是焉與於是同義。莊八年《公羊傳》：'吾將以甲午之日然後祠兵於是。'《管子·小問篇》：'且臣觀小國諸侯之不服者，唯莒於是。'是、於是、與焉同義。河上公注云：'君信不足於下，下則應之以不信而欺其君也。''則'字正解'焉'字之義。《祭法》曰'壇墠，有禱焉祭之，無禱乃止'，言壇墠，有禱則祭之也。《大戴禮記·曾子制言篇》曰'有知焉謂之友，無知焉謂之主'，言有知則謂之友，無知則謂之主也。《荀子·禮論篇》'三者偏亡，焉無安人'，《史記·禮書》'焉作則'，《老子·第十三章》'故貴以身爲天下，則可寄天下'，《淮南子·道應篇》引此，則'作焉''是焉'與'則'亦同義，後人不曉'焉'字之義而讀'信不足焉'爲一句，故又加'焉'字於下句之末，以與上句相對，而不知其謬也。"（見《讀書襍志·餘編·老子》'信不足，焉有不信焉'條）其說是也，今刪。

【箋】

《傅子·信義》云："蓋天地箸信而四時不悖，日月箸信而昏明有常，王者體信而萬國以安，諸侯秉信而境内以和，君子履信而厥身以立。古之聖君賢佐，將化世美俗，去信須臾，而能安上治民者，未之有也。夫象天則地（元本'象天則地'上無'夫'字，今據《羣書治要》所引補）、履信思順、以壹天下，此王者之信也。據法持正、行以不貳，此諸侯之信也。言出乎口、結乎心、守而不移、以立其身（元本'立其身'上無'以'字，今據《羣書治要》所引補），此君子之信也。講信修義，而人道定矣。若君不信以御臣（元本'君不信以御臣'上無'若'字，今據《羣書治要》所引補），臣不信以奉君，父不信以教子，子不信以事父，夫不信以遇婦，婦不信以承夫，則君臣相疑于朝，父子相疑于家，夫婦相疑于室。大小溷然而懷姦謀，上下紛然而競相欺，人倫于是亡矣。夫信由上結者也，故君以信訓其臣（元本故下有'人'字，今據《羣書治要》所引刪），則臣以信忠其君。父以信誨其子，則子以信孝其父；夫以信遇其婦，則婦以信順其夫。上秉常以化下，下服常以應上，其不化者，百未有一也。夫爲人上，竭至誠開信以待下（元本 '開信' 下無 '以' 字，今據《羣書治要》所引補），則懷信者歡然而樂進，不信者報然而迴意矣。老子不云乎：'信不足，焉有不信也?'（元本 '焉' 下有 '者' 字，今據《羣書治要》所引刪）故以信待人，不信思信；不信待人，信斯不信（元本 '斯' 作 '思'，今據《羣書治要》所引改）。況本無信者乎?"
案：上 "信" 字當作 "言"，《周易·困卦》云 "有言不信"，今作 "信" 者字之誤也，言謂政教法令也（說見二章），不足謂暴疾失度也。《荀子·禮論》云 "法禮足禮，謂之有方之士"，楊倞注云："足，謂無闕失，反之故不足爲失也。信，猶從也。"《呂氏春秋·孟夏紀·勸學》云 "師尊則言信矣"，高誘注云："信，從也。" "言不足，焉有不信" 者，謂上出教令暴疾失度，則下有判其令而弗從者，是以致侮也。

言從上也。校 "言從上也" 四字，元本在本章經文 "下知有之" 下，接注文 "故下知有之而已" 後。案：張太守本、正統王本、明和王本皆在本章經文 "信不足，焉有不信" 下，其意蓋謂上於信不足，則下必至於偷薄詐僞也。元本及乾隆王本、光緒王本皆沿《永樂大典》之誤，今迻此。夫御體失性，則疾病生；輔物失眞，則疵釁作信。信不足，則有不信，校 "信不足" 下，元本有 "焉" 字。案：王念孫曰："則有不信，即焉有不信……，今本王注作 '信不足焉，則有不信'。'焉' 字亦後人所加。"（見《讀書襍志·餘編·老子》"信不足，焉有不信焉" 條）其說是也，今刪。此自然之道也。已處不足，非智之所濟也。校 "濟"，元本作 "齊"。案：張太守本、正統王本、明和王本皆作 "濟"，當從之，今改。

悠兮其貴言。

【箋】

老氏故書 "其貴" 下應有 "希" 字。經云 "希言自然"（見二十三章），即概括本章經文 "悠兮其貴希言，功成事遂，百姓皆謂我自然" 之恉也。今王本無"希"字者,蓋奪之也。悠,猶遠也。《詩·周頌·閔予小子之什·訪落》云"於乎悠哉,朕未有艾",毛亨傳云:"悠,遠也。"希言,猶無言也。蓋老氏言希,每具無誼,經云"聽之不聞名曰希"(見十四章),又云"大音希聲"(見四十一章),皆其證也。"悠兮其貴希言"者,言邈乎遠哉,其唯上古,無教令之治爲可貴乎,今之王侯無復行之者矣。

無物可以易其言,言必有應,故曰"悠兮其貴言"也。[校]"無物可以易其言"至"悠兮其貴言也",元本在本章經文"百姓皆謂我自然下"。案:其誼乃釋本章經文"悠兮其貴言",今迻此。

功成事遂,百姓皆謂我自然。

【箋】

《管子·形勢》云:"得天之道,其事若自然;失天之道,雖立不安。其道既得,莫知其爲之;其功既成,莫知其釋之。"莊子云:"不知其所以然而然,故曰自然。"(見《大方廣佛華嚴經隨疏演義鈔》卷十四)案:此云"我者",乃叚帝后之身分而言也;"功成身遂,百姓皆謂我自然",謂上古之帝后不煩政教法令而化民成俗,使百姓皆不知其所以然,亦唯謂我自然而已。蓋不言之教其可贊慕,乃如是也。又案:本章經愾乃老氏專爲反對奴隸制國家之政教法令而作,其始則敝述尚無國家建制及其政教法令之世民,但知帝后在上而不見其功烈之榲樸狀況。繼則敝述政教法令之產生及其漸次衰替,以至終於致悔之必然結果。蓋文中三偶其次,非僅言其差等而,亦具有先後之歷史順序焉。至於最後則又稱美不言之教以結之,其希風上古之情,溢於言表矣。

自然,其崩兆不可得而見也,[校]"崩",元本作"端"。案:當作"崩"(説見十五章),今改。其意趣不可得而覩也。[校]"其意趣不可得而覩也"下,元本有"無物可以易其言,言必有應,故曰'悠兮其貴言'也"十九字。

案：其誼乃釋本章經文"悠兮其貴言"，今迻彼。凥無爲之事，校"凥"，元本作"居"。案：當作"凥"（説見二章），今改。行不言之教，不以彤理物，校"理"，元本作"立"。案：王注云"唯因物之性，不叚彤以理物"（見三十六章），譣誼以作"理"爲是，"立"，誤字，今改。故功成事遂，而百姓不知其所以然也。箋案：此以不知其所以然釋自然，乃用莊子誼也。

十八章

大道廢，焉有仁誼；

【校】

　　"有仁誼"上，元本無"焉"字。案：唐廣明碑、傅奕本、陸希聲本皆有。蓋"焉"字於此，用爲承接連詞與"於是"同誼（參考十七章校記）。焉有仁誼，猶云於是有仁誼也。經云"信不足，焉有不信"（見十七章，又重見二十三章），其用字之例與此正同，譣誼以有"焉"字爲是，今補。又"誼"，元本作"義"。案：《説文》云"義，己之威儀也"；又云："誼，人之所宜也。"譣誼以作"誼"爲是，"義"借字，今改。

【箋】

　　案：大道，謂無名之樸也。老氏言道同無有兼樸器（此兩者同出而異名），而以無爲其本（"道常無名"），故無名之樸亦謂之道也。仁誼，謂器之觀念彤態也。樸散而後有器，有器而後有聖者。智者出制爲仁誼禮樂以文之，故曰大道廢，焉有仁誼也。箋《禮記·禮運》云："大道之行也，天下爲公，選賢與能，講信修睦。故人不獨親其親，不獨子其子，使老有所終，壯有所用，幼有所長，矜、寡、孤、獨、廢、疾者皆有所養，男有分，女有歸。貨

111

惡其弃於地也，不必藏於己；力惡其不出於身也，不必爲己。是故謀閉而不興，盜竊亂賊而不作，故外户而不閉。是謂大同。今大道既隱，天下爲家，各親其親，各子其子，貨力爲己，大人世及以爲禮，城郭溝池以爲固，禮義以爲紀。以正君臣，以篤父子，以睦兄弟，以和夫婦，以設制度，以立田里，以賢勇知，以功爲己。故謀用是作，而兵由此起。禹、湯、文、武、成王、周公，由此其選也。此六君子者，未有不謹於禮者也。以箸其義，以考其信，箸有過，刑仁講讓，示民有常。如有不由此者，在執者去，眾以爲殃。是謂小康。"（本田成之《禮運考》云："禮運之大同小康，與《老子》之大道廢有仁義，失道而後德，失德而後仁，失仁而後義，失義而後禮相似。惟不言禮者，忠信之薄而亂之始及絶聖棄智。"）《莊子·馬蹄》云："夫至德之世，同與禽獸居，族與萬物並，惡知乎君子小人哉！同乎无知，其德不離；同乎无欲，是謂素樸。素樸而民性得矣；及至聖人，蹩躠爲仁，踶跂爲義，而天下始疑矣；澶漫爲樂，摘僻爲禮，而天下始分矣。故純樸不殘，孰爲犧樽！白玉不毀，孰爲珪璋！道德不廢，安取仁義！性情不離，安用禮樂！五色不亂，孰爲文采！五聲不亂，孰應六律！夫殘樸以爲器，工匠之罪也；毀道德以爲仁義，聖人之過也……夫赫胥氏之時，居民不知所爲，行不知所之，含哺而熙，鼓腹而遊，民能以此矣。及至聖人，屈折禮樂以匡天下之形，縣跂仁義以慰天下之心，而民乃是踶跂好知，爭歸與利，不可止也。此亦聖人之過也。"案：老氏所謂大道者，實元始社會之歷史法則也；所謂仁誼者，實奴隸社會之階級倫理也。夫樸椷而器成，大道廢而仁誼昌，斯乃歷史發展之必然。故未可輕貶仁誼而崇尚大道也。且夫老氏固嘗以仁誼爲蘧廬矣（見《莊子·天運》），其所謂之大道者，寧非蘧廬邪。

失無爲之事，更以岐惠立善，導物也。校 "岐"，元本作 "施"。案：當作 "岐"（説見一章），今改。又 "惠"，元本作 "慧"。案：《説文》云 "慧，儇也"，又云："惠，仁也。"諗誼以作 "惠" 爲是，"慧" 借字，今改。又 "導"，元本作 "道進"。案："道" 者，導之借字，"進" 者，"導" 之異文也。《説文》云 "羑，進善也"，段玉裁曰："'進' 當作 '道'，道善，導以善也。"（見段箸《説文解字注》"羊部羑字條"）《尚書·周書·康王之誥》云："惟周文武，誕受羑若，克恤西土。"《經典釋文》云："羑，羊久反，馬云：'道也。'"王筠曰："進，謂獎進之；道，爲導引之。文異而義同。"（見王箸《説文句讀》"羊部羑字條"）是古者導、進相通之證，此借道爲導。而佗本又有作"進"者，後人附記"進"字於"道"字之下，於是輾轉傳寫誤爲"道進"矣，今改"道"爲"導"，並刪"進"字。

智慧出，焉有大僞；

【校】

"有大僞"上，元本無"焉"字。案：唐廣明碑、傅奕本、陸希聲本皆有，此與上文"焉有仁誼"同例，以有"焉"字爲是，今補。

行術用明，以察姦僞，趣覩形見，物知避之。故智慧出則大僞生矣。校 "矣"，元本作"也"。案：當作"矣"（説見一章）。

六親不和，焉有孝慈；

【校】

"有孝慈"上，元本無"焉"字。案：唐廣明碑有此，與上文"焉有仁誼"同例，以有"焉"字爲是，今補。

【箋】

王引之曰："《賈子·道術篇》曰：'親愛利子謂之慈，子愛利親謂之孝。'孝與慈不同，而同取愛利之義。故孝於父母亦可謂之孝慈。《曲禮》曰'不勝喪，乃比於不慈、不孝'，不慈即不孝也。《齊語》曰'慈孝於父母'，又曰：'不慈孝於父母，不長弟於鄉里。'《墨子·尚賢篇》曰：'入則不慈孝父母，出則不長弟鄉里。'《非名篇》曰：'入則孝慈於親戚，出則弟長於鄉里。'《管子·山權數篇》曰：'君不高慈孝，則民簡其親。'《莊子·漁父篇》曰：'事親則慈孝，事君則忠貞。'《史記·楚世家·伍奢》曰：'尚之爲人，〔廉，死節〕，慈孝而仁，聞召而免父，必至。'《梁孝王世家》曰：'孝王慈孝，每聞太后病，口不能食，居不安寢。'《白虎通義》曰：'孝慈父母，賜以秬鬯，使之祭祀。'皆是也。"（見《經義述聞·通説上》"孝慈條"）

國家昬敵，

【校】

"昬"，元本作"昏"。案：唐寫本、司馬氏本、張太守本、董思靖本、正統王本、光緒王本皆作"昬"。《説文》云："昏，日冥也，從日氐省，氐者，下也，一曰民聲。"《六書故》云："唐本《説文》從民省，徐本從氐省。"晁説之曰："因唐諱民，改爲氏也。"錢大昕曰："氏與民，音義俱別，依徐祭酒例，當重出昬，云或作昏，民聲，今附于昏下，疑非許氏本文。頃讀戴侗《六書故》云'唐本《説文》從民省，徐本從氐省'，又引晁説之云'因唐諱民，改爲氏也'。然則《説文》元是昬字，從日，民聲，唐本以避諱，減一筆，故云從民省。徐氏誤爲仞爲氏，省氏下之訓亦徐所附益，又不敢輒增昬字，仍附民聲于下。其非許元文，信矣。案：漢隸字，原昬皆從民，婚亦從昬。民者，冥也，與日冥之訓相協，唐石經遇民字皆作𥁕，而偏傍從民者，盡易爲氏，如岷作㟭，泯作泜，緍作緡，痻作痻，磻作磻，瞖作瞖，愍作愍，蟁作蟁之類，不一而足，則昏之爲避諱，省筆無疑。謂從氏省者，淺人穿鑿傅會之説耳。"（見《十駕齋養新餘録》"昏當從唐本《説文》作昬"條）丁福保曰："考漢碑昬爲正字，昏爲別體，如《劉熊碑陰》'故守東昬長'，《尹宙碑》'早即幽昬'，《孫叔敖碑》'幽暜而照明'，《劉曜碑》'三履宗伯婚□□□'，《孔宙碑》'閽□是虔'，皆從民從氏者，僅《繁陽令楊君碑》'宿不命闇，一見而已'，《五經文字·愍下》云：'緣廟諱偏傍，準式省從氏，凡泯昏之類，皆從氏。'又《舊唐書·高宗紀》'昬字改昏，在顯慶二年十二月'，據此知

114

'昏'字，因廟諱故，改從'昏'之別體'昏'。試觀唐顯慶前之魏碑，凡'昏'字皆從民，顯慶後之唐碑，因避諱皆作'昏'，可知竄改《說文》亦在中唐以後。"（見《說文解字詁林》）據此以作"昏"爲是，"昏"諱字，今改。又"斁"，元本作"亂"。案：當作"斁"（説見三章），今改。

焉有貞臣。

【校】

"有貞臣"上，元本無"焉"字。案：此與上文"焉有仁誼"同例，以有"焉"字爲是，今補。又"貞"，元本作"忠"。案：傅奕本、范應元本皆作"貞"。范應元曰"貞"字，嚴遵、王弼同古本，世本多做"忠"，蓋避諱也。（見范箸《老子道德經古本集注》）據此，則王本亦作"貞"，今改。

【箋】

《淮南子·道應》云："魏文侯觴諸大夫於曲陽，飲酒酣，文侯喟然歎曰：'吾獨無豫讓以爲臣乎！'蹇重舉白而進之，曰：'請浮君！'君曰：'何也？'對曰：'臣聞之，有命之父母不知孝子，有道之君不知忠臣。夫豫讓之君，亦何如哉？'文侯受觴而飲釂不獻，曰：'無管仲、鮑叔以爲臣，故有豫讓之功。'故老子曰：'國家昏亂，有忠臣。'"

甚美之名，生於大惡，所謂美惡同門。六親，父子、兄弟、夫婦也。[校]"父子、兄弟、夫婦也"，《史記·管晏劉傳》張守節正義引作"父母、兄弟、妻子也"。若六親自和，國家自治，則孝慈、貞臣。[校]"貞"元本作"忠"。案：當從經文作"貞"，今改。不知其所在矣。魚不能相忘於江湖，[校]"魚不能相忘於江湖"，元本作"魚相忘於江湖之道"。案：《道德真經論引》作"魚不能相忘於江湖"，當從之，今改。又陶鴻慶曰："'之道'上奪'相忘'二字，下奪'失'字，其文云：'魚相忘於江湖，相忘之道失，則相濡之德生也。"（見《讀諸子札記》）案：其説無據，未可從也。則相濡之惠生矣。校"惠"，元本作"德"。案：當作"惠"（説見四章），今改。又"矣"，元本作"也"。案：當作"矣"（説見一章），今改。箋《莊子・大宗師》云："泉涸，魚相與處於陸，相呴以濕，相濡以沫，不如相忘於江湖。"

十九章

絕聖棄智，民利百倍；

【箋】

《莊子・在宥》云："崔瞿問於老聃曰：'不治天下，安藏人心？'老聃曰：'女慎無攖人心。人心排下而進上，上下囚殺，淖約柔乎剛彊。廉劌彫琢，其熱焦火，其寒凝冰。其疾俛仰之間，而再撫四海之外，其居也淵而静，其動也縣而天。僨驕而不可係者，其唯人心乎！昔者黄帝始以仁義攖人心，堯、舜於是乎股無胈，脛無毛，以養天下之形，愁其五藏以爲仁義，矜其血氣以規法度。然猶有不勝也。堯於是放讙兜於崇山，投三苗於三峗，流共工於幽都，此不勝天下也夫！施及三王而天下大駭矣。下有桀、跖，上有曾、史，而儒、墨畢起。於是乎喜怒相疑，愚知相欺，善否相非，誕信相譏，而天下衰矣；大德不同，而性命爛漫矣；天下好知，而百姓求竭矣。於是乎釿鋸制焉，繩墨殺焉，椎鑿決焉。天下脊脊大亂，罪在攖人心。故賢者伏處大山嵁巖之下，而萬乘之君慄乎廟堂之上。今世殊死者相枕也，桁楊者相推也，刑戮者相望也，而儒、墨乃始離跂攘臂乎桎梏之間。意！甚矣哉！其無愧而不知恥也甚矣！吾未知聖知之不爲桁楊椄槢也，仁義之不爲桎梏、鑿枘也，焉知曾、史之不爲桀、跖嚆矢也！故曰：絕聖棄知而天下大治。'"《淮南子・道應》云："跖之徒問跖曰：'盜亦有道乎？'跖曰：'奚適其有道也（元本"有"作"無"，今據王念孫説改）！夫意而中藏者，聖也；入先者，勇也；出後者，義也；分均者，仁也；知可否者，智也。五者不備，而能成大盜者，天下無之。'由此觀之，盜賊之心必託聖人之道而後可行。故老子曰：'絕聖棄智，民利百倍。'"《老子敚恉略例·十二章》云："夫素樸之道不箸，而好欲之美不隱，雖極聖明以察之，渴智慮以攻之，巧愈思精，僞愈多變，攻之彌甚，避之彌勤，則乃愚智相欺，六親相疑，樸柀真離，事有其姦。蓋捨本而攻末，雖極聖智愈致斯災，況術之下此者乎？"《十三章》云："鎮之以素樸，則無爲而自正；攻之以聖智，則民窮而巧殷；故素樸可抱而聖智可棄。夫察司之簡，則避之亦簡；渴其聰明，則逃之亦察。簡則害樸寡，密則巧僞深矣。夫能爲至察探幽之術者，匪爲聖智哉？其爲害也，豈可記乎！故百倍之利未渠多也。"

絕仁棄誼，

【校】

"誼"，元本作"義"。案：當作"誼"（說見十八章），今改。

民復孝慈；

【箋】

《老子敚恉略例》十五章云："夫惇樸之惠不箸而名行之美顯尚，則修其所尚而望其譽，修其所道而冀其利。望譽冀利以勤其行，名彌美而誠愈外，利彌重而心愈競。父子兄弟，情懷失直，孝不任誠，慈不任實，蓋顯名行之所招也。患俗薄而名興行，崇仁誼愈致斯僞，況術之賤此者乎？故絕仁棄誼以復孝慈，未渠宏也。"《晉書·李充傳》云："老子云：'絕仁棄義，家復孝慈。'豈仁義之道絕，然後孝慈乃生哉？蓋患乎情仁義者寡而利仁義者衆也。道德憊而仁義彰，仁義彰而名利作，禮教之獎，直在茲也。先王以道德之不行，故以仁義化之；行仁義之不篤，故以禮律檢之；檢之彌繁而僞亦愈廣。老莊是乃明無爲之益，塞爭欲之門。夫極靈智之妙、總會通之和者，莫尚乎聖人。革一代之弘制，埀千載之遺風，則非聖不立。然則聖人之在世，吐言則爲訓辭，莅事則爲物軌，運通則與時隆，理喪則與世檃矣。是以大爲之論以標其旨，物必有宗，事必有主，寄責於聖人而遺累乎陳迹也。故化之以絕聖棄智，鎮之以無名之樸，聖教救其末，老莊明其本，本末之塗殊，而爲教一也。"

絕巧棄利，盜賊無有。

【箋】

《老子微旨略例十六章》云："夫城高則衝生，利興則求生，苟存無欲則雖賞而不竊，私欲苟行則巧利愈昏。故絕巧棄利代以寡欲，盜賊無有，未足美也。"

此三者，以爲文而未足，

【校】

"而未足"，元本作"不足"。案：司馬氏本作"而未足"。王注云："故曰此三者以爲文而未足，故令人有所屬也。"（見本章）據此，則王本亦作"而未足"，其作"不足"者，乃河上公本（見存宋河上公本正作"不足"，注云："以爲文不足者，文不足以教民。"），非王本也，今改。

【箋】

《晉書·裴秀傳》云："人之既生，以保生爲全，全之所階，以順感爲務。若味近以虧業，則沈溺之釁興；懷末以忘本，則天理之真滅。故動之所交，存忘之會也。夫有非有，於無非無；於無非無，於有非有。是以申縱播之累，而箸貴無之文。將以絕所非之盈謬，存大善之中節，收流遁於既過，反澄正於胸懷，宜其以無爲辭而旨在全有，故其辭曰'以爲文不足'。"案：顧炎武曰："自身而至於家國天下，制之爲度數，發之爲音容，莫非文也。"（見《日知錄》"博學於文"條)《周易・賁卦象》云"文明以止，人文也"，又云："觀乎人文，以化成天下。"故夫文者所以化成天下之具也，此三者以爲文而未足，謂聖智、仁誼、巧利三者未足以爲化成天下之具也。順言之，其文當云此三者未足以爲文。蓋古者多倒語，如《尚書・虞書・皋陶謨》云"慎厥身修"，《夏書・禹貢》云"祗台德先"，《商書・盤庚中》云"今予命汝"，一皆其例也。

故令人有所屬，

【校】

"故令"下，元本無"人"字。案：王注云："故曰此三者，以爲文而未足，故令人有所屬也。"（見本章）據此則王本有，其無者乃河上公本（見存宋河上公本正無"人"字），非王本也，今補。

【箋】

郭象曰："以此係彼爲屬。"（見《莊子・駢拇》"且夫屬其性乎仁義者"郭象注）

聖智，才之傑也；校 "傑"，元本作"善"。案：陸德明曰："一本作傑。"（見《經典釋文・老子道經音義》）《老子敳恉略例》十七章云："夫聖智，才之傑也。"據此以作"傑"爲是，今改。仁誼，校 "誼"，元本作"義"。案：當作"誼"（見十八章），今改。行之大也；校 "行之大也"，元本作"人之善也"。案：《經典釋文》出"行"字。《老子敳恉略例》十七章云："仁誼，行之大也。"據此以作"行之大也"爲是，今改。巧利，用之善也。而直云絕，文甚不足，不令之有所屬，無以見其恉。校 "恉"，元本作"指"。案：《説文》云"指，手指也"，又云："恉，意也。"諭誼以作"恉"爲是，"指"借字，今改。故曰此三者以爲文而未足，故令人有所屬也，校"故令人有所屬"下，元本無"也"字。案：其文例應有（説見十五章），今補。又"聖智"至"故令人有所屬也"，元本在本章經文"少私寡欲"下。案：其誼乃釋本章經文"絶聖棄智"至"故令人有所屬"，今迻此。

見素抱樸，少私寡欲。

【箋】

案：鄭玄曰："文，猶美也、善也。"（見《禮記·樂記》"以進爲文"鄭玄注）蓋儒墨者流，以聖智、仁誼、巧利爲善，而老氏則反之，以絶聖棄智、絶仁棄誼、絶巧棄利爲善也。顧有以精神勞動與物質勞動之分工形式出見，於統治階級内部之分工，而後有聖智、仁誼，有手工業與農業之分工，以及隨之而興之商品生産與商品交换，而後有百工之巧，商賈之利。徵諸古史，聖智、仁誼、巧利，殆皆産生於樸之既橄，而與器之私有制度密切相聯（馬、恩在《德意志意識形態》中以分工與私有制度爲同誼語）。絶之、棄之，善則善矣，未爲足也。拔本塞原，其在見素抱樸以泯分工，少私寡欲以杜私有乎！故曰"此三者以爲文而未足"，故令人有所屬，見素抱樸，少私寡欲也。

屬之於素樸寡欲。 校"屬之於素樸寡欲"上，元本有"聖智，才之善也（'善'當作'傑'）；仁義（'義'當作'誼'），人之善也；（'人之善也'當作'行之大也'）；巧利，用之善也。而直云絶，文甚不足，不令之有所屬，無以見其指（'指'當作'恉'）。故曰此三者以爲文而未足，故令人有所屬（'故令人有所屬'下應有'也'字）"五十四字。案：其誼乃釋本章經文"絶聖棄智"至"故令人有所屬"，今迻彼。

老子校箋 卷二

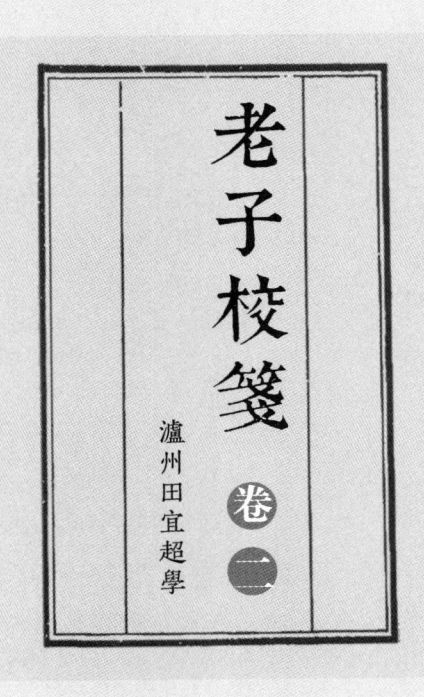

瀘州田宜超學

二十章

絕學無憂。

【箋】

案：孔子曰："君子博學於文。"（見《論語·雍也》）而莊子乃言："文滅質，博溺心，然後民始惑亂，无以反其性情而復其初。"（見《莊子·繕性》）今老氏偁"絕學無憂"，其所視爲憂者，殆亦滅溺惑亂之類邪。

唯之與阿，

【箋】

吳澄曰："唯、阿皆應聲。唯，正順；阿，邪諂。"（見吳箸《道德真經注》）

相去幾何？美之與惡，

【校】

"美"，元本作"善"。案：遂州碑、唐寫本、傅奕本皆作"美"。陳景元曰："古本作'美之與惡'，如上章'天下皆知美之爲美，斯惡已'。"（見陳箸《道德真經藏室纂微篇》）王注云："唯阿美惡，相去何若。"（見本章）據此則王本亦作"美"，其作"善"者乃河上公本（見存宋河上公本正作"善"，注云"善者，稱譽；惡者，諫爭"），非王本也，今改。

相去何若？

【校】

　　"何若"，元本作"若何"。案：唐景龍碑、唐開元甲幢、唐開元乙幢、唐廣明幢、唐景福碑、宋景祐幢、遂州碑、唐寫本、宋河上公本、顧歡本、傅奕本、唐玄宗本、陸希聲本、陳景元本、司馬氏本、張太守本、蘇轍本、李霖本、彭耜本、董思靖本、范應元本、焦竑本、明和王本及《老子疑問反訊》所引皆作"何若"。王注云："唯阿美惡，相去何若。"（見本章）據此則王本亦作"何若"，此以"惡若"爲韻，以作"何若"爲是，今乙轉。

【箋】

　　案：《莊子·盜跖》云："孰惡孰美？成者爲首，不成者爲尾。"猶此意也。

人之所畏，不敢不畏。

【校】

　　"不敢"，元本作"不可"。案：孫鑛曰："'不可'，一作'不敢'。"（見宇惠箸《王注老子道德經考訂》）王注云："故人之所畏，吾亦畏焉。未敢恃之以爲用也。"（見本章）據此，則王本亦作"不敢"，其作"不可"者，乃河上公本（見存宋河上公本正作"不可"，注云："人所畏者，畏不絕學之君也。不可不畏，近令色，殺仁賢。"），非王本也，今改。

【箋】

　　《淮南子·道應》云："成王問政於尹佚曰：'吾何德之行，而民親其上？'對曰：'使之時，而敬順之。'王曰：'其度安在？'曰：'如臨深淵，如履薄冰。'王曰：'懼哉，王人乎！'尹佚曰：'天地之閒，四海之内，善之則吾畜也，不善則吾讎也。昔夏、商之臣反讎桀、紂而臣湯、武，宿沙之民皆自攻其君而歸神農，此世之所明知也。如何其無懼也？故老子曰：'人之所長，不可不畏也。'"

下篇云：校"下篇"下，元本無"云"字。案：張太守本有，當從之，今補。爲學者日益，爲道者日損。然則爲學者校"然則"下，元本無"爲"字。案：此承上文"爲學者日益"而言，諡誼以有"爲"字爲是，今補。又"然則爲學"下，元本無"者"字。案：張太守本有，當從之，今補。求益所能，而進其智者也。若將無欲而足，何求於益？不知而中，何求於進？夫燕雀有匹，鳩鴿有仇，寒鄉之民，必知旃裘。校旃，《經典釋文》引作"氈"，又云本作"旃"。箋案：旃裘，即氈裘也。《戰國策·趙策》云："燕必致氈裘狗馬之地。"蓋旃、氈二字古音皆屬元部，故乃相通也。《釋名·釋牀帳》云："氈，旃也。毛相箸，旃旃然也。"故古者謂氈裘爲旃裘也。自然已足，益之則憂。故續鳧之足，何異截鶴之脛；箋《莊子·駢拇》云："是故鳧脛雖短，續之則憂；鶴脛雖長，斷之則悲。"畏譽而進，何異畏刑？唯阿美惡，相去何若。校"何若"，元本作"若何"。案：張太守本、正統王本、乾隆王本、光緒王本、明和王本皆作"何若"，當從之，今乙轉。故人之所畏，吾亦畏焉。未敢恃之以爲用也。

荒兮其未央哉！

【箋】

案：王逸曰"荒，遠也"（見《楚辭·離騷》"忽反顧以遊目兮，將往觀乎四荒"王逸注）；又曰"央，盡也"（見《楚辭·離騷》"及年歲之未晏兮，時亦猶其未央"王逸注）。"荒兮其未央哉"，歎其遠而無盡也。

歎與俗相反之遠也。校"反"，元本作"返"。案：顏師古曰："返，謂還，歸之也。"（見《漢書·董仲舒傳》"返之於天"顏師古注）又曰："反，違也。"（見《漢書·匈奴傳》"今乃欲反古"顏師古注）譣誼以作"反"爲是，"返"誤字，今改。[箋]案：此以"遠"釋"荒"，用《楚辭》王逸誼也。

眾人皆嬰嬰，

【校】

"眾人"下，元本無"皆"字。案：經云"眾人皆有餘"（見本章）；又云"眾人皆昭昭"（同上）；又云"眾人皆察察"（同上）；又云"眾人皆有以"（同上）。此同其例，以有"皆"字爲是，今補。又"嬰嬰"元本作"熙熙"。案：《說文》云"熙，燥也"，又云"嬰，樂也"。譣誼以作"嬰嬰"爲是，"熙"借字，今改。

【箋】

司馬彪曰："眾人，凡人也。"（見《經典釋文·莊子音義·天地第十二》）

如亯大牢，

【校】

"亯"，元本作"享"。案：唐開元乚幢、唐寫本及《經典釋文》所引皆作"亨"。孔廣森曰："亯、亨、烹三字，後人所別，古人皆祇作亯字，而隨義用之，讀亦似祇有亨音。"（見《詩聲類·陽聲三》）據此以作"亯"爲是，今改。又"大"，元本作"太"。案：經云"大上，下知有之"（見十七章），其字亦作大。《說文拈字》云："經史古太字無點，後人加點以別大小之大。"據此以作"大"爲是，"太"俗書，今改。

【箋】

案：大牢者，謂牛、羊、豕三牲也。《淮南子·脩務》云"欣然七日不食，如饗太牢"，高誘注云："三牲具曰太牢。"

如登春臺。

眾人迷於美進，惑於榮利，欲進心競，故嬰嬰 校 "嬰嬰"，元本作"熙熙"。案：當從經文作"嬰嬰"，今改。又故"嬰嬰"下疑奪"然"字。如亯大牢，校 "如亯大牢"，元本作"如享太牢"。案：當從經文作"如亯大牢"，今改。如登春臺也。

我獨霩兮其未兆，

【校】

"霩"，元本作"泊"。案：《經典釋文》引作"廓"。陳景元曰："王弼作廓。"（見陳箸《道德真經藏室纂微篇》）顧《說文》有"霩"字，無"廓"字，徐鉉曰："今別作'廓'，非是。"（見《說文解字·雨部》"霩字條"）《老子》四十四章王注"廣惠不盈，廓然無形"，"廓"字，張太守本正作"霩"。《淮南子·天文》云"道生於虛霩，虛霩生於宇宙"，蓋其字當作"霩"，"廓"，俗書，今改。

【箋】

李善曰："兆，猶機事之先見者也。"（見《文選·魏都賦》"是以兆朕振古"李善注）

如嬰兒之未孩。

【箋】

案："孩"，古"咳"字。《說文》云："咳，小兒笑也。"

言我霈然，校 "霈"元本作"廓"。案：當從經文作"霈"，今改。無形之可名，無兆之可舉，如嬰兒之未能孩也。

儽儽兮其不足，

【校】

"儽儽兮"下，元本無"其不足"三字。案：傅奕本有，此與上文"霈兮其未兆"同例，以有此三字爲是，今補。

【箋】

案："儽儽者"，垂然羸憊之貌也。《史記·孔子世家》云："累累若喪家之狗。"（"累累"當作"儽儽"）

若無所歸。

若無所宅。箋 《説文》云："宅，託也，人所投託也。"（《廣韻》所引如此，今本作"宅"，所託也）

眾人皆有餘，

眾人無不有裹有志，校 "裹"，元本作"懷"。案：當作"裹"（説見一章），今改。盈溢胸心，故曰"皆有餘"也。校 "眾人無不有裹有志"至"皆有餘也"，元本在本章經文"我獨若遺"下。案：其誼乃釋本章經文"眾人皆有餘"，今迻此。

我獨若遺。

【校】

"我獨若遺"上，元本有"而"字。案：唐景龍碑、唐開元甲幢、遂州碑、唐寫本、顧歡本、傅奕本、彭耜本、李榮本及《永樂大典》所引皆無。經云："眾人皆熙熙，如享大牢，如春登臺，我獨怕兮其未兆，如嬰兒之未孩。"（見本章）又云："眾人皆昭昭，我獨昏昏；眾人皆察察，我獨悶悶。"（同上）此同其例，以無"而"字爲是，今刪。

我獨霈然 校 "我獨霈然"上，元本有"眾人無不有懷有志（'懷'當作'裏'），盈溢胸心，故曰'皆有餘'也"十八字。案：其誼乃釋本章經文"眾人皆有餘"，今迻彼。又"霈"，元本作"廓"。案：當作"霈"（說見上），今改。無爲無欲，若遺失之也。

我愚人之心也哉！

絕愚之人，心無所別析，意無所好欲，校 "好欲"，元本作"美惡"。案：張太守本、正統本、乾隆王本、光緒王本皆作"好欲"，今改。猶然其情不可覩，我隤然若此也。校 "隤"，元本作"頹"。案：《說文》有"隤"字無"頹"字。《周易・繫辭下》云："夫坤，隤然示人簡矣。"《太玄・玄告》云："地隤而靜，故其生不遲。"蓋其字當作"隤"，其作"頹"者乃借"穨"爲"隤"，而又從俗消也，今改。

純純兮！

【校】

"純純"，元本作"沌沌"。案：唐景龍碑、唐開元乚幢、宋景祐幢、遂州

129

碑、唐寫本、顧歡本、唐玄宗本、陸希聲本、司馬氏本、張太守本、蘇轍本、李霖本、彭耜本、董思靖本、李榮本皆作"純純"。《説文》有"純"字,無"沌"字。《莊子·齊物論》云"聖人愚芚,參萬歲而一成純",又《山木》云"純純常常,乃比於狂",蓋其字當作"純","沌"俗書,今改。

無所别析,不可爲名也。

衆人皆昭昭,

【校】

"衆人",元本作"俗人"。案:正統、河上公本作"衆人"。經云"衆人皆嬰嬰"(見本章),又云"衆人皆有餘"(同上),又云"衆人皆有以"(同上)。此同其例,以作"衆人"爲是,今改。又"衆人"下,元本無"皆"字。案:傅奕本、范應元本皆有。范應元曰:"王弼同古本、世本,無〔有〕'皆'字。"(見《老子道德經古本集注》)據此則王本亦有,無者乃河上公本(見存宋河上公本正無"皆"字),非王本也,今補。

燿其光也。校 "燿",元本作"耀"。案:《説文》有"燿"字,無"耀"字。《淮南子·覽冥》云:"日行月動,星燿而玄運。"《國語·鄭語》云:"夫黎爲高辛氏火正,以淳燿惇大,天明地德,光照四海。"《史記·太史公自序》云:"光燿天下,復反無名。"《漢書·揚雄傳上》云:"建光燿之長旃兮,昭華覆之威威。"蓋其字當作"燿","耀"俗書,今改。

我獨昏昏;

【校】

"昏昏",元本作"若昏"。案:光緒王本作"昏昏",王注云:"悶悶昏昏若,無所識。"(見本章)據此則王本作"昏昏",其作"若昏"者,乃河上公本（見存宋河上公本正作"若昏"，注云"如闇昧也"），非王本也，今改。

眾人皆察察，

【校】

"眾人"，元本作"俗人"。案：正統河上公本作"眾人"，據例以作"眾人"爲是（説見上），今改。又"眾人"下元本無"皆"字。案：傅奕本、范應元本就有，此與上文"眾人皆昭昭"同例，以有"皆"字爲是，今補。

【箋】

案：《新書·道術》云："纖微皆審謂之察。"察者，精明之貌也。

分別剖析也。 校 "剖"，元本作"別"。案：當作"剖"，其作"別"者，蓋因形似而誤也，今改。

我獨悶悶。澹兮其若海，

【箋】

案：悶悶，即閔閔，蓋悶、閔二字於古音皆屬諄部，故乃相通也。《史記·范雎蔡澤列傳》云"竊閔然不敏"，司馬貞索隱云："閔，猶昏闇也。"此云"悶悶"者，蓋亦昏闇之貌也。又案：經云"其政悶悶，其民惇惇；其政察察，其民缺缺"，故老氏有取於悶悶，而無取於察察也。傅、范"悶悶"作"閔閔"。

【箋】

李善曰："澹，静貌。"（見《文選·神女賦》"澹清静其愔嫕"李善注）又《尚書考靈曜》云："海之言昏晦，無所覩也。"

情不可覩。[箋]案：此以"情不可覩"釋海，用《書》緯誼也。

飂兮其若無所止。

【校】

"若無所止"上，元本無"其"字。案：經云"荒兮其未央哉"（見本章），又云"我獨怕兮其未兆"（同上），又云"儽儽兮其不足"（同上），又云"澹兮其若海"（同上）。此同其例，以有其字爲是，今補。又"其若無"下，元本無"所"字。案：唐廣明幢、唐景福碑、宋河上公本、顧歡本及《永樂大典》所引皆有，今補。

【箋】

《説文》云："飂，高風也"。

無所系縶。[校]"系"元本作"繫"。案：《説文》云"繫，繫縀也"，又云"系，縣也"。諟誼以作"系"爲是，"繫"，借字，今改。

衆人皆有以，

【箋】

案：《詩·周頌·載芟》云"侯彊侯以"，毛亨傳云："以，用也。"

以，用也。皆欲有所攲用也。[校]"攲"元本作"施"。案：當作"攲"（說見一章），今改。[箋]案：此以"用"釋"以"，用詩毛氏誼也。

我獨頑且啚。

【校】

　　"我獨頑且啚"上，元本有"而"字。案：唐景龍碑、遂州碑、唐寫本、顧歡本、傅奕本、唐玄宗本、陸希聲本、陳景元本、蘇轍本、李霖本、彭耜本、董思靖本、范應元本、薛蕙本皆無，據例以無"而"字爲是（說見上），今刪。又"且"，元本作"似"。案：傅奕本、彭耜本、董思靖本皆作"且"，王注云："悶悶昏昏若無所識，故曰'頑且啚'也。"（見本章）據此則王本亦作"且"，其作"似"者乃河上公本（見存宋河上公本正作"似"，注云"鄙似若不逮也"），非王本也，今改。又"啚"，元本作"鄙"。案：傅奕本做"圖"，蓋"圖"者，啚之誤也。《說文》云"五鄙爲鄙"，又云："啚，嗇也。"諼諼以作"啚"爲是，"鄙"借字，今改。

　　無所欲爲，悶悶昏昏，[校]"昏昏"，元本作"昬昬"。案：張太守本、光緒王本皆作"昬昬"，蓋其字本從日民聲，以避唐諱，故消民爲氏。據錢大昕、丁福保說，以作"昏昏"爲是（說見十八章），今改。若無所識，故曰"頑且啚"也。[校]"啚"，元本作"鄙"，案：當從經文做"啚"，今改。

我獨欲異於人，而貴得母。

【校】

　　"我獨"下，元本無"欲"字。案：傅奕本有王注云："人皆棄生民之本，貴末飾之華，故曰'我獨欲異於人也'。"（見本章）據此則王本亦有，其無者乃河上公本（見存宋河上公本正無"欲"字），非王本也，今補。又"得"元本作"食"。案：劉師培曰："此文食母義不可曉，疑食當作得。即五十二章之'得其母也'。《逸周書·武寤解》'王食無疆'，朱駿聲云：'王食，食字疑當讀爲德。'孫詒讓《斠補》云：'朱說是，德正字作悳，食隸屬做㑹，二字形近而誤。此古籍德恒誤食之證。德、得古通。'《老子》一書亦恒叚德爲得，

133

如二十三章'德者同於德',王注以則得爲訓,則本字作得,不作德。德乃得之叚文。疑此文古本亦以德代得,與二十三章之德同例。惠、食形近,遂由惠字訛爲食。"(見《老子斠補》)蓋作"得"是也,其作"食"者,得、食二字古音皆屬之部,因聲近而致誤也,今改。

母,校 "母"上,元本有"食"字。案:此"食"字乃涉經文而衍,今刪。生民之本也。校 "生"下,元本無"民"字。案:下文云"人皆棄生民之本",諭誼以有"民"字爲是,今補。人皆棄生民之本,校 "人"下元本有"者"字。案:是衍文,今刪。貴末飾之華,故曰"我獨欲異於人"也。校 "我獨欲異於人"下,元本無"也",案其文例應有(説見十五章),今補。

二十一章

孔惠之搈,

【校】

"惠",元本作"德"。案:當作"惠"(説見四章),今改。又"搈",元本作"容"。案:《説文》云"容,盛也",又云:"搈,動搈也。"諭誼以作"搈"爲是,"容"借字,今改。

唯道是從。

【校】

"唯",元本作"惟"。案:唐景龍碑、唐開元甲幢、唐開元乙幢、唐景福碑、唐寫本、宋河上公本、顧歡本、唐玄宗本、司馬氏本、陳景元本、張太守本、李霖本、范應元本、李榮本、焦竑本、正統王本皆作"唯"。《古今韻會》云："《六經》惟、維、唯三字皆通作語辭。"諗《老子經注》蓋亦惟、唯互用，然作唯者例多，爲統一經注文字，宜通作"唯"，今改。

孔，空也。唯以空爲悳，校 "唯"，元本作"惟"。案：張太守本、正統本皆作"唯"，經文"唯道是從"，既當作"唯"，則此亦以作"唯"爲是，今改。又"悳"，元本作"德"。案：當作"悳"（説見四章），今改。然後乃能動作從道也。箋案：孔悳謂盛悳之君子也，搈謂進退周旋也。"孔悳之搈唯道是從"者，言盛悳之君子進退周旋必從乎道也。《國語・楚語》云："君子之行，欲其道也，故進退周旋，唯道是從。"

道之爲物，唯怳唯忽。

【校】

上二"唯"字，元本皆作"惟"。案：唐景龍碑、唐開元甲幢、宋景祐幢、唐寫本、宋河上公本、唐玄宗本、司馬氏本、張太守本、蘇轍本、李霖本、李榮本、正統王本皆作"唯"，此與上文"唯道是從"同例，以作"唯"爲是，今改。又"怳、忽"，元本作"恍、惚"。案：宋河上公本作"怳、忽"。《經典釋文》引"怳字，彭耜曰'陸、王弼作怳'"（見《道德真經集注釋文》），疑王本亦作"怳、忽"。諗《説文》有"怳、忽"字，無"恍、惚"字。《淮南子・原道》云："忽兮怳兮，不可爲象兮；怳兮忽兮，用不屈兮。"又云："游微霧，鶩怳忽。"蓋其字當作"怳、忽"，"恍、惚"，俗書，今改。

怳忽，校 "怳忽"，元本作"恍惚"。案：當從經文作"怳忽"，今改。無形不系之歎。校 "系"，元本作"繫"。案：當作"系"（説見二十章），今改。

怳兮忽兮，其中有物；忽兮怳兮，其中有象。

【校】

　　上二"怳"字，元本皆作"恍"，二"忽"字元本皆作"惚"。案：宋河上公本皆作"怳"與"忽"，此與上文"唯怳唯忽"同例，以作"怳"與"忽"爲是，今改。又"怳兮忽兮其中有物"八字，元本在"忽兮怳兮，其中有象"下。案：正統、河上公本在"忽兮怳兮，其中有象"上。王注云："以無形始物，不系成物，萬物以始以成，而不知其所以然。故曰'怳兮忽兮，其中有物；忽兮怳兮，其中有象也。'"（見本章）據此，則王本亦在"忽兮怳兮，其中有象也"上，今乙轉。

　　以無形始物，不系成物，校 "系"，元本作"繫"。案：當作"系"（説見二十章），今改。萬物以始以成，而不知其所以然。故曰"怳兮忽兮，校 "怳忽"，元本作"恍惚"。案：當從經文作"怳忽"，今改。其中有物；校 元本無"其中有物"四字。案：據經文應有，今補。忽兮怳兮，校 "忽怳"，元本作"惚恍"。案：當從經文作"忽怳"，今改。其中有象"也。

窈兮冥兮，其中有精；

　　窈冥，深遠之歎①（貌），深遠不可得而見。然而萬物由之。不可得見，校 "不"，元本作"其"。案：《文選·鍾山［詩］應西陽王教》李善注引作"不"，此承上文"深遠不可得見"而言，諟誼以作"不"爲是，"其"誤字，今改。以定其真，故曰"窈兮冥兮，其中有精"也。

---

　　① 據樓宇烈説，"歎"字作"貌"或"狀"字爲誼，參《老子道德經注校釋》，中華書局 2018 年版，第 54 頁。

其精甚真，其中有信。

【箋】

　　《淮南子·道應》云："晉文公伐原，與大夫期三日。三日而原不降，文公令去之。軍吏曰：'原不過一二日將降矣。'君曰：'吾不知原三日而不可得下也，以與大夫期。盡而不罷，失信得原，吾弗爲也。'原人聞之曰：'有君若此，可弗降也？'遂降。溫人聞，亦請降。故老子曰：'窈兮冥兮，其中有精。其精甚真，其中有信。'"案：于省吾曰："自來皆讀信如字，遂不可解結，信、申古通。《周禮·考工記》輪人'信其桯圍'疏：'信古之申字，漢印複姓之申屠習見，亦作信屠。'《禮記·儒行》'雖危起居竟信其志'疏：'信讀爲伸，申、伸古同用。'《儀禮·士相見禮》'君子欠伸'注：'古文伸作信。'《易·繫辭傳》'引而伸之'釋文：'伸本又作信。'經傳此例，不勝條舉。案：古'神'字每作'伸'、作'申'。《鶡冠子·近迭》'國被伸創'陸注'伸或作神'。《說文》'申，神也'；《風俗通·怪神》'神者申也'；《皇霸》'神者信也，克鼎，顯孝于申，杜白盨，喜孝于皇申且考'，'申'即'神'字。案：神者精之極。《易·繫辭傳》'精義入神'；《韓詩外傳·二·論治氣養心之術》云'博則精，精則神'，此言其精甚真。'其中有神'，言真精之中有神也。《淮南子·本經·精神反於至真上》言'惚兮恍兮，其中有象；恍兮惚兮，其中有物。窈兮冥兮，其中有精'，是'象'與'物'與'精'並列，至'其精甚真''其中有神'專承'精'字而伸述之，言精既甚真，故精之中有神也。自'信''神'之通假不明，世人遂不知老子言精言神之義矣。"（見《雙劍誃諸子新證》）

　　信，信驗也。物返窈冥，校 "返"，元本作"反"。案：《說文》云"反，覆也"；又云"返，還也"。諶誼以作"返"爲是，"反"借字，今改。則真精之極得，萬物之性定，故曰"其精甚真，其中有信"也。

自古及今，

【校】

"自古及今"，傅奕本、范應元本皆作"自今及古"。范應元曰："自今及古，嚴遵、王弼同古本。"（見范著《老子道德經古本集注》）馬敍倫曰："各本作自古及今，非是。古、去甫韵，范謂王弼同古本，則今弼注中兩作自古及〔今〕，蓋後人依別本蓋經文竝及弼注矣。"（見馬著《老子校詁》）蔣錫昌曰："《道德真經集注》引王弼注'故曰自今及古，其名不去也'，正與范見王本合，足證今本已爲後人所改，馬説是也。"（見蔣著《老子校詁》）案：《老子㣲恉略㓒·四章》云："五物之母，不炎不寒，不柔不剛；五教之母，不皦不昧，不恩不傷；雖古今不同，時逐俗易，此不變也。"所謂"自古及今，其名不去者也"，證王本作"自古及今"，亦有可能。馬蔣二氏據范應元説及張太守本所載王注，謂王本必作"自今及古"似嫌武斷。

其名不去，

真精之極，校 "真精之極"，元本作"至真之極"。案：王注云："物返窈冥，則真精之極得，萬物之性定。"（見本章）譣誼以作"真精之極"爲是，今改。不可得名。無名，則是其名也。自古及今，無不由此而成，故曰"自古及今"，校 "自古及今"，張太守本作"自今及古"。其名不去也。

以閱衆甫。

【校】

"閱"，《經典釋文》引作"説"。胡適曰："王弼注曰'以無名説萬物始也'，釋文出'説'字，曰一云'悦'，似王本'閱'作'説'。"（見蔣著《老子校詁》）蔣錫昌曰："釋文所出'説'字，係王注以'無名説萬物始也'之説，實爲'閲'字之誤。宋李霖《道德真經取善集》引王弼曰'眾甫，物之始也，以無名閲萬物始也'，可證是釋文作'説'，乃據王注誤本而來，應從李本所引改正，而胡氏又據《釋文》誤出，遽疑王本'閲'作'説'，其不可從也，明矣。"（同上）案：蔣説是也。《老子敚恉略例·四章》云"物生功成，莫不由乎此，故以閲眾甫也"，證王本實作"閲"。顧"閲"與"説"，古相通用。《詩·國風·邶·谷風》"我躬不閲"，《春秋左傳·襄公二十五年》引作"我躬不説"，可證其作"説"者，蓋借"説"爲"閲"耳。又王夫之《老子衍》於此句之下引王弼注云："閲自門而出者，一一而數之，言道如門，萬物皆自此往也。"案：其文具見薛蕙《老子集解》（元文爲"閲者自門而出者，一一而數之，喻道猶門，萬物皆由此而往也"），蓋薛氏注語也。王氏誤引，今不采。

【箋】

案：閲，猶總也。《淮南子·俶真》云"此皆生一父母而閲一和也"，高誘注云："閲，總也；眾，猶物也。"《淮南子·本經》云"斟酌萬殊，𥩈薄眾宜"，高誘注云："眾，物也；甫，猶始也。"《周禮·春官·小宗伯》云"卜葬兆，甫竁，亦如之"，鄭玄注云："甫，始也。"《太玄法（經）次三》云"準繩不甫，亡其規矩"，范望注云："甫，始也，以閲眾甫者，謂以此恍忽窈冥之道，總括萬物之始也。"

眾甫，物之始也，以無名閲萬物之始也。[校] "閲"，元本作"説"。案：《道德真經取善集》引作"閲"，當從之，今改。

吾何以知眾甫之然哉？

【校】

"然"，元本作"狀"。案：唐景龍碑、唐開元甲幢、唐開元乙幢、唐景福碑、遂州碑、唐寫本、宋河上公本、顧歡本、傅奕本、唐玄宗本、陸希聲本、陳景元本、司馬氏本、張太守本、蘇轍本、李霖本、彭耜本、董思靖本、范應元本、李榮本、薛蕙本、焦竑本皆作"然"。經云："吾何以知天下之然哉？以此。"（見五十四章）此同其例，以作"然"爲是，其作"狀"者，蓋因形似而誤也，今改。

以此。

【箋】

案：然，猶如是也。《禮記·大傳》云"一輕一重，其義然也"，鄭玄注云："然，如是也。"《呂氏春秋·審應覽·應言》云"墨者師曰'然'"，高誘注云："然，如是也。""吾何以知眾甫之然哉？以此"，謂吾何以知萬物方始之情如是怳忽窈冥哉，據此道以知之也。

此，上之所云也。言吾何以知萬物之始於無哉，以此知之也。

二十二章

曲則全，

【校】

"曲則全"下，元本有注云"不自見，其明則全也"（"則"字應在"其明"上"）。案：其誼乃釋二十四章經文"是以聖人不自見，故明"，今移彼。[箋]
《莊子·天下》云："人皆求福，己獨曲全，曰：'苟免於咎。'"

枉則正，

【校】

　　"正"元本作"直"。案：唐景龍碑、遂州碑、唐寫本、傅奕本、范應元本皆作"正"。范應元曰"'正'字，王弼同古本"（見《老子道德經古本集注》），據此則王本亦作"正"，其作"直"者乃河上公本（見存宋河上公本正作"直"，注云"枉屈己，而申人久久自得直也"），非王本也，今改。又"枉則正"下，元本有注云："不自是，則其是彰也。"案：其誼乃釋二十四章經文"不自是故彰"，今迻彼。

【箋】

　　《淮南子·道應》云："晉公子重耳出亡，過曹，無禮焉。釐負羈之妻謂釐負羈曰：'君無禮於晉公子。吾觀其從者，皆賢人也，若以相夫子反晉國，必伐曹。子何不先加德焉！'釐負羈遺之壺餐而加璧焉。重耳受其餐而反其璧。及其反國，起師伐曹，剋之，令三軍無入釐負羈之里。故老子曰：'曲則全，枉則直。'"案：《周易·坤卦·文言》云："直，其正也。"《鬼谷子·摩》云"正者，直也"，蓋正、直二字互訓。

窪則盈，

【校】

　　"窪則盈"下，元本有注云"不自伐，則其功有也"。案：其誼乃釋二十四章經文"不自伐故有功"，今迻彼。

蔽則新，

【校】

　　"蔽"，元本作"敝"。案：《經典釋文》引作"蔽"，當從之，今改。

又"蔽則新"下，元本有注云"不自矜，則其德長也"（"則其德長也"當作"則其惠長矣"）。案：其誼乃釋二十四經文"不自矜故長"，今移彼。

【箋】

案："新"同"信"，訓明（説見十五章），"蔽則新"即《禮記·中庸》所云"君子之道，闇然而日章"之意也。

少則得，

【箋】

《淮南子·原道》云："寡其所求，則得。"

多則惑。

自然之道，亦猶樹也。轉多轉遠其根，轉少轉得其本。多則遠其真，故曰"惑"也。少則得其本，故曰"得"也。

是以聖人抱一，以爲天下式。

【校】

"是以聖人抱一"下，元本無"以"字。案：傅奕本有，當從之，今補。

一，少之極也。式，猶則也。校 "猶則"下，元本有"之"字。案：《文選·養生論》李善注所引無，當從之，今刪。

古之所謂曲則全者，

【校】

"古之所謂曲則全"上，元本有"不自見故明，不自是故彰，不自伐故有功，不自矜故長。夫唯不爭，故天下莫能與之爭"三十三字。案："不自見"至"故長"乃承二十四章經文"自見者不明，自是者不彰，自伐者無功，自矜者不長"而言，當在二十四章經文"曰餘食贅行"下。"夫唯不爭，故天下莫能與之爭"，乃承八十一章經文"聖人之道，爲而不爭"下，今各迻其處。

豈虛言也哉！

【校】

"豈虛言"下，元本無"也"字。案：傅奕本有經云"盜夸非盜也哉"（見五十三章），此同其例，有"也"字爲是，今補。

誠全而歸之。

二十三章

希言自然。

【箋】

案：希言，猶無言也（説見十七章）。希言自然者，謂無教令之治，乃出於自然之化，非有爲而成也。經云"悠兮其貴希言（今諸本皆奪'希'字），功成事遂，百姓皆謂我自然"（見十七章），此之謂也。

聽之不聞名曰希。下章云，校 "云"，元本作 "言"。案：王注云 "上章云其取天下者，常以無事"（見五十七章），此同其例，以作 "云" 爲是，今改。道之出言，淡兮其無味也，視之不足見，聽之不足聞。然則無味不足聽之言，乃是自然之至言也。

故飄風不終朝，

【箋】

案：終朝，謂自旦及食時也。《詩·小雅·魚藻之什·采綠》云 "終朝采綠，不盈一匊"，毛亨傳云："自旦及食時爲終朝。"

驟雨不終日。

【箋】

案：終日，謂竟日也。《論語·衛靈公》云 "吾嘗終日不食"，皇侃疏云："終，猶竟也。"

孰爲此者？天地。天地尚不能久，而況於人乎？

【箋】

案：此以飄風驟雨喻教令之暴疾也，其言猶云風雨出於天地暴疾尚不能久，教令出於人爲暴疾，如是能獲久長乎？蓋老氏所處者，正值暴疾之世，故有此言也。

言暴疾業興不長也。校 "業"，元本作 "美"。案：當作 "業"。《大戴禮記·衛將軍文子》云 "業功不伐，貴位不善"，《孔子家語·弟子行》作 "美功不伐，貴位不善"。《墨子·尚賢上》云 "業彰而惡不生"，《群書治要》引

作"美章而惡不生"。《新書·五美》云"一動而五美附",《漢書·賈誼傳》作"壹動而五業附"。蓋隸書"業"作"芣"(見《隸釋漢成陽令唐扶頌》),"美"作"芣"(見《隸續司空橡陳寔殘碑》),二字形體相似,易致掍殽也。|箋|案:《廣雅釋詁》云:"業,始也。"《史記·太史公自序》云"項梁業之,子羽接之",言項梁始之,而項籍續之也。暴疾業興不長者,謂其暴疾止於始興之時,欲獲久長不可得也。《詩·國風·邶·終風》云"終風且暴,顧我則笑",鄭玄箋云:"既竟日風矣,而又暴疾興者,喻州吁之爲不善,如終風之無休止。"蓋王注用鄭氏箋《詩》之語而又增"業"字以足誼耳。

故從事於道者,同於道,

【校】

"故從事於道者"下,元本有"道者"二字。案:司馬氏本、薛蕙本及《淮南子·道應》所引皆無。王注云:"從事,謂舉動從事於道者也。道以無形無爲成濟萬物,故從事於道者以無爲爲尻,不言爲教,緜緜若存,而物得其真。與道同體,故曰'同於道'也。"(見本章)據此則王本亦無,其有者乃河上公本(見存宋河上公本正有"道者"二字,注云:"道者,好道人也。同於道者,所謂與道同也。"),非王本也,今刪。

【箋】

《淮南子·道應》云:"大司馬捶鉤者,年八十矣,而不失鉤芒。大司馬曰:'子巧邪?有道邪?'曰:'臣有守也。臣年二十好捶鉤,於物無視也,非鉤無察也。'是以用之者,必假於弗用也,而以長得其用。而況持無不用者乎,物孰不濟焉!故老子曰:'從事於道者,同於道。'"

從事,謂舉動從事於道者也。道以無形無爲成濟萬物,故從事於道者以無爲爲尻,|校|"尻",元本作"君"。案:經云"是以聖人尻無爲之事,行

不言之教"（見二章），王注云"大人在上，尻無爲之事，行不言之教"（見十七章）；又云"不能以無爲爲尻，不言爲教"（同上），又云"尻無爲之事，行不言之教"（同上），又云"以無爲爲尻，以不言爲教，以恬淡爲味"（見六十三章）。諺誼以作"尻"爲是，其作"君"者，蓋因形似而誤也，今改。不言爲教，緜緜若存，而物得其真。與道同體，故曰"同於道"也。[校]"同於道"下，元本無"也"字。案：其文例應有（説見十五章），今補。

得者同於得，

【校】

"得者同於得"，元本作"德者同於德"。案：傅奕本作"得者同於得"。王注云："得，少也。少則得，故曰得也。行得則與得同體，故曰'同於得'也。"（見本章）據此則王本亦作"得者同於得"。其作"德者同於德"者，乃河上公本（見存宋河上公本正作"德者同於德"，注云："德者，謂好德人也。同於德者，所謂與德同也。"），非王本也，今改。

得，少也。少則得，故曰得也。行得則與得同體，故曰"同於得"也。[校]陶鴻慶曰："'得，少也'，義不可通，'得''德'二字古雖通用，而經文自作'德'，此注當云：'德，得也，少則得，故曰德也。行得則與德同體，故曰同於德也。'"（見《讀諸子札記》）案：此注不誤，陶氏誤執河上公本經文以爲王本經文，而劈改王注以合之，未可從也。

失者同於失。

【箋】

案：此乃以無教令之治爲道，以教令之良明得宜爲得，以教令之暴疾失度爲失也。從事於道者同於道得者，同於得失者同於失者，謂從事於無教令之治者，則其所行亦必合於無教令之治；從事於良明之治者者，則其所行亦必合於良明之治；從事於暴疾之治者，則其所行亦必合於暴疾之治也。

失，纍多也。纍多則失，校上二"纍"字，元本皆作"累"。案當作"纍"（說見四章），今改。故曰"失"也。行失則與失同體，故曰"同於失"也。

同於道者，道亦得之；

【校】

"道亦"下，元本有"樂"字。案：唐開元甲幢、唐開元乙幢、宋景祐幢、傅奕本、唐玄宗本、陸希聲本、陳景元本、司馬氏本、張太守本、蘇轍本、李霖本、彭耜本、董思靖本、范應元本、薛蕙本及《永樂大典》所引皆無。蓋王本亦無，其有者乃河上公本（見存河上公本正有"樂"字，注云："與道同者，道亦樂得之也。"），非王本也，今刪。

同於得者，得亦得之；

【校】

"同於得者，得亦得之"，元本作"同於德者，德亦樂得之"。案：傅奕本作"於得者，得亦得之"，於"德者"上蓋奪"同"字。據上文"得者同於得"，王本當作"同於得者，得亦得之"。其作"同於德者，德亦樂得之"者，乃河上公本（見存宋河上公本正作"同於德者，德亦樂得之"，注云"與德同者，德亦樂得之"），非王本也，今改。

同於失者，失亦得之。

【校】

"失亦"下，元本有"樂"字。案：唐開元甲幢、唐開元乙幢、宋景祐幢、傅奕本、唐玄宗本、陸希聲本、陳景元本、司馬氏本、張太守本、蘇轍本、李霖本。彭耜本、董思靖本、范應元本、薛蕙本及《永樂大典》所引皆無。蓋王本亦無，其有者乃河上公本（見存宋河上公本正有"樂"字，注云："與失同者，失亦樂失之也。"），非王本也，今刪。

【箋】

案："同於道者，道亦得之"者，謂行合無教令之治者，則無教令之效，亦將得之矣，如"大上，下知有之"（見十七章）是也；"同於得者，得亦得之"者，謂行合良明之治者，則良明之效亦將得之矣，如"其次親而譽之，其次畏之"（同上）是也；"同於失者，失亦得之"者，謂行合暴疾之治者，則暴疾之效，亦將得之矣，如"其次侮之"（同上）是也。

言隨其所行，校 "行"字，元本在"其所"上。案：當在"其所"下，今乙轉。故同而應之。校 陶鴻慶曰："'故'字疑衍。"（見《讀諸子札記》）案：故與固同。《國語·周語》"而咨於固實"，《史記·魯周公世家》作"而咨於故實"，《儀禮·士昏禮》記"某固敬具以須"，《白虎通德論·嫁娶》作"某故敬具以須"。蓋故、固二字，於古音皆屬魚部，故得相通也。然則"固"者何？《春秋公羊傳·襄公二十七年》云："我即死，女能固納公乎？"何休注云："固，猶必也。"《呂氏春秋·孝行覽·本味》云"此功名所以大成也，固不獨"，高誘注云："固，必也。"《漢書·張周趙任申屠傳》云"吾固欲煩公"，顏師古注云："固，必也。"故同而應之，猶云必同而應之也，陶氏不解故字之誼而疑爲衍文，失之。

信不足，焉有不信。

【校】

"焉有不信"下，元本有"焉"字。案：唐景福碑、傅奕本、李榮本皆無，諡誼以無"焉"字爲是（説見十七章），今刪。

【箋】

案：上"信"字當作"言"，"言不足，焉有不信"者，謂上之教令暴疾失度，則下有叛其令而弗從者，此大侮之所至也（説見十七章）。又案：本章經悎與十七章略同，蓋皆爲反對奴隸制國家之政教法令而作也。

忠信不足於下，焉有不信矣。校 "矣"，元本作"也"。案：當作"矣"（説見一章），今改。①

二十四章

企者不立，

【箋】

《説文》云："企，舉踵也。"《漢書·高祖紀》云"吏卒皆山東之人，日夜企而望歸"，顏師古注云："企，謂舉足而竦身。"

物尚進則失安，故曰"企者不立"也。校 "企者不立"下，元本無"也"字。案：其文例應有，今補。

---

① 按：樓宇烈認爲此節經文與注均爲十七章文而誤衍於此，馬王堆出土帛書《老子》甲乙本此章均無此節文字，參見樓宇烈《老子道德經注校釋》，中華書局 2018 年 4 月版，第 60 頁。

跨者不行，

【箋】

《説文》云"跨，渡也"，段玉裁曰："謂大其兩股閒，以有所越也。"（見《説文解字段氏注》）

自見者不明，自是者不彰，自伐者無功，自矜者不長。其在道也，曰餘食贅行。

其在於道，校 "在"元本作"唯"。案：當從經文作"在"，今改。又"其在於道"下，元本有"而論之"三字。案：當在下文"本雖美"下（説見下），今迻彼。若郄至之行，盛饌之餘也。盛饌之餘，校 元本無"盛饌之餘"四字。案：《道德真經論》有（《道德真經論》云"盛饌之餘，本雖美，更可穢也"，其文與此略同，蓋采自王注也），今補。本雖美而論之，校 "而論之"三字，元本在上文"其在於道"下。案：下文云"本雖有功而自伐之，故更爲肬贅者也"，此同其例，以在"本雖美"下爲是，今迻此。更可穢也。郄至之行，校 元本無"郄至之行"四字。案：上文云"盛饌之餘，本雖美而論之，更可穢也"，此同其例，以有此四字爲是，今補。本雖有功而自伐之，故更爲肬贅者也。箋 《春秋左傳·成公十六年》云："晉侯使郄至獻楚捷於周，與單襄公語，驟稱其伐。單子語諸大夫曰：'溫季其亡乎！位於七人之下，而求掩其上。怨之所聚，亂之本也。多怨而階亂，何以在位？《夏書》曰：怨豈在明？不見是圖。將慎其細也。今而明之，其可乎？'"又《國語·周語》云："晉既克楚于鄢，使郄至告慶于周。未將事，王叔簡公飲之酒，交酬好貨皆厚，飲酒宴語相説也。明日，王叔子譽諸朝。郄至見邵桓公，與之語。邵公以告單襄公曰：'王叔子譽溫季，以爲必相晉國，相晉國，必大得諸侯，勸二三君子必先導焉，可以樹。今夫子見我，以晉國之克也，爲己實謀之，曰：微我，晉不戰矣！楚有五敗，晉不知乘，我則強之。背宋之盟，

150

一也；德薄而以地賂諸侯，二也；棄壯之良而用幼弱，三也；建立卿士而不用其言，四也；夷、鄭從之，三陳而不整，五也。罪不由晉，晉得其民，四軍之帥，旅力方剛，卒伍治整，諸侯與之。是有五勝也：有辭，一也；得民，二也；軍帥強禦，三也；行列治整，四也；諸侯輯睦，五也。有一勝猶足用也，有五勝以伐五敗，而避之者，非人也。不可以不戰。欒、范不欲，我則強之。戰而勝，是吾力也。且夫戰也微謀，吾有三伐，勇而有禮，反之以仁。吾三逐楚軍之卒，勇也；見其君必下而趨，禮也；能獲鄭伯而赦之，仁也。若是而知晉國之政，楚、越必朝。吾曰：子則賢矣。抑晉國之舉也，不失其次，吾懼政之未及子也。謂我曰：夫何次之有？昔先大夫荀伯自下軍之佐以政，趙宣子未有軍行而以政，今欒伯自下軍往。是三子也，吾又過於四之無不及。若佐新軍而升爲政，不亦可乎？將必求之。是其言也，君以爲奚若？'襄公曰：'人有言曰兵在其頸。其郤至之謂乎！君子不自稱也，非以讓也，惡其蓋人也。夫人性，陵上者也，不可蓋也。求蓋人，其抑下滋甚，故聖人貴讓。且諺曰：獸惡其網，民惡其上。《書》曰：民可近也，而不可上也。《詩》曰：愷悌君子，求福不回。在禮，敵必三讓，是則聖人知民之不可加也。故王天下者必先諸民，然後庇焉，則能長利。今郤至在七人之下而欲上之，是求蓋七人也，其亦有七怨。怨在小醜，猶不可堪，而況在侈卿乎？其何以待之？晉之克也，天有惡于楚也，故儆之以晉。而郤至佻天之功以爲己力，不亦難乎？佻天不祥，乘人不義，不祥則天棄之，不義則民叛之。且郤至何三伐之有？夫仁、禮、勇，皆民之爲也。以義死用謂之勇，奉義順則謂之禮，畜義豐功謂之仁。姦仁爲佻，姦禮爲羞，姦勇爲賊。夫戰，盡敵爲上，守和同順義爲上。故制戎以果毅，制朝以序成。叛戰而擅舍鄭君，賊也；棄毅行容，羞也；叛國即讎，佻也。有三姦以求替其上，遠於得政矣。以吾觀之，兵在其頸，不可久也，雖吾王叔，未能違難。在《太誓》曰：民之所欲，天必從之。王叔欲郤至，能勿從乎？'郤至歸，明年死難。"案：郤至自伐事，《春秋左傳》偁郤至與單襄公語，而單襄公以語諸大夫；《國語》偁郤至與邵桓公語而邵桓公以告單襄公。二書所載歧異，未知孰是。

物或惡之，故有道者不處。是以聖人不自見，故明。

不自見，則其明全矣。校 "則"字，元本在"其明"下。案：王注云："不自是，則其是彰矣。"（見本章）又云："不自伐，則其功有矣。"（同上）又云："不自矜，則其惠長矣。"（同上）此同其例，以在"其明"上爲是，今乙轉。又"矣"，元本作"也"。案：當作"矣"，今改。又"不自見，則其明全矣"，元本在二十章經文"曲則全"下。案：其誼乃釋本章經文"是以聖人不自見，故明"，今迻此。

不自是，故彰；

不自是，則其是彰矣。校 "矣"，元本作"也"。案：當作"矣"，今改。又"不自是，則其是彰矣"，元本在二十二章經文"枉則正"下。案：其誼乃釋本章經文"不自是故彰"，今迻此。

不自伐，故有功；

【箋】

《尚書·大禹謨》云："汝惟不伐，天下莫與汝爭功。"

不自伐，則其功有矣。校 "矣"，元本作"也"。案：當作"矣"，今改。又"不自伐，則其功有矣"，元本在二十二章經文"窪則盈"下。案：其誼乃釋本章經文"不自伐，故有功"，今迻此。

不自矜，故長。

【校】

"不自見"至"故長"，元本在二十二章經文"是以聖人袌一以爲天下式"下。案：此承上文"自見者不明，自是者不彰，自伐者無功，自矜者不長"而言，應在本章經文"故有道者不處"下，今迻此。又"不自見"上，元本無"是以聖人"四字。案：元本無此四字者，乃蒙二十二章經文"是以聖人袌一以爲天下式"而渻，今補。

不自矜，則其悳長矣。校 "悳"，元本作"德"。案：當作"悳"（説見四章），今改。又"矣"，元本作"也"。案：當作"矣"，今改。又"不自矜，則其悳長矣"，元本在二十二章經文"蔽則新"下。案：其誼乃釋本章經文"不自矜，故長"，今迻此。

二十五章

有物榾成，

【校】

"榾"元本作"混"。案：《説文》云"混，豐流也"；又云："榾，完木未析也。"段玉裁曰："凡全物渾大，皆曰榾。"（見《説文解字段氏注》）諗誼以作"榾"爲是，"混"借字，今改。

榾然不可得而知，而萬物由之以成，故曰"榾成"也。校 上二"榾"字，元本皆作"混"。案：當從經文作"榾"，今改。又"榾然不可得而知"至"榾成也"，元本在本章經文"先天地生"下。案：其誼乃釋本章經文"有物楒成"，今迻此。

先天地生，

【箋】

《靈憲》云："太素之前，幽清玄静，寂漠冥默，不可爲象，厥中惟虚，厥外惟無。如是者永久焉，斯謂溟涬，蓋乃道之根也。道根既建，自無生有。太素始萌，萌而未兆，并氣同色，渾沌不分。故道志之言云：'有物渾成，先天地生。'其氣體固未可得而形，其遲速固未可得而紀也。"（見《後漢書·天文志上》"以顯天戒，明王事焉"李賢注）

不知其誰之子，校 "不知其誰之子"上，元本有"混然不可得而知，而萬物由之以成，故曰'混成'也"（上二"混"字皆當作"楒"）十九字。案：其誼乃釋本章經文"有物楒成"，今迻彼。**故曰：**校 "故"下元本無"曰"字，案其文例應有（說見九章），今補。**"先天地生"也。**校 "先天地生"下，元本無"也"字。案：其文例應有（說見十五章），今補。

宋兮漠兮，

【校】

"宋、漠"，元本作"寂、寥"。案：傅奕本作"寂、寞"，范應元本及《經典釋文》所引，皆作"宋、寞"，唐景龍碑、遂州碑、唐寫本皆作"寂、漠"。范應元曰："宋，古寂字，寞字，王弼與古本同，河上公作'寥'。"（見《老子道德經古本集注》）彭耜曰："寂，陸、王弼作宋，亦作寂；寥，陸、王弼作寞，河上作寥。"（見《道德真經集注釋文》）據此，則王本作"宋、寞"或"寂、寞"，其作"寂、寥"者乃河上公本（見存宋河上公本正作"寂寥"，注云："寂者，無音聲；寥者，空無形。"），非王本也。顧《說文》有"宋、漠"字，無"寂、寞"字。《楚辭·九辯》云："燕翩翩其辭歸兮，蟬宋漠而無聲。"蓋其字當作"宋、漠"，"寂、寞"俗書，今改。

宋漠，[校]"宋漠"，元本作"寂寥"。案：正統王本、乾隆王本、光緒王本、明和王本皆作"寂寞"。顧"寂寞"爲"宋漠"之俗書，以從經文作"宋漠"爲是，今改。無形體也。[校]"宋漠，無形體也"，元本在本章經文"獨立而不改"下。案：其誼乃釋本章經文"宋兮漠兮"，今迻此。

獨立而不改，

【校】

"獨立"下元本無"而"字。案：唐開元甲幢、唐開元乙幢、唐景福碑、宋景祐幢、宋河上公本、傅奕本、唐玄宗本、陸希聲本、陳景元本、司馬氏本、張太守本、蘇轍本、李霖本、彭耜本、董思靖本、范應元本、李榮本、薛蕙本、焦竑本及《太平御覽·道部一》所引皆有。此與下文"周行而不殆"同例，以有"而"字爲是，今補。

【箋】

嚴復曰："萬物皆對待，而此獨立；萬物皆遷流，而此不改。"（見《老子道德經評點》）

無與之匹，[校]"無與之匹"上，元本有"寂寥（'寂寥'當作'宋漠'）無形體也"六字。案：其誼乃釋本章經文"宋兮漠兮"，今迻彼。又"與"元本作"物"。案：《道德真經論》引作"與"，證誼以作"與"爲是，"物"，誤字，今改。又陶鴻慶曰："'之匹'二字誤倒。"（見《讀諸子札記》）案："之匹"二字無誤，蓋陶氏不知"物"當作"與"，故以正爲誤也。故曰"獨立"也。變化終不失其常，[校]"變化終不失其常"，元本作"返化終始不失其常"。案：

《道德真經論》引作"變化終不失其常",從之,今改。故曰"不改"也。

周行而不殆,

【箋】

案:"殆"借爲"怠",謂倦怠也。《論語·爲政》云"學而不思則殆",《經典釋文》云"依義當作怠",此"殆""怠"通叚之證。王注釋爲危殆之殆,蓋不知"殆"是借字,而據其本誼釋之,失之遠矣。

周行無所不至而不危殆,[校]"而不危殆",元本作"而免殆"。案:《道德真經論》引作"而不危",《永樂大典》引作"而危殆",以諸本互相參證,以作"而不危殆"爲是。蓋《道德真經論》於"而不危"下奪"殆"字,《永樂大典》於"而下"奪"不"字,而元本則不僅於"而下"奪"不"字,又復誤"危"爲"免"矣,今補"不"字,竝改"免"爲"危"。又"周行無所不至而不危殆",元本在本章經文"可以爲天地母"下。案:其誼乃釋本章經文"周行而不殆",今逡此。

可以爲天地母。

【校】

"地",元本作"下"。案:司馬氏本、范應元本皆作"地"。王注云"能生大形,故曰'可以爲天地母'也"(見本章),據此則王本亦作"地"。其作"下"者,乃河上公本(見存河上公本正作"下"),非王本也,今改。

能生大形,[校]"能生大形"上,元本有"周行無所不至而免殆"(而"免殆"當作"而不危殆")九字。案:其誼乃釋本章經文"周行而不殆",今逡彼。又"能生"下,元本有"全"字,"大形"下元本有"也"字。

案：《道德真經論》所引皆無，諟誼以無此二字爲是，今刪。箋案："大形"，謂天地也。《莊子·則陽》云："天地者，形之大者也。"故曰 校 "故"下元本無"曰"字。案：其文例應有（說見九章），今補。"可以爲天地母"也。 校 "地"，元本作"下"。案：張太守本作"地"。此承上文"能生大形"而言，諟誼以作"地"爲是，其作"下"者乃後人改易其字以合河上公本經文，非王注之舊也，今改。

吾不知其名，

名以定形。楃成無形， 校 "楃"，元本作"混"。案：當從經文作"楃"，今改。不可得而定，故曰"不知其名"也。

故勥字之曰道，

【校】

"字之曰道"上，元本無"故勥"二字。案：傅奕本、范應元本皆有。范應元曰："王弼同古本，河上公本上句無'強'字。"（見《老子道德經古本注》）據此則王本亦有，其無者乃河上公本（見存宋河上公本正無此二字），非王本也。唯"勥"字，傅奕本作"彊"、范應元本作"強"皆非，諟誼以作"勥"爲是，"彊"與"強"皆借字也（說見十五章），今補並改"彊"與"強"爲"勥"。箋《老子散愷略例》六章云"夫道也者，取乎萬物之所由也"；又十章云："道，偁之大者也。"

字以偁可言。 校 "字以偁可言"上，元本有"夫名以定形"五字。案：其文乃本章經文"吾不知其名"下注文，重出於此，今刪。又"偁"元本作"稱"。案：當作"偁"（說見三章），今改。道取於無物而不由也，是楃成之中， 校 "楃"，元本作"混"。案：當從經文作"楃"，今改。可言之偁最大也。校"偶"，元本作"稱"。案：當作"偶"（説見三章），今改。

勥爲之名曰大。

【校】

"勥"，元本作"強"。案：當作"勥"（説見十五章），今改。

【箋】

《无名論》云："道本无名，故老氏曰彊爲之名。仲尼稱堯蕩蕩无能名焉。下云巍巍成功，則彊爲之名，取世所知而稱耳。豈有名而更當云无能名焉者邪？夫唯无名，故可得徧以天下之名名之；然豈其名也哉？"（見《劉子·仲尼》"民無能名焉"張湛注）

吾所以字之曰道者，取其可言之偶最大也。校"偶"，元本作"稱"。案：當作"偶"（説見三章），今改。責其字定之所由，則系於大。夫有系校上二"系"字，元本皆作"繫"。案：當作"系"（説見二十章），今改。又"夫"，元本作"大"。案：陶鴻慶曰"大，當爲夫"（見《讀諸子札記》），其説是也，今改。則必有分，有分則失其極矣，故曰"勥爲之名曰大"也。校"勥"，元本作"強"。案：當從經文作"勥"，今改。又"勥爲之名曰大"下，元本無"也"字。案其文例應有（説見十五章），今補。

大曰逝，

逝，行也。周行無所不至，不守於一大，校"周行無所不至，不守於一大"，元本作"不守一大體而已，周行無所不至"。案：王注云："遠，極也。周行無所不窮極，不偏於一逝，故曰'遠'也。"（見本章）此同其例，以作"周行無所不至，不守於一大"爲是，今改。故曰"逝"也。

逝曰遠，

遠，極也。周行無所不窮極，校 "周"下，元本無"行"字。案：王注云"周行無所不至"（見本章），此同其例，以有"行"字爲是，今補。不偏於一逝，故曰"遠"也。

遠曰返。

【校】

"返"，元本作"反"。案：唐景龍碑、唐開元甲幢、遂州碑、顧歡本、傅奕本、唐玄宗本皆作"返"。王注云："不隨於所適，其體獨立，故曰'返'也。"（見本章）據此則王本亦作"返"，其作"反"者，乃河上公本（見存宋河上公本正作"反"），非王本也，今改。

不隨於所適，其體獨立，故曰"返"也。校 "返"，元本作"反"。案：張太守本作"返"，其作"反"者乃後人改易其字，以合河上公本經文，非王注之舊也，今改。

故道大，

【箋】

《莊子·天地》云："夫道，覆載萬物者也，洋洋乎大哉！"

天大，地大，王亦大。

【箋】

《禮記·中庸》云："小德川流，大德敦化。此天地之所以爲大也。"《莊子・天道》云："夫天地者，古之所大也，而黃帝、堯、舜之所共美也。故古之王天下者，奚爲哉？天地而已矣。"

天地之性人爲貴，而王是人之主也，雖不職大，[箋]《爾雅・釋詁》云："職，常也。"亦復與三大爲匹，[校]"亦復與三大爲匹"，元本作"亦復爲大與三匹"。案：陶鴻慶曰"亦復爲大與三匹"當作"亦復與三大爲匹"（見《讀諸子札記》），其說是也，今改。故曰"王亦大"也。

域中有四大，

四大，道、天、地、王也。凡物有偶有名，[校]"偶"元本作"稱"。案：當作"偶"（說見三章），今改。則非其極矣。[校]"矣"，元本作"也"。案：當作"矣"（說見一章），今改。言道則有所由，有所由，然後謂之爲道，然則道是偶中之大也。[校]"道是"元本作"是道"。案：陶鴻慶曰："'是道'二字誤倒"（見《讀諸子札記》），其說是也，今乙轉。又"偶"元本作"稱"。案：當作"偶"，（說見三章），今改。不若無偶之大也。無偶不可得而名，[校]上二"偶"字，元本皆作"稱"。案：當作"偶"（說見三章），今改。故曰[校]"故"下元本無"曰"字。案：其文例應有（說見九章），今補。域也。道、天、地、王皆在乎無偶之內，[校]"偶"元本作"稱"。案：當作"偶"（說見三章），今改。故曰"域中有四大"也。[校]"域中有四大"下，元本有"者"字。案：是衍文，今刪。又"四大，道、天、地、王也"至"域中有四大也"亦見宋刻河上公《老子道德經注》。案：此以有偶釋道天地王，而以無偶釋域以道爲偶中之大而終，不若無偶之大其言，適與王注字"以偶可言，道取於無物而不由也，是楫成之中可言之偶最大也"（見本章）相合，而與河上公注之以八極釋域（宋刻河上公《老子道德經注》於本章經文"而王居其一焉"下注云"八極之內有四大，王居其一也"）不類，故可決爲王注無疑，其見於河上公注者，蓋偶然屛入也。

而王處其一焉。

【校】

　　"處"，元本作"居"。案：唐景龍碑、唐寫本、傅奕本、彭耜本及《淮南子・道應》所引皆作"處"，王注云"處人主之大也"（見本章）。據此則王本亦作"處"，其作"居"者乃河上公本（見存宋河上公正作"居"，注云："八極之內有四大，王居其一也。"），非王本也，今改。

【箋】

　　《淮南子・道應》云："甯越欲干齊桓公，困窮無以自達，於是爲商旅，將任車，以商於齊，暮宿於郭門之外。桓公郊迎客，夜開門，辟任車，爝火甚盛，從者甚眾。甯越飯牛車下，望見桓公而悲，擊牛角而疾商歌。桓公聞之，撫其僕之手曰：'異哉，歌者非常人也！'命後車載之。桓公反至（元本'反'作'及'，今據王念孫說改），從者以請，桓公贛之衣冠而見，說以爲天下。桓公大說，將任之，君臣爭之曰：'客，衛人也。衛之去齊不遠，君不若使人問之。問之而故賢者也，用之未晚。'桓公曰：'不然。問之，患其有小惡也。以人之小惡而忘人之大美，此人主之所以失天下之士也。'凡聽必有驗，一聽而弗復問，合其所以也。且人固難全也（元本'全'作'合'，今據王念孫說改），權而用其長者而已矣。當是舉也，桓公得之矣。故老子曰：'天大、地大、道大、王亦大。域中有四大，而王處其一焉。'以言其能包裹之也。"

　　處人主之大也。

人法地，地法天，天法道，道法自然。

【箋】

　　案：張湛曰："自然者，不資於外也。"（見《劉子・黃帝》"自然而已"

張湛注）蓋人資於地，故人法地；地資於天，故地法天；天資於道，故天法道；道資於自然，故道法自然。唯自然不資於外，是故無所法。

法，謂法則也。人不韋地，乃得全安，法地也。地不韋天，乃得全載，法天也。天不韋道，乃得全覆，法道也。道不韋自然，[校]上四"韋"字，元本皆作"違"。案：當作"韋"（説見六章），今改。乃得其性，法自然也。[校]元本無"法自然也"四字。案：上文云："人不韋地，乃得全安，法地也。地不韋天，乃得全載，法天也。天不韋道，乃得全覆，法道也。"此同其例，以有此四字爲是，今補。法自然者，在方而法方，在圓而法圓，於自然無所韋也。[校]"韋"，元本作"違"。案：當作"韋"（説見六章），今改。又"於自然無所韋"下，元本無"也"字。案：張太守本、正統王本、乾隆王本、光緒王本、明和王本皆有，今補。自然者，無偶之言，[校]"偶"，元本作"稱"。案：當作"偶"（説見三章），今改。窮極之詞也。[校]"詞"，元本作"辭"。案：《説文》云"辭，訟也"，又云："詞，意内而言外也。"諡誼以作"詞"爲是，"辭"借字，今改。用智不及無知，而形魄不及精象，精象不及無形，有儀不及無儀，故轉相法也。道法自然，[校]"法"，元本作"順"。案：張太守本作"法"，下文云"天法於道，地故則焉。地法於天，人故象焉"，此同其例，以作"法"爲是，今改。天故資焉。天法於道，地故則焉。地法於天，人故象焉。王所以爲主，[校]"所以爲主"上，元本無"王"字。案：王注云："天地之性人爲貴，而王是人之主也。"（見本章）諡誼以有"王"字爲是，今補。其主之者一也。[校]"其主之者一也"，元本作"其一者主也"。案：王注云："故萬物之生，吾知其主，雖有萬形沖气一焉。百姓有心，異國疏風，而侯王得一者主焉。以一爲主，一何可捨。"（見四十二章）諡誼以作"其主之者一也"爲是，今改。又《辨正論》於引本章經文"人法地，地法天，天法道，道法自然"之後，引王注云"天、地、王、道，立不相違，故稱法也。自然無稱，窮極之詞。道是智慧靈和之號，用智不及無智，有形不及無形。道是有義，不及自然之無義也"，其文與此相異，謹錄之，以參攷。

二十六章

重爲輕根，

【箋】

案："重爲輕根"者，謂人主之身爲天下之根本也。蓋老氏之學以己身爲至重，而天下爲輕。自彼觀之，爲人主者苟能修虛靜之道，以完身養生，則天下不煩於治而臻於至治矣。夫帝王之功，不過聖人之餘事耳。《莊子・讓王》云："道之真以治身，其緒餘以爲國家，其土苴以治天下。"此之謂也。

竫爲趮君，

【校】

"竫"，元本作"靜"。案：當作"竫"（說見六章），今改。又"趮"，元本作"躁"。案：《說文》有"趮"字，無"躁"字。《管子・心術上》云："趮者不靜。"《漢書・天文志》云："圜以靜，用兵靜吉趮凶。"蓋其字當作"趮"，"躁"俗書，今改。

【箋】

案："竫爲趮君"者，言唯修虛竫之道，乃能爲天下之主也。《周易・繫辭下》云："天下之動，貞夫一者也。"夫竫者，一之謂也。趮者，動之謂也。

凡物，輕不能載重，小不能鎮大。 校 "鎮"，元本作"載"；"載"元本作"鎮"。案：王注云："輕不鎮重也。"（見本章）諗諿"載"當作"鎮"，"鎮"當作"載"，今互易之。不行者使行，不動者制動。是以重必爲輕根，靜必爲趮君也。校 "靜""趮"，元本作"静""躁"。案當從經文作"靜""趮"，今改。

是以聖人終日行不離輜重。

【箋】

《韓非子·喻老》云："制在己曰重，不離位曰靜。重則能使輕，靜則能使躁。故曰：'重爲輕根，靜爲躁君。是以君子終日行不離輜重也。'"（元本"是以"作"故曰"，今據王先愼說改）孔穎達曰："輜重，載物之車也。《說文》云：'輜，一名軿，前後蔽也，蔽前後以載物謂之輜車，載物必重謂之重車（中略）……輜重載器物糧食，常在軍後。'"（見《春秋左傳宣公十二年》"丙辰楚重至於邲"，杜預注"重，輜重也"孔穎達疏）案：輜重亦喻身也。"聖人終日行不離輜重"者，言聖人終日之所行，不離乎完身養身之道也。

以重爲根，校 "根"，元本作"本"。案：經云："重爲輕根。"（見本章）王注云"是以重必爲輕根"（同上），據例以作根爲是，今改。**故不離也。**校 "故不離"下，元本無"也"字。案：其文例應有（說見一章），今補。

雖有榮觀，宴處超然，

【校】

"宴"，元本作"燕"。案：傅奕本、陳景元本、范應元本及《經典釋文》所引皆作"宴"。范應元曰："宴，安也，王弼同古本，河上公作'燕'。"（見范箸《老子道德經古本集注》）據此則王本亦作"宴"，其作"燕"者乃河上公本（見存宋河上公本正作"燕"，注云"燕處，后妃所居也"），非王本也，今改。

【箋】

案："榮"誼如《周易上》"象不可榮以祿"之"榮"。"雖有榮觀燕處超然"者，謂雖有女色貨財等榮惑觀覽之物隊於前，而己則超然安處不爲所動也。《韓非子·內儲說下》云："仲尼爲政於魯，道不拾遺。齊景公患之。犁且謂景公曰（元本'犁'作'黎'，今據顧廣圻說改）：'去仲尼猶吹毛耳，君何不迎之以重祿高位，遺哀公女樂以驕榮其意。哀公新樂之，必怠於政，仲尼必諫，諫必輕絕於魯。'景公曰：'善！'乃令犁且以女樂二八遺哀公（元本'二八'作'六'，今據《太平御覽·人事部一百一十九》所引改）。哀公樂之，果怠於政。仲尼諫，不聽，去而之楚。"又云："晉獻公欲伐虞、虢，乃遺之屈產之乘，垂棘之璧，女樂二八（元本'二八'作'六'，今據《太平御覽·人事部一百一十九》所引改），以榮其意而亂其政。"蓋老氏見當世王侯不能修虛靜之，遂有因女色貨財而敝政滅國者，故有是言也。"[榮]"字亦作"營"。《大戴禮記·文王官人》云"臨之以貨色而不可營"；《漢書·敘傳》云："不營不拔。"

不以經心也。

奈何萬乘之主，

【校】

"柰"，元本作"奈"。案：宋河上公本、顧歡本、唐玄宗本、陸希聲本、陳景元本、李霖本、李榮本、薛蕙本皆作"柰"。《說文》有"柰"字，無"奈"字。《尚書·召誥》云"曷其柰何弗敬"，《春秋左傳·宣公十二年》云："河魚腹疾柰何。"蓋其字當作"柰"，"奈"俗書，今改。

而以身輕天下？

輕不鎮重也。校 "輕不鎮重也"，元本在本章經文 "趮則失君" 下。案：其誼乃釋本章經文 "奈何萬乘之主，而以身輕天下" 之輕字，今迻此。

輕則失根，

【校】

"失根"，元本作 "失本"。案：焦竑本及《永樂大典》所引皆作 "失根"。焦竑曰："失根，一作失本，一作失臣，非。今從王輔嗣本。"（見焦箸《老子翼》）據此則王本亦作 "失根"，此承上文 "重爲輕根" 而言，據例以作 "失根" 爲是，今改。

【箋】

案：老氏之學以己身爲至重，而天下爲輕，苟務其所輕，則將失其至重之身，故曰 "輕則失根" 也。

失根，校 "失根"，元本作 "失本"。案：當從經文作 "失根"，今改。謂喪身也。校 "謂"，元本作 "爲"。案：古外動詞 "爲" "謂" 通用。《春秋左傳·莊公二十二年》云 "是謂觀國之光，利用賓于王"，《史記·陳杞世家》作 "是爲觀國之光，利用賓于王"；《墨子·公輸》云 "宋所爲無雉兔狐狸者也"，《戰國策·宋策》作 "宋所謂無雉兔鮒魚者也"；《莊子·讓王》云 "今丘抱仁義之道，以遭亂世之患，其何窮之爲"，《呂氏春秋·孝行覽·慎人》作："今丘也拘仁義之道，以遭亂世之患，其何窮之謂。" 皆其證也。唯諗王注持 "謂不失其惠也"（見九章）；"故不如其已者，謂乃更不如無惠無功者也"（同上）；"大上，謂大人也"（見十七章）；"從事，謂舉動從事於道者也"（見二十三章）；"法，謂法則也"（見二十五章）；"始制，謂樸散始爲官長之時也"（見三十二章）；"亭，謂品其形也。毒，謂成其質也"（見五十一章）；"未有謂其安未兆也"（見六十四章）；"未𣪣謂散㓃也"（同上）；"明，謂多智巧詐，蔽其樸也"（見六十五章）；"愚，謂無知守真，順自然也"（同上）；"行，謂行賕也"（見六十九章）；"其謂水也"（見七十八章）。其字皆作"謂"，不作"爲"。據王氏用字之例，以作"謂"爲是，今改。又"失根，謂喪身也"，元本在本章經文"趮則失君"下，接注文"輕不鎮重也"後。案：其誼乃釋本章經文"輕則失根"之"失根"二字，今逡此。

趮則失君。

【校】

"趮"元本作"躁"。案：當從上文作"趮"，今改。

【箋】

《韓非子·喻老》云："邦者，人君之輜重也。主父生傳其邦，此離其輜重者。故雖有代、雲中之樂，超然已無趙矣。主父萬乘之主，而以身輕於天下。無勢之謂輕，離位之謂躁，是以生幽而死。故曰'輕則失臣，躁則失君'。主父之謂也。"案：道尚虛靜而天下恒動，苟逐其所動，則失其虛靜之道，故曰"趮則失君"也。

失君，校 "失君"上，元本有"輕不鎮重也。失本（'本'當作'根'）爲喪身也（'爲'當作'謂'）"十一字。案："輕不鎮重也"，乃釋本章經文"奈何萬乘之主，而以身輕天下"之"輕"字，"失本，爲喪身也"乃釋本章經文"輕則失根"之"失根"二字，今各逡其處。謂失君位也。校 "謂"，元本作"爲"。案：張太守本及《經典釋文》《永樂大典》所引皆作"謂"，此與前注"失根，謂喪身也"同例，以作"謂"爲是，今改。

二十七章

善行者

【校】

"善行"下,元本無"者"字。案:唐廣明幢、唐景福碑、傅奕本、陸希聲本、司馬氏本、范應元本皆有,今補。

無轍迹,

【箋】

案:轍,謂車轍迹,謂馬迹也。《春秋左傳·昭公十二年》云:"昔穆王欲肆其心,周行天下,將皆必有車轍馬跡焉。"

順自然而行,不造不始,故物得至,而無轍迹也。

善言者

【校】

"善言"下,元本無"者"字。案:唐廣明幢、唐景福碑、傅奕本、陸希聲本、司馬氏本、范應元本皆有,今補。

無瑕讁，

【校】

"讁"，元本作"謫"。案：顧歡本、傅奕本、唐玄宗本、陸希聲本、司馬氏本、陳景元本、張太守本、李霖本、彭耜本、董思靖本、范應元本、李榮本、焦竑本及《經典釋文》所引皆作"讁"，《説文》有"讁"字，無"謫"字。《國語·周語下》云"步言視聽，必皆無讁"，蓋其字當作"讁"，"謫"俗書，今改。

【箋】

毛亨曰："瑕，過也。"（見《詩·國風·豳·狼跋》"德音不瑕"傳）孔穎達曰："瑕者，玉之病。玉之有瑕，猶人之有過，故以瑕爲過。"（見《詩·國風·豳·狼跋》"德音不瑕"疏）又《小爾雅·廣言》云："謫，責也。"《方言》云："南楚以南，凡相非議人，謂之謫。"（二書所引"謫"字皆當作"讁"。）

順物之性，不別不析，故無瑕讁可得其門也。 校 "讁"，元本作"謫"。案：張太守本作"讁"。經文既當作"讁"，則此亦以作"讁"爲是，今改。

善數者

【校】

"善數"下，元本無"者"字。案：唐廣明幢、唐景福碑、傅奕本、陸希聲本、司馬氏本、范應元本皆有，今補。

無籌策，

【校】

"無籌策"，元本作"不用籌策"。案：傅奕本、范應元本皆作"無籌策"（唯范應元本"無"作"无"）。蓋王本亦當作"無籌策"，其作"不用籌策"者乃河上公本（見存宋河上公本正作"不用籌策"，注云"善以道計事者，則守一不移。所計不多，則不用籌策而可知也"），非王本也，今改。

【箋】

案：《説文》云："籌，壺矢也。"徐鍇曰："投壺之矢也，其制似箸，人以之算數也。"（見《説文繫傳》）又高誘曰："策，蓍也。"（見《戰國策·秦策》"襄主錯龜數策"占兆注）《説文》云："蓍，蒿屬，生千歲三百，莖易以爲數。"蓋二物皆古者計數之具也。

因物之數，不叚𢒫也。校 "叚"，元本作"假"。案：《説文》云"假，非真也"；又云："叚，借也。"譣谊以作"叚"爲是，"假"借字，今改。

善閉者

【校】

"善閉"下，元本無"者"字。案：唐景福碑、傅奕本、陸希聲本、司馬氏本、范應元本及《淮南子·道應》所引皆有，今補。

無關楗而不可開，

【箋】

案：《説文》云："關，以木橫持門户也。"又《月令·章句》云："楗，關牡也，所以止扉。"（見《顔氏家訓·書證》）蓋物入者爲牡，受者爲牝，關横物即今門檮楗豎物，上貫關下插地，故關爲牝，楗爲牡也。

善結者

【校】

"善結"下，元本無"者"字。案：唐景福碑、傅奕本、陸希聲本、司馬氏本、范應元本及《淮南子·道應》所引皆有，今補。

無繩約而不可解。

【箋】

《淮南子·道應》云："秦皇帝得天下，恐不能守，發邊戍，筑長城，修關梁，設障塞，具傳車，置邊吏。然劉氏奪之，若轉閉錘。昔武王伐紂，破之牧野，乃封比干之墓，表商容之閭，柴箕子之門，朝成湯之廟，發鉅橋之粟，散鹿臺之錢，破鼓折枹，弛弓絕絃，去舍露宿以示平易，解劍帶笏以示無仇。於此天下歌謠而樂之，諸侯執幣相朝，三十四世不奪。故老子曰：'善閉者無關楗而不可開也，善結者無繩約而不可解也。'"案：《說文》云"繩，索也"；又云："約，纏束也。"《莊子·駢拇》云："待繩約膠漆而固者，是侵其德也。"

因物自然，不設不岐，故不用關楗、繩約，而不可開解也。此五者，皆言不造不岐，校 上二"岐"字，元本皆作"施"。案：當作"岐"（說見一章），今改。因物之性，不以形制物也。

是以聖人常善救人，故無棄人；

不尚賢能，校 "不尚賢能"上，元本有"聖人不立形名以檢於物，不造進向以殊棄不肖。輔萬物之自然而不爲始，故曰'無棄人'也"（人當作物）三十五字。案：其誼乃釋本章經文"常善救物，故無棄物"，今迻彼。則民不爭；不貴難得之貨，則民不爲盜；不見可欲，則民心不亂。常使民心無欲無惑，則無棄人矣。

常善救物，故無棄物，

聖人不立形名以檢於物，不造進向以殊棄不肖。輔萬物之自然而不爲始，故曰"無棄物"也。校 "物"，元本作"人"。案：上文云"聖人不立形名以檢於物"，又云"輔萬物之自然而不爲始"，譣誼以作"物"爲是，"人"誤字，今改。又"聖人不立形名以檢於物"至"無棄物也"，元本在本章經文"是以聖人常善救人，故無棄人"下。案：其誼乃釋本章經文"常善救物，故無棄物"，今迻此。

是謂襲明。

【箋】

《淮南子·道應》云："昔者，公孫龍在趙之時，謂弟子曰：'人而無能者，龍不能與遊。'有客衣褐帶索而見曰：'臣能呼。'公孫龍顧謂弟子曰：'門下故有能呼者乎？'對曰：'無有。'公孫龍曰：'與之弟子之籍。'后數日，往說燕王，至於河上，而航在一汜，使善呼者呼之。一呼而航來，故曰聖人之處世，不逆有伎能之士。故老子曰：'人無棄人，物無棄物，是謂襲明。'"

故善人者，不善人之師；

舉善以齊不善，校 "齊"，元本作"師"。案：王注云"善人以善齊不善，不以善棄不善"（見本章），譣誼以作"齊"爲是，"師"，誤字，今改。故謂之師也。校 "也"，元本作"矣"。案：《馬氏文通》云："也字，所以助論斷之辭氣。矣字，惟以助敘説之辭氣。故凡句意之爲當然者也字結之，已然者矣字結之。所謂當然者，決是非，斷可否耳。所謂已然者，陳其事，必其效而已。"譣誼以作"也"爲是，"矣"，誤字，今改。

不善人者，善人之資。

【箋】

《淮南子·道應》云："楚將子發好求技道之士，楚有善爲偸者往見曰：'聞君求技道之士。臣，偸也，願以技齎一卒。'子發聞之，衣不給帶，冠不暇正，出見而禮之。左右諫曰：'偸者，天下盜也，何爲禮之！'（元本'禮之'作'之禮'，今據王念孫説乙轉）君曰：'此非左右之所得與。'后無幾何，齊興兵伐楚。子發將師以當之，兵三卻。楚賢良大夫皆盡其計而悉其誠，齊師愈強。於是市偸進請曰：'臣有薄技，願爲君行之。'子發曰：'諾。'不問其辭而遣之。偸則夜出（元本'偸則夜'下無'出'字，今據王念孫説補），解齊將軍之幬帳而獻之。子發因使人歸之，曰：'卒有出薪者，得將軍之帷，使歸之於執事。'明夕復往取其枕（元本'夕'作'又'，今據王念孫説改），子發又使人歸之。明夕復往，取其簪（元本'明夕'作'明日又'，今據王念孫説改），子發又使歸之。齊師聞之，大駭，將軍與軍吏謀曰：'今日不去，楚君恐取吾頭。'（元本'軍'作'君'，今據王念孫説改）乃還師而去。故技無細而能無薄（元本'故技無細而能無薄'作'故曰無細而能薄'，今據王念孫説改），在人君用之耳。故老子曰：'不善人，善人之資也。'"

資，取也。善人以善齊不善，不以善棄不善，校"以善棄不善"上，元本無"不"字。案：陶鴻慶曰："'以善棄不善'上奪'不'字，經所謂'無棄人也'。"（見《讀諸子札記》）其説是也，今補。故不善人，善人之所取也。

不貴其師，不悉其資，

【校】

"悉"，元本作"愛"。案：當作"悉"（説見十章），今改。

雖智大迷，

雖有其智，自任其智。不因於物，校 "於物"，元本作"物於"。案：陶鴻慶曰："'物於'二字，誤倒。"（見《讀諸子札記》）其説是也，今乚轉。其道必失，故曰"雖智大迷"也。校 "雖智大迷"下，元本無"也"字，案：其文例應有（説見十五章），今補。

是謂要眇。

【校】

"眇"，元本作"妙"。案：當作"眇"（説見一章），今改。

【箋】

《韓非子·喻老》云："周有玉版，紂令膠鬲索之，文王不予；費仲來求，因予之。是膠鬲賢而費仲無道也，周惡賢者之得志也，故予費仲。文王舉太公於渭濱者，貴之也；而資費仲玉版者，是愛之也。故曰：'不貴其師，不愛其資，雖知大迷，是謂要妙。'"案：要眇，即幼眇。《漢書·元帝紀》云"分刌節度，窮極幼眇"，顏師古注云："'幼眇'，讀曰'要眇'。"又《景十三王傳》云"每聞幼眇之聲，不知涕泣之橫集也"，顏師古注云："幼，音一笑反。眇音妙。幼妙，精微也。"

二十八章

知其雄，守其雌，

雄，先之屬。雌，後之屬也。知爲天下之先者 校 "者"，元本作"也"。案：張太守本作"者"，當從之，今改。必後也。是以聖人後其身而身先也。 校 "雄先之屬"至"是以聖人後其身而身先也"，元本在本章經文"爲天下谿，常惪不離，復歸於嬰兒"下。案：其誼乃釋本章經文"知其雄，守其雌"，今迻此。

爲天下谿。

【箋】

《淮南子·道應》云："趙簡子以襄子後，董閼于曰：'無郵賤，今以爲後，何也？'簡子曰：'是爲人也，能爲社稷忍羞。'異日，知伯與襄子飲而抶襄子之首，大夫請殺之，襄子曰：'先君子立我也，曰能爲社稷忍羞，豈曰能刺人哉！'處十月，知伯圍襄子於晉陽，襄子疏隊而擊之，大敗知伯，破其首以爲飲器。故老子曰：'知其雄，守其雌，爲天下谿。'"

谿不求物，而物自歸之。 校 "谿不求物，而物自歸之"，元本在本章經文"爲天下谿，常惪不離，復歸於嬰兒"下，接注文"是以聖人後其身而身先也"後。案：其誼乃釋本章經文"爲天下谿"，今迻此。

爲天下谿，常悳不離，

【校】

"悳"，元本作"德"。案：當作"悳"（説見四章），今改。

復歸於嬰兒。

嬰兒不用智，校 "嬰兒不用智"上，元本有"雄，先之屬（先之屬下應有'也'字），雌，後之屬也。知爲天下之先也（'也'當作'者'）必後也。是以聖人後其身先也。谿不求物而物自歸之"三十七字。案："雄先之屬"至"是以聖人後其身而身先也"，乃釋本章經文"知其雄，守其雌"。"谿不求物，而物自歸之"，乃釋本章經文"爲天下谿"，今各迻其處。而合自然之智。

知其白，守其黑，爲天下式。

式，模則也。

爲天下式，常悳不忒。

【校】

"悳"，元本作"德"。案：當作"悳"（説見四章）。今改。

忒，差也。

復歸於無極。

不可窮也。

知其榮，守其辱，爲天下谷。

【校】

易順鼎曰："此章有後人竄入之語，非盡老子原文。《莊子·天下篇》引老聃曰：'知其雄，守其雌，爲天下谿。知其白，守其辱，爲天下谷。'此老子原文也。蓋本以雌對雄，以辱對白。辱有黑義，《儀禮》注'以白造緇曰辱'，此古義之可證者。後人不知辱與白對，以爲必黑始可對白，必榮始可對辱。如是加'守其黑'一句於'知其白'之下；加'知其榮'一句於'守其辱'之上；又加'爲天下式，爲天下式，常德不忒，復歸於無極'四句，以叶黑韻而竄改之迹顯然矣。以辱對白，此自周至漢古義，而彼竟不知，其顯然者一也；爲天下谿，爲天下谷，谿、谷同意，皆水所歸，爲天下式，則與谿谷不倫，湊合成韻，其顯然者二也。王弼已爲式字等句作注，則竄改即在魏晉之初，幸賴《莊子》所引，可以考見原文，亟當訂正，以存真面。"（見《寳瓠齋雜俎》）馬敘倫曰："易説是也。《説文》：'谿，山隤無所通者；谷，泉出通川者。'老子以谿喻無有能入，谷喻無所不出，閒以式字則不倫矣。又漓與足對，嬰兒與樸對，閒以忒與無極，亦義不相貫也。又古書榮辱字，皆寵辱之借。本書上文'寵辱若驚'不作'榮辱'，此作'榮辱'亦妄增之證。然《淮南·道應》已引'知其榮，守其辱，爲天下谷'，則自漢初已然矣。"（見《老子校詁》）案："守其黑，爲天下式。爲天下式，常德不忒，復歸於無極。知其榮"等二十三字，疑即王弼所增。馬氏謂自漢初已然者，非也。蓋《淮南子·道應》於《老子》"知其雄，守其雌，爲天下谿"及"知其榮，守其辱，爲天下谷"諸句皆有解説，而於"知其白，守其黑，爲天下式"獨付缺如，證漢初尚無此二十三字。至於《淮南子》引《老子》"知其榮"句，"榮"不作"白"，乃後人據王本《老子》竄改，非《淮南子》之舊也。

【箋】

《淮南子·道應》云："文王砥惠修政，三年而天下二垂歸之。紂聞而患之，曰：'余夙興夜寐，與之競行，則苦心勞形。縱而置之，恐伐余一人。'崇侯虎曰：'周伯昌行仁義而善謀，太子發勇敢而不疑，中子旦恭儉而知時。若與之從，則不堪其殃。縱而赦之，身必危亡。冠雖弊，必加於頭。及未成，請圖之！'屈商乃拘文王於羑里。於是散宜生乃以千金求天下之珍怪，得騶虞、雞斯之乘，玄玉百工，大貝百朋，玄豹、黄羆、青豻、白虎文皮千合，以獻於紂，因費仲而通。紂見而説之，乃免其身，殺牛而賜之。文王歸，乃爲玉門，筑靈臺，相女童，擊鐘鼓，以待紂之失也。紂聞之曰：'西伯昌改道易行，吾無憂矣！'乃爲炮烙，剖比干，剔孕婦，殺諫者。文王乃遂其謀。故《老子》曰：'知其榮（榮當作白，爲砥德脩政之類也），守其辱，爲天下谷。'"

爲天下谷，

【校】

　　元本無"爲天下谷"四字。案：唐景龍碑、唐［開］元甲幢、唐開元乙幢、唐景福碑、唐寫本、宋河上公本、顧歡本、傅奕本、陸希聲本、陳景元本、司馬氏本、張太守本、蘇轍本、李霖本、彭耜本、董思靖本、范應元本、李榮本、薛蕙本、焦竑本、正統王本、乾隆王本、光緒王本、明和王本皆有。經云："知其雄，守其雌，爲天下谿。常惪不離，復歸於嬰兒。知其白，守其黑，爲天下式。爲天下式，常惪不忒，復歸於無極。"（見本章）此同其例，以有此四字爲是，今補。

常惪乃足，

【校】

　　"惪"，元本作"德"。案：當作"惪"（説見四章），今改。

復歸於樸。

　　此三者，言常惠反終，校"言常"下，元本無"惠"字。案：經云"常惠不離"（見本章）；又云"常惠不忒"（同上）；又云"常惠乃足"（同上）。譣誼以有"惠"字爲是，今補。箋《周易·繫辭上》云"原始反終"，孔穎達疏云："反復事物之終末。"後乃得全其所處也。校"後乃得全其所處也"上疑奪"然"字。又"得"，元本作"德"。案：當作"得"，"德"誤字，今改。下章云，反者道之動也。功不可取，常處其母也。

樸柀則爲器，

【校】

　　"柀"，元本作"散"。案："散"篆作"散"。《說文》云"散，雜肉也"；又云："柀，分離也。"譣誼以作"柀"爲是，"散"，借字，今改。

【箋】

　　案：老氏之言樸柀，厥誼有三，一謂生產之分工也，於不貴難得之貨，使民不爲盜，絕巧棄利，盜賊無有，諸命題見之（百工之巧、商賈之利、難得之貨皆原於農業與手工業之分工以及由此而興之商品生產與商品交換）；一謂社會之分判也，於無名有名樸器之範疇，見之（名與器所以別尊卑貴賤之等）；一謂臣工之分職也，於無名萬物之始，有名萬物之母，天下萬物生於有，有生於無，諸命題見之（萬物即臣工之分職）。蓋有生產之分工，斯有私有財產；有私有財產，斯有階級；有階級斯有國家；有國家斯有臣工之分職，三誼雖異而有其內在之聯系存焉。

聖人因之則爲官長。

【校】

　　"因",元本作"用"。案:俞樾曰:"此河上公本也。河上公注曰'聖人升用,則爲百官之元長也',是其本作'聖人用之'。至王弼注曰'聖人因其分散,故爲之立官長',則當作'聖人因之',方與注合。今作'用'者,後人據河上本改之耳。"(見《諸子平議》)據此則王本作"因",其作"用"者,乃河上公(見存宋河上公本正作"用"),非王本也,今改。

【箋】

　　案:《管子·心術上》云:"舍己而隨物,故曰'因'。"《戰國策·趙策》云:"故事有簡而功成者因也。"官長即器長(器長一詞見六十七章)。以對臣工言,則曰官長,謂臣工之長也;以對國家建制而言,則曰器長,謂國家之長也。"聖人因之則爲官長"者,謂聖人因樸之柀而爲臣工之長也。

　　樸,真也。真柀則百行出,殊類省,若器也。聖人因其分柀,校上二"柀"字,元本皆作"散"。案:當從經文作"柀",今改。故爲之立官長。以善爲師,不善爲資,迻風易俗,校"迻",元本作"移"。案:當作"迻"(説見九章),今改。復使歸於一也。

故大制無割。

【校】

　　"無割",元本作"不割"。案:遂州碑、顧歡本、傅奕本及《淮南子·道應》《經典釋文》所引皆作"無割"。唐景龍碑、范應元本皆作"无割"(無、无古通)。范應元曰:"无割,嚴遵、王弼同古本,河上公與世本作不割。"(見《老子道德經古本集注》)王注云:"大制者,以天下之心爲心,故無割也。"（見本章）據此則王本亦作"無割"，其作"不割"者乃河上公本（見存宋河上公本正作"不割"），非王本也，今改。

【箋】

《淮南子·道應》云："薄疑説衛嗣君以王術，嗣君應之曰：'予所有者，千乘也，願以受教。'薄疑對曰：'烏獲舉千鈞，又況一斤乎！'杜赫以安天下説周昭文君，文君謂杜赫曰：'願學所以安周。'赫對曰：'臣之所言不可，則不能安周。臣之所言可，則周自安矣。此所謂弗安而安者也。'故老子曰：'大制無割。'"案：大制，謂古帝者之制也。《中説·周公》云："帝者之制，恢恢乎其無所不容。其有大制，制天下而不割乎？其上湛然，其下恬然。天下之危，與天下安之；天下之失，與天下正之。千變萬化，吾常守中焉。其卓然不可動乎？其感而無不通乎？此之謂帝制矣。"案：大，猶善也。《周易·繫辭上》"莫大乎蓍龜"，《經典釋文》引作"莫善乎蓍龜"。《詩·大雅·蕩之什·桑柔》云"涼曰不可，覆背善詈"，鄭玄箋云："善，猶大也。"反之故大，亦猶善也。制，誼如以制器者，尚其象之制大制。無割者，謂善制器者，因樸之自樕，以成器而已，不割樸以爲器也。所謂"天下神器不可爲也"（見二十九章）。聖人但因之而已，因之者不先之也，所謂"不敢爲天下先，故能成器長也"（見六十七章）。

大制者，以天下之心爲心，故無割也。

二十九章

將欲取天下而爲之者，

【校】

"將欲取天下而爲之"下，元本無"者"字。案：傅奕本、司馬氏本、張太守本、彭耜本、董思靖本、范應元本皆有，今補。

爲，造爲也。校 元本無"爲，造爲也"四字。案：張太守本有，今補。

吾見其不得已。天下神器，

【箋】

案：器，謂奴隸社會之國家建制也，器而曰神者，言其不可爲，不可執也。

神，無形無方也。器，合成也。無形以合，故謂之神器也。

不可爲也，不可執也。

【校】

元本無"不可執也"四字。案：黃茂材注所引有。（見彭氏《道德真經集注》）王注云："萬物以自然爲性，故可因而不可爲也，可通而不可執也。"（見本章）據此則王本亦有，其無者乃河上公本（見存宋河上公本正無此四字），非王本也，今補。

【箋】

案：《逸周書·周祝解》云："欲彼天下，是生爲。"《大戴禮記·禮察》云："問：'爲天下如何？'曰：'天下，器也。今人之置器，置諸安處則安，置諸危處則危。而天下之情與器無以異，在天子所置爾。湯武置天下於仁義禮樂而德澤洽，禽獸草木廣育，被蠻貊四夷，累子孫十餘世，歷年久五六百歲，此天下之所共聞也。秦王置天下於法令刑罰，德澤無一有，而怨毒盈世，民憎惡如仇讎，禍幾及身，子孫誅絕，此天下之所共見也。夫用仁義禮樂爲天下者，行五六百歲猶存。用法令爲天下者，十餘年即亡。是非明敩大驗乎？'"蓋儒家以天下爲可爲，顧當以仁義禮樂爲之耳。老子并仁義禮樂而棄絶之，故曰："天下神器不可爲也，不可執也。"

萬物以自然爲性，故可因而不可爲也，可通而不可執也。校 "萬物以自然爲性"至"可通而不可執也"，元本在本章經文"執者失之"下。案：其誼乃釋本章經文"不可爲也，不可執也"，今迻此。

爲者敗之，

物有常性，而造爲之，故必敗也。校 "物有常性"至"故必敗也"，元本在本章經文"執者失之"下，接注文"可通而不可執也"後。案：其誼乃釋本章經文"爲者敗之"，今迻此。

執者失之。

【箋】

《淮南子・原道》云："夫心者，五藏之主也，所以制使四支，流行血氣，馳騁于是非之境，而出入于百事之門户者也。是故不得於心而有經天下之氣，是猶無耳而欲調鐘鼓，無目而欲喜文章也，亦必不勝其任矣！故天下神器，不可爲也。爲者敗之，執者失之。"

物有往來，校 "物有往來"上元本有"萬物以自然爲性，故可因而不可爲也，可通而不可執也。物有常性，而造爲之，故必敗也"三十四字。案："萬物以自然爲性"至"可通而不可執也"，乃釋本章經文"不可爲也，不可執也"。"物有常性"至"故必敗也"乃釋本章經文"爲者敗之"，今各迻其處。而執之，故必失也。校 "也"，元本作"矣"。案：當作"也"，今改。

故物或行或隨，或歔或吹，

【校】

"歔"，元本作"歔"。案：唐景龍碑、遂州碑、唐寫本、顧歡本、彭耜本、董思靖本、李榮本皆作"歔"。《說文》云"歔，欷也"；又云："歔，吹也。"《聲類》云："出氣急曰吹，緩曰歔。"（見《玉篇·口部》）諟誼以作"歔"爲是，"歔"借字，今改。

或彊或剉，或培或墮。

【校】

"或彊或剉，或培或墮"，元本作"或強或羸，或挫或隳"。案：傅奕本、范應元本皆作"或彊或剉，或培或墮"。范應元曰："或彊或剉，或培或墮，嚴遵、王弼、傅奕、阮籍同古本。"（見《老子道德經古本集注》）據此則王本亦作"或彊或剉，或培或墮"，今改。

【箋】

案："行隨、歔吹、彊剉、培墮"皆言對立之轉化也。

凡此諸或，皆言物事芛順反覆，校**"言物事芛順反覆"上，元本無"皆"字。案：王注云："凡此諸若皆言其頌象，不可得而形名也。"（見十五章）此同其例，以有"皆"字爲是，今補。又"芛"，元本作"逆"。案：當作"芛"（說見六章），今改。**不可歧爲執割也。**校**"不"下，元本無"可"字。案：經云："天下神器，不可爲也，也不可執也。"（見本章）王注云："萬物以自然爲性，故可因而不可爲也，可通而不可執也。"（同上）諟誼以有"可"字爲是，今補。又"歧"，元本作"施"。案：當作"歧"（說見一章），今改。又"凡此諸或"至"不可歧爲執割也"，元本在本章經文"是以聖人去甚，去奢，去泰"下。案：其誼乃釋本章經文"故物或行或隨"至"或培、或墮"，今迻此。

是以聖人去甚，

【箋】

《說文》云："甚，尤安樂也，从甘从匹。"朱駿聲曰："甘者飲食，匹者男女，人之大欲存焉，故訓安樂之尤。"（說見《說文通訓定聲》）

去奢，

【箋】

皇侃曰"奢，侈也"，見《論語·八佾》"禮，與其奢也，寧儉"疏。

去泰。

【箋】

皇侃曰"泰，驕泰也"，見《論語·子罕》"今拜乎上，泰也"疏。

聖人達自然之性，校 "聖人達自然之性"上，元本有"凡此諸或，言物事順逆反覆（'言物事順逆反覆'上應有'皆'字，又'逆'當作'屰'），不施爲執割也（'不'下應有'可'字，又'施'當作'歧'）"十七字。案：其誼乃釋本章經文"故物或行或隨"至"或培或墮"，今迻彼。又"性"，元本作"至"。案：王注云"萬物以自然爲性"。（見本章）譣誼以作"性"爲是，今改。暢萬物之情，故因而不爲，【箋】《淮南子·原道》云："天下之事，不可爲也，因其自然而推之。"順而不歧。校 "歧"，元本作"施"。案：當作"歧"（說見一章），今改。【箋】《釋名·釋言語》云："順，循也，循其理也。"除其所以迷，去其所以惑，故心不亂而物性自得之也。<u>箋</u>郭向曰："得其性，則歸之；失其性，則違之。"（見《論語·爲政》"爲政以德，譬如北辰，居其所而衆星共之"皇侃疏）

三十章

以道佐人主者，不以兵彊於天下，

【校】

"彊"，元本作"強"。案：唐寫本、傅奕本、董思靖本皆作"彊"。諟誼以作"彊"爲是，"強"借字（說見三章），今改。又"不以兵彊下"，元本無"於"字。案：唐景福碑、顧歡本及《羣書治要》所引皆有，今補。<u>箋</u>案：《吳子·圖國》云："恃衆以伐曰強。"又案：下文云："果而勿矜，果而勿驕，果而勿伐，果而不得已，是謂果而勿彊。"然則據老子之意，所謂彊者，乃勻括矜驕自伐及無故以兵力凌人而言，非僅謂恃衆以伐而已。又案：《韓非子·八說》云："古人亟於德，中世逐於智，當今爭於力。"《顯學》云："力多則人朝，力寡則朝於人。"竊疑戰國務力之世，乃有此反彊之論也。

以道佐人主，尚不可以兵彊於天下，<u>校</u>"彊"，元本作"強"。案：當從經文作"彊"，今改。況人主躬於道者乎？<u>箋</u>案：顏師古曰："躬，謂身親行之。"（見《漢書·公孫弘卜式兒寬傳》"躬率以正"顏師古注）躬於道者，謂身親行道也。

其事好還。

【箋】

　　劉師培曰：「好與孔同。《爾雅‧釋器》'肉倍好，謂之璧'，好即孔也，好、孔雙聲同轉。還者，《說文》云'復也'。《爾雅‧釋詁》（案：'詁'當作'言'）'還，返也'，還，義與旋、圜、環、斡相同，即循環周轉之義也。好還者，叚好爲孔，孔義同甚，猶《詩》之孔云、孔嘉，《書》之孔殷也，還指旋回倚伏言。《文選‧西征賦》云'事回沈而好還'，彼以好還與回沈竝言，則好還爲旋回之義。蓋古訓也。」（見《老子斠補》）案：鄭衆曰：「好璧，孔也。」（見《周禮‧冬官‧考工記》"玉人好三寸以爲度"鄭玄注）又郭璞曰：「還，旋也。」（見《山海經‧北山經》"其名曰䮊善還"郭璞注）《禮記‧玉藻》云"周還中規"，《祭義》云"周還出戶"，《經典釋文》皆云：「還，音旋，本亦作旋。」其事好還，謂以兵彊於天下者，終必敗亡，其事有如璧孔之周旋，無往而不復也。經云"兵彊則滅"（見七十六章），誼正同此。王氏釋好還爲還返無爲，劉氏謂叚好爲孔，孔義同甚，皆非是也。

　　爲治者⟦校⟧"治"，元本作"始"。案：張太守本及《經典釋文》所引皆作"治"。王注云："爲治之功不在彊大。"（見五十二章）諗誼以作"治"爲是，其作"始"者，蓋因形似而誤也，今改。**務欲立功生事，而有道者務欲還返無爲，**⟦校⟧"返"，元本作"反"。案：當作"返"（說見二十一章），今改。**故曰**⟦校⟧"曰"，元本作"云"。案：王注引經皆偁"故曰"，如"故曰'玄之又玄'也"（見一章）；"故曰'衆眇之門'也"（同上）；"故曰'緜緜若存'也"（見六章）；"故曰'用而不勤'也"（同上）；"故曰'成其私'也"（見七章）；"故曰'幾'也"（見八章）；"故曰'盲聾爽狂'也"（見十二章）；"故曰'貴大患若身'也"（見十三章）；"故曰'貴'也"（同上）；"故曰'悉'也"（同上）；"故曰'無狀之狀，無物之象'也"（見十四章）；"故曰'若濁'也"（見十五章）；"故曰'竫'也"（見十六章）；"故曰'復命'也"（同上）；"故曰'常'也"（同上）；"故曰'知常曰明'也"（同上）；"故曰'不知常，妄作凶'也"（同上）；"故曰'大上'也"（見十七章）；"故曰'侮之'也"（同上）；"故曰'悠兮其貴言'也"（同上）；"故曰'皆有餘'也"（見二十章）；"故曰'頑且鄙'也"（同上）；"故曰'我獨欲異於人'也"（同上）；"故曰'恍兮忽兮，其中有物；忽兮恍兮，其中有象'也"（見二十一章）；"故曰'窈兮冥兮，其中有精'也"（同上）；"故曰'其精甚真，其中有信'也"（同上）；"故曰'自古及今，其名不去'也"（同上）；"故曰'惑'也"（見二十二章）；"故曰'得'也"（同上）；"故曰'同於道'也"（見二十三章）；"故曰'同於得'也"（同上）；"故曰'同於失'也"（同上）；"故曰'企者不立'也"（見二十四章）；"故曰'榾成'也"（見二十五章）；"故曰'獨立'也"（同上）；"故曰'不改'也"（同上）；"故曰'不知其名'也"（同上）；"故曰'勥爲之名曰大'也"（同上）；"故曰'逝'也"（同上）；"故曰'遠'也"（同上）；"故曰'返'也"（同上）；"故曰'王亦大'也"（同上）；"故曰'域中有四大'也"（同上）；"故曰'無棄物'也"（見二十七章）；"故曰'雖智大迷'也"（同上）；"故曰'荊棘生'也"（見本章）；"故曰'道常無名'也"（見三十二章）；"故曰'莫能臣'也"（同上）；"故曰'名亦既有，夫亦將知止'也"（同上）；"故曰'猶川谷之與江海'也"（同上）；"故曰'彊行者有志'也"（見三十三章）；"故曰'微明'也"（見三十六章）；"故曰'反者道之動'也"（見四十章）；"故曰'善貸'也"（見四十一章）；"故曰'善成'也"（同上）；"故曰'其政悶悶'也"（見五十八章）；"故曰'其民惇惇'也"（同上）；"故曰'其政察察'也"（同上）；"故曰'其民缺缺'也"（同上）；"故曰'正復爲奇'也"（同上）；"故曰'早復謂之重積德'也"（見五十九章）；"故曰'兩不相傷'也"（見六十章）；"故曰'大國者下流'也"（見六十一章）；"故曰'各得其所欲，則大者宜爲下'也"（同上）；"故曰'可以市'也"（見六十二章）；"故曰'可以加於人'也"（同上）；"故曰'猶難之'也"（見六十三章）；"故曰'以智治國，國之賊'也"（見六十五章）；"故曰'若肖久矣，其細也夫'也"（見六十七章）；"故曰'幾亡吾寶'也"（見六十九章）；"故曰'甚易知'也"（見七十章）；"故曰'甚易行'也"（同上）；"故曰'莫之能知'也"（同上）；"故曰'莫之能行'也"（同上）；"故曰'知我者希，則我貴'矣"（同上）；"故曰'民不畏威，則大威至'矣"（見七十二章）；"故曰'或利或害'也"（見七十三章）；"故曰'猶難之'也"（同上）；"故曰'坦然而善謀'也"（同上）；"故曰'常有司殺'也"（見七十四章）。皆其證也。此同其例，以作"曰"爲是，今改。"其事好還"也。

師之所處，

【箋】

　　杜預曰："師者，軍旅之通稱。"（見《春秋左傳·隱公十年》"癸亥圍戴取三師焉"杜預注）

荊棘生焉。

【校】

　　"荊棘生焉"下，元本有"大軍之後，必有凶年"八字。案：唐景龍碑、遂州碑、唐寫本皆無。王氏無注，是王本亦無。其有者乃河上公本（見存宋河上公本正有此八字，注云"天應之以惡氣，災害五穀，五穀盡，傷人也"），非王本也，今刪。

【箋】

　　《漢書·嚴助傳》云："秦之時嘗使尉屠睢擊越，又使監錄鑿渠通道。越人逃入深山林叢，不可得攻。留軍屯守空地，曠日持久，士卒勞倦，越迺出擊之，秦兵大破，迺發適戍以備之。當此之時，外內騷動，百姓糜敝，行者不還，往者莫反，皆不聊生，亡逃相從，羣爲盜賊。於是山東之難始興。此《老子》所謂'師之所處，荊棘生之者'也。"案：《說文》云"荊，楚木也"，又云："棘，小棗叢生者。"《呂氏春秋·有始覽·應同》云"師之所處，必生棘楚"，高誘注云："棘楚以戮人，喜生戰地，故生其處也。"

言師凶害之物也。無有所濟，必有所傷，賊害人民，殘傷田畝①，故曰"荊棘生也"。校 "也"，元本作"焉"。案：張太守本及《永樂大典》所引皆作"也"，今改。

故善者，

【校】

"善者"上，元本無"故"字。案：唐景龍碑、唐開元甲幢、唐景福碑、宋景祐幢、唐寫本、傅奕本、唐玄宗本、陸希聲本、陳景元本、司馬氏本、蘇轍本、李霖本、彭耜本、董思靖本、范應元本皆有，今補。

果而已矣，

【校】

"果而已"下，元本無"矣"字。案：唐廣明幢、傅奕本、張太守本、彭耜本及《永樂大典》所引皆有，今補。箋 《爾雅·釋詁》云："果，勝也。"

不以取彊。

校 "不"下，元本有"敢"字。案：唐景龍碑、遂州碑、唐寫本皆無。俞樾曰："'敢'字，衍文。河上公注曰'不以果敢取強大之名也'，注中'不以'二字，即本經文其'果敢'字，乃釋上文'果'字之義，非此文有'果'字也。今作'不敢以取強'，即涉河上注而衍。王注曰'不以兵力取強於天下也'，亦'不以'二字連文，可證經文'敢'字之衍。唐景龍碑正作'不以取強'，當據以訂正。"（見《諸子平議》）其說是也，今刪。又"彊"，元本作"強"。傅奕本、董思靖本皆作"彊"，此與上文"不以兵彊與天下"同例，

---

① 樓宇烈：《老子道德經注校釋》中作"殘荒田畝"，中華書局2018年版，第78頁。

以作"彊"爲是，今改。

【箋】

案："不以取彊"者，謂勝敵乃爲自衛，不因勝而矜驕自伐，亦不無故以兵力委人也。

果，猶濟也。言善用師者，趣以濟難而已矣，不以兵力取彊於天下也。校 "彊"，元本作"強"。案：當從經文作"彊"，今改。

果而勿矜，

【校】

"果而勿矜"下，元本有"果而勿伐"四字。案：司馬氏本此四字在下文"果而勿驕"下。王注云："吾本以道爲尚，不得已而用師，何矜驕之有也。"（見本章）據此則王本亦以"果而勿矜，果而勿驕"連讀中不插"果而勿伐"四字，此四字當在"果而勿驕"下，今逐彼。

果而勿驕，

吾本以道爲尚，不得已而用師，校 "吾本以道爲尚，不得已而用師"，元本作"吾不以師道爲尚，不得已而用"。案：陶鴻慶曰："'不'爲'本'字之誤，'師'字當在'用'字下。其文云：'吾本以道爲尚，不得已而用師。'"（見《諸子札記》）其說是也，今改。何矜驕之有也。

果而勿伐，

【校】

"果而勿伐"四字，元本在上文"果而勿矜"下。案：當在"果而勿驕"下（説見上），今迻此。

果而不得已，

【箋】

案："果而不得已"者，謂人以兵犯我，我爲自衛，不得已而勝之，非好勝也。

是謂果而勿彊。

【校】

"果而勿彊"上，元本無"是謂"二字。案：范應元本有。蓋"是謂果而勿彊"者，乃本上文"善者果而已矣，不以取彊"之誼，以爲"果而勿矜，果而勿驕，果而勿伐，果而不得已"四句之結語者也。諟誼以有此二字爲是，今補。又"彊"，元本作"強"。案：傅奕本、董思靖本、范應元本皆作"彊"，此與上文"不以兵彊於天下"同例，以作"彊"爲是，今補。

言用師雖趣功濟難，校 "師"，元本作"兵"。案：王注云"言善用師者，趣以濟難而已矣"（見本章）；又云"吾本以道爲尚，不得已而用師"（同上），此同其例，以作"師"爲是，今改。又言"用師雖趣功"下，元本有"果"字。案：陶鴻慶曰"果字涉經文而衍"（見《讀諸子札記》），其説是也，今刪。然時故不得已，箋 案："時故"讀若"是固"。當復用者，箋 案：古叚設連詞當、儻通用。張守節曰"儻，未定之詞也"（見《史記·伯夷剳傳》"儻所謂天道"張守節正義);《經傳釋詞》云"字或作黨,或作當,或作尚";《莊子·繕性篇》曰"物之儻來,寄也",釋文"儻",崔本作"黨";《荀子·天論篇》曰"天日月之有蝕,風雨之不時,怪星之黨見";《史記·淮陰侯傳》曰"恐其黨不就";《漢書·伍被傳》曰"黨可徼幸";《墨子·法儀篇》曰:"然則奚以爲治法而可?當皆法其父母,奚若?"又曰:"黨皆法其君,奚若?"《兼愛篇》曰:"當使若二士者,[言必信,行必果,]使言行之合猶合符節也,無言而不行也。"《非樂篇》曰:"然即當爲之撞巨鍾、擊鳴鼓、彈琴瑟、吹竽笙而揚干戚,民衣食之財將安可得乎?"又《尚賢篇》曰:"尚欲祖述堯、舜、禹、湯之道,將不可以不尚賢。""黨""當""尚"竝與儻同,"當復用者"猶云"儻若有復用師者",與下文"但當以除暴亂"之"當"字誼別。但當以除暴亂,校 "亂"元本作"亂"。案:當作"亂"(說見三章),今改。不遂用果以爲彊也。校 "彊",元本作"強"。案:當作"彊"(說見三章),今改。

物壯則老,是謂不道,不道早已。

【校】

"已",《黃帝內經·素問·上古天真論》王冰注引作"亡"。易順鼎曰"疑唐時本有作'亡'者"(見易著《寶瓠齋襍俎·讀老札記》);朱謙之曰"疑古本作亡"(見朱著《老子校釋》)。案:此以老道已爲韻,以作"已"爲是,其作"亡"者,蓋因形似而誤也,顧已具亡誼。《墨子·經上》云"已成亡",讀者以"亡"釋"已",實至當也。

【箋】

案:《春秋左傳·宣公十二年》云"師直爲壯,曲爲老";《國語·晉語》云:"戰鬭直爲壯,曲爲老。""物壯則老,是謂不道,不道早已"者,謂正誼之師,戰宜獲勝;然苟不明,果而勿彊之理,遂因勝而矜驕自伐,竝乘戰勝之勢以夌人。則其直者將反而爲曲,壯者將反而爲老矣。所行如此,是謂不道。不道之師，其敗亡可立而待也。王氏釋壯爲武力暴興，殆未會老子之怡。

壯，武力暴興也，校 "武力暴興" 下，元本無 "也" 字。案：張太守本、正統王本、明和本皆有，當從之，今補。**喻以兵彊於天下者也。**校 "彊"，元本作 "強"。案：當作 "彊"（説見三章），今改。**飄風不終朝，驟雨不終日，故暴興不道，必早已也。**校 "必" 字，元本在 "不道" 上。案：其文誼當在 "不道" 下，今乙轉。又 "壯武力暴興也" 至 "必早已也"，張太守本以爲王雱注。案：其文筆不類宋代注家之語，疑其誤弼爲雱也。

三十一章

兵者，不祥之器，

【箋】

案：兵，謂五兵也。《周禮·夏官·司兵》云 "司兵掌五兵、五盾"，鄭玄注云 "鄭司農云'五兵者，戈、殳、戟、酋矛、夷矛'；又云'軍事，建車之五兵'"，鄭玄注云："車之五兵，鄭司農所云者是也。" 步卒之五兵則無夷矛而有弓矢，蓋兵者戎器之總名，而車上甲士與步卒所執又各異也。又《春秋左傳·襄公二十七年》云 "兵，民之殘也，財用之蠹，小國之大菑也"，老氏疾其蠹財害民災及國家，故曰 "兵者，不祥之器也"。

非君子之器。不得已而用之，

【箋】

《世要論》云："聖人之用兵也，將以利物，不以害物也；將以救亡，非

以危存也。故不得已而用之。"（見《太平御覽·兵部二》）

以恬憺爲上，

【校】

"恬憺爲上"，元本無"以"字。案：傅奕本有，當從之，今補。又"憺"，元本作"淡"。案：傅奕本、陳景元本及《經典釋文》所引皆作"憺"。《説文》云"淡，薄味也"；又云："憺，安也。"譣誼以作"憺"爲是，"淡"，借字，今改。

故勝而不美。

【校】

"勝而不美"上，元本無"故"字。案：唐景龍碑、遂州碑、唐寫本、傅奕本、張太守本、彭耜本、范應元本皆有，當從之，今補。

若美之者，

【校】

"若"，元本作"而"。案：唐景龍碑、遂州碑、唐寫本、顧歡本、傅奕本、司馬氏本、張太守本、彭耜本、董思靖本、范應元本皆作"若"。古叚設連詞"而""若"雖通用，然譣《老子》經文其字皆作"若"，不作"而"。如"侯王若能守之，萬物將自賓"（見三十二章）；"侯王若能守之，萬物將自化"（見三十七章）；"若肖久矣，其細也夫"（見六十七章）；"若使民常畏死，則爲奇者，吾得執而殺之，孰敢？"（見七十四章）皆其證也。據例以作"若"爲是，今改。

是樂殺人。夫樂殺人者，則不可以得志於天下矣。夫唯兵者不祥之器，

【校】

"唯"，元本作"佳"。案：王念孫曰："佳，當作隹字之誤也。隹，古唯字。'唯兵爲不祥之器，故有道者不處'上言夫唯，下言故，文義正相承也。八章云'夫唯不爭，故無尤'；十五章云'夫唯不可識，故強爲之容'；又云'夫唯不盈，故能蔽不新成'；二十二章云'夫唯不爭，故天下莫能與之爭'，皆其證也。古鐘鼎文'唯'作'隹'，石鼓文亦然。又夏竦《古文四聲韻》載《道德經》'唯'作'雇'。據此則今本作唯者，皆後人所改此佳字，若不誤爲佳，則後人亦必改爲唯矣。"（見《讀書襍志餘編》《老子》"夫佳兵者不祥之器"條），其説是也，今改。

物或惡之，故有道者不處。是以君子凥則貴左，

【校】

"君子凥則貴左"上，元本無"是以"二字。案：傅奕本、張太守本、彭耜本、董思靖本、范應元本及《太平御覽·兵部一》所引皆有，當從之，今補。又"凥"，元本作"居"。案：當作"凥"（説見二章），今改。

用兵則貴右。

【校】

"夫唯兵者不祥之器"至"用兵則貴右"，元本在本章經文"兵者不祥之器"上。案：《太平御覽·兵部一》引《老子》云"兵者不祥之器，非君子之器，不得已而用之"，繼之又引《老子》云"是以君子居則貴左（'是以君子居則貴左'下，應有'用兵則貴右'五字），故吉事尚左（'故'字衍），喪事居右（'喪事居右'當作'凶事尚右'）"，證《御覽》所據舊本。"夫唯兵者不祥之器"至"用兵則貴右"一段在本章經文"夫樂殺人者，則不可以得志於天下矣"後,而下與"吉事尚左,凶事尚右"之文相連。且老子行文之例,凡言夫唯云云必上有所承,如二章云"功成而不尸。夫唯不尸,是以不去";八章云"水善利萬物而不爭,處衆人之所惡,夫唯不爭,故無訧;處衆人之所惡,故幾於道";十五章云"古之善爲道者,微眇玄通,深不可識。夫唯不可識,故强爲之頌";又云"保此道者,不欲盈。夫唯不盈,故能蔽而不新成";五十九章云"治人事,天莫若嗇。夫唯嗇,是以早復";六十七章云"天下皆謂我道,大似不肖。夫唯大,故似不肖",皆其證也。此云"夫唯兵者不祥之器",實承"兵者不祥之器"而言,《御覽》所引,適符其例,是以可信,今乚轉。

吉事尚左,凶事尚右。

【箋】

案:"吉事",謂朝祀之事也;"凶事",謂喪戎之事也。左爲陽,故朝祀之事尚之;右爲陰,故喪戎之事尚之。《詩·小雅·甫田之什·裳裳者華》云"左之左之,君子宜之;右之右之,君子有之",毛亨傳云:"左,陽道,朝祀之事;右,陰道,喪戎之事。"《禮記·檀弓上》云:"孔子與門人立拱而尚右,二三子亦皆尚右。孔子曰:'二三子之嗜學也!我則有姊之喪故也。'二三子皆尚左。"鄭玄注云:"復,正也。喪尚右。右,陰也。吉,尚左。左,陽也。"

偏將軍尸左,上將軍尸右。

【校】

上二"尸"字,元本皆作"居"。案:當作"尸"(説見二章),今改。又"上將軍尸右"下,元本有"言以喪禮處之"六字。案:唐景龍碑及《永樂大典》所引皆無。易順鼎曰:"言以喪禮處之,觀一'言'字,即似注家之語。"(見《寳瓠齋襍俎》)蓋此六字乃古注之屬入經文者,是否王注尚難判斷,今刪。

【箋】

　　章炳麟曰："將軍名起春秋之末，左氏昭公傳云：'豈將軍之食而有不足。'又《大戴記》有《衛將軍文子篇》，其人亦與孔子同時，則非七國時始有此稱也。惟上將軍、偏將軍之目，春秋未見，蓋老子自據楚制爾。"（見《菿漢閒話》）案：《史記·越王句踐世家》云"句踐以霸，而范蠡稱上將軍"，是春秋末已有"上將軍"之偁也，所未見者唯"偏將軍"爾。

殺人眾多，

【校】

　　"眾多"，元本作"之眾"。案：唐景龍碑、唐開元甲幢、唐景福碑、宋景祐幢、遂州碑、唐寫本、顧歡本、傅奕本、陸希聲本、陳景元本、司馬氏本、張太守本、蘇轍本、李霖本、彭耜本、董思靖本、范應元本、薛蕙本及《羣書治要》所引皆作"眾多"，諟誼以作"眾多"爲是，今改。

則以悲哀涖之。

【校】

　　"以悲哀涖之"上，元本無"則"字。案：傅奕本、范應元本皆有，今補。又"悲哀"，元本作"哀悲"。案：唐景龍碑、唐開元甲幢、唐景福碑、宋景祐幢、遂州碑、唐寫本、宋河上公本、顧歡本、傅奕本、陸希聲本、陳景元本、司馬氏本、張太守本、李霖本、彭耜本、董思靖本、范應元本、李榮本、薛蕙本、焦竑本、正統本及《羣書治要》所引皆作"悲哀"。諟誼以作"悲哀"爲是，今乙轉。又"涖"，元本作"泣"。案："泣"爲"苙"之誤字，而"苙"又"涖"之俗書也，據《說文》以作"涖"爲是（說見六十章），今改。

戰勝，則以喪禮處之。

【校】

　　"以喪禮處之"上，元本無"則"字。案：唐景福碑、宋景祐幢、顧歡本、傅奕本、陸希聲本、陳景元本、司馬氏本、蘇轍本、李霖本、范應元本及《羣書治要》《太平御覽·兵部五十三》所引皆有，今補。

【箋】

　　《世要論》云："以爲戰者危事，兵者凶器，不欲令好用之。故制法，遺後命，將出師，雖勝敵而反猶以喪禮處之，明弗樂也。"（見《太平御覽·兵部二》）

　　疑此非老子之作也。校元本無"疑此非老子之作也"八字。案：張太守本有。彭耜曰："王弼注《道德經》以'夫佳兵民之飢'二章疑非老子所作。"（見《道德經集注雜說》）董思靖曰："王弼云：'此章疑非老子所作。'"（見《道德真經集解》）晁說之曰："弼知'佳兵者不祥之器'至'於戰勝以喪禮處之'，非老子之言。"（見本書晁跋）蓋宋時諸家所見王本皆有此八字，今補。

三十二章

道常無名，

【箋】

　　俞樾曰："常與尚通（中略），道尚無名者，言以無名爲貴也。河上注、王注並非，三十七章'道常無爲'義同。"（見《諸子平議》）案：道，謂歷史法則也。無名，謂無階級差别之元始社會及其法則也，以對有名言之，故偁無名焉。道常無名者，老氏以無名與有名皆同出於道，而無名爲其本始，故特尚之也。

【箋】

案：老氏言道同無有，兼樸器，而以無爲其本，故曰"道常無名"也。

道，無形不系，校 "系"，元本作"繫"。案：當作"系"（説見二十章），今改。常不可名。以無名爲常，故曰"道常無名"也。校 "道無形不系"至"道常無名也"，元本在本章經文"侯王若能守之，萬物將自賓"下。案：其誼乃釋本章經文"道常無名"，今迻此。

樸雖小，天下莫能臣也。

【箋】

案：樸，即無名也。小者，言其小於器也。當樸之方枒，器之方興，由多數部落溶合而爲統一之國家，故樸小於器也。臣，鄭玄曰："臣妾，厮役之屬也。"（見《尚書·費誓》鄭玄注）樸雖小，天下莫能臣也者，言樸雖小於器，然以其無階級差别之故，天下莫能厮役也。

夫智者，可以能臣也；勇者，可以武使也；巧者，可以事役也；力者，可以重任也。樸之爲物，隤然不偏，校 "隤"，元本作"憒"。案：《經典釋文》引作"隤"，當從之，今改。箋案：隤然，猶安然也。《周易·繫辭下》云"夫坤，隤然示人簡矣"，虞翻注云："隤，安也。"（見《周易集解》）近於無有，故曰"莫能臣"也。校 "夫智者"至"莫能臣也"，元本在本章經文"侯王若能守之，萬物將自賓"下，接注文"莫若守樸"後。案：其誼乃釋本章經文"樸雖小，天下莫能臣也"，今迻此。

侯王若能守之，

【校】

　　"侯王"，唐景龍碑、遂州碑、唐寫本、傅奕本、范應元本皆作"王侯"。馬敍倫曰："王弼注《四十二章》曰：'百姓有心，異國殊風，而得一者，王侯主焉。'是王亦作'王侯'。倫謂：'漢人稱諸侯王，蓋本之古《老子》本文亦當作侯王。後人以王尊於侯，轉乙之耳。'"（見馬著《老子校詁》）案：馬說非也，王注云："侯王若能守之，則萬物自化矣。"（見十章）《老子微旨略例·八章》云"侯王實尊，而曰非尊之所爲"，又九章云"明侯王孤寡之誼而從道一，以宣其始"，證王本實作侯王；《四十二章》王注王侯二字，上下偶誤，未足引以爲據也。又《周易·蠱卦上九》云"不事王侯，高尚其事"，《史記·呂后本紀》云"高后崩，遺詔賜諸侯王各千金"，裴駰《集解》云："蔡邕曰：'皇子封爲王者，其實古諸侯也。加號稱王，故稱諸侯王。'"證王侯實先秦古語，而侯王則西漢人語也。馬氏以偶侯王爲古，而以王侯爲後人所轉乙，適得其反矣。蓋《老子》先秦古本，當作王侯。王本作侯王者，乃用漢世改本。

萬物將自賓。

【箋】

　　案：侯王，器之長也（參攷二章）；萬物猶萬方或萬官也（參攷一章），賓之，言隱伏不用也。賈逵曰："賓，伏也。"（見《史記·司馬相如傳》"將往賓之"司馬貞索隱）孔晁曰："伏，謂不爲之用。"（見《逸周書》"史記其臣忠良皆伏"孔晁注）"侯王若能守之，萬物將自賓"者，謂侯王若能守此無名之樸，則千品萬方將自然隱伏不用，而器乃復返於樸也。

　　樸之爲物，[校] "樸之爲物"上，元本有"道，無形不繫（'繫'當作'系'），常不可名。以無名爲常，故曰'道常無名'也"二十一字。案：其誼乃釋本章經文"道常無名",今迻彼。以無爲心也,亦無名。校 "以無爲心也,亦無名",焦氏《老子翼》引作"無心亦無名"。故將得道,莫若守樸。校 "莫若守樸"下,元本有"夫智者,可以能臣也;勇者,可以武使也;巧者,可以事役也;力者,可以重任也。樸之爲物,憤然不偏('憤'當作'憒'),近於無有,故曰'莫能臣也'"四十七字。案:其誼乃釋本章經文"樸雖小,天下莫能臣也",今迻彼。抱樸無爲,不以物纍其眞,校 "纍",元本作"累"。案:當作"纍"(説見四章),今改。不以欲害其神,則物自賓而道自得矣。校 "矣",元本作"也"。案:張太守本作"矣",當從之,今改。

天地相合以降甘露,民莫之令而自均。

【箋】

案:此以甘露之自均,喻樸之自然無私也。《吕氏春秋・孟春紀貴公》云:"甘露時雨,不私一物。"

言天地相合,則甘露不求而自降。我守其眞性無爲,則民不令而自均矣。校 "矣",元本作"也"。案:王注云"則物自賓而道自得矣"(見本章),此同其例,以作"矣"爲是,"也"誤字,今改。

始制有名,

【箋】

有名,謂有爵號,以別尊卑貴賤之等也。《春秋左傳・成公二年》云"唯器與名,不可以假人",杜預注云:"名,爵號。"

始制，謂樸栿始爲官長之時也。｜校｜"栿"，元本作"散"。案：當作"栿"，"散"借字（説見二十八章），今改。始制官長，不可不立名分以定尊卑，故曰｜校｜"故"下，元本無"曰"字。案：其文例應有（説見九章），今改。"始制有名"也。｜校｜"始制，謂樸栿始爲官長之時也"至"始制有名也"，元本在本章經文"知止所以不殆"下。案：其誼乃釋本章經文"始制有名"，今迻此。

名亦既有，夫亦將知止。

過此以往，將爭錐刀之末，｜箋｜案：《春秋左傳·昭公六年》云"錐刀之末，將盡爭之"，杜預注云："錐刀末，喻小事。"故曰"名亦既有，夫亦將知止"也。｜校｜"過此以往"至"夫亦將知止也"，元本在本章經文"知止所以不殆"下，接注文"始制有名也"後。案：其誼乃釋本章經文"名亦既有，夫亦將知止"，今迻此。

知止可以不殆。

【箋】

案：道之運轉不可止也，而老氏乃欲止之何邪？又曰知止所以不殆，其見恐惡相攻、訑信相推而內自怵邪？夫相推相攻即道之運轉也。老氏其未之知邪。

遂任名以號物，｜校｜"遂任名以號物"上，元本有"始制，謂樸散始爲官長之時也（'散'當作'栿'）。始制官長，不可不立名分以定尊卑，故（故下應有'曰'字）始制有名也。過此以往，將爭錐刀之末，故曰'名亦既有，夫亦將知止'也"五十四字。案："始制謂樸散始爲官長之時也"至"始制有名也"乃釋本章經文"始制有名"。"過此以往"至"夫亦將知止也"乃釋本章經文"名亦既有，夫亦將知止"。今各迻其處。則失治之母，故曰｜校｜"故"

下，元本無"曰"字。案：其文例應有（説見九章），今補。"知止所以不殆"也。

譬道之在天下，猶川谷之與江海。

【校】

"與"元本作"於"。案：唐景龍碑、唐開元甲幢、唐景福碑、宋景祐幢、遂州碑、唐寫本、宋河上公本、顧歡本、傅奕本、唐玄宗本、陸希聲本、陳景元本、司馬氏本、蘇轍本、李霖本、彭耜本、范應元本、李榮本、薛蕙本、正統王本皆作"與"。王注云："川谷之與江海，非江海召之，不召不求而自歸者也。行道於天下者，不令而自均，不求而自得，故曰：'猶川谷之與江海'也。"（見本章）據此則王本亦作"與"，今改。

川谷之與江海，校 "川谷"之下，元本有"以求"二字。案：是衍文，今刪。又"與江海"，元本作"江與海"。案："江與"二字顛倒，今乚轉。非江海召之，不召不求而自歸者也。校 "也"，元本作"世"。案：當作"也"，其作"世"者，蓋因形似而誤，今改。行道於天下者，不令而自均，不求而自得，故曰"猶川谷之與江海"也。

三十三章

知人者智，自知者明。

【校】

"知人者智，自知者明"下，元本有注云："知人者，智而已矣，未若自知者，超智之上也。"案：其文誼當在本章經文"勝人者有力，自勝者彊"下，劉注文"勝人者有力而已矣"前，今迻彼。

【箋】

《韓非子·喻老》云："楚莊王欲伐越，莊子①諫曰：'王之伐越何也？'曰：'政亂兵弱。'莊子曰：'臣患智之如目也，能見百步之外，而不能自見其睫。王之兵自敗於秦、晉，喪地數百里，此兵之弱也；莊蹻爲盜於境内，而吏不能禁，此政之亂也。王之弱亂非越之下也，而欲伐越，此智之如目也。'王乃止。故知之難，不在見人，在自見。故曰：'自見之謂明。'"

勝人者有力，自勝者彊。

【校】

"彊"，元本作"强"。案：傅奕本、董思靖本皆作"彊"。諟誼以作"彊"爲是，"强"借字（說見三章），今改。

【箋】

《韓非子·喻老》云："子夏見曾子，曾子曰：'何肥也？'對曰：'戰勝，故肥也。'曾子曰：'何謂也？'子夏曰：'吾入見先王之義則榮之，出見富貴之樂又榮之，兩者戰於胷中，未知勝負，故臞。今先王之義勝，故肥。'是以志之難也，不在勝人，在自勝也。故曰：'自勝之謂強。'"

知人者，智而已矣，未若自知者，超智之上也。校 "知人者"至"超智之上也"。元本在本章經文"知人者智，自知者明"下。案：其文誼當在本章經文"勝人者有力，自勝者彊"下，劉注文"勝人者有力而已矣"前，今迻此。勝人者，有力而已矣，未若自勝者，無物以損其力也。校 "無物以

---

① 中華書局版《韓非子》作"杜子"。

損其力"下，元本無"也"字。案：上文云"知人者，智而已矣，未若自知者，超智之上也"，此同其例，以有"也"字爲是，今補。用其智於人，未若用智於己也。用其力於人，未若用其力於己也。智用於己，[校]"智"元本作"明"。案：此承上文"用其智於人，未若用其智於己也"而言，諲誼以作"智"爲是，明誤字，今改。則物無避焉；力用於己，則物無改焉。

知足者富，

知足者，[校]"知足"下元本無"者"字。案：張太守本有，今補。自不失，故富也。

彊行者

【校】

"彊"元本作"強"。案：傅奕本、董思靖本皆作"彊"。諲誼以作"彊"爲是，"強"借字（説見三章），今改。

有志，

勤而行之，[校]"而"，元本作"能"。案：古承接連詞"能""而"雖通用，然此乃引用四十一章經文"勤而行之"句，據經文以作"而"是，今改。其志必獲，故曰"彊行者[校]"彊"，元本作"強"。案：當從經文作"彊"，今改。有志"也。[校]"也"，元本作"矣"。案：當作"也"（説見二十七章），今改。

不失其所者久，

以明自察，量力而行，不失其所，必獲久長也。[校]"也"，元本作"矣"。案：當作"也"（説見二十七章），今改。

死而不亡者壽。

【箋】

不亡，謂不朽也。《春秋左傳·襄公二十四年》云："大上有立德，其次有立功，其次有立言，雖久不廢，此之謂不朽。"《國語·晉語》云："魯先大夫臧文仲，其身歿矣，其言立於後世，此之謂死而不朽。"

雖死而以爲生之，道不亡乃得全其壽。身殀而道猶存，校 "殀"，元本作"沒"。案：當作"殀"（説見十六章），今改。況身存而道不卒乎。

三十四章

大道氾兮，其可左右。

言道氾濫無所不適，可左右上下周旋而用，則無所不至也。

萬物恃之以生而不辭，

【校】

"以"，元本作"而"。案：唐景龍碑、唐開元甲幢、宋景祐幢、唐寫本、顧歡本、傅奕本、唐玄宗本、陸希聲本、陳景元本、司馬氏本、張太守本、蘇轍本、彭耜本、董思靖本、范應元本、李榮本、薛蕙本、焦竑本及《文選·辨命論注》《永樂大典》所引皆作"以"。蓋王本亦作"以"，其作"而"者，乃河上公本（見存宋河上公本正作"而"，注云"萬物皆恃道而生"），非王本也，今改。

功成而不名有，

【校】

"功成"下，元本無"而"字。案：唐廣明幢、唐景福碑皆有，此與上文"萬物恃之以生而不辭"，下文"衣被萬物而不爲主"同例，以有"而"字爲是，今補。

衣被萬物而不爲主。

【校】

"衣被"，元本作"衣養"。案：遂州碑、唐寫本、顧歡本、傅奕本、司馬氏本、張太守本、彭耜本、董思靖本、范應元本及《永樂大典》所引皆作"衣被"。范應元曰："'衣被'，王弼、馬誕同古本。"（見《老子道德經古本集注》）據此則王本亦作"衣被"，今改。

常無欲，可名於小；

【箋】

案：古介詞"於""于"通用。《經傳釋詞》云："于，猶爲也。"《詩·定之方中》曰："定之方中，作于楚宫。揆之以日，作于楚室。"《正義》曰："作爲楚邱之宫，作爲楚邱之室。"張載注《魏都賦》引《詩》作"作爲楚宫，作爲楚室"。《儀禮·士冠禮》曰"宜之于假"，鄭注曰："于，猶爲也。"《聘禮記》曰"賄在聘于賄"，注曰："于，讀曰爲。昭十九年《公羊傳》曰：'賊未討，何以書葬？不成于弑也。'"言不成爲弑也。《史記·秦始皇帝紀》曰"請刻于石表，垂于常式"，言垂爲常式也。《三王世家·封齊王策》曰："惟命不于常。"褚少孫釋之曰："惟命不可爲常。"于，猶爲也。于，既訓爲則；於，亦可以訓爲可。名於小，猶云可名爲小也，下文"可名於大"，"於"字解同此。

【箋】

高延第曰："渾樸隱約故小。"（見高著《老子證義》）案：經云："化而欲作，吾將鎮之以無名之樸。無名之樸，夫亦將無欲。"（見三十七章）《莊子·馬蹄》云："同乎無欲，是謂素樸。"証老莊皆以無欲爲樸。又無欲與樸，皆具小誼，經云"故常無欲，以觀其眇"（見一章）；又云"樸雖小，天下莫能臣也"（見三十二章），可證。又古介詞"于""於"通用，《經傳釋詞》云："可名於大。"

【箋】

高延第曰："萬物所宗，故大。"

萬物皆由道而生，既生而不知其所由。校 "既生而不知"下，元本無"其"字。案：張太守本、正統本、乾隆本、光緒王本、明和王本皆有，今補。故天下常無欲之時，萬物各得其所，若道無歧於物，校 "歧"，元本作"施"。案：當作"歧"（説見一章），今改。故名於小也。校 "也"，元本作"矣"。案：當作"也"（説見二十七章），今改。

萬物歸之而不知主，

【校】

"萬物歸之而不知主"，元本作"萬物歸焉而不爲主"。案：傅奕本、范應元本皆作"萬物歸之而不知主"。（唯范應元本"萬"作"万"。"万"即"萬"字，見《漢隸》）范應元曰："'万物歸之而不知主'，王弼、司馬公同古本。"（見《老子道德經古本集注》）據此，則王本亦作"萬物歸之而不知主"，其作"萬物歸焉而不爲主"者，乃河上公本（見存宋河上公本正作"萬物歸焉而不爲主"），非王本也，今改。

可名於大。

【校】

"於"，元本作"爲"。案：唐景龍碑、唐開元甲幢、遂州碑、唐寫本、顧歡本、傅奕本、陸希聲本、陳景元本、司馬氏本、張太守本、李霖本、彭耜本、董思靖本、薛蕙本、焦竑本及《永樂大典》所引皆作"於"。王注云："此不爲小，故復可名於大也。"（見本章）據此則王本亦作"於"，其作"爲"者乃河上公本（見存宋河上公本正作"爲"），非王本也，今改。

萬物皆歸之以生，而力使不知其所由。此不爲小，故復可名於大也。校 "也"，元本作"矣"。案：當作"也"（說見二十七章），今改。

是以聖人以其終不自爲大，

【校】

"以其終不自爲大"上，元本無"是以聖人"四字。案：范應元本有。范應元曰："嚴遵、王弼同古本。"（見《老子道德經古本集注》）據此則王本亦有，今補。

故能成其大。

【箋】

《太玄·大次三》："大不大，利以成大。"

爲大於其細，圖難於其易。

三十五章

執大象，天下往；

大象，天象之母也。不温不炎，不涼不寒，[校]"不温不炎，不涼不寒"，元本作"不寒不温不涼"。案：春温夏炎，秋涼冬寒，天之四象也。大象無形，非天象可擬，故曰"不温不炎，不涼不寒"也。元本既缺夏象，又錯亂思想順序，非王注之舊也（參攷四十一章校記），今改。故能勹統萬物，[校]"勹"，元本作"包"。案：當作"勹"（説見十六章），今改。無所犯傷。主若執之，則天下往矣。[校]"矣"，元本作"也"。案：當作"矣"（説見一章），今改。

往而不害，安平泰。

【校】

"泰"，元本作"太"。案：唐開元甲幢、唐開元乙幢、宋景祐幢、遂州碑、顧歡本、傅奕本、唐玄宗本、陸希聲本、陳景元本、司馬氏本、張太守本、蘇轍本、李霖本、彭耜本、董思靖本、范應元本、李榮本、薛蕙本、焦竑本及《永樂大典》所引皆作"泰"。《説文》云"泰，滑也"；又云："夳，古文泰，其字隸消作太，亦通作大。"然"夳"从大从二（二古文上字），會意訓過，《廣韻》云："太，過也。"泰，从廾，从水，大聲，會意訓滑，引申之，則爲通泰之偁。《周易‧序卦》云："泰者，通也。"故二字聲同而誼別，古以夳爲泰，蓋亦因聲而借，許慎以爲泰之古文誤也。此云平泰，乃和平通泰之意，諟誼以作"泰"爲是。太，借字，今改。

【箋】

《經傳釋詞》云："安，猶於是也、乃也、則也（中略），老子曰'往而不害，安平泰'，言往而不害，乃得平泰也。"

無形無識，不偏不彰，故萬物得往而不害妨也。

樂與餌，過客止。

【箋】

案：樂，謂樂舞也。《禮記·樂記》云："感於物而動，故形於聲。聲相應，故生變，變成方，謂之音。比音而樂之，及干戚、羽旄，謂之樂。"餌，謂糗餌也。《周禮·天官·冢宰·籩人》云"羞籩之實，糗餌粉餈"，引申之則爲凡食物之偁。《倉頡篇》云："案几所食之物皆餌也。"蓋此二者概括聲色飲食而言，世人莫不欲之，故能使過客留止也。

道之出言，

【校】

"出言"，元本作"出口"。案：唐景龍碑、遂州碑、唐寫本、顧歡本、傅奕本、張太守本、彭耜本、范應元本皆作"出言"。范應元曰："出言，王弼同古本。"（見《老子道德經古本集注》）王注云："下章云'道之出言，淡兮其無味'（見二十三章）；又云：'而道之出言，淡然無味。'"據此則王本亦作"出言"，其作"出口"者乃河上公本（見存宋河上公本正作"出口"，注云："道出入於口，淡然非如五味，有酸、鹹、甘、苦、辛也。"），非王本也，今改。

淡兮其無味，

【校】

　　"兮"，元本作"乎"。案：唐景福碑、傅奕本、范應元本皆作"兮"。王注云："下章云：'道之出言，淡兮其無味。'"（見二十三章）據此則王本亦作"兮"，其作"乎"者乃河上公本（見存宋河上公本正作"乎"），非王本也，今改。

視之不足見，聽之不足聞，用之不可既。

【箋】

　　案：此以道與樂餌對比也。夫餌嗜之有味，樂視之足見，聽之足聞。而道之出言，則淡然無味。視之不足見也，聽之不足聞也。樂與餌，唯能暫時滿足耳目口腹之欲；而道之爲用，則不可盡也。樂與餌，世人莫不欲之，至使過客爲之留止，而好道者則舉世希有也。

　　言道之深大。人聞道之言，乃更不如樂與餌，應時感悅人心也。樂與餌則能領過客止，而道之出言淡然無味。視之不足見，則不足以悅其目；聽之不足聞，則不足以娛其耳。若無所中然，乃用之不可窮極也。

三十六章

將欲翕之，

【校】

　　"翕"，元本作"歙"。案：唐景龍碑、唐景福碑、唐寫本、顧歡本、傅奕本、范應元本及《韓非子・喻老》所引皆作"翕"。范應元曰："翕，歛也，合也，聚也。王弼同古本。"（見《老子道德經古本集注》）據此，則王本亦作"翕"，今改。

必固張之；

【箋】

馬敘倫曰："固，讀爲姑且之姑。《韓非・說林上》'《周書》曰：將欲取之，必姑欲之'，是其證。下同。"（見馬著《老子覈詁》）

足其張，令之足，而又求其張，則眾所翕也。[校] "翕"，元本作"歙"。案：張太守本作"翕"，與范氏之說合，今改。與其張不足，[箋]《廣雅・釋言》云："與，如也。"王念孫疏證云："凡經傳言與其，皆謂如其也。"而改其求張者俞益[校] "俞"，元本作"愈"。案：當作"俞"（說見五章），今改。又"張者俞益"爲一句，陶鴻慶於"者"字斷句，以"張者"二字屬上句讀，"俞益"二字屬下句讀（見《讀諸子札記》），非是。而已反危。[校] "足其張"至"而已反危"，元本在本章經文"是謂微明"下，接注文"故曰微明也"後。案：其誼乃釋本章經文"將欲翕之，必固張之"，今逸此。又陶鴻慶曰："'足其張'乃釋經'固張'之義，疑此句之上當疊經文'固張'二字，而改二字亦有誤，未詳所當作。"（見《讀諸子札記》）案：此注本無奪誤，陶氏疑之者，殆不明其句讀也。

將欲弱之，必固彊之；

【校】

"彊"，元本作"強"。案：傅奕本、董思靖本皆作"彊"。諡誼以作"彊"爲是，"強"借字（說見三章），今改。

【箋】

《韓非子·喻老》云："越王入宦於吳，而觀之伐齊以弊吳。吳兵既勝齊人於艾陵，張之於江、濟，強之於黃池，故可制於五湖。故曰：'將欲翕之，必固張之；將欲弱之，必固強之。'"

將欲廢之，必固興之；將欲取之，

【校】

"取"，元本作"奪"。案：彭耜本、范應元本及《韓非子·喻老》《史記·管晏劉傳》索隱所引皆作"取"。范應元曰"'取'，一作'奪'，非古也"（見《老子道德經注古本集注》），今改。

必固與之，

【箋】

《韓非子·喻老》云："晉獻公將欲襲虞，遺之以璧馬；知伯將欲襲仇由（元本'知伯將'下無'欲'字，今據王先慎説補），遺之以廣車。故曰：'將欲取之，必固與之。'"《史記·管晏劉傳》云："知與之爲取，政之寶也。"

是謂敚明。

【校】

"敚"，元本作"微"。案：當作"敚"（説見一章），今改。《韓非子·喻老》云："起事於無形，而要大功於天下，故曰：'（元本無'故曰'二字，今據顧廣圻説補）是謂微明。'"

將欲除彊勊，校"彊"，元本作"強"。案：當作"彊"（説見三章），今改。又"勊"，元本作"梁"。案：《説文》云"梁，水橋也"；又云："勊，彊也。"諫誼以作"勊"爲是，"梁"借字，今改。去暴亂，當以此四者。箋案：此四者謂"張、彊、興、與"也。因物之性，令其自戮，不叚荆爲大，校"叚"，元本作"假"。案：當作"叚"（説見二十七章），今改。箋《韓非子·二柄》云："殺戮之爲荆。"又楊倞曰："大，重也。"（見《荀子·性惡》"大齊信焉，而輕貨財"楊倞注）不叚荆爲大，謂不借重於殺戮也。以除將物，校"以除將物"下，元本有"也"字。案：是衍文，今刪。箋案：臣瓚曰："將，謂爲逆亂也。"（見《漢書·酈陸朱劉孫叔傳》"人臣無將"顔師古注）又毛亨曰："物，事也。"（見《詩·大雅·蕩之什》"烝民有物有則"毛亨傳）以除將物，謂以此四者去除逆亂之事也。故曰"敗明"也。校"敗"，元本作"微"。案：當從經文作"敗"，今改。又"敗明也"下，元本有"足其張，令之足，而又求其張，則衆所歜也（'歜'當作'龠'）。與其張之不足，而改其求張者，愈益（'愈'當作'俞'）而已反危"三十四字。案：其誼乃釋本章經文"將欲龠之，必固張之"，今迻彼。

柔勝剛，弱勝彊。

【校】

　　"柔勝剛，弱勝彊"，元本作"柔弱勝剛強"。案：唐景龍碑、蘇轍本、薛蕙本、焦竑本及《永樂大典》所引皆作"柔勝剛，弱勝強"（唯唐景龍碑"剛"作"剆"）。《韓非子·喻老》亦引"弱勝強"句，蓋先秦舊本如此，顧"強"當作"彊"，"強"，其借字也（説見三章），今改。又劉師培曰："《韓非子·喻老篇》云'處小弱而重自卑，謂損弱勝強也'，是《老子》古本，'柔'當作'損'，'強'上無'剛'字。弱，即小弱；損，即自卑。言以自卑及小弱勝強也。其作柔弱者，柔亦自卑之義，乃後人旁記之文。以柔釋損，嗣遂易損爲柔，淺儒以弱強對文，因於'強'上增'剛'字，以示剛柔對文，非古本也。"（見《老子斠補》）案：劉氏所引《韓非子》文字，頗有奪誤，惑亂滋甚矣。

【箋】

《韓非子·喻老》云："處小弱而重自卑損之，謂'弱勝強'也。"（元本"處小弱而重自卑損之，謂'弱勝強'"也，作"處小弱而重自卑，謂'損弱勝強'也"，今據顧廣圻説改）

魚不可挩于淵，

【校】

"挩"，元本作"脱"。案：《説文》云"脱，消肉臞也"；又云："挩，解挩也。"諡誼以作"挩"爲是，"脱"借字，今改。

國之利器不可以示人。

【箋】

《莊子·胠篋》云："夫川竭而谷虛，丘夷而淵實。聖人已死，則大盜不起，天下平而无故矣。聖人不死，大盜不止。雖重聖人而治天下，則是重利盜跖也。爲之斗斛以量之，則並與斗斛而竊之；爲之權衡以稱之，則並與權衡而竊之；爲之符璽以信之，則並與符璽而竊之；爲之仁義以矯之，則並與仁義而竊之。何以知其然邪？彼竊鉤者誅，竊國者爲諸侯，諸侯之門，而仁義存焉，則是非竊仁義聖知邪？故逐於大盜，揭諸侯，竊仁義並斗斛、權衡、符璽之利者，雖有軒冕之賞弗能勸，斧鉞之威弗能禁。此重利盜跖而使不可禁者，是乃聖人之過也。故曰：'魚不可脱於淵，國之利器不可以示人。'彼聖人者，天下之利器也，非所以明天下也。"《韓非子·喻老》云："勢重者，人君之淵也。君人者，勢重於人臣之閒，失則不可復得也。簡公失之於田成，晉公失之於六卿，而邦亡身死。故曰：'魚不可脱於淵。'（元本'魚不可脱於'下有'深'字,今據王先慎説刪)賞罰者,邦之利器也,在君則制臣,在臣則勝君。君見賞,臣則損之以爲德;君見罰,臣則益之以爲威。人君見賞而人臣用其勢,人君見罰而人臣乘其威。故曰:'邦之利器不可以示人。'"《内儲説下·六微》云:"勢重者,人主之淵也;臣者,勢重之魚也。魚失於淵而不可復得也,人主失其勢重於臣而不可復收也。古之人難正言,故託之於魚。賞罰者,利器也。君操之以制臣,臣得之以擁主。故君先見所賞則臣鬻之以爲德;君先見所罰,則臣鬻之以爲威。故曰:'國之利器不可以示人。'"《淮南子·道應》云:"昔者,司城子罕相宋,謂宋君曰:'夫國家之安危,百姓之治亂,在君行賞罰。夫爵賞賜予,民之所好也,君自行之。殺戮刑罰,民之所怨也,臣請當之。'宋君曰:'善!寡人當其美,子受其怨,寡人自知不爲諸侯笑矣。'國人皆知殺戮之專,制在子罕也,大臣親之,百姓畏之。居不至期年,子罕遂劫宋君而專其政(元本'劫'作'却',今據王念孫説改)。故老子曰:'魚不可脱于淵,國之利器不可以示人。'"案:利器者,謂人主所操之權數也,其在《老子》,謂之敞明,其在《管子》,謂之獨明。曰敞,曰獨,皆言其不可以示人也。《管子·霸言》云"夫王者有所獨明";又云:"獨明者,天下之利器也。"《莊子》以聖人釋之,《韓非子》《淮南子》以賞罰釋之,於理雖通,然皆非《老子》本誼也。

利器,利國之器也。唯因物之性,不假形以理物。校 "形",元本作"刑"。案:張太守本、正統王本皆作"形"。《説文》云"刑,剄也";又云:"形,象也。"譣誼以作"形"爲是,其作"刑"者,改因形似而誤也,今改。**器不可覩,而物各得其所,則國之利器也。示人者,任形也。**校 "形",元本作"刑"。案:當從上文作"形",今改。**任形以利國,**校 "形以利國"上,元本無"任"字。案:此承上文"示人者,任形也"而言,譣誼以有"任"字爲是,今補。又"形",元本作"刑"。案:當從上文作"形",今改。**則失矣。魚挩於淵,**校 "挩",元本作"脱"。案:當從經文作"挩",今改。**則必見失矣。利國之器**校 "利國"下,元本無"之"字。案:"利國"下,元本無"之"字。案:上文云"利器,利國之器也",此同其例，以有"之"字爲是，今補。而立形以示人，校 "形"，元本作"刑"。案：張太守本作"形"，此與上文"不假形以理物"同例，以作"形"爲是，今改。亦必失也。

三十七章

道常無爲

順自然也。

而無不爲，

【校】

案："道常無爲而無不爲"，當爲一句。意謂，無爲而無不爲者，道之所尚也。今王本析之爲二，以"道常無爲"爲一句，而"無不爲"又爲一句，失之。

【箋】

案：道，謂歷史法則也；無爲而無不爲，謂樸之惪亦即老氏所謂之上惪也。《逸周書·周祝》云"欲彼天下是生爲"，言有爲生於有欲也。樸無欲，故無爲，無爲故無不爲也。老氏既尚樸，復尚樸之惪，故云"道常無爲而無不爲"，又云："上惪無爲而無不爲也。"（見三十八章）

萬物無不由無爲以始以成也。校 "萬物無不由"下，元本無"無"字。案：此釋本章經文"道常無爲無不爲"之恉，諟誼以有"無"字爲是，今補。又"始"，元本作"治"。案：王注云："言道以無形無名始成萬物，萬物以始以成而不知其所以然。"（見一章）又云："以無形始物，不系成物，萬物以始以成，而不知其所以然。"（見二十一章）譣誼以作"始"爲是，其作"治"者，蓋因形似而誤也，今改。

侯王若能守之，萬物將自化。

【箋】

案：王侯，器之長也（參攷二章）。萬物，猶萬方或萬官也（參攷一章）。化之，言化有入無也。孔穎達曰："一有一無，忽然而改，謂之爲化。"（見《周易·上象》"乾道變化"孔穎達疏）王侯若能守之，萬物將自化者，謂王侯若能守此無爲之惠，則千品萬方將自然化有入無，而器乃復返於樸也。

化而欲作，

【校】

"作"上，元本無"欲"字。案："欲作"二字乃引經文下文"欲，成也"，即釋欲作之誼，據經文以有"欲"字，爲是，今補。

欲成也。校 "欲作欲成也"，元本在本章經文"吾將鎮之以無名之樸"下，接注文"化而欲作"後。案：其誼乃釋本章經文"化而欲作"之"欲作"二字，今迻此。

吾將鎮之以無名之樸。

【箋】

《淮南子·道應》云："武王問太公曰：'寡人伐紂天下，是臣殺其主而下伐其上也。吾恐後世之用兵不休，鬭争不已，爲之奈何？'太公曰：'甚善，王之問也！夫未得獸［者］，唯恐其創之小也；已得之，唯恐其傷肉之多也。王若欲久持之，則塞民於兌，道令爲無用之事（元本令作全，今據俞樾説改），煩擾之教。彼皆樂其業，佚其情（元本佚作供，今據王念孫説改），昭昭而道冥冥，於是乃去其瞀而載之术（元本术作木，今據王念孫説改），解其劍而帶之笏。爲三年之喪，令類不蕃。高辭卑讓，使民不争。酒肉以通之，竽瑟以娛之，鬼神以畏之。繁文滋禮以弇其質，厚葬久喪以亶其家，含珠鱗、施綸組以貧其財，深鑿高壟以盡其力。家貧族少，慮患者寡。以此移風，可以持天下弗失。'故老子曰：'化而欲作，吾將鎮之以無名之樸也。'"案：欲作，謂私欲起也。老氏恐其私欲既起，將入有爲之境，故鎮之以無名之樸焉。

不爲主也。校 "不爲主也"上，元本有"化而欲作，作（'作'上應有'欲'字）欲成也，吾將鎮之無名之樸"十六字。案："化而欲作"及"吾將鎮之無名之樸"皆本章經文羼入注中，今刪。"作欲成也"乃釋本章經文"化而欲作"之"欲作"二字，今逸彼。

無名之樸，夫亦將無欲。

【箋】

案："無名之樸，夫亦將無欲"，猶云，鎮之以無名之樸者，何夫亦將無欲而已矣。無欲，指侯王言，蓋亦我無欲而民自樸之意也。

無欲競也。

無欲以静，

【校】

"無"，元本作"不"。案：遂州碑、司馬氏碑皆作"無"，唐寫本作"无"（"無"與"无"古相通用）。此承上文"夫亦將無欲"而言，據例以作"無"

221

爲是，今改。又"竫"，元本作"静"。案：當作"竫"（説見六章），今改。

天下將自定。

【箋】

案：《説文》云："定，安也。""無欲以竫，天下將自定"，謂爲侯王者，能無欲以至于竫，則天下民人將自然安定矣。

老子校箋 卷二

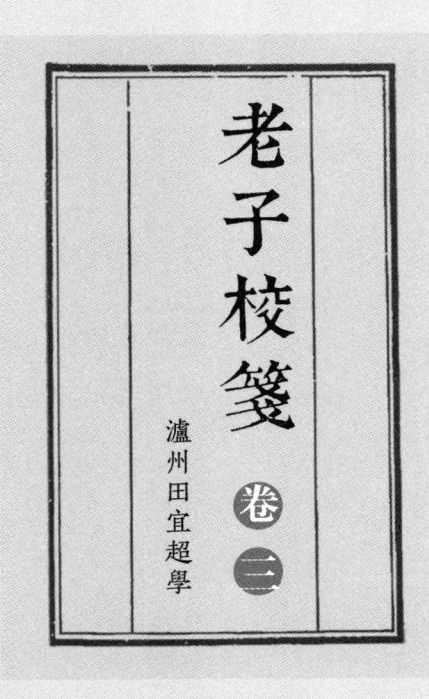

瀘州田宜超學

《老子》下篇

【校】

　　大題《老子》下，元本有"道德經"三字。案：此三字爲後人所增（説見上篇），今刪。魏王弼注 校 "魏"，元本作"晉"。案：當作"魏"（説見上篇），今改。

三十八章

上悳不悳，是以有悳；

【校】

　　上三"悳"字，元本皆作"德"。案：當作"悳"（説見四章），今改。又《老子道德經古本集注》於此下引王弼注云："有德，則遺其失；不德，則遺其得。"案：本章王注文誼完足似無逸文，而此語又與王氏注誼不類，疑是范氏引用佗人之注，誤題王弼，今不取。

【箋】

　　《韓非子·解老》云："德者，內也；得者，外也。上德不德，言其神不淫於外也。神不淫於外，則身全，身全之謂德。德者，得身也。凡德者，以無爲集，以無欲成，以不思安，以不用固。爲之欲之，則德無舍；德無舍則不全。用之思之則不固，不固則無功，無功則生於德。德則無德，不德則有德（元本'不德'作'不得'，今據《道藏》本改）。故曰：'上德不德，是以有德。'"

下惪不失惪，是以無惪。

【校】

上三"惪"字，元本皆作"德"。案：當作"惪"（説見四章），今改。

【箋】

《孔叢子·襍訓》云："懸子問子思曰：'吾聞同聲者相求，同志者相好。子之先君見子産則兄事之，而世謂子産仁愛，稱夫子聖人，是謂聖道事仁愛也？吾未論其人之孰先後也？故質於子。'子思曰：'然，子之問也。昔季孫問子游，亦若子之言也。子游荅曰：以子産之仁愛譬夫子，其猶浸水之與膏雨乎。康子曰：子産死，鄭人丈夫舍玦佩，婦女舍珠瑱，巷哭三月，竽瑟不作；夫子之死也，吾未之聞魯人之若是也。奚故哉？子游曰：夫浸水之所及也則生，其所不及則死，民皆知焉。膏雨之所生也，廣莫大焉。民之受賜也，普矣！莫識其由來者也。上德不德，是以有德；下德不失德（元本上德不德下無"是以有德下德不失德"九字，今據老子補），是以無德。季孫曰：善！'懸子曰：'其然。'"《理惑論》云："老子云：'上德不德，是以有德；下德不失德，是以無德。'三皇之時，食肉衣皮，巢居穴處，以崇質樸，豈復須章黼之冠，曲裘之飾哉？然其人稱有德，而孰疣之？"案：上惪，謂無名之惪，亦即樸之惪也；下惪謂有名之惪，亦即器之惪也。"上惪不惪，是以有惪；下惪不失惪，是以無惪"者謂無名之惪，不有惪之名而有惪之實；有名之惪，不失惪之名而無惪之實也。箋案："上惪"，謂無名之也；"下惪"，爲有名之惪也。"上惪不惪，是以有惪；下惪不失惪，是以無惪"者，言無名之世，不有惪之名，是以有惪之實；有名之世，不失惪之名，是以無惪之實也。

上惪無爲而無不爲，

【校】

"惪"，元本作"德"。案：當作"惪"（説見四章），今改。又"無不爲"，元本作"無以爲"。案：嚴遵本、傅奕本、范應元本及《韓非子·解老》《文選·魏都賦》劉淵林注所引皆作"無不爲"（唯范應元本"無"作"无"）。范应元曰："此句韓非、王誀、王弼、郭雲、傅奕同古本，河上公作'上德无爲而无以爲'，今從古本。"（見范箸《老子道德經古本集注》）據此，則王本亦作"無不爲"，其作"無以爲"者，乃河上公本（見存宋河上公本正作"無以爲"，注云"無以名號爲也"），非王本也，今改。

【箋】

《韓非子·解老》云："所以貴無爲無思爲虛者，謂其意無所制也。夫無術者，故以無爲無思爲虛也。夫故以無爲無思爲虛者，其意常不忘虛，是制於爲虛也。虛者，謂其意無所制也（元本'無所'作'所無'，今據盧文弨説乙轉）。今制於爲虛，是不虛也。虛者之無爲也，不以無爲爲有常。不以無爲爲有常則虛，虛則德盛，德盛之爲上德，故曰：'上德無爲而無不爲也。'"

下惪謂之而有不爲。

【校】

"惪"，元本作"德"。案：當作"惪"（説見四章），今改。又"有不爲"，元本作"有以爲"。案：王氏注誼當作"有不爲"（參攷本章王注校記），其作"有以爲"者，乃河上公本（見存宋河上公本正作"有以爲"，注云"言以爲己取名號也"），非王本也，今改。

惪者，得也。常得而無喪，利而無害，故以惪爲名焉。何以得惪？由乎道也。何以盡惪？ 校 上四"惪"字，元本皆作"德"。案：當作"惪"，（説見四章），今改。以無爲用也。 校 "以無爲用"下，元本無"也"字。案：上文云"何以得惪，由乎道也"，此同其例，以有"也"字爲是，今補。以無爲用，則莫不載矣。 校 "矣"，元本作"也"。案：當作"矣"（説見一章），今改。故物，無焉，則無物不經；有焉，則不足以免其生。是以天地雖廣，以無爲心；聖王雖大，以虚爲主。故以復而視， 校 "故"下，元本有"曰"字。案：王注文例，凡偶"故曰"，其下皆引《老子》經文（例繇不舉），此以《周易·復卦》之誼解《老》，不得偶"故曰"，"曰"字蓋衍文也，今刪。則天地之心見； 箋 王弼曰："復者，反本之謂也。天地以本爲心者也。凡動息則靜，靜非動者也。語息則默，默非對語者也。然則天地雖大，富有萬物，雷動風行，運化萬變，寂然至无，是其本矣。故動息地中，乃天地之心見也。"（見《周易·復卦·象》"復其見，天地之心乎"王弼注）至日而思之，則先王之主覩也。 校 "主"，元本作"至"。案：張太守本作"主"，此承上文"聖王雖大，以虚爲主"而言，諟誼以作"主"爲是，其作"至"者，蓋因形似而誤也，今改。 箋 王弼曰："冬至，陰之復也。夏至，陽之復也。故爲復則至於寂然大靜，先王則天地而行者也。動復則靜，行復則止，事復則无事也。"（見《周易·復卦·象》"先王以至日閉關"王弼注）故滅其私而無其身，則四海莫不瞻，遠近莫不至；殊其己而有其心，則一體不能自全，肌骨不能相容。是以上惪之人，唯道是用，不惪其惪，無執無用，故能有惪而無不爲。不求而得，不爲而成，故雖有惪而無惪名也。下惪求而得之，爲而成之，則立善以治物，故惪名有焉。 校 上八"惪"字，元本皆作"德"。案：當作"惪"（説見四章），今改。求而得之，必有失焉；爲而成之，必有敗焉。善名生，則有不善應焉。故曰 校 "故"下，元本無"曰"字。案：其文例應有（説見九章），今補。"下惪爲之而有不爲"也。 校 "惪"，元本作"德"。案：當作"惪"（説見四章），今改。又"有不爲"，元本作"有以爲"。案：上文"求而得之，必有失焉；爲而成之，必有敗焉。善名生，則有不善應焉"。實以得失成敗、善不善對舉，以釋爲與不爲之相互關系。諭誼以作"有不爲"爲是，其作"有以爲"者，乃後人改易其字，以合河上公本經文，非王氏之舊也，今改。又"惠者"至"下惠爲之而有不爲也"，元本在本章經文"故去彼取此"下。案：其誼乃釋本章經文"上惠不惠"至"下惠爲之而有不爲"，今迻此。【箋】案：無爲，爲無臣工分職之治也；爲之，爲設官分職以治之也（説見二章）。"上惠無爲而無不爲，下惠爲之而有不爲"者，言無名之世，無臣工分職之治，而無所不治；有名之世，設官分職以治之，而有所不治也。

上仁爲之而無以爲，

【箋】

《韓非子·解老》云："仁者，謂其中心欣然愛人也。其喜人之有福而惡人之有禍也，生心之所不能已也，非求其報也。故曰：'上仁爲之而無以爲也。'"

【箋】

案：設官分職之不足，故濟之以上仁。《墨子·經説下》云："仁，愛也。"階級之差别之刑既箸，尚仁者終不能兼愛天下以爲治。故曰"上仁爲之而無以爲"也。

上誼爲之而有以爲，

【校】

"誼"，元本作"義"。案：當作"誼"（説見十八章），今改。

229

【箋】

《韓非子·解老》云："義者，君臣上下之事，父子貴賤之差也，知交朋友之接也，親疏內外之分也。臣事君宜，下懷上宜，子事父宜，賤敬貴宜，知交朋友之相助也宜（元本'朋友'作'友朋'，今據王先慎說乙轉），親者內而疏者外宜。義者，謂其宜也，宜而爲之，故曰：'上義爲之而有以爲也。'"

【箋】

案：上仁之不足，故濟之誼上誼。《禮記·中庸》云："誼者，宜也。"宜於此，則不宜於彼。彼此相攻，以其宜戡；其所不宜，而冒誼名、尚誼者，用之以爲治。故曰"上誼爲之而有以爲"也。

上禮爲之而莫之應，

【箋】

《韓非子·解老》云："凡人之爲外物動也，不知其爲身之禮也。眾人之爲禮也，以尊他人也，故時勸時衰。君子之爲禮，以爲其身；以爲其身，故神人之爲上禮；上禮神而眾人貳，故不能相應；不能相應，故曰：'上禮爲之而莫之應。'"

則攘臂而扔之。

【校】

"攘"，元本作"攘"。案：《說文》云"攘，推也"；又云："攘，援臂也。"諟誼以作"攘"爲是，"攘"借字，今改。

【箋】

《韓非子·解老》云："眾人雖貳，聖人之復恭敬盡手足之禮也不衰，故曰：'攘臂而扔之。'"蔣錫昌曰："'攘臂'二字，古有二誼。一即捋衣出臂，用以拱手，所以表示敬禮也；二即捋衣舉臂，用以作勢，所以表示決心也。《莊子·在宥》云'而儒墨乃始離跂攘臂乎桎梏之間'，言儒墨乃始離跂，互相出臂拱手乎桎梏之間也。《史記·魯仲連鄒陽列傳》云'交游攘臂而議於世'，言交游互相出臂拱手而議於世也。《漢書·王貢兩龔鮑傳》云'故黥劓而髡鉗者，猶復攘臂爲政於世'，言黥劓而髡鉗者，猶復互相出臂拱手而爲政於世也。此皆第一誼也。《莊子·人間世》云'上徵武士，則支離攘臂［而游］於其間'，言支離舉臂表示決心於其間也。《史記·蘇秦列傳》云：'於是韓王勃然作色，攘臂瞋目、按劍仰天太息曰：寡人雖不肖，必不能事秦。'言韓王勃然作色，舉臂表示決心也。《後漢書·劉陶傳》云'誠恐卒有役夫窮匠，起畫板築之間，投斤攘臂，登高遠呼，使愁怨之民響應雲合'，言役夫窮匠，投斤舉臂，以表示其決心也。《後漢書·陳蕃傳》云：'蕃時年七十餘，聞難作，將官屬諸生八十餘人，竝拔刃突入承明門，攘臂呼曰：大將軍忠以衛國，黃門反逆，何云竇氏不道耶？'言（藩）［蕃］拔刃突入承明門，舉臂大呼以表示其決心也。此皆第二誼也（中略）。'上禮爲之而莫之應，則攘臂而扔之'，言上禮之君爲禮，人莫之應，則出臂拱手，強行敬禮而就人也。嚴遵《道德真經指歸》云：'攘臂執袪，君子不來，然則人君爲禮之價值亦可見矣。'六十九章'攘無臂'，則言雖欲舉臂表示大怒、決心，仍若無臂可舉也。彼此文字相同而意誼則異。此用第一誼，彼用第二誼。"（見《老子校詁》）案：韓非與蔣氏之說皆是。王注釋"纕臂"爲忿怒之舉動，失之。

【箋】

案：上誼之不足，故濟之以上禮。《荀子·大略》云："禮，節也。"周室之舊制已墮，彊麥弱下，逾上而不可，以節止。尚禮者，序之以尊卑，崇之以敬讓，而天下莫之應和，於是援臂而引之。故曰'上禮爲之而莫之應，則纕臂而扔之'也。自上仁以至於上禮，皆屬下惠之疇，而又遞降。蓋建立於階級剝削基礎上之階級統治，終難鞏固，俞治之俞不足治也。

無以爲者，無所偏爲也。凡不能無爲而爲之者，皆下悳也，校 "悳"，元本作 "德"。案：當作 "悳"（説見四章），今改。仁誼禮節是也。校 "誼"，元本作 "義"。案：當從經文作 "誼"，今改。將明悳之上下，輒舉下悳以對上悳。至於無以爲，極下悳之量，校 上四 "悳" 字，元本皆作 "德"。案：當作 "悳"（説見四章），今改。又 "極下悳" 下，元本有 "下" 字。案：張太守本無，今刪。上仁是也。是及於無以爲而猶爲之焉。校 "是"，元本作 "足"。案：張太守本作 "是"，諡誼以作 "是" 爲是。其作 "足" 者，蓋因形似而誤也，今改。爲之而無以爲，故有爲爲之患也。校 "也"，元本作 "矣"。案：當作 "也"（説見二十七章），今改。箋案："爲爲"，謂以爲爲事也。"患"，謂敗性之患也。《老子敞恉略例》云："不以爲爲事，則不敗；其性若以爲爲事，則又敗性之患矣。"本在無爲，母在無名。棄本而適其末，校 "棄本" 下，元本無 "而適其末" 四字。案：王注云："捨其母而用其子，棄其本而適其末，名則有所分，形則有所止。"（見本章）諡誼以有此四字爲是，今補。捨母而用其子，校 "用"，元本作 "適"。案：王注云 "捨母而用其子，棄本而適其末，名則有所分，形則有所止"（見本章），諡誼以作 "用" 爲是，"適" 誤字，今改。功雖大焉，必有不濟；名雖美焉，僞亦必生。不能不爲而成，不興而治，則乃爲之，故有宏普博歧校 "歧"，元本作 "施"。案：當作 "歧"（説見一章），今改。

而仁惡之者。校 "仁惡之者" 上，元本無 "而" 字。案：下文云 "惡不能兼，則有抑抗枉直而誼理之者"，此同其例，以有 "而" 字爲是，今補。又 "惡"，元本作 "愛"。案：當作 "惡"（説見十章），今改。惡之無所偏私，校 "惡之無所偏私" 上，元本有 "而" 字。案：是衍文，今刪。又 "惡"，元本作 "愛"。案：當從上文作 "惡"，今改。故曰校 "故" 下元本無 "曰" 字。案：其文例應有（説見九章），今補。"上仁爲之而無以爲" 也。惡不能兼，校 "惡"，元本作 "愛"。案：當從上文作 "惡"，今改。則有抑抗枉直。

校"枉直",元本作"正真"。案:張太守本"正直"。"正"字亦非,下文"忿枉祐直",即承此而言,譣誼以作"枉直"爲是。其作"正真"者,蓋因形似而誤也,今改。箋案:毛亨曰:"抗,舉也。"(見《詩‧小雅‧甫田之什》"賓之初筵大侯既抗"傳)"抑抗枉直",謂枉者抑之,直者舉之,即《論語‧爲政》"舉直錯諸枉"之誼也。而誼理之者,校"誼",元本作"義"。案:當從經文作"誼",今改。忿枉祐直,助彼攻此,物事而有以心爲矣。箋案:物事,謂以物爲事也。《莊子‧逍遙遊》云:"是其塵垢粃糠,將猶陶鑄堯、舜者也,孰肎以物爲事!"又《德充符》云:"彼且擇日而登假,人則從是也。彼且何肎以物爲事乎!"故曰校"故"下,元本無"曰"字。案:其文例應有(說見九章),今補。"上誼爲之而有以爲"也。校"誼",元本作"義"。案:當從經文作"誼",今改。直不能讎,校"讎",元本作"篤"。案:張太守本作"售"。顧《說文》有"讎"字,無"售"字。《墨子‧經上》云"賈宜則讐";《漢書‧食貨志下》云"周有泉府之官,收不讎,與欲得",顏師古注云"讎,讀曰售",蓋其字當作"讎"。"售",俗書,而"篤"則"售"字之誤也,今改。則有游飾修文而禮敬之者。校"禮敬之者"上,元本無"而"字。案:上文云"忿不能兼,則有抑抗枉直而誼理之者",此同其例,以有"而"字爲是,今補。尚好修敬,校責往來,箋《禮記‧曲禮上》云:"禮尚往來,往而不來,非禮也;來而不往,亦非禮也。"《淮南子‧詮言》云"禮之失責",許慎注云:"禮無往不復,有施於人則責之。"則不對之間箋案:鄭玄曰:"對,應也。"(見《禮儀‧士冠禮》"冠者對"鄭玄注)不對,謂莫之應也。經云:"上禮爲之而莫之應。"(見本章)忿怒生焉。故曰:校"故"下,元本無"曰"字。案:其文例應有(說見九章),今補。"上禮爲之莫之應,則攘臂而扔之"也。校"攘",元本作"攘"。案:當從經文作"攘",今改。又"則攘臂而扔之"下,元本無"也"字。案:其文例應有(說見十五章),今補。又"無以爲者"至"則攘臂而扔之也",元本在本章經文"故去彼取此"下,接注文"下悳爲之而又不爲也"後。案:其誼乃釋本章經文"上仁爲之而無以爲"至"則纕臂而扔之",今迻此。

故失道而後悳,

【校】

"悳",元本作"德"。案:當作悳(説見四章),今改。

【箋】

案:道,即上文所謂之上悳也,蓋上悳通乎道,故管子謂:"道與悳閒,言之者不别也。"(見《管子·心術上》)悳,及上文所謂之下悳也。下悳有悳之名而無悳之實,故云:"失道而後悳。"若夫上悳,則與道無差等。

失悳而後仁,

【校】

"悳",元本作"德"。案:當作"悳"(説見四章),今改。

失仁而後誼,失誼而後禮。

【校】

上二"誼"字,元本皆作"義"。案:當作"誼"(説見十八章),今改。

【箋】

《莊子·知北遊》云:"道不可致,德不可至。仁可爲也,義可虧也,禮相僞也。故曰:'失道而後德,失德而後仁,失仁而後義,失義而後禮。'"

《韓非子·解老》云："道有積而積有功（元本下'積'字作'德'，今據顧廣圻說改），德者道之功。功有實而實有光，仁者德之光。光有澤而澤有事，義者仁之事也。事有理而理有文（元本上二'理'字皆作'禮'，今據陶鴻慶說改），禮者義之文也。故曰：'失道而後失德，失德而後失仁，失仁而後失義，失義而後失禮。'"案：自悳（謂下悳）以至於禮，雖有差等，要之皆出於器者也。蓋樸無欲而器有欲，然後有爭；有爭然後有悳、仁、義、禮之名也。

夫大之極也，其唯道乎！自比以往，豈足尊哉！故雖悳盛業大，校"悳"，元本作"德"。案：當從經文作"悳"，今改。箋《周易·繫辭上》云："富有之謂大業，日新之謂盛德。"**富有萬物，**校"富有"下，元本有"而"字。案：張太守本無，諟誼以無"而"字爲是，今刪。**猶各得其悳，**校"悳"，元本作"德"。案：當從經文作"悳"，今改。**而未能自周也。故天不能爲載，地不能爲覆，人不能爲贍。萬物**校"猶各得其悳"下，元本無"而未能自周也"，至"人不能爲贍。萬物"二十四字。案：張太守本、正統王本、明和王本皆有，諟誼以有此二十四字爲是，今補。**雖貴，以無爲用，**校陶鴻慶曰："'雖貴，以無爲用'當作'雖貴無以爲用'，十一章經文有'之以爲利，無之以爲用'。"（見《讀諸子札記》）案：下文"以無爲用，則得其母"，即承此而言，諟誼仍以作"雖貴。以無爲用"，陶氏肌改，未可從也。**不能捨無以爲體也。不能捨無以爲體，則失其爲大矣，所謂失道而後悳也。**校"悳"，元本作"德"。案：當從經文作"悳"。今改。**以無爲用，則得其母，**校"得其母"上，元本無"則"字。案：張太守本有，諟誼以有"則"字爲是，今補。又"得"，元本作"德"。案：下文云"下此以往，則失用之母"，蓋此以得失對舉，諟誼以作"得"爲是，"德"誤字，今改。**故能己不勞焉而物無不理。下此以往，則失用之母。不能無爲，而貴博歧；不能博歧，而貴正直；**校上二"歧"字，元本皆作"施"。案：當作"歧"（說見一章），今改。**不能正直，而貴飾敬。所謂失悳而後仁，**校"悳"，元本作"德"。案：當從經文作"惠"，今改。失仁而后誼，失誼而後禮也。校上二"誼"字，元本皆作"義"。案：當從經文作"誼"，今改。又"夫大之極也"至"失誼而後禮也"，元本在本章經文"故去彼取此"下，接注文"則纕臂而扔之也"後。案：其誼乃釋本章經文"故失道而後惠"至"失誼而後禮"，今迻此。

夫禮者，忠信之薄而敵之首也。

【校】

"敵"，元本作"亂"。案：當作"敵"（説見三章），今改。又"而敵之首"下，元本無"也"字。案：唐廣明幢、唐景福碑、傅奕本、司馬氏本、張太守本、彭耜本、董思靖本、范應元本、焦竑本皆有，今補。

【箋】

《韓非子·解老》云："禮爲情貌者也，文爲質飾者也。夫君子取情而去貌，好質而惡飾。夫恃貌而論情者，其情惡也；須飾而論質者，其質衰也。何以論之？（何）[和]氏之璧不飾以五采，隋侯之珠不飾以銀黃，其質至美，不足以飾之。夫物之待飾而後行者，其質不美也。是以父子之間，其禮樸而不明。故曰：'禮，薄也。'凡物不竝盛，陰陽是也；（理相奪予，威德是也；實厚者貌薄，父子之禮是也。）由是觀之，禮繁者實心衰也。然則爲禮者，事通人之樸心者也。衆人之爲禮也，人應則輕歡，不應則責怨。今爲禮者事通人之樸心，而資之以相責之分，能毋爭乎？有爭則亂，故曰：'夫禮者，忠信之薄也，而亂之首乎！'"案：《禮記·禮器》云："忠信，禮之本也。"此云夫禮者，忠信之薄，其禮論與儒家之言適反。箋《荀子·禮論》云："禮起於何也？曰：人生而有欲，欲而不得，則不能無求；求而無度量分界，則不能不爭；爭則亂，亂則窮。先王惡其亂也，故制禮義以分之（中略）。天下從之者治，不從者亂。"蓋禮興於器，而又以維器者也，荀子恉在維器。器安而天下治，故曰："天下從之者治，不從之者亂。"老氏恉在返樸。樸梲而天下亂，故曰："忠信之薄而亂之首也。"兩家宗恉不同，故其議論縣殊若此。又案：春秋伐國，每曰"以其無禮"（《春秋左傳·莊公十年》云"冬，齊師滅譚，譚無禮也"；又《莊公十六年》云"秋，楚伐鄭及櫟，爲不禮故也"；又《僖公二十七年》云"入杞，責無禮也"；又《僖公三十年》云"九月甲午，晉侯、秦伯圍鄭，以其無禮於晉且貳於楚也"；又《襄公四年》云"夏，楚彭名侵陳，陳無禮故也"）。彊國之主，莫不叚禮之名，以肆其争奪之行。然則當時天下動蠱已甚，禮又不足以維器矣。老氏席禮爲忠信之薄而敵之首，其有以也夫。

前識者，道之華而愚之首也。

【校】

"首"，元本作"始"。案：《韓非子·解老》引作"首"，王注云"識，道之華而愚之首"（見本章）。據此則王本亦作"首"，其作始者乃河上公本（見存宋河上公本正作"始"，注云"言前識之人，愚闇之倡始"），非王本也，今改。又"道之華而愚之首"下，元本無"也"字。案：傅奕本、司馬氏本、張太守本、彭耜本、董思靖本、范應元本、焦竑本及《羣書治要》所引皆有，當從之，今補。

【箋】

《韓非子·解老》云："先物行先理動之謂前識，前識者，無緣而忘意度也。何以論之？詹何坐，弟子侍，有牛鳴於門外（元本'牛鳴於門外'上，無'有'字，今據正統道藏本補），弟子曰：'是黑牛也而白在題。'詹何曰：'然，是黑牛也，而白在其角。'使人視之，果黑牛而以布裹其角。以詹子之術，嬰眾人之心，華焉殆矣！故曰：'道之華也。'嘗試釋詹子之察，而使五尺之愚童視之，亦知其黑牛而以布裹其角也。故以詹子之察，苦心傷神而後與五尺之愚童子同功，是以曰：'愚之首也。'故曰：'前識者，道之華也，而愚之首也。'"案："識"，記也，古通作"志"。前志者，古載籍之通偁。《春秋左氏·文公六年》傳："吾聞前志有之曰：'敵惠敵怨，不在後嗣，忠之道也。'"《春秋左氏·成公十五年》傳:"前志有之曰:'聖,達節;次,守節;下,失節。'"《國語·晉語六》:"夫成子導前志以佐先君,導法而卒以政,可不謂文乎!"是其證也。韓子以"先物行先理動"釋前識,王注以"前人而識"釋"前識"皆失其恉。

是以大丈夫處其厚,不處其薄;處其實,不處其華。

【校】

"處其厚,不處其薄;處其實,不處其華",元本作"處其厚,不居其薄,處其實,不居其華"。案:顧歡本、嚴遵本、傅奕本、范應元本、李榮本及《韓非子·解老》《羣書治要》所引皆作"處其厚,不處其薄;處其實,不處其華"。王注云:"功在爲之,豈足處也?"(見本章)意謂"薄"與"華"皆出自有爲,故不足處。據此則王本亦作"處其厚,不處其薄;處其實,不處其華",今改。

故去彼取此。

【箋】

《韓非子·解老》云:"所謂大丈夫者,謂其智之大也。所謂處其厚不處其薄者,行情實而去禮貌也。所謂處其實不處其華者,必緣理不徑絕也。所謂去彼取此者,去貌徑絕而取緣理好情實也。故曰:'去彼取此。'"《後漢書·朱穆傳》云:"故夫天不崇大則覆幬不廣,地不深厚則載物不博,人不敦厖則道數不遠。昔在仲尼不失舊於原壤,楚嚴不忍章於絕纓。由此觀之,聖賢之德敦矣。老氏之經曰:'大丈夫處其厚不處其薄,居其實不居其華,故去彼取此。'"

夫禮之所始,校 "之",元本作"也"。案:"之""也"二字,隸書相似,故老子王注"之"字或誤爲"也"字。觀《老子》三章王注"尚之曷爲句"，除張太守本不誤外，其餘諸本"之"皆作"也"可證，今改。又"夫禮之所始"上，元本有"德者，得也。常得而無喪，利而無害，故以德爲名焉。何以得德？由乎道也。何以盡德（上四'德'字皆當作'惠'）？以無爲用（'以無爲用'下應有'也'字）。以無爲用，則莫不載也（'也'當作'矣'）。故物無焉，則無物不經，有焉，則不足以免其生。是以天地雖廣，以無爲心；聖王雖大，以虛爲主。故曰以復而視（'曰'字衍），則天地之心見；至日而思之，則先王之至覩也（'至'當作'主'）。故滅其私而無其身，則四海莫不瞻，遠近莫不至；殊其己而有其心，則一體不能自全，肌骨不能相容。是以上德之人，唯道是用，不德其德，無執無用，故能有德而無不爲。不求而得，不爲而成，故雖有德而無德名也。下德求而得之，爲而成之，則立善以治物，故德名有焉（上八'德'字皆當作'惠'）。求而得之，必有失焉；爲而成之，必有敗焉。善名生，則有不善應焉。故（'故'下應有'曰'字）下德爲之而有以爲也（'德'當作'惠'，'以'當作'不'）。無以爲者，無所偏也。凡不能無爲而爲之者，皆下德也（'德'當作'惠'），仁義禮節是也（'義'當作'誼'）。將明德之上下，輒舉下德以對上德。至於無以爲，極下德下之量（上四'德'字皆當作'惠'，'德'下'下'字衍），上仁是也。足及於無以爲而猶爲之焉（'足'當作'是'）。爲之而無以爲，故有爲爲之患矣（'矣'當作'也'）。本在無爲，母在無名。棄本（'棄本'下應有'而適其末'四字）捨母，而適其子（'適'當作'用'），功雖大焉，必有不濟；名雖美焉，僞亦必生。不能不爲而成，不興而治，則乃爲之，故有宏普博施（'施'當作'敊'）仁愛之者（'仁愛之者'上應有'而'字，又'愛'當作'悉'）。而愛之無所偏私（'而'字衍，又'愛'當作'悉'），故（'故'下應有'曰'字）上仁爲之無以爲也。愛不能兼（'愛'當作'悉'），則有抑抗正真（'正真'當作'枉直'）而義理之者（'義'當作'誼'）。忿枉祐直，助彼攻此，物事而有以心爲矣。故（'故'下應有'曰'字）上義爲之而有以爲也（'義'當作'誼'）。直不能篤（'篤'當作'雛'），則有游飾修文禮敬之者（'禮敬之者'上應有'而'字）。尚好修敬，校責往來，則不對之閒忿怒生焉。故（'故'下應有'曰'字）上禮爲之而莫之應，則攘臂而扔之（'攘'當作'纕'，又'攘臂而扔之下'應有'也'字）。夫大之極

239

也，其唯道乎！自此以往，豈足尊哉！故雖德盛業大（'德'當作'惠'），富而有萬物（'而'字衍），猶各得其德（'德'當作'惠'，又'各得其德'下應有'而未能自周也。故天不能爲載，地不能爲覆，人不能爲贍萬物'二十四字）。雖貴，以無爲用，不能捨無以爲體也。不能捨無以爲體，則失其爲大矣，所謂失道而後德也（'德'當作'惠'）。以無爲用，德其母（'德其母'上應有'則'字，又'德'當作'得'），故能己不勞焉而物無不理。下此以往，則失用之母。不能無爲而貴施，不能博施而貴直（上而'施'字皆當作'岐'），不能正直而貴飾敬，所謂失德而後仁（'德'當作'惠'），失仁而後義，失義而後禮也（上二'義'字皆當作'誼'）"六百一十八字。案："德者，得也"至"下德爲之而有以爲也"，乃釋本章經文"上惠不惠"至"下惠爲之而有不爲"；"無以爲者"至"則攘臂而扔之"乃釋本章經文"上仁爲之而無以爲"至"攘臂而扔之"；"夫大之極也"至"失義而後禮也"乃釋本章經文"故失道而後惠"至"失誼而後禮"；今各逐其處。首於忠信不竺，校"竺"，元本作"篤"。案：當作"竺"（説見十六章），今改。通簡不陽，箋案：毛亨曰："陽，明也。"（見《詩・國風・豳風・七月》"我朱孔陽"毛亨傳）通簡不陽，謂通簡之道不明也。《大戴禮記・小辨》云："道小不通，通道必簡。"蓋道以通簡爲尚，通簡之道不明，則緐縟之禮生矣。責葡於表，校"葡"，元本作'備'。案：當作"葡"（説見二章），今改。箋案：禮自外作，故責葡於表也。《禮記・樂記》云："樂由中出，禮自外作。"幾敫爭制。校"幾"，元本作"機"。案：《説文》云"主發謂之機"；又云："幾，敫也。"諭誼以作"幾"爲是，"機"，借字，今改。又"敫"，元本作"微"。案：當作"敫"（説見一章），今改。箋案：制，謂禮制也。《六藝論》云："禮者，序尊卑之制。"（見《太平御覽・學部二》）夫仁誼發於内，校"誼"元本作"義"。案：當作"誼"（説見十八章），今改。爲之猶僞，況務外飾而可久乎！箋《禮記・文王世子》云："禮所以脩外也。"《韓非子・解老》云："禮者，外飾之所以諭内也。"故夫禮者，忠信之薄而敱之首也。校"敱"，元本作"亂"。案：當作"敱"（説見三章），今改。前識者，前人而識也，即下惠之倫也。校"惠"，元本作"德"。案：當作"惠"（説見四章），今改。渴其聰明校"渴"，元本作"竭"。案：當作"渴"，（説見五章），今改。以爲前識，役其智力以營庶事，雖得其情，校"得"，元本作"德"。案：張太守本作"得"，今改。姦巧彌密，校"彌"，元本作"彌"。案：《説文》有"彌"字無"彌"字。《道德經古本》第四十七章云："其出彌遠，其知彌尟。"蓋其字當作"彌"，"彌"俗書，今改。雖豐其譽，俞傷竺實。校"俞"，元本作"愈"。案：當作"俞"（説見五章），今改。又"篤"，案：當作"竺"（説見十六章），今改。勞而事昏，務而治蔑，雖渴聖智，校"渴"元本作"竭"。案：當作"渴"（説見五章），今改。而民俞害。校"俞"，元本作"愈"。案：當作"俞"（説見五章），今改。捨己任物，校"捨"，元本作"舍"。案：《説文》云"市居曰舍"；又云："捨，釋也。"諡誼以作"捨"爲是，"舍"借字，今改。則無爲而泰。守失素樸，校"失"，元本作"夫"。案：作"失"，方與下文"則不順典制"之誼合，其作"夫"者，蓋因形似而誤也，今改。箋案：經云："樸雖小，天下莫能臣也。侯王若能守之，萬物將自賓。"（見三十二章）守失素樸，謂不能守其樸也。則不順典制。箋案：《爾雅·釋詁》云："典，恆常也。"故典制即恒制。《國語·越語》云："必有以知天地之恒制。"不順典制，謂芉天地之恒制也。媅彼所獲，校"媅"，元本作"聽"。案：《經典釋文》引作"耽"。《説文》云"耽，耳大垂也"；又云"媅，樂也"，諡誼以作"媅"爲是，其作"聽"者，蓋借"耽"爲"媅"，又誤"耽"爲"聽"也，今改。棄此所守，箋案："媅彼所獲，棄此所守"者，謂媅彼所不當獲之前識，而棄此説當守之樸也。[故前]識[者]①，道之華而愚之首。故苟得其爲功之母，則萬物作焉而不辭也，萬事存焉而不勞也。用不以形，御不以名，故仁誼

---

① 據樓宇烈《老子道德經注校釋》改，中華書局 2018 年版，第 104 頁。

可顯，[校]"誼"，元本作"義"。案：當作"誼"（說見十八章），今改。禮敬可彰也。夫載之以大道，鎮之以無名，[箋]案：無名，謂樸也。經云："化而欲作，吾將鎮之以無名之樸。"則物無所尚，志無所營。各任其貞，[校]"各"疑當作"事"。《周易·乾卦·文言》云"貞者，事之幹也"；又云"貞，固足以幹事"。事用其誠，[校]"事"，疑當作"物"。《周易·大有·六五》云："厥孚交如，威如，吉。"王弼注云："不疑於物，物亦誠焉。"則仁惪厚焉，[校]"惪"，元本作"德"。案：當作"惪"（說見四章），今改。行誼正焉，[校]"誼"，元本作"義"。案：當作"誼"，（說見十八章）。禮敬清焉。棄其所載，捨其所生，[校]"捨"，元本作"舍"。案：當從上文作"捨"，今改。[箋]案："棄其所載，捨其所生"者，謂棄其所以載之之道，而捨其所以生之之母也。下文云："載之以道，統之以母。"用其成形，役其聰明，則仁失誠焉，[校]"則仁失誠焉"，元本作"仁者誠焉"。案：張太守本作"則人失誠焉"，當從之，今改。誼其競焉，[校]"誼"，元本作"義"。案：當作"誼"（說見十八章），今改。禮其爭焉。故仁惪之厚，[校]"惪"，元本作"德"。案：當作"惪"（說見四章），今改。非用仁之所能也；行誼之正，非用誼之所成也；[校]上二"誼"字，元本皆作"義"。案：當作"誼"（說見十八章），今改。禮敬之清，非用禮之所濟也。載之以道，統之以母，[箋]案："母"，謂無名也。王注云："母在無名。"（見本章）故顯之而無所尚，彰之而無所競。用夫無名，故名以竺焉；[校]"竺"，元本作"篤"。案：當作"竺"（說見十六章），今改。用夫無形，故形以成焉。守母以存其子，崇本以舉其末，則形名俱有而衺不生，[校]"衺"，元本作"邪"。案：當作"衺"（說見十章），今改。大美妃天[校]"妃"，元本作"配"。案：《說文》云"配，酒色也"，又云"妃，匹也"，諗誼以作"妃"為是，"配"，借字，今改。[箋]案："大美"，謂天地覆載之美也。《莊子·知北遊》云："天地有大美而不言。"而華不作。故母不可遠，本不可失。仁誼，母之所生，校 "誼"，元本作 "義"。案：當作 "誼"（説見十八章），今改。非可以爲母。形器，匠之所成，非可以爲匠也。捨母而用其子，棄本而適其末，名則有所分，箋 《春秋繁露·深察名號》云："名也者，名其別離分散也。"形則有所止。雖極其大，必有不周；雖盛其美，必有患憂。校 "患憂"，元本作 "憂患"。案：張太守本、正統本、乾隆王本、光緒王本、明和王本皆作 "患憂"，其作 "憂患" 者乃出於黎氏之誤，非王注之舊也，今乚轉。功在爲之，箋 案：《釋名·釋言語》云："功，攻也，攻治之乃成也。"攻治之乃成，則必待於有爲。故云 "功在爲之" 也。豈足處也。

三十九章

昔之得一者，

【箋】

　　韓嬰曰："昔，始也。"（見《經典釋文·毛詩音義·中·小雅·鹿鳴之什·采薇》）

　　昔，始也。箋 案：此以始釋昔，乃用《詩》韓氏誼也。一，數之始 箋 《春秋元命苞》云："一者，數之始。"（見《太平御覽·地部二十三》）《漢書·敘傳》云："元元本本，數始於一。"而物之極也。箋 案：楊倞曰："極，中也，本也。"（見《荀子·正名》"辭足以見極" 楊倞注）物之極，猶云物之本也。《淮南子·詮言》云："一也者，萬物之本也。"物各是一之生，校 "物各是一之生"，元本作 "各是一物之生"。案：經云 "萬物得一以生"（見本章），王氏本此爲注，諟誼以作"物各是一之生"爲是。觀王注"物各得一以成"（見本章），其文例正相同也，今改。[箋]《淮南子·原道》云："一立而萬物生矣。"所以爲主也。[校]"所以爲主也"下，元本有"物皆各得此一以成（'皆'字衍），既成而舍以居成（'舍'當作'捨'，'居'當作'凥'），居成則失其母（'居'當作'凥'），故皆裂、發、歇、竭、滅、蹶也"（'裂'當作'剹'，'發'當作'廢'，'竭'當作'渴'）三十字。案：其誼乃釋本章經文"天無以清將恐剹"至"侯王無以爲貞將恐蹶"，今逐彼。

天得一以清，地得一以竽，

【校】

"竽"，元本作"寧"。案：《說文》云"寧，願詞也"；又云："竽，定息也。"諟誼以作"竽"爲是，"寧"，借字，今改。

神得一以靈，谷得一以盈，萬物得一以生，侯王得一以爲天下貞。

【箋】

《釋名·釋言語》云："貞，定也。精定不動惑也。"《周易·繫辭下》云："天下之動，貞夫一者也。"

其致之一也。

【校】

元本"其致之"下無"一也"二字。案：傅奕本、陸希聲本、陳景元本、司馬氏本、張太守本、彭耜本、董思靖本、范應元本、李榮本、薛蕙本、焦竑本皆有。王注云："各以其一，致此清、竽、靈、盈、生、貞。"（見本章）據此則王本亦有，其無者乃河上公本（見存宋河上公本正無此二字），非王本也，今補。

各以其一，致此清、寍、靈、盈、生、貞。校 "寍"，元本作"寧"。案：當從經文作"寍"，今改。

天無以清將恐剽，

【校】

"剽"，元本作"裂"。案：《説文》云"裂，繒餘也"；又云："剽，分解也。"諺誼以作"剽"爲是，"裂"，借字，今改。

用一以致清耳，非用清以清也。守一則清不失，用清則恐剽矣。校 "剽"，元本作"裂"。案：當從經文作"剽"，今改。又"矣"，元本作"也"。案：當作"矣"（説見一章），今改。故爲功之母不可捨也。校 "捨"，元本作"舍"。案：當作"捨"（説見三十八章），今改。是以皆無用其功，恐喪其本也。

地無以寍

【校】

"寍"，元本作"寧"。案：當從上文作"寍"，今改。

將恐廢，

【校】

"廢"，元本作"發"。案：《説文》云"發，躲發也"；又云："廢，屋頓也。"《淮南子·冥覽》云："往古之時，四極廢。"諺誼以作"廢"爲是，"發"，借字，今改。

神無以靈將恐歇，谷無以盈將恐渴，

【校】

"渴"，元本作"竭"。案：當作"渴"（説見五章），今改。

萬物無以生將恐滅，侯王無以爲貞

【校】

"無以爲貞"，元本作"無以貴高"。案：范應元本作"无以爲貞"（"无"與"無"，古相通用），范應元曰："古本如此。"（見《老子道德經古本集注》）蓋王本亦當作"無以爲貞"，其作"無以貴高"者乃河上公本（見存宋河上公本正作"無以貴高"，注云："言侯王當屈己以下人，汲汲求賢，不可但欲高於人。"），非王本也，今改。

將恐蹶。

物各得此一以成，校"物"下，元本有"皆"字。案：張太守本無，諟誼以無"皆"字爲是，今刪。箋《吕氏春秋·季春紀·論人》云"凡彼萬形，得一後成"，高誘注云："萬物得一乃後成也。"既成而捨以尻成，尻成則失其母，校"捨"，元本作"舍"。案：當作"捨"（説見三十八章），今改。又上二"尻"字，元本皆作"居"。案：當作"尻"（説見二章），今改。故皆裂、廢、歇、渴、滅、蹶也。校"裂、廢、渴"，元本作"裂、發、竭"。案：當從經文作"裂、廢、渴"，今改。又"物各得此一以成"至"故皆裂、廢、渴、滅、蹶也"，元本在本章經文"昔之得一者"下接注文"所以爲主也"後。案：其誼乃釋本章經文"天無以清將恐裂"至"侯王無以爲貞將恐蹶"，今逸此。

故貴以賤爲本，高以下爲基。

【箋】

《淮南子·道應》云："狐北丈人謂孫叔敖曰：'人有三怨，子知之乎？'孫叔敖曰：'何謂也？'對曰：'爵高者士妬之，官大者主惡之，祿厚者怨處之。'孫叔敖曰：'吾爵益高，吾志益下；吾官益大，吾心益小；吾祿益厚，吾施益博。以是免三怨（元本以是作是以，今據王念孫説乙轉），可乎？'故老子曰：'貴必以賤爲本，高必以下爲基。'"

是以侯王自偁孤寡不穀。

【校】

"偁"，元本作"謂"。案：張太守本、彭耜本、董思靖本、范應元本及《羣書治要》《文選·與陳伯之書》李善注所引皆作"稱"，蓋借"稱"爲"偁"也。經云"人之所惡，唯孤寡不穀，而侯王以爲偁"（見四十二章），此同其例，以作"偁"爲是，今改。

【箋】

案：《禮記·曲禮下》云："九州之長，入天子之國，曰'牧'……於外曰'侯'，於其國曰'君'。其在東夷、北狄、西戎、南蠻，雖大曰'子'，於内自稱曰'不穀'，於外自稱曰'王老'。庶方小侯，入天子之國曰'某人'，於外曰'子'，自稱曰'孤'……諸侯見天子，曰'臣某侯某'。其與民言，自稱曰'寡人'。"杜預曰："孤、寡、不穀，諸侯謙稱。"（見《春秋左傳·僖公四年》"豈不穀是爲？先君之好是繼，與不穀同好，如何"注）

是其以賤爲本也，非歟？

【校】

"是其以賤爲本也，非歟"，元本作"此非以賤爲本邪？非乎"案：傅奕本、范應元本皆作"是其以賤爲本也，非歟"。范應元曰："王弼同古本，河上公作'此非以賤爲本邪？非乎。'"（見《老子道德經古本集注》）據此則王本亦作"是其以賤爲本也，非歟"，其作"此非以賤爲本邪？非乎"者，乃河上公本（見存宋河上公本正作此"非以賤爲本邪非乎"），非王本也，今改。

【箋】

《戰國策·齊策》云："老子曰：'雖貴，必以賤爲本；雖高，必以下爲基。是以侯王稱孤寡不穀，是其賤之本與？非夫孤寡者，人之困賤下位也，而侯王以自謂，豈非下人而尊貴士與？'"

故至譽無譽。

【校】

"故至譽無譽"，元本［作］"故致數輿無輿"。案：遂州碑、傅奕本、陳景元本、張太守本、彭耜本、董思靖本、范應元本、正統王本、明和王本皆作"故致數譽無譽"（唯范應元本"無"作"无"，"无"、"無"古通）。范應元曰："王弼同古本。"（見《老子道德經古本集注》）據此則王本亦作"故致數譽無譽"。然《莊子·至樂》云"至譽無譽"，其文實本諸老子。竊謂遂州碑、傅、陳諸本及范氏所見王本皆借"致"爲"至"，而又衍"數"字，雖近於古，未得其真也。諗誼王本固作"至譽無譽"。其作"故致數輿無輿"者乃唐玄宗本（見存唐玄宗本正作"故致數輿無輿"，注云："數輿則無輿，輪輹爲輿本，數貴則無貴，賤下爲貴本。輹爲輿本，當存輹以定輿；賤爲貴本，當守賤以安貴。將戒侯王，以賤爲本，故致此數輿之談也。"）非王本也，今改。

【箋】

案：《墨子·經上》云："譽，明美也。"至譽，猶至美也。侯王以爲偶非至譽而何？無譽，謂無以爲美也。人之所惡唯孤、寡、不穀，非無譽而何？夫以侯王之貴而自偶孤、寡、不穀，故曰"至譽無譽"也。

貴乃以賤爲本，高乃以下爲基。故至譽乃無譽也①。[校]"故至譽乃無譽也"，元本作"故致數輿乃無輿也"。案：張太守本、正統王本、明和王本皆作"故致數譽乃無譽也"。竊謂諸本所作皆非經文，既當作"故至譽無譽"，則此注亦以作"故至譽乃無譽也"爲是，其作故"致數輿乃無輿也"者，乃後人增改其字，以合唐玄宗本經文，其作"故致數譽乃無譽也"者，乃後人增改其字，以合誤本經文。要之，皆非王注之舊也，今改。又"貴乃以賤爲本"至"故至譽乃無譽也"，元本在本章經文"不欲祿祿如玉落落如石"下，接注文"而無貴形"後。案：其誼乃釋本章經文"故至譽無譽"，今迻此。

不欲祿祿如玉，落落如石。

【校】

"不欲祿祿如玉，落落如石"，元本作"不欲琭琭如玉，珞珞如石"。案：唐天寶寫本作"不欲祿祿如玉，珞珞如石"。《説文》有"祿""落"字，無"琭""珞"字。蓋其字當作"祿""落"，"琭""珞"俗書，今改。

【箋】

案："祿祿""落落"皆重言形況，當因其所況之物以見其意。李賢曰："玉貌祿祿爲人所貴，石形落落爲人所賤。"（見《後漢書·馮衍傳》"馮子以爲夫人

---

① 案：樓宇烈認爲"輿"，借爲"譽"，并以長沙馬王堆出土帛書《老子》甲本、乙本爲證，同時認爲"致數輿"，意爲屢得高貴之稱譽。樓宇烈：《老子道德經注校釋》，中華書局2018年版，第108頁。

之德，不碌碌如玉，落落如石"注）不欲"祿祿如玉，落落如石"者，謂不欲祿祿然如玉之貴，而寧落落然如石之賤也，此下句缺外動詞，故語意似有未足。蓋古人行文類多如此，讀者貴知其誼，未可以今日之文法律之也。又案：王注謂"玉石祿祿落落，體盡於形，故不欲也"，是兩者皆所不欲。其説與"以賤爲本"之誼不合，非老氏之恉也。

清不能爲清，盈不能爲盈，皆有其母，以存其形。故清不足貴，盈不足多，貴在其母而無貴形。校 "而"下，元本有"母"字。案：是衍文，今刪。又"而無貴形"下，元本有"貴乃以賤爲本，高乃以下爲基。故致數輿乃無輿也"（"故致數輿乃無輿也"當作"故至譽乃無譽也"）二十字。案："貴在其母而無貴形"與下文"玉石祿祿落落，體盡於形，故不欲也"，文誼聯貫，中間不應插此二十字。諗誼此二十字乃釋本章經文"故至譽無譽"，今迻彼。玉石祿祿、落落，校 "祿祿""落落"，元本作"琭琭""珞珞"。案：張太守本作"琭琭""落落"，其"琭琭"二字亦非，經文既當作"不欲祿祿如玉，落落如石"，則此亦以作"祿祿""落落"爲是，今改。體盡於形，故不欲也。

四十章

反者，道之動；

高以下爲基，貴以賤爲本，有以無爲用，此其反也。動皆知其所反，校 "反"，元本作"無"。案：此承上文，"此其反也"而言，諗誼以作"反"爲是，"無"，誤字，今改。則物通矣。故曰"反者，道之動"也。箋 案：反借爲返，謂有於無，返器於樸也。道，讀如常道之道，謂歷史法則也（説見一章）。"反者，道之動"，言返有於無，返器於樸，爲斯道之動向也。竊謂無判而入有，樸椒而爲器，乃歷史發展之必然。返有於無，返器於樸，乃歷史發展之必不然。今老氏偶"反者，道之動"，是倒植歷史而以發展爲循環也。

弱者，道之用。

柔弱同通，不可窮極。箋案：樸無争（無階級對抗），而器有争（有階級對抗）。有争必叚於暴力，故器以彊爲用；無争則無叚於暴力，故樸以弱爲用。老氏言道同無有兼樸器（此兩者同出於異名），而以無爲其本（道常無名）。

天下之物生於有，

【校】

"之"，元本作"萬"。案：唐開元甲幢、唐開元乙幢、遂州碑、唐天寶寫本、嚴遵本、傅奕本、陸希聲本、陳景元本、司馬氏本、張太守本、蘇轍本、李霖本、彭耜本、董思靖本、范應元本、薛蕙本、焦竑本皆作"之"。王注云"天下之物皆以有爲生"（見本章）。據此則王本亦作"之"，其作"萬"者乃河上公本（見存宋河上公本正作"萬"，注云"萬物皆從天地生，天地有形位，故言生於有也"），非王本也。"之"，據老子故書當作"萬"。萬物即萬方，或萬官，謂臣工之分職也（說見一章）。"天下萬物生於有，有生於無者"，言當今天下臣工分職之治，生於有名之器，而有名之器生於無名之樸也。顧據老子故書仍以作"萬"爲是，今改作"之"者，存王本之真也。

有生於無。

【箋】

《淮南子·原道》云："無形而有形生焉，無聲而五音鳴焉，無味而五味形焉，無色而五色成焉。是故有生於無，實出於虛。"

天下之物，皆以有爲生。有之所始，以無爲本。將欲全有，必返於無也。校"返"，元本作"反"。案：當作"返"（説見二十一章），今改。

四十一章

上士聞道，勤而行之；

有志也。

中士聞道，若存若亡；下士聞道，大而笑之，

【校】

"大"下，元本無"而"字。案：《牟子·理惑論》所引有王念孫曰："大笑之本作大而笑之，大而笑之，猶言迂而笑之也。《文王世子》：'況于其身以善其君乎？'鄭注曰：'于，讀爲迂。'迂，猶廣也、大也。大與迂同義。《老子》又云：'天下皆謂我道大，似不肖。'《莊子·逍遥遊篇》云：'今子之言大而無用，衆所同去也。'竝與大而笑之同義。'上士聞道，勤而行之；中士聞道，若存若亡；下士聞道，大而笑之'，皆以四字爲句，且'大而笑之'與'勤而行之'句法相對。後人不得其解而刪去'而'字，則既失其義，又失其句矣。《牟子》引《老子》正作'大而笑之'。《晉書·葛洪傳》引《抱樸子序》云：'世儒徒知服膺周孔，莫信神仙之書，不但大而笑之，又將謗毀真正。'《抱樸子·微旨篇》亦云：'大而笑之，其來久矣。'是葛、牟所見《老子》皆作'大而笑之'。"（見《讀書襍志·漢書第十四》'大而笑之'條）其説是也，今補。

【箋】

案：《說苑·修文》云："辨然否，通古今之道，謂之士。"其偶上中下者，以其對道之態度而別其差等也。

不笑不足以爲道。故《建言》有之曰：

【校】

"故《建言》有之"下，元本無"曰"字。案：傅奕本、范應元本皆有。范應元曰："王弼、孫登、阮咸同古本，河上公无'曰'字。"（見《老子道德經古本集注》）據此則王本亦有"曰"字，其無者乃河上公本（見存宋河上公本正無"曰"字），非王本也，今補。[箋] 奚侗曰："'建言'當是古載籍名。"（見《老子集解》）高亨曰："'建言'殆老子所偶書名也。《莊子·人間世篇》引《法言》，《鶡冠子·天權篇》引《逸言》，《鬼谷子·謀篇》引《陰言》，《漢書·藝文志》有《讕言》。可證書名曰'言'。古人之通例也。"（見《老子正詁》）

建，猶立也。

明道若昧，

光而不燿。[校] "燿"，元本作"耀"。案：當作"燿"（說見二十章），今改。

進道若退，

後其身而身先，外其身而身存。

夷道若纇。

【箋】

服虔曰："纇，不平也。"（見《春秋左傳·昭公十六年》"荊之頗纇"疏）

纇，圿也。大夷之道，因物之性，不執平以割物。其平不見，乃更反若纇圿也。

上悳若谷，

【校】

"悳"，元本作"德"。案：當作"悳"（説見四章），今改。

不悳其悳，校上二"悳"字，元本皆作"德"。案：當從經文作"悳"，今改。無所褱也。校"褱"，元本作"懷"。案：當作"褱"（説見一章），今改。

大白若辱，

【箋】

鄭玄曰："以白造緇曰辱。"（見《儀禮·士昏禮》"今吾子辱"注）

知其白，守其黑，大白然後乃得。

廣悳若不足，

【校】

"悳"，元本作"德"。案：當作"悳"（説見四章），今改。

【箋】

　　《莊子·寓言》云："陽子居南之沛，老聃西遊於秦，邀於郊，至於梁而遇老子。老子中道仰天而歎曰：'始以汝爲可教，今不可也。'陽子居不荅。至舍，進盥漱巾櫛，脫屨戶外，膝行而前曰：'向者弟子欲請夫子，夫子行不閒，是以不敢。今閒矣，請問其過。'老子曰：'而睢睢盱盱，而誰與居？大白若辱，盛德若不足。'陽子居蹵然變容曰：'敬聞命矣。'其往也，舍者迎將其家，公執席，妻執巾櫛，舍者避席，煬者避竈。其反也，舍者與之爭席矣。"《淮南子·說林》云："昭昭者獲，提提者射，故大白若辱，大德若不足。"

　　廣悳不盈，校 "悳"，元本作"德"。案：當從經文作"悳"，今改。霩然無形，校 "霩"，元本作"廓"。案：張太守作"霩"，據《説文》以"霩"爲是（參攷見二十二章校記），今改。

　　不可滿也。

建悳若偷，

【校】

　　"悳"，元本作"德"。案：當作"悳"（説見四章），今改。

【箋】

　　俞樾曰："建當讀爲健。《釋名·釋言語》曰：'健，建也，能有所建爲也。'是建、健音同而義亦得通。建德若偷，言剛健之德，反若偷惰也。"（見《諸子平議》）

【箋】

　　案："建"當作"達"，"偷"當作"輸"。《大戴禮記·朝事》云"十有一歲，達瑞節"，孔廣森補注云："達宋本訛建。"《吕氏春秋·仲夏紀·古樂》云"六日建帝功"，畢沅校云："舊本建帝功作達帝功。"《荀子·修身》云"勞苦之事，則偷懦轉脱"，楊倞注云："或曰偷當作輸。"蓋建之爲達、偷之爲輸，皆形體相似而易致混淆也。達惠，謂明白四達之惠也。經云："明白四達，能無爲乎。"（見十章）輸，猶愚也。《廣雅·釋詁》云："輸，愚也。"《方言·第十一》云："輸，愚也。"達惠若輸者，謂明白四達之惠，反若愚暗無知也。《莊子·外篇·山木》云："南越有邑焉，名爲達德之國（元本達誤爲建，今改）。其民愚而樸，少私而寡慾；知作而不知藏，與而不求其報；不知義之所適，不知禮之所將；猖狂妄行，乃蹈乎大方；其生可樂，其死可葬。"

偷，匹也。建惠者，校 "惠"，元本作"德"。案：當從經文作"惠"，今改。因物自然，不立不歧，校 "歧"，元本作"施"。案：當作"歧"（説見一章），今改。故若偷匹也。校 "故若偷匹"下，元本無"也"字。案：其文例應有，今補。

質真若渝。

【校】

劉師培曰："上文言'廣德若不足，建德若偷'，此與竝文，疑'真'亦當作'德'，蓋'德'字正文作'惠'，與'真'相似也，'質德'與'廣德''建德'一律。'廣德'爲廣大之德，與不足相反；'建德'爲剛健之德，與偷相反；'質德'爲質樸之德，與渝相反。三語乃竝文也。"（見《老子斠補》）案：其説是也。顧王本已誤，今不復改。

質真者，不矜其真，故若渝也。校 "故"下，元本無"若"字。案：據經文應有，今補。又"故若渝"下，元本無"也"字。案：其文例應有，今補。

大方無隅，

【箋】

　　趙君卿曰："隅，角也。"（見《周髀算經》卷上"徑隅五"趙君卿注）

　　方而不割，故無隅也。

大器晚成，

　　大器，成天下不持分別，校"分"，元本作"全"。案：當作"分"。王注云："分則不能統眾（見本章），不能統眾，則失其爲大矣。"此釋大誼，故云"不持分別"。其作全者，蓋因形似而誤，今改。故必晚成也。

大音希聲，

【箋】

　　《韓非子·喻老》云："楚莊王莅政三年，無令發，無政爲也。右司馬御座而與王隱曰：'有鳥止南方之阜，三年不翅，不飛不鳴，嘿然無聲，此爲何名？'王曰：'三年不翅，將以長羽翼；不飛不鳴，將以觀民則。雖無飛，飛必沖天；雖無鳴，鳴必驚人。子釋之，不穀知之矣。'處半年，乃自聽政，所廢者十，所起者九，誅大臣五，舉處士六，而邦大治。舉兵誅齊，敗之徐州，勝晉於河雍，合諸侯於宋，遂霸天下。莊王不爲小善（元本'莊王不爲小'下有'害'字，今據王先謙說刪），故有大名；不蚤見示，故有大功。故曰：'大器晚成，大音希聲。'"

　　聽之不聞名曰希。希聲，不可得聞之聲也。校"希聲，不可得聞之聲也"，元本作"不可得聞之音也"。案：此先釋"希"字之誼，故曰"聽之不聞名曰希"。繼又合釋"希聲"二字之誼，故曰"希聲，不可得聞之聲也"。

元本蓋奪"希聲"二字，又誤"聲"爲音，今補，其奪字並正"音"字之誤。**有聲則有分，有分者，不宮則商矣。** 校 "有分者，不宮則商矣"，元本作"有分則不宮而商矣"。案：王注云："有形則有分，有分者，不温則炎，不涼則寒矣。"（見本章）此同其例，以作"有分者，不宮則商矣"爲是，今改。**分則不能統眾，故音而聲者，** 校 "故音而聲者"，元本作"故有聲者"。案：王注云"故象而形者，非大象也"（見本章），此同其例，以作"故音而聲者"爲是。觀《老子微旨略例》偶"音而聲者，非大音也"可證，今改。**非大音也。**

大象無形。

有形則有分，有分者，不温則炎，不涼則寒矣。 校 "不涼"，元本作"不炎"。案：此舉天象之有形，以明大象之無形也。有形則有分，故天有四時之象。《老子微旨略例》云："四象形而物無所主焉，則大象暢矣。四象者何？春之温也，夏之炎也，秋之涼也，冬之寒也。'不温則炎，不涼則寒'者，言有形有分者，必有所偏至也。若夫大象，則無形分而爲天象之母焉。"王注云："大象，天象之母也，不温、不炎、不涼、不寒，故能勹統萬物，無所犯傷。主若執之，則天下往矣。"（見三十五章）諗誼以作"不涼"爲是，其作不炎者，蓋涉上文"不温則炎"而誤，今改。**故象而形者，非大象也。** 校 "非大象"下，元本無"也"字。案：王注云："故音而聲者，非大音也。"（見本章）此同其例，以有"也"字爲是，今補。

道隱無名，

【箋】

案：《慎子》云"道勝則名不彰"（見《文選·張景陽襍詩》"道勝貴陸沈"李善注），是故隱而無名也。

凡此諸大，校"大"，元本作"善"。案：當作"大"。蓋諸大者，謂大方、大器、大音、大象之屬也，諭誼以作"大"爲是，"善"，誤字，今改。皆是道之所成也。在象則爲大象，而大象無形；在音則爲大音，而大音希聲。物以之成，而不見其形，校"而不見其"下，元本有"成"字。案：張太守本無，今刪。故隱而無名也。校"凡此諸大"至"故隱而無名也"，元本在本章經文"夫唯道，善貸且善成"下。案：其誼乃釋本章經文"道隱無名"，今迻此。

夫唯道善貸且善成。

【校】

"善貸且"下，元本無"善"字。案：范應元本及《宋書·謝靈運傳·山居賦》自注所引皆有。范應元曰："嚴遵、王弼同古本，河上公作'善貸且成'。"（見《老子道德經古本集注》）王注云："成之不如機匠之裁，無物而不濟其形，故曰善成也。"（見本章）據此則王本亦有，其無者乃河上公本（見存宋河上公本正無"善"字，注云："言道善稟貸人精氣且成就之也。"），非王本也，今補。

貸之非唯供其乏而已，校"貸之非唯供其乏而已"上，元本有"凡此諸善（善當作大），皆是道之所成也。在象則爲大象，而大象無形；在音則爲大音，而大音希聲。物以之成，而不見成其形（'成'字衍），故隱而無名也"四十九字。案：其誼乃釋本章經文"道隱無名"，今迻彼。一貸之則足以永終其惠，校"惠"，元本作"德"。案：當作"惠"（說見四章），今改。故曰"善貸"也。成之不如機匠之裁，無物不濟其形，故曰"善成"也。校"善成"下，元本無"也"字。案：上文云"一貸之則足以永終其惠，故曰'善貸'也"，此同其例，以有"也"字爲是，今補。

四十二章

道生一，一生二，二生三，三生萬物。

【箋】

《淮南子·天文》云："道始於一（元本'道'下有'曰規'二字，今據王念孫説删），一而不生，故分而爲陰陽，陰陽合和而萬物生，故曰：'一生二，二生三，三生萬物。'"案："二"謂陰陽，"三"謂和也。古希臘畢泰戈拉學派亦以"三"爲和諧。

萬物負陰而抱陽，冲气以爲和。

【校】

"气"，元本作"氣"。案：當作"气"（説見十章），今改。

【箋】

案：《説文》云："冲，涌摇也。"冲气以爲和，謂陰陽之气，涌摇交盪以成其和也。《莊子·外篇·田子方》云："至陰肅肅，至陽赫赫；肅肅出乎天，赫赫發乎地；兩者交通成和而物生焉。"《淮南子·氾論》云："積陰則沈，積陽則飛，陰陽相接，乃能成和。"

人之所惡，唯孤寡不穀，而侯王以爲偁。

【校】

　　"侯王"，元本作"王公"。案：《老子敚愷略例》云："明侯王孤寡之誼，而從道一以宣其始。"據此，則王本作侯王，其作王公者，乃河上公本（見存宋河上公本正作王公，注云："孤寡不穀者，不祥之名。而王公以爲稱者，處謙卑法，虛空和柔。"），非王本也，今改。又"偁"，元本作"稱"。案：當作"偁"（説見三章），今改。

【箋】

　　《老子敚愷略例》云："夫欲定物之本者，則雖近必自遠，以證其始；欲明物之所由者，則雖顯而必自幽，以敘其本。故取天地之外，以明形骸之内，明侯王孤寡之誼，而從道一以宣其始。"

故物，或損之而益，或益之而損。

【箋】

　　《淮南子·人間》云："故物或損之而益，或益之而損。何以知其然也？昔者楚莊王既勝晉於河、雍之間，歸而封孫叔敖，辭而不受，病且死（元本'病且死'作'病疽將死'，今據王念孫説改），謂其子曰：'吾則死矣，王必封女。女必讓肥饒之地，而受沙石之間有寢丘者，其地磽石而名醜，荆人鬼，越人禨，人莫之利也。'孫叔敖死，王果封其子以肥饒之地。其子辭而不受，請有寢之丘。楚國之俗，功臣二世而爵禄，惟孫叔敖獨存。此所謂損之而益也。何謂益之而損？昔晉厲公南伐楚，東伐齊，西伐秦，北伐燕，兵行天下而無所絓（元本'兵'下有'横'字，今據王念孫説刪），威服四方而無所詘，遂合諸侯於嘉陵。氣充志驕，淫侈無度，暴虐萬民。内無輔拂之臣，外無諸侯之助。戮殺大臣，親近導諛。明年出遊匠驪氏，欒書、中行偃劫而幽之，諸侯莫之救，百姓莫之哀，三月而死。夫戰勝攻取，地廣而名尊，此天下所願也，然而終於身死國亡，此所謂益之而損者也。"

【箋】

案：侯王至貴，不可益矣，故偶孤寡不穀以損之，損之者實以益也。若不可益而益之，則損矣。

萬物萬形，其歸一也。何由致一？由於無也。由無乃一，一可無言？校 "無言"，元本作"謂無"。案：陶鴻慶曰："謂無乃無言二字之誤。'由無乃一，一可無言？已謂之一，豈得無言？'語氣自爲呼應。《莊子・齊物論》云：'既已爲一矣，且得有言乎？既已謂之一矣，且得无言乎？一與言爲二，二與一爲三。自此以往，巧歷不能得，而況其凡乎！故自無適有，以至於三，而況自有適有乎！'皆此注所本。"（見《讀諸子札記》）其說是也，今改。已謂之一，豈得無言乎？有言有一，非二如何？有一有二，遂生乎三。從無之有，數盡乎斯，過此以往，非道之流。故萬物之生，吾知其主，雖有萬形，沖气一焉。校 "气"，元本作"氣"。案：當作"气"（說見十章），今改。百姓有心，異國殊風，而得一者，侯王主焉。校 "侯王"，元本作"王侯"。案：經文既當作"侯王"，則此亦以作"侯王"爲是，今乙轉。以一爲主，一何可捨？校 "捨"，元本作"舍"。案：當作"捨"（說見四章），今改。俞多俞遠，校 上二"俞"字，元本皆作"愈"。案：當作"俞"（說見五章），今改。損則近之。損之至盡，乃得其極。既謂之一，猶乃至三，況本不一，而道可近乎？損之而益，益之而損，校 "損之而益下"，元本無"益之而損"四字。案：經云："故物，或損之而益，或益之而損。"（見本章）此引其文，以有此四字爲是，今補。

豈虛言也。

人之所以教我，亦我之所以教人。

【校】

"人之所以教我，亦我之所以教人"，元本作"人之所教，我亦教人"。案：傅奕本作"人之所以教我，亦我之所以教人"。范應元本作"人之所以教我，而亦我之所以教人"。范應元曰："王弼、嚴遵同古本。"（見范著《老子道德經古本集注》）據此，則王本與范本相同，然覈其文，"而"字實屬蔓衍，唯傅奕本無"而"字，爲得王本之眞。其作"人之所教，我亦教之"者，乃河上公本（見存宋河上公本正作"人之所教，我亦教之"），非王本也。今從傅奕本改。又范應元曰："河上公作'人之所教，亦我義教之'。"（見范著《老子道德經古本集注》）案：范氏所云乃唐玄宗本（見存唐開元甲幢、唐開元乙幢及唐玄宗本皆如范氏所云，作"人之所教，亦我義教之"），以爲河上公者，蓋誤校也。

我之教人，校 "我之"下，元本無"教人"二字。案：下文"亦如我之教人，勿韋之也"，即承此而言。誼以有此二字爲是，今補。非劈使人從之也，校 "劈"，元本作"強"。案：當作"劈"（說見十五章），今改。而用夫自然。舉其至理，順之必吉，韋之必凶。故人相教，韋之必自取其凶也。校 上二"韋"字，元本皆作"違"。案：當作"韋"（說見六章），今改。又"韋之"下，元本無"必"字。案：張太守本、正統王本、明和王本皆有，當從之，今補。亦如我之教人，勿韋之也。校 "韋"，元本作"違"。案：當作"韋"（說見六章），今改。

彊梁者

【校】

"彊"，元本作"強"。案：當作"彊"（說見三章），今改。

【箋】

孔穎達曰："彊梁者，任威使氣之貌。"（見《詩·大雅·蕩之什》"蕩曾是彊禦"，毛亨傳曰"彊禦，彊梁"；"禦，善也"孔穎達疏）

不得其死，吾將以爲教父。

彊梁則必不得其死。人相教爲彊梁，則必如我之教人不當爲彊梁也。舉其彊梁不得其死以教邪，校上四"彊"字，元本皆作"強"。案：當作"彊"（説見三章），今改。若云順吾教之必吉也。故得其韋教之徒，校"韋"，元本作"違"。案：當作"韋"（説見六章），今改。適可以爲教父也。

四十三章

天下之至柔，馳騁天下之至堅，

【箋】

《淮南子·道應》云："罔兩問于景曰：'昭昭者，神明也？'景曰：'非也。'罔兩曰：'子何以知之？'景曰：'扶桑受謝，日照宇宙，昭昭之光，輝燭四海。闔户塞牖，則無由入矣。若神明，四通並流，無所不及，上際於天，下蟠於地。化育萬物而不可爲象，俛仰之間而撫四海之外。昭昭何足以明之！'故老子曰：'天下之至柔，馳騁天下之至堅。'"

气無所不入，校"气"，元本作"氣"。案：當作"气"（説見十章），今改。水無所不經。校 "水無所不"下，元本有"出於"二字。案：此注下接本章經文"無有入無閒"，其文蓋有作"出於無有，入於無閒"，此二字即其句首之文也。不知何時羼入注中，遂至扞格不通，今刪。

無有入無閒，

【校】

"無有入無閒"，傅奕本、范應元本及《淮南子·原道》所引皆作"出於無有，入於無閒"。劉師培曰："《淮南子·原道訓》引作'出於無有，入於無閒'，此《老子》古本也。王本亦有'出於'二字。王弼上文注云'氣無所不入，水無所不出於經'，注文'無所不出於經'當作'無所不經'，與上文'無所不入'對文，'出於'二字必係'無有'上之正文。蓋王本亦作'出於無有，入於無閒'，而'出於'二字誤入注文也。"（見《老子斠補》）案：本章經文乃以柔無竝舉，云"天下之至柔，馳騁天下之至堅"者，明柔弱之用也；云"無有入無閒"者，明虛無之用也；云"吾是以知無爲之有益。不言之教，無爲之益，天下希及之"者，承上文"無有入無閒"之語而重複偶譽虛無之用也。故王注云"柔弱虛無，無所不通"（見本章）；又云"至柔不可折，無有不可窮"（同上），是皆柔無竝釋，未嘗捨虛無之誼而偏釋柔弱也。若作"出於無有，入於無閒"，則變主詞"無有"爲賓詞，而其恉誼與讀法俱異矣。如此則"天下之至柔，馳騁天下之至堅，出於無有，入於無閒"皆明柔弱之用，而非復以"柔無"竝舉矣，其下文"吾是以知無爲之有益，不言之教，無爲之益天下希及之"亦將成爲不根之語，而無所系縣矣。故作"出於無有，入於無閒"，不僅與王注不合，於上下經文亦扞格難通。其文既非王氏故書，亦非《老子》古本。《淮南子·道應》爲專門解老之作，其引《老子》云："無有入於無閒，吾是以知無爲之有益也。""無有"上無"出於"二字，斯爲近古。《原道》引《老子》語，乃增字以就己立論，未可輕易信之也。

吾是以知無爲之有益。

【箋】

　　《淮南子·道應》云："光耀問於無有曰：'子果有乎？其果無有乎？'無有弗應也。光耀不得問，而孰視其狀貌（元本'孰'作'就'，今據王念孫説改），冥然忽然，視之不見其形，聽之不聞其聲，搏之不可得，望之不可極也。光耀曰：'貴矣哉，孰能至於此乎！予能有無矣，未能無無也。及其爲無無，又何從至於此哉！'故老子曰：'無有入於無間，吾是以知無爲之有益也。'"又《原道》云："天下之物，莫柔弱於水，然而大不可極，深不可測，脩極於無窮，遠淪於無涯，息耗減益，通於不訾，上天則爲雨露，下地則爲潤澤，萬物弗得不生，百事不得不成，大包羣生而無所私（元本'所私'作'好憎'，今據《太平御覽·地部二十三》所改）；澤及蚑蟯而不求報，富贍天下而不既，德施百姓而不費，行而不可得窮極也，微而不可得把握也，擊之無創，刺之不傷，斬之不斷，焚之不然，淖溺流遁，錯繆相紛而不可靡散，利貫金石，強濟天下，動溶無形之域，而翱翔忽芒之上（元本'芒'作'區'，今據王引之説改），遭回川谷之間，而滔騰大荒之野，有餘不足，與天地取與，稟授萬物（元本'授'萬物上無'稟'字，今據俞樾説補）而無所前後，是故無所私而無所公，靡濫振蕩，與天地鴻洞，無所左而無所右，蟠委錯紾，與萬物終始（元本'終始'作'始終'，今據王念孫説乙轉），是謂至德。夫水所以能成其至德於天下者，以其淖溺潤滑也。故老聃之言曰：'天下至柔，馳騁天下之至堅。出於無有，入於無間。'"

　　柔弱虛無，〔校〕"柔弱虛無"，元本作"虛無柔弱"。案：《道德真經取善集》引作"柔弱虛無"。經云"天下之至柔，馳騁天下之至堅，無有入無間"（見本章），蓋先舉柔弱而後及虛無也。據經文次序，以作"柔弱虛無"爲是，今乙轉。**無所不通。至柔不可折，無有不可窮。**〔校〕"無有不可窮"，元本在"至柔不可折"上。案：《道德真經取善集》與《道德真經集解》所引皆在"至柔不可折"下。據經文次序以在"至柔不可折"下爲是（説見上），今

⌞轉。以此推之，故知無爲之有益也。

不言之教，無爲之益，天下希及之。

四十四章

名與身孰親？

【箋】

　　趙岐曰："親，愛也。"（見《孟子·滕文公上》"夫夷子，信以爲人之親其兄之子爲若親其鄰之赤子乎"注）世有惡榮名甚於其身者，故老子爲此問。王注以親疏釋之，非是。

　　尚名好高，其身必疏。

身與貨孰多？

【箋】

　　顏師古曰："多，猶重也。"（見《漢書·灌夫傳》"士亦以此多之"注）世有重財貨甚於其身者，故老子爲此問。王注以多少釋之，非是。

　　貪貨無猒，[校]"猒"，元本作"厭"。案：《説文》云"厭，笮也"；又云"猒，飽也"，引申之則爲猒足之偶。諶誼以作"猒"爲是，"厭"借字，今改。其身必少。

得與亡孰病？

【箋】

皇侃曰："病，猶患也。"（見《論語·雍也》"堯舜其猶病諸"疏）世皆利得而患亡，而不知其相爲倚伏，唯無得乃無患也。故老子爲此問。王注以得利亡身爲物所病釋之，非是。

得多利而亡其身，何者爲物所病也？ 校 "爲"下，元本無"物所"二字。案：王注云："甚惡不與物通，多臧不與物柀，求之者多，攻之者眾，爲物所病，故大費厚亡也。"（見本章）譣誼以有此二字爲是，今補。

是故甚惡必大費，

【校】

"惡"，元本作"愛"。案：當作"惡"（説見十章），今改。

多臧必厚亡。

【校】

"臧"，元本作"藏"。案：《説文》"藏"字新附，徐鉉曰"《漢書》通用，臧字，从艸"，後人所加。《武斑碑》云："元功章炳，勳臧王府。"（見《金石萃編》）《老子銘》云："老子爲周守臧室吏。"（見《隸釋》）蓋其字當作"臧"，"藏"俗書，今改。

甚惡，不與物通； 校 "惡"，元本作"愛"。案：當從經文作"惡"，今改。多臧，不與物柀。 校 "臧"，元本作"藏"。案：當從經文作"臧"，今改。又"柀"，元本作"散"。案：當作"柀"（説見二十八章），今改。求之者多，攻之者衆，爲物所病，故大費、厚亡也。

知足不辱，知止不殆，可以長久。

【箋】

《韓非子·六反》云："老聃有言曰：'知足不辱，知止不殆。'夫以殆辱之故而不求於足之外者，老聃也。今以爲足民而可以治，是以民爲皆如老聃也。故桀貴在天子而不足於尊，富有四海之内而不足於寶。君人者雖足民，不能足使爲天子，而桀未必爲天子爲足也，則雖足民何可以爲治也！"《淮南子·人間》云："昔者智伯驕，伐范、中行而克之，又劫韓、魏之君而割其地。尚以爲未足，遂興兵伐趙。韓、魏反之，軍敗晉陽之下，身死高梁之東，頭爲飲器，國分爲三，爲天下笑。此不知足之禍也。老子曰：'知足不辱，知止不殆，可以修久。'此之謂也。"

四十五章

大成若缺，

　　大成隨物而成，校 "隨物而成"上，元本無"大成"二字。案：王注云"大盈充足，隨物而與"（見本章）；又云"大巧因自然以成器"（同上）；又云"大辯因物而言"（同上）。此同其例，以有此二字爲是，今補。不爲一象，故若缺也。校 "大成隨物而成"至"故若缺也"，元本在本章經文"其用不敝"下。案：其誼乃釋本章經文"大成若缺"，今迻此。

其用不敝：

【校】

"敝"，元本作"弊"。案：傅奕本、陳景元本、彭耜本、董思靖本、薛蕙本、焦竑本及《韓詩外傳》所引皆作"敝"，"弊"爲"獘"之俗書。《説文》云"獘，頓仆也"；又云"敝，帗也，一曰敗衣也"，引申之則爲凡敗之偁。諟誼以作"敝"爲是，"弊"借字，今改。又"其用不敝"下，元本有注云："隨物而成（'隨物而成'上應有'大成'二字），不爲一象，故若缺也。"案：其誼乃釋本章經文"大成若缺"，今逡彼。又"其用不敝"下，張太守本載王注云："學行大成，常如玷缺，謙則受益，故其材用無困弊之時。"案：其文具見唐開元二幢及唐玄宗《道德真經》注，非王注也。

大盈若盅，

【校】

"盅"，元本作"沖"。案：傅奕本、范應元本皆作"盅"。范應元曰："大滿若盅（'盈'字以避漢惠帝諱改作'滿'），郭雲、王弼同古本。"（見《老子道德經古本集注》）據此則王本亦作"盅"，其作"沖"者，乃河上公本（見存河上公本正作"沖"，注云"如沖者，貴不敢驕也，富不敢奢也"）非王本也，今改。

大盈充足，[校]"充"，元本作"沖"。案：張太守本、正統王本、乾隆王本、明和王本皆作"充"。諟誼以作"充"爲是，"沖"，誤字，今改。隨物而與，無所愛矜，[校]"愛"，元本作"愛"。案：當作"愛"（説見十章），今改。故若盅也。[校]"盅"，元本作"沖"。案：當從經文作"盅"，其作"沖"者，乃後人改易其字，以合河上公本經文，非王注之舊也，今改。又"大盈充足"至"故若盅也"，元本在本章經文"其用不窮"下。案：其誼乃釋本章經文"大盈若盅",今迻此。

其用不窮。

【校】

"其用不窮"下,元本有注云:"大盈沖足('沖'當作'充'),隨物而與,無所愛矜('愛'當作'悉'),故若沖也('沖'當作'盅')。"案:其誼乃釋本章經文"大盈若盅",今迻彼。

大直若詘,

【校】

"詘",元本作"屈"。案:傅奕本、范應元本及《韓詩外傳》所引,皆作"詘"。《說文》云"屈,無尾也";又云"詘,詰詘也"。諟誼以作"詘"爲是,"屈",借字,今改。

大直隨物而直,校 "隨物而直"上,元本無"大直"二字。案:王注云"大盈充足,隨物而與"(見本章);又云"大巧因自然以成器"(同上);又云"大辯因物而言"(同上)。此同其例,以有此二字爲是,今補。直不在己,校 "己",元本作"一"。案:《道德真經取善集》引作"己"。上文云"大直隨物而直",此以"物""己"對言,諟誼以作"己"爲是,"一",誤字,今改。故若詘也。校 "詘",元本作"屈"。案:當從經文作"詘",今改。

大巧若拙,

【箋】

《莊子·胠篋》云:"毀絕鉤繩而棄規矩,攦工倕之指,而天下始人有其巧

271

矣。故曰：'大巧若拙。'"《淮南子·道應》云："秦穆公謂伯樂曰：'子之年長矣。子姓有可使求馬者乎?'對曰：'良馬者，可以形容筋骨相也。相天下之馬者，若滅若失，若亡其一。若此馬者，絕塵弭轍。臣之子，皆下材也，可告以良馬，而不可告以天下之馬。臣有所與共儋纆采薪者方九堙（元本"共"作"供"，元本"纆"作"纒"，今據王念孫説改），此其於馬，非臣之下也。請見之。'穆公見之，使之求馬。三月而反報曰：'已得馬矣。在於沙丘。'穆公曰：'何馬也?'對曰：'牝而黄。'使人往取之，牝而驪。穆公不説。召伯樂而問之曰：'敗矣！子之所使求馬者（元本"子之所使求"下，無"馬"字，今據王念孫説補）。毛物、牝牡弗能知，又何馬之能知！'伯樂喟然大息曰：'一至此乎！是乃其所以千萬臣而無數者也。若堙之所觀者，天機也。得其精而忘其粗，在其内而忘其外（元本"在"下，無"其"字，今據王念孫説補），見其所見而不見其所不見，視其所視而遺其所不視。若彼之所相者，乃有貴乎馬者！'馬至，而果千里之馬。故老子曰：'大直若屈，大巧若拙。'"

大巧因自然以成器，不造爲異耑，校 "耑"，元本作"端"。案：當作"耑"（説見十五章），今改。故若拙也。

大辯若訥。

大辯因無而言，已無所造，故若訥也。

趮勝寒，

校 "趮"，元本作"躁"。案：當作"趮"（説見二十六章），今改。

竫勝熱，清竫爲天下正。

【校】

上二"竫"字，元本皆作"静"。案：當作"竫"（説見六章），今改。

【箋】

《吕氏春秋·審分覽·君守》云："得道者必静,静者無知。知乃無知,可以言君道也。故曰:中欲不出謂之扃,外欲不入謂之閉,既扃而又閉。天之用密,有准不以平,有繩不以正。天之大静,既静而又寧,可以爲天下正。"案:《爾雅·釋詁》云:"正,長也。"《尚書·商書·説命下》云:"昔先正保衡,作我先王。"孔安國傳云:"正,長也。"《商頌·玄鳥》云:"古帝命武湯,正域彼四方。"毛亨傳云:"正,長也。"《國語·楚語》云"天子之貴也,唯其以公侯爲官正也",韋昭注云:"正,長也。""清靖爲天下正"者,謂唯守清靖之道,乃能爲天下之長也。

趎疲然後勝寒,校"趎",元本作"躁"。案:當作"趎"（説見二十六章）,今改。又"疲",元本作"罷"。案:《説文》云"罷,遣有辠也";又云"疲,勞也"。誼以作"疲"爲是,"罷",借字,今改。**靖無爲以勝熱。以此推之,則清靖爲天下正矣。**校上二"靖"字,元本皆作"静"。案:當作"靖"（説見六章）,今改。**靖則全物之真**,校"靖",元本作"静"。案:當作"靖"（説見六章）,今改。**趎則犯物之性**,校"趎",元本作"躁"。案:當作"趎"（説見二十六章）,今改。**故唯清靖**,校"唯",元本作"惟"。案:張太守本、正統王本皆作"唯"。據例以作"唯"爲是（説見二十一章）,今改。又"靖",元本作"静"。案:當作"靖"（説見六章）,今改。**乃得如上諸大也。**

四十六章

天下有道，却走馬以糞；

【箋】

　　《韓非子·解老》云："有道之君，外無怨讎於鄰敵，而内有德澤於人民。夫外無怨讎於鄰敵者，其遇諸侯也有禮義（元本'其遇諸侯也'下有'外'字，今據顧廣圻説刪）。内有德澤於人民者，其治民事也務本（元本'民'作'人'，今據王先慎説改）。遇諸侯有禮義則役希起，治民事務本則淫奢止。凡馬之所以大用者，外供甲兵而内給淫奢也。今有道之君，外希用甲兵，而内禁淫奢。上不事馬於戰鬪逐北，而民不以馬遠通淫物，所積力唯田疇，積力於田疇必且糞灌，故曰：'天下有道，却走馬以糞也。'"又《喻老》云："天下有道，無急患則曰静（元本'曰'作'曰'，今據顧廣圻説改），遽傳不用，故曰：'却走馬以糞。'"高誘曰："止馬不以走，但以糞糞田也。"（見《淮南子·覽冥》"故却走馬以糞，而車軌不接於遠方之外"高誘注）段玉裁曰："用走馬佗棄糞除之物也（中略）。古謂除穢物曰糞，今人直謂穢曰糞。此古義今義之别也。凡糞田多用所除之穢爲之，故曰糞。"（見《説文解字段氏注·芊部》"糞字"條）

　　天下有道，知足知止，無求於外，各修其内而已。故却走馬以治田糞也。

天下無道，戎馬生於郊。

【箋】

　　《韓非子·解老》云："人君者無道，則内暴虐其民，而［外］侵欺其鄰國。內暴虐則民產絕，外侵欺則兵數起。民產絕則畜生少，兵數起則士卒盡。畜生少則戎馬乏，士卒盡則軍危殆。戎馬乏則牸馬出，軍危殆則近臣役。馬者，軍之大用，郊者，言其近也。今所以給軍之具於牸馬近臣（元本二'牸'字，皆作'將'。今據顧廣圻說改），故曰：'天下無道，戎馬生於郊矣。'"又《喻老》云："天下無道，攻擊不休，相守數年不已，甲冑生蟣蝨，鸇雀處帷幄，而兵不歸，故曰：'戎馬生於郊。'"

天下無道，校 元本無"天下無道"四字。案：王注云："天下有道，知足知止，無求於外，各修其內而已。故卻走馬以治田糞也。"（見本章）此同其例，以有此四字爲是，今補。貪欲無猒，校 "猒"，元本作"厭"。案：《說文》云"厭，笮也"；又云"猒，飽也"。諲誼以作"猒"爲是，"厭"借字，今改。不修其內，各求於外，故戎馬生於郊也。

禍莫大於不知足，

【校】

陸德明曰："河上本此句上有'罪莫大於可欲'一句。"（見《經典釋文》）案：唐景龍碑、唐開元甲幢、唐廣明幢、唐景福碑、宋景祐幢、遂州碑、唐天寶寫本、宋河上公本、顧歡本、嚴遵本、傅奕本、唐玄宗本、陸希聲本、陳景元本、司馬氏本、張太守本、蘇轍本、李霖本、彭耜本、董思靖本、范應元本、李榮本、薛蕙本、焦竑本及《群書治要》《韓非子·解老》《喻老》所引皆有。唯王本奪之耳。

【箋】

《韓非子·解老》云："人有欲則計會亂，計會亂則有欲甚（元本'則'作'而'，今據王先慎說改），有欲甚則邪心勝，邪心勝則事經絕，事經絕則禍難生。由是觀之，禍難生於邪心，邪心誘於可欲。可欲之類，進則教良民爲姦，退則令善人有禍。姦起則上侵弱君，禍至則人民多傷（元本'人民'

275

作'民人',今據王先慎説乙轉)。然則可欲之類上侵弱君而下傷人民。夫上侵弱君而下傷人民者,大罪也。故曰:'罪莫大於可欲。'(元本'罪'作'禍',今據顧廣圻説改)是以聖人不引五色,不淫於聲樂,明君賤玩好而去淫麗。人無毛羽,不衣則不犯寒。上不屬天,而下不著地,以腸胃爲根本,不食則不能活。是以不免於欲利之心,欲利之心不除,其身之憂也。故聖人衣足以犯寒,食足以充虚,則不憂矣。衆人則不然,大爲諸侯,小餘千金之資,其欲得之憂不除也。胥靡免,死罪有時活(元本'胥靡免,死罪有時活'作'胥靡有免,死罪時活',今據王先謙説改),今不知足者之憂,終身不解,故曰:'禍莫大於不知足。'"又《喻老》云:"翟人有獻豐狐玄豹之皮於晉文公,文公受客皮而歎曰:'此以皮之美自爲罪。'夫治國者以名號爲罪,徐偃王是也。以城與地爲罪,虞、虢是也。故曰:'罪莫大於可欲。'智伯兼范、中行而攻趙不已,韓、魏反之,軍敗晉陽,身死高梁之東,遂卒被分,漆其首以爲溲器。故曰:'禍莫大於不知足。'"

咎莫憯於欲得,

【校】

"憯",元本作"大"。案:傅奕本、范應元本及《韓非子·解老》《喻老》所引皆作"憯"。劉師培曰:"《解老篇》此語上文云:'苦痛雜於腸胃之間'("腸胃"當作"外内"①),則傷人也憯,憯則退而自咎'即釋此'憯'字之義也。'憯'與'痛'同,猶言禍莫痛於欲得也。《老子》古本亦必作'憯',傅奕本猶然。今本作'大',蓋後人以上語'大'字律之耳。"(見《老子斠補》)其説是也,今改。[箋]《韓非子·解老》云:"故欲利甚於憂,憂則疾生;疾生而智慧衰,智慧衰則失度量;失度量則妄舉動,妄舉動則禍害至;禍害至而疾嬰内,疾嬰内則痛,禍薄外則苦。苦痛雜於外内之間(元本'外内'作'腸胃',今據顧廣圻説改),則傷人也憯,憯則退而自咎,退而自咎也生於欲利,故曰:'咎莫憯於欲得(元本"得"作"利",今據顧廣圻説

---

① 顧廣圻云:"八字爲句。'腸胃'當作'内外'。"

改)。'"又《喻老》云:"虞君欲屈產之乘與垂棘之璧,不聽宫之奇,故邦亡身死。故曰:'咎莫憯於欲得。'"

故知足常足矣。

【校】

"故知足"下,元本有"之足"二字。案:司馬氏本及《文選·東京賦》注所引皆無,今刪。

【箋】

《韓非子·喻老》云:"邦以存爲常,霸王其可也;身以生爲常,富貴其可也。不欲自害,則邦不亡,身不死。故曰:'知足之爲足矣。'"

四十七章

不出户,可以知天下;不窺牖,可以知天道。

【校】

"不出户,可以知天下;不窺牖,可以知天道",元本作"不出户,知天下;不窺牖,見天道"。案:傅奕本作"不出户,可以知天下;不窺牖,可以知天道"。王注云:"道有大常,理有大致。執古之道,可以御今;雖處於今,可以知古始。故不出户、窺牖而可知也。"(見本章)據此,則王本亦作"不出户,可以知天下;不窺牖,可以知天道"。其作"不出户,知天下;不闚牖,見天道"者乃河上公本(見存宋河上公本正作"不出户,知天下;不窺牖,見天道",除"窺"與"闚"異外,餘皆合),非王本也,今改。

【箋】

　　《韓非子·喻老》云："空竅者，神明之户牖也。耳目竭於聲色，精神竭於外貌，故中無主。中無主，則禍福雖如丘山無從識之。故曰：'不出於户，可以知天下；不闚於牖，可以知天道。'此言神明之不離其實也。"《韓詩外傳》云："昔者不出户而知天下，不窺牖而見天道，非目能視乎千里之前，非耳能聞乎千里之外，以己之情量之也。己惡飢寒焉，則知天下之欲衣食也；己惡勞苦焉，則知天下之欲安佚也；己惡衰乏焉，則知天下之欲富足也。知此三者，聖王之所以不降席而匡天下。故君子之道，忠恕而已矣。"《淮南子·主術》云："人主深居陰處以避燥溼，閨門重襲以備姦賊（元本'備'作'避'，今據王念孫説改）；内不知閭里之情，外不知山澤之形，幃幕之外，目不能見十里之前，耳不能聞百步之外，天下之物無不通者，其灌輸之者大，而斟酌之者衆也。是故不出户而知天下，不窺牖而知天道。"[箋]何休曰："男女有所怨恨，相從而歌。飢者歌其食，勞者歌其事。男年六十、女年五十無子者，官衣食之，使之民間求詩。鄉移於邑，邑移於國，國以聞天子。故王者不出牖户，盡知天下所苦。"（見《春秋公羊傳·宣公十五年》"什一行而頌聲作矣"何休解詁）

　　物有宗而事有主，[校]"物有宗而事有主"，元本作"事有宗而物有主"。案：王注云"識物之宗，故雖不見，而是非之理可得而名也"（見本章）；又云"物有其宗，事有其主"（見四十九章）；又云"宗，萬物之宗也"（見七十章）；又云"君，萬事之主也"（同上）。譣誼以作"物有宗而事有主"爲是，元本"物事"互誤，今改。**涂雖殊而其歸同也，**[校]"涂"，元本作"途"。案：《説文》有"涂"字，無"途"字。《周禮·冬官·考工記》云："經涂九軌，環涂七軌，野涂五軌。"《荀子·儒效》云："混然涂之人也。"《漢書·禮樂志》云："大朱涂廣。"蓋其字當作"涂"，"途"俗書，今改。又"而其歸同也"，元本作"而同歸也"。案：張太守本作"而其歸同也"，下文云："慮雖百而其致一也。"此同其例，以作"而其歸同也"爲是，今改。**慮雖百而其致一也。**[箋]《周易·繫辭下》云："天下同歸而殊塗，一致而百慮。"道有大常，理有大致。

執古之道，可以御今；雖處於今，可以知古始。故不出户、窺牖而可知也。

|校| "窺"，元本作"闚"。案：張太守本、正統王本、明和王本皆作"窺"。經文既當作"窺"，則此亦以作"窺"爲是，今改。

其出獼遠，其知獼尟。

【校】

上二"獼"字，元本皆作"彌"。案：傅奕本作"獼"。《說文》有"獼"字，無"彌"字。蓋其字當作"獼"，"彌"，俗書，今改。又"尟"，元本作"少"。案：傅奕本、范應元本皆作"尟"。范應元曰："尟字，韓非、王弼同古本。"（見《老子道德經古本集注》）據此則王本亦作"尟"，其作"少"者，乃河上公本（見存宋河上公本正作"少"，注云"謂去其家觀人家，去其身觀人身，所觀益遠，所見益少也"），非王本也，今改。

【箋】

《韓非子‧喻老》云："白公勝慮亂，罷朝，倒杖而策銳貫頤，血流至於地而不知。鄭人聞之曰：'頤之忘，將何不忘哉（元本"不"作"爲"，今據王先慎說改）！'故曰：'其出彌遠者，其智彌少。'此言智周乎遠，則所遺在近也，是以聖人無常行也。"《淮南子‧精神》云："夫孔竅者，精神之戶牖也；而血氣者（元本'血氣'作'氣志'，今據王念孫說改），五藏之使候也。耳目淫于聲色之樂，則五藏搖動而不定矣。五藏搖動而不定，則血氣滔蕩而不休矣。血氣滔蕩而不休，則精神馳騁於外而不守矣。精神馳騁於外而不守，則禍福之至，雖如丘山，無由識之矣。使耳目精明玄達而無誘慕，氣志虛靜恬愉而省嗜慾，五藏定寧充盈而不泄，精神內守荊骸而不外越，則望於往世之前，而視於來事之後，猶未足爲也，豈直禍福之間哉！故曰：'其出彌遠者，其知彌少。'以言夫精神之不可使外淫也。"《呂氏春秋‧審分覽‧君守》云："身以盛心，心以盛智，智乎深藏，而實莫得窺乎。《鴻範》曰：'惟天陰騭下民。'陰之者，所以發之也。故曰：'不出於户而知天下，不窺於牖而知天道。其出彌遠者，其知彌少。'故博聞之人，彊識之士，闕矣；事耳目，深思慮之務，敗矣；堅白之察，無厚之辯，外矣。不出者，所以出之也。不爲者，所以爲之也。此之謂以陽召陽，以陰召陰。"

無在於一，而求之於衆也。道視之不可見，聽之不可聞，搏之不可得。校 "搏"，元本作"搏"。案：張太守本、明和王本及《經典釋文》所引皆作"搏"。《説文》云"搏，圜也"；又云"搏，索持也"。經云："搏之不得名曰微。"（見十四章）諗誼以作"搏"爲是，其作"搏"者，蓋因形似而誤也，今改。如其知之，不須出户；若其不知，出俞遠俞迷也。校 上二"俞"字，元本皆作"愈"。案：當作"俞"（説見五章），今改。

是以聖人不行而知，

【箋】

《韓非子・喻老》云："能竝智，故曰：'不行而知。'"

得物之致，故雖不行，而慮可知也。校 "得物之致"至"而慮可知也"。元本在本章經文"不見而名"下。案：其誼乃釋本章經文"是以聖人不行而知"，今迻此。

不見而名，

【箋】

《韓非子・喻老》云："能竝視，故曰：'不見而明。'"

識物之宗，校 "識物之宗"上，元本有"得物之致，故雖不行，而慮可知也"十三字。案：其誼乃釋本章經文"是以聖人不行而知今"，今迻彼。故雖不見，而是非之理可得而名也。

不爲而成。

【箋】

《韓非子·喻老》云："隨時以舉事，因資而立功，用萬物之能而獲利其上，故曰'不爲而成'。"

明物之性，因之而已，故雖不爲，而使之成也。校 "也"，元本作"矣"。案：當作"也"（説見一章），今改。

四十八章

爲學者

【校】

"爲學"下，元本無"者"字。案：傅奕本、范應元本皆有。王注云："下篇云：'爲學者日益，爲道者日損。'"（見二十章）據此則王本亦有，其無者乃河上公本（見存宋河上公版正無"者"字），非王本也，今補。

日益，

務欲進其所能，益其所習。

爲道者

【校】

"爲道"下，元本無"者"字。案：傅奕本、范應元本皆有。王注云："下篇云：'爲學者日益，爲道者日損。'"（見二十章）據此則王本亦有，其無者乃河上公本（見存宋河上公本正無"者"字），非王本也，今補。

日損，

【箋】

《後漢書·范升傳》云："孔子曰'博學約之，弗叛矣夫'，夫學而不約，必叛道也。顏淵曰：'博我以文，约我以禮。'孔子可謂知教，顏淵可謂善學矣。《老子》曰：'學道日損。'損猶約也。" 箋案："爲學者日益，爲道者日損"，爲正反對舉之竝列語，前一句爲反，后一句爲正，正者老氏之所然，反者老氏之所不然也。案：損，爲損有也。損有者何欲返於無也。**務欲返虛無也。** 校 "返"，元本作"反"。案：《說文》云"反，覆也"；又云："返，還也。"讅誼以作"返"爲是，"反"，借字，今改。

損之又損，以至於無爲，無爲則無不爲。

【校】

"則"，元本作"而"。案：傅奕本、范應元本皆作"則"。范應元曰："則字，陳韶、王弼同古本。"（見《老子道德經古本集注》）據此則王本亦作"則"，其作"而"者乃河上公本（見存宋河上公本正作"而"），非王本也，今改。

【箋】

《淮南子·原道》云："聖人内修其本，而不外飾其末，保其精神，偃其知故，漠然無爲而無不爲也。"又云："所謂無爲者，不先物爲也；所謂無不爲者，因物之所爲。"案：無爲，謂無國家建制與臣工之分職也（說見二章）。"損之又損，以至於無爲"者，謂損去一切以至於無國家建制與臣工之分職也。案："無爲則無不爲"者，謂無國家建制與臣工之分，而由氏族長者組成之部落議事會與部落聯合議事會總宅百揆也。

有爲則有所失，故無爲乃無所不爲也。

其取天下者

【校】

"取天下"上，元本無"其"字，下元本無"者"字。案：王注云："上章云：'其取天下者常以無事。'"（見五十七章）據此則王本有此二字，其無者乃河上公本（見存宋河上公本正無此二字），非王本也，今補。

常以無事，

【箋】

案：常讀若當，改常、當二字古音皆屬陽部，故得相通也。事，謂暴力也。鄭玄曰："事，戎事也。"（見《禮記·樂記》"恐不逮事也"鄭玄注）"其取天下者，常以無事，及其有事，又不足以取天下"者，言其得天下者，當無叚於暴力也，及其叚於暴力，斯又不足以得天下矣。竊謂無名之樸柅而階級之對抗成其興廢之際，唯暴力是決耳。今老氏深非暴力，非有助於興者也。

動常因也。

及其有事，

> 自己造也。

又不足以取天下矣。

【校】

"不足以取天下"上，元本無"又"字，下元本無"矣"字。案：傅奕本有。王注云："上章云：'其取天下者常以無事，及其有事，又不足以取天下矣。'"（見五十七章）據此，則王本亦有，其無者乃河上公本（見存宋河上公本正無此二字），非王本也，今補。

> 失統本也。

四十九章

聖人無常心，以百姓之心爲心。

【校】

"以百姓"下，元本無"之"字。案：范應元本有，當從之，今補。

> 動常因也。

善者，吾善之；不善者，吾亦善之。

各因其用，則善不失矣。 校 "矣"，元本作 "也"。案：當作 "矣"（説見一章），今改。

得善。

【校】

"得"，元本作 "德"。案：唐景龍碑、遂州碑、嚴遵本、傅奕本、陸希聲本、司馬氏本、張太守本及《太平御覽·皇王部一》所引皆作 "得"。諗王氏注誼王本亦當作 "得"，其作 "德" 者，乃河上公本（見存宋河上公本正作 "德"，注云 "百姓德化，聖人爲善"），非王本也，今改。

無棄人也。

信者，吾信之；不信者，吾亦信之，得信。

【校】

"得"，元本作 "德"。案：唐景龍碑、遂州碑、唐天寶寫本、嚴遵本、傅奕本、司馬氏本、張太守本及《太平御覽·皇王部一》所引皆作 "得"。此與上文 "得善" 同例，王本亦當作 "得"，其作 "德" 者，乃河上公本（見存宋河上公本正作 "德"，注云 "百姓德化，聖人爲信"），非王本也，今改。

【箋】

案：《尚書·周書·君陳》云："爾無忿疾于頑，無求備于一夫。必有忍，其乃有濟。有容，德乃大。" 此云 "善者，吾善之；不善者，吾亦善之"，又云 "信者，吾信之；不信者，吾亦信之"，蓋亦 "有容、有忍，無求備於一夫"之誼也。昔莊子偁老聃常寬容於物，不削於人（見《莊子·天下》），於此數語，足以見之矣。

聖人之在天下

【校】

"聖人"下，元本無"之"字。案：傅奕本、張太守本、蘇轍本、彭耜本、董思靖本、范應元本皆有。范應元曰："嚴遵、王弼同古本。"（見范著《老子道德經古本集注》）據此則王本亦有，其無者乃河上公本（見存宋河上公本正無"之"字），非王本也，今補。

歙歙焉，

【校】

"歙歙"下，元本無"焉"字。案：傅奕本、范應元本皆有。范應元曰："嚴遵、王弼同古本。"（見范著《老子道德經古本集注》）據此則王本亦有，今補。

【箋】

案：鄭玄曰："在，察也。"（見《禮記·文王世子》"必在視寒暖之節"鄭玄注）宋衷曰："翕，猶閉也。"（見《周易·繫辭上》"傳其靜也翕"李鼎祚集解）"聖人之在天下歙歙焉"者，言聖人常寬容於物，不削於人，其察天下，則翕翕焉，閉塞其耳目，不以聰明爲用也。

爲天下梱心焉。

【校】

"梱心焉"，元本作"渾其心"。案：范應元本作"渾心焉"。范應元曰："嚴遵、王弼同古本。"（見范著《老子道德經古本集注》）據此則王本亦作"渾心焉"。顧《說文》云"渾，混流聲也"，又云"楎，梡木未折也"，引申之則爲惇樸無知之偶，諗誼以作"楎心焉"爲是，其作"渾心焉"者，乃借"渾"爲"楎"也。其作"渾其心"者，乃河上公本（見存宋河上公本正作"渾其心"，注云言"聖人爲天下百姓，渾濁其心，若愚闇不通也"），非王本也，今補。

【箋】

高誘曰："爲，治也。"（見《呂氏春秋・審應覽・離謂》"此爲國之禁也"高誘注）楎心無所別析也，"爲天下楎心焉"者，言聖人抱一以爲天下式，其治天下，則楎心焉，無所別析也。蓋有所別析，則善、不善生矣。經云："皆知善之爲善，斯不善已。"（見二章）

百姓皆注其耳目，

各用聰明。

聖人皆孩之。

【箋】

案："皆孩之"者，謂視民皆如赤子也。《尚書・周書・康誥》云："若保赤子，惟民其康乂。"

皆使和而無欲，如嬰兒也。夫天地設位，聖人成能，[箋]韓康伯曰："聖人乘天地之正，萬物各成其能。"（見《周易・繫辭下》"天地設位，聖人成能"韓康伯注）人謀鬼謀，百姓與能，[箋]韓康伯曰："人謀，況議於眾以定失得也，鬼謀，況寄卜筮以考吉凶也。不役思慮，而失得自明；不勞探討，而吉凶自著。類萬物之情，通幽深之故，故百姓與能，樂推而不厭也。"（見

《周易·繫辭下》"人謀鬼謀，百姓與能"韓康伯注）能者與之，資者取之；能大則大，資貴則貴。物有其宗，事有其主。如此，則可冕璪邧目校"璪"，元本作"旒"。案：《説文》有"璪"字，無"旒"字。蓋其字當作"璪"，"旒"，俗書，今改。又"邧"，元本作"充"。案：張太守本作"垂"。蓋舊本如此，然"垂"篆作"𠏱"。《説文》云"𠏱，遠邊也"，又云"邧，艸木華葉邧"，引申之則爲凡物下邧之偁。諼誼以作"邧"爲是，"垂"，借字，今改。而不懼於欺，黈纊塞耳而無感於慢，校"感"，元本作"戚"。案：張太守本作"感"。《説文》云"戚，戉也"；又云"感，憂也"。諼誼以作"感"爲是，"戚"，借字，今改。又何爲勞一身之聰明，以察百姓之情哉！箋《大戴禮記·子張問入官》云："古者冕而前旒，所以蔽明也；黈纊塞耳，所以弇聰也。故水至清則無魚，人至察則無徒。"《漢書·東方朔傳》云："冕而前旒，所以蔽明；黈纊充耳，所以塞聰。明有所不見，聰有所不聞。舉大德，赦小過，無求備於一人之義也。"夫以明察物，物亦競以其明避之；校"避"，元本作"應"。案：下文云："無所察焉，百姓何避。"諼誼以作"避"爲是，其作"應"者乃涉下文"物亦競以其不信應之"而誤，今改。以不信求物，校"求"，元本作"察"。案：下文云："無所求焉，百姓何應。"諼誼以作"求"爲是，其作"察"者，乃涉上文"以明察物"而誤，今改。物亦競以其不信應之。夫天下之心不必同，其所應不敢異，則莫肎用其情矣。甚矣！害之大也，莫大於用其明矣。夫任智則人與之訟，任力則人與之爭。校上二"任"字，元本皆作"在"。案：《淮南子·詮言》云："在智則人與之訟，在力則人與之爭。"王念孫曰："'在'，皆當爲'任'字之誤也。言當因時而動，不可任智、任力也。"（見《讀書雜志》）王注采自《淮南子》，故其字亦當作"任"。其作"在"者，蓋因形似而誤，今改。智不出於人而立乎訟地，則窮矣；力不出於人而立乎爭地，則危矣。未有能使人無用其智其力於己者也，校"於"，元本作"乎"。案：張太守本作"於"，今改。如此則己以一敵人，而人以千萬敵己矣。校"矣"，元本作"也"。案：當作"矣"（説見一章），今改。若乃多其法網，煩其刑罰，塞其徑路，攻其幽宅，則萬物失其自然，百姓喪其手足，鳥亂於上，魚亂於下。⬚箋 《莊子·胠篋》云："夫弓弩畢弋機變之知多，則鳥亂於上矣；鉤餌網罟罾笱之知多，則魚亂於水矣。"是以聖人之在天下⬚校 "在"，元本作"於"。案：當從經文作"在"，今改。歙歙焉，心無所主也。爲天下榾心焉，意無所適莫也。⬚箋 《論語·里仁》云"君子之於天下也，無適也，無莫也"，刑昺疏云："適厚也，莫薄也。"無所察焉，百姓何避？無所求焉，百姓何應？無避無應，則莫不用其情矣。人無爲捨其所能，而爲其所不能；捨其所長，⬚校 上二"捨"字，元本皆作"舍"。案：當作"捨"（説見四章），今改。而爲其所短。⬚校 "而爲其"下，元本無"所"字。案：張太守本有，今補。如此，則言者言其所知，行者行其所能，百姓各皆注其耳目焉，吾皆孩之而已。

五十章

出生入死。

【箋】

《韓非子·解老》云："人始於生而卒於死。始之謂出，卒之謂入。故曰：'出生入死。'"《白虎通·德論·五行》云："將生者出，將歸者入。"《孔子家語·困誓》云："生則出焉，死則入焉。"案：出生入死，謂失其所生之本也。高誘曰："老子曰'出生入死'，故曰：'大失生本。'"（見《呂氏春秋·仲春紀·情欲》"大失生本"高誘注）

出生地，入死地。

生之徒十有三，死之徒十有三。

【箋】

《韓非子·解老》云："人之身三百六十節，四肢九竅，其大具也。四肢與九竅十有三（元本'四肢與九竅十有三'下有'者'字，今據王先慎説刪），十有三者之動静盡屬於生焉。屬之謂徒也，故曰'生之徒十有三'（元本'生之徒下'有'也'字，'十有三'下有'者'字，今據王先慎説刪）。至其死也，十有三具者皆還而屬之於死，死之徒亦十有三（元本'十有'作'有十'，今據王先慎説乙轉）。故曰：'生之徒十有三，死之徒十有三。'"

民之生

【校】

"民"，元本作"人"。案：傅奕本、彭耜本、范應元本及《韓非子·解老》所引皆作"民"。王注云："民生生之厚，更之無生之地焉。"（見本章）據此，則王本亦作"民"，其作"人"者，乃河上公本（見存宋河上公本正作"人"，注云"人之求生動作反之十三死也"），非王本也，今改。

動之死地，亦十有三。

【箋】

《韓非子·解老》云："凡民之生生，而生者固動，動則損也（元本'動'下有'盡'字，今據孫人和説刪）；而動不止，是損而不止也。損而不止則生盡，生盡之謂死，則十有三具者皆爲死死地也。故曰：'民之生生而動，動皆之死地，亦十有三。'（元本'亦'作'之'，今據盧文弨説改）是以聖人愛精神而貴處静。"

夫何故？以其生生之厚也。

【校】

"以其生生之厚"下，元本無"也"字。案：唐景福碑、傅奕本、范應元本皆有，今補。

【箋】

《淮南子・精神》云："五色亂目，使目不明；五聲譁耳，使耳不聰；五味亂口，使口爽傷；趣舍滑心，使行飛揚。此四者，天下之所養性也，然皆人累也。故曰：嗜欲者使人之氣越，而好憎者使人之心勞，弗疾去，則志氣日耗。夫人之所以不能終其壽命而中道夭於荆戮者，何也？以其生生之厚。夫惟能無以生爲者，則所以得脩生也。"（元本"得脩"作"脩得"，今據俞樾說乙轉）

十有三，猶云十分有三分。取其生道，全生之極，十分有三耳；取死之道，全死之極，亦十分有三耳。而民生生之厚，更之無生之地焉。
校 "十有三"至"更之無生之地焉"，元本在本章經文"以其無死地也"下。案：其誼乃釋本章經文"生之徒"至"以其生生之厚也"，今迻此。

蓋聞善攝生者，陸行不遇兕虎，

【校】

"虎兕"，元本作"兕虎"。案：王注云："虎兕無所措其爪角。"（見本章）據此，則王本作"虎兕"，其作"兕虎"者乃河上公本（見存宋河上公本正作"兕虎"），非王本也，今乙轉。

入軍不被甲兵，虎無所措其爪，兕無所措其角，

【校】

"虎無所措其爪，兕無所措其角"，元本作"兕無所投其角，虎無所措其爪"。案：《淮南子·詮言》引作"虎無所措其爪，兕無所措其角"。王注云"虎兕無所措其爪角"（見本章），據此，則王本亦作"虎無所措其爪，兕無所措其角"。其作"兕無所投其角，虎無所措其爪"者，乃河上公本（見存宋河上公本正作"兕無所投其角，虎無所措其爪"），非王本也，今改。

【箋】

《淮南子·詮言》云："任智則人與之訟，任力則人與之争（元本二'任'字皆作'在'，今據王念孫説改）。未有使人無智者，有使人不能用其智於己者也；未有使人無力者，有使人不能施其力於己者也。此兩者常在久見。故君賢不見，諸侯不備；不肖不見，則百姓不怨。百姓不怨則民用可得，諸侯弗備則天下之時可承。事所與眾同也，功所與時成也，聖人無焉。故老子曰：'虎無所措其爪，兕無所措其角。'蓋謂此也。"

兵無所容其刃。

【箋】

俞樾曰："《釋名·釋姿容》曰：'容，用也，合事宜之用也。'兵無所容其刃，言兵無所用其刃。《莊子·胠篋篇》'容成氏'，《六韜·大明篇》作'庸成氏'。是容與庸通，庸爲用，故容亦用也。"（見《諸子平議》）

夫何故？以其無死地也。

【校】

"以其無死地"下，元本無"也"字。案：上文云"以其生生之厚也"，此同其例，以有"也"字爲是，今補。

【箋】

《韓非子·解老》云："凡兵革者，所以備害也。重生者雖入軍無忿爭之心，無忿爭之心則無所用救害之備。此非獨謂野處之軍也，聖人之遊世也無害人之心，無害人之心則必無人害，無人害則不備人，故曰：'陸行不遇兕虎。'入世不恃備以救害（元本'世'作'山'，今據顧廣圻說改），故曰：'入軍不備甲兵。'遠諸害，故曰：'兕無所投其角，虎無所錯其爪，兵無所容其刃。'不設備而必無害，天地之道理也。體天地之道，故曰：'無死地焉。'動無死地，而謂之善攝生矣。"

善攝生者，校 "善攝生者"上，元本有"十有三，猶云十分有三分。取其生道，全生之極，十分有三耳；取死之道，全死之極，亦十分有三耳。而民生生之厚，更之無生之地焉"五十字。案：其誼乃釋本章經文"生之徒"至"以其生生之厚也"，今迻彼。無以生爲生，故無死地也。器之害者，莫甚乎兵戈；嘼之害者，校 "嘼"，元本作"獸"。案：當作"嘼"（說見五章），今改。莫甚乎虎兕。校 "虎兕"，元本作"兕虎"。案：此與下文"虎兕無所措其爪角"同例，以作"虎兕"爲是，今乙轉。而令兵戈無所容其鋒刃，虎兕無所措其爪角，斯誠不以欲纍其身者也，校 "纍"，元本作"累"。案：當作"纍"（說見四章），今改。何死地之有乎！夫黿鼉以淵爲淺，校 "黿鼉"，元本作"蚖蟺"。案：蚖，爲榮蚖；蟺，爲夗蟺，皆非淵中之物。據《大戴禮記》以作"黿鼉"爲是，"蚖蟺"借字，今改。而鑿穴其中；鷹鸇以山爲卑，而增巢其上。矰繳不能及，網罟不能到，可謂處於死地矣。然而卒以甘餌，乃入於無生之地，豈非生生之厚乎？箋 《大戴禮記·曾子疾病》云："鷹鶉以山爲卑，而曾巢其上，魚、鱉、黿、鼉以淵爲淺，而鑿穴其中，卒其所以得之者，餌也。是故君子苟無以義害利，則辱何由至哉？"故物，苟不以求離其本，不以欲渝其真，雖入軍而不害，陸行而

293

不可犯也。赤子之可則而貴，信矣。

五十一章

道生之，悳畜之，

校 "悳"，元本作"德"。案：當作"悳"（説見四章），今改。

物形之，勢成之。

物生而後畜，畜而後形，形而後成。何由而生？道也。何得而畜？悳也。校 "悳"，元本作"德"。案：當作"悳"（説見四章），今改。何由而形？因也。校 "因"，元本作"物"。案：下文"唯因也，故能無物而不形"，即承此而言，譣誼以作"因"爲是，"物"，誤字，今改。何使而成？勢也。唯因也，故能無物而不形；唯勢也，故能無物而不成。凡物之所以生，功之所以成，皆有所由。有所由焉，則莫不由乎道也。故推而極之，亦至道也。隨其所因，故各有偁焉。校 "偁"，元本作"稱"。案：當作"偁"（説見三章），今改。

是以萬物莫不尊道而貴悳。

【校】

"悳"，元本作"德"。案：當作"悳"（説見四章），今改。

道者，物之所由也；悳者，校 "悳"，元本作"德"。案：當作"悳"

（説見四章），今改。物之所得也。由之乃得，故不得不尊；校 "故"下，元本有"曰"字。案：是衍文，今刪。又"尊"，元本作"失"。案：當作"尊"，其作"失"者，乃與下文"失"字互誤也，今改。失之則害，校 "失"，元本作"尊"。案：當作"失"，其作"尊"者，乃與上文"尊"字互誤也，今改。故不得不貴也。校 "不得不貴也"上，元本無"故"字。案：上文云"由之乃得，故不得不尊"，此同其例，以有"故"字爲是，今補。

道之尊，悳之貴，

【校】

　　"悳"，元本作"德"。案：當作"悳"（説見四章），今改。

夫莫之爵

【校】

　　"爵"，元本作"命"。案：唐開元甲幢、遂州碑、唐天寶寫本、顧歡本、嚴遵本、傅奕本、唐玄宗本、陸希聲本、陳景元本、司馬氏本、張太守本、蘇轍本、李霖本、彭耜本、董思靖本、范應元本、焦竑本皆作"爵"。張太守本校記云："明皇、王弼二本'命'并作'爵'。"據此則王本亦作"爵"，其作"命"者，乃河上公本（見存宋河上公本正作"命"，注云"道一不命，召萬物而常，自然應之如影響"），非王本也，今改。

而常自然。

【校】

　　"而常自然"下，元本有注云"命竝作爵"。案：此乃張太守本校記也，其上奪"明皇王弼二本"六字,蓋今日之所傳之《老子》王注皆出政和晁本。晁氏繕寫其書,雖未自明所出,然以諸本相校,知其經文實用河上公本,而其注文則從張太守《道德真經集注》輯出。晁氏偶疏,遂并校記輯之,其後諸本皆沿晁氏之誤也,今刪。

【箋】

董思靖曰:"夫受命於天,則爲天子;受命於天子,則爲諸侯。有所受命,則出命者能卑賤之。而道在萬物之先,以制其命,果孰能爵之乎?惟予奪不屬他人,故常自然而所以尊且貴也。"(見董著《道德真經集解》)

故道生之,惪畜之:

【校】

"惪",元本作"德"。案:當作"惪"(説見四章),今改。

長之、育之、亭之、毒之、

【箋】

案:《周易·師卦·象》云:"以此毒天下而民從之。"王引之曰:"《廣雅》'毒,安也',毒天下者,安天下也……《老子》曰'亭之、毒之',亦謂平之、安之也。"(見《經義述聞·周易下》"以此毒天下而民從之"條)

葢之、

【校】

"葢",元本作"養"。案:傅奕本、范應元本及《文選·辨命論》李善注所引皆作"葢"。范應元曰:"王弼、李奇同古本。"(見范著《老子道德經古本集注》）據此，則王本亦作"葢"。顧"葢"爲"葢"之俗書。據《說文》以作"葢"爲是，今改。

覆之。

亭謂品其形，毒謂成其質，校 "謂成其質"上，元本無"亭謂品其形毒"六字。案：《初學記·帝王部》《文選·辯命論》李善注所引皆有，諗誼以有此六字爲是，今補。又"質"，元本作"實"。案：《初學記·帝王部》《文選·辯命論》李善注所引皆作"質"，諗誼以作"質"爲是。是其作"實"者，葢因形似而誤也，今改。葢覆謂各得其庇蔭，校 "各得其庇蔭"上，元本無"葢覆謂"三字。案：此釋經文"葢之、覆之"之誼也。上文云"亭謂品其形，毒謂成其質"，此同其例，以有此三字爲是，今補。不傷其體也。校 "也"，元本作"矣"。案：當作"也"（說見二十七章），今改。

生而不有，爲而不恃，

爲而不有。

長而不宰，

【箋】

案："長"，讀如《國語·周語》"古之長民者"之"長"。"長而不宰"者，言原始社會之氏族長者，決事以衆而不獨宰也。

是謂玄悳。

【校】

"悳"，元本作"德"。案：當作"悳"（説見四章），今改。

【箋】

案："玄悳"，謂樸之悳也。其曰"玄"者，以玄爲道之循環（説見一章），具有原始要終之誼也。蓋樸橅而爲器，器復返於樸，終則返乎始也。經云"玄悳，深矣、遠矣、與物返矣"（見六十五章），言其導天下之人復返於樸也。老氏生於有名之世，而深信人類歷史之發展終將返乎無名之樸，故以玄悳爲樸之悳也。

有悳而不知其主，校 "悳"，元本作"德"。案：當作"悳"（説見四章），今改。又"有悳而不知其主"下，元本有"也"字。案：是衍文，今刪。出乎幽冥，是以謂之玄悳也。校 "悳"，元本作"德"。案：當作"悳"（説見四章），今改。

五十二章

天下有始，可以爲天下母。

【校】

"以爲天下母"上，元本無"可"字。案：傅奕本有，王注云："善始之，則善養畜之矣。故天下有始，則可以爲天下母矣。"（見本章）據此則王本亦有，其無者乃河上公本（見存宋河上公本正無"可"字），非王本也，今補。

【箋】

案：天下，誼如天下神器（見十九章）之"天下"，指有名之器而言也。始，謂樸也。樸斲而後爲器，故器始於樸也。"天下有始，可以爲天下母"者，謂器始於樸，而樸爲器之母也。

善始之，則善養畜之矣。故天下有始，則可以爲天下母矣。

既得其母，以知其子；

【箋】

案："既得其母，以知其子"者，謂子出於母，得其母，則知子之所由生矣。

既知其子，復守其母，

母，本也。子，末也。得本以知末，不捨本以逐末也。校 "捨"，元本作"舍"。案：當作"捨"（説見四章），今改。又"母，本也"至"不捨本以逐末也"，元本在本章經文"殁身不殆"下。案：其誼乃釋本章經文"既得其母"至"復守其母"，今迻此。

殁身不殆。

【校】

"殁"，元本作"没"。案：當作"殁"（説見十六章），今改。

【箋】

案："既知其子，復守其母，殁身不殆"者，謂既知子生於母，而復守母以存子，則子以母存而終身免於危殆矣。蓋此章乃老氏諷當世王侯保有天下之道也。經云："天下神器，不可爲也，不可執也。爲者敗之，執者失之。"（見十九章）其欲保有天下者，唯守樸而已。顧樸既棳而爲器，則所謂樸者已不復可守矣，而猶曰"守其母"者，豈欲以元始社會之歷史法則歧之於奴隸社會邪！此固事之所不可能而亦老氏之所未達也。

塞其兑，

【箋】

俞樾曰："兑，當讀爲穴。《文選・風賦》'空穴來風'注引《莊子》'空閲來風'，閲從兑，聲閲，可叚作穴，兑亦可叚作穴也。'塞其穴'正與'閉其門'文義一律。"（見《諸子平議》）孫詒讓曰："兑，當讀爲隧，二字古通用，襄二十三年《左傳》：'杞植、華還載甲，夜入且于之隧。'《禮記・檀弓》鄭注引之云：'隧或爲兑。'《晏子春秋・内篇・問下篇》又作'茲於兑'，是其證也。《廣雅・釋室》云：'隧，道也。'《左傳》文元年杜注云：'隧，徑也。'塞其兑，亦謂塞其道徑也。"（見《札迻》）案：《周易・説卦》云："兑爲口。"《尚書・虞書・大禹謨》云："惟口出好興戎。""塞其兑"者，蓋諷當世王侯當行不言之教以化民成俗，而毋爲口出教令好事興戎也。俞氏以兑爲穴，孫氏以兑爲隧，於誼皆未切當也。

兑，事欲之所由生也。校 "事欲之所由生"下，元本無"也"字。案：王注云"門，事欲之所由從也"（見本章），此同其例，以有"也"字爲是，今補。又"兑，事欲之所由生也"，元本在本章經文"閉其門"下。案：其誼乃釋本章經文"塞其兑"之"兑"字，今迻此。

閉其門，

【箋】

案：《管子・心術上》云："門者，謂耳目也。耳目者，所以聞見也。"《漢書·東方朔傳》云："冕而前旒，所以蔽明；黈纊充耳，所以塞聰。明有所不見，聰有所不聞。""閉其門"者，蓋諷當世王侯當行悶悶之政，使天下之民，歸於惇厚而毋任聰明；以行察察之政，使天下之民趨於狡黠也。經云："其政悶悶，其民惇惇；其政察察，其民缺缺。"（見五十八章）此之謂也。

門，事欲之所由從也。校 "門，事欲之所由從也"上，元本有"兌，事欲之所由生"（"事欲之所由生"下應有"也"字）七字。案：其誼乃釋本章經文"塞其兌"之"兌"字，今逸彼。

終身不勤。

【箋】

《淮南子·道應》云："齊王后死，王欲置后而未定，使羣臣議。薛公欲中王之意，因獻十珥而美其一。旦日，因問美珥之所在，因勸立以爲王后。齊王大説，遂重薛公（元本'遂'下有'尊'字，今據王念孫説刪）。故人主之嗜欲見於外（元本'嗜'作'意'，今據王念孫説改），則爲人臣之所制。故老子曰：'塞其兌，閉其門，終身不勤。'"案：《説文》云："勤，勞也。""終身不勤"者，謂當世王侯若能塞兌閉門、不煩教令、任聰明，則終身不勞於治，而天下臻於至治矣。

無事永逸，故曰：校 "故"下，元本無"曰"字。案：其文例應有（説見九章），今補。"終身不勤也。"

開其兌，

【箋】

案："開其兌"者，謂任教令以爲治也。

301

濟其事，

【箋】

案：事，猶治也。《淮南子·原道》云："聖人又何事焉？"高誘注云："事，治也。""濟其事"者，謂教令之不足，又以耳目之司察裹濟其治也。

終身不救。

【箋】

案：《說文》云："救，止也。""終身不救"者，謂當世王侯若開兑、濟世，口煩於教令，耳目煩於司察，則雖終身勞於爲治而弗止，亦徒然無益於天下之治也。

不閉其原，而濟其事，故雖終身不救也。校 "故雖終身不救"下，元本無"也"字。案：其文例應有（說見一章），今補。

見小曰明，

【箋】

《韓非子·喻老》云："昔者紂爲象箸而箕子怖。以爲象箸必不加於土鉶，必將犀玉之杯；象箸玉杯必不羹菽藿，則必旄象豹胎，旄象豹胎必不衣裋褐而食於茅屋之下（元本'裋'作'短'，今據松臯圓說改），則必錦衣九重（元本'則'下無'必'字，今據王先慎說補），廣室高臺。吾畏其卒，故怖其始。居五年，紂爲肉圃，設炮烙，登糟邱，臨酒池，紂遂以亡。故箕子見象箸以知天下之禍。故曰：'見小曰明。'"《淮南子·道應》云："魯國之法，魯人爲人臣妾於諸侯（元本'魯人爲人'下，無'臣'字，今據王念孫說補），有能贖之者，取金於府。子贛贖魯人於諸侯，來而辭不受金。孔子曰：

'賜失之矣！夫聖人之舉事也，可以移風易俗，而教順可施後世（元本"而"下有"受"字，今據王念孫說刪），非獨以適身之行也。今國之富者寡而貧者眾。贖而受金，則爲不廉，不受金則不復贖人。自今以來，魯人不復贖人於諸侯矣。'孔子亦可謂知化矣（元本'化'作'禮'，今據王念孫說改）。故老子曰：'見小曰明。'"案：小與少，古相通用。《周易·繫辭下》"知小而謀大，力小而任重"，李鼎祚集解作"知少而謀大，力少而任重"。《師嫠殷》"既令女夒乃且考嗣小輔"（見《兩周金文辭大系圖錄攷釋》），小輔即少傅。此云"見小曰明"者，蓋以見之劣少，爲明非纖散必審之謂也。《韓非子》《淮南》皆以"見散知箸"之意釋之，殊悖上文"塞兑閉門"之恉。

守柔曰彊。

【校】

"彊"，元本作"強"。案：當作"彊"（說見三章），今改。

【箋】

《韓非子·喻老》云："句踐入宦於吳，身執干戈爲吳王洗馬，故能殺夫差於姑蘇。文王見詈於王門，顏色不變，而武王擒紂於牧野。故曰：'守柔曰強。'"

爲治之功不在彊大，校 "不在下"，元本無"彊"字。案：此乃總括下文"見大不明，見小乃明。守彊不彊，守柔乃彊"而言，諡誼以有"彊"字爲是，今補。見大不明，見小乃明。守彊不彊，守柔乃彊也。校 上三"彊"字，元本皆作"強"。案：當作"彊"（說見三章），今改。

用其光,

顯道以去民迷。

復歸其明,

【箋】

案：光,猶廣也、大也,指充塞天地,廣被四表之大道而言也。《詩·周頌·閔予小子之什敬之》云"日就月將,學有緝熙于光明",毛亨傳云："光,廣也。"《國語·周語》云"叔父若能光裕大德,更姓改物,以創制天下,自顯庸也",韋昭注云："光,廣也。"《大戴禮記·禮三本》云："所以別積厚者流澤光。"《史記·禮書》引作"所以辨積厚者流澤廣"。《水經·濟水》云"又北過臨邑縣東",酈道元注云："今防門北有光里,齊人言廣音與光同。即《春秋》所謂'守之廣里者也'。《尚書·虞書·堯典》云：'光被四表,格于上下。'而《禮含文嘉》乃云：'堯廣被四表,致於龜龍。'"(見《五行大義·論五常》) 蓋光被四表,即廣被四表也。《周易·坤卦·文言》云"含萬物而化光于寶",注云："光,大也。"(見《周易集解》)《詩·大雅·文王之什·皇矣》云"維此王季,因心則友。則友其兄,則篤其慶,載錫之光",毛亨傳云："光,大也。"《春秋左傳·昭公二十八年》云"昔武王克商,光有天下",杜預注云："光,大也。"《國語·周語》云"古之明王不失此三德者,故能光有天下";又《鄭語》云"夫其子孫,必光啟土",韋昭注云："光,大也。"故光具廣大之誼,而至廣大者,莫過乎道。《莊子·天地》云："夫道,覆載萬物者也,洋洋乎大哉。"經云"吾不知其名,彊字之曰道,彊為之名曰大"(見二十五章);又云"天下皆謂我道大"(見六十七章),是故老氏以光喻道也。明與名,古相通用。《周易·賁卦·象》云"山下有火,賁君子以明庶政";《經典釋文》云："明,蜀才本作命。"又《繫辭下》云"繫辭焉,而命之動在其中矣";《經典釋文》云："命,孟本作明。"明《正統道藏》本、《韓非子·孤憤》"其不可借以美名者,以外權重之","名",宋乾道本作"明"。《廣雅·釋詁》云："命，名也。"《尚書·周書·吕荊》云"乃命三后，恤功于民"；《墨子·尚賢中》引作"乃名三后，恤功於民"；《春秋左傳·桓公二年》云"生大子命之曰仇"；《漢書·五行志中》引作"生太子名之曰仇"。又《昭公元年》云"余命而子曰虞"；《漢書·地理志下》引作"余名而子曰虞"。《禮記·檀弓上》云："子夏喪其子，而喪其明。"而《冀州從事郭君碑》乃云："卜商啼咷，喪子失名。"明既可作名，反之則名亦可作明矣。"用其光，復歸其明"者，謂用其充塞天地，廣被四表之大。道以化成，天下及乎。功成事遂，而又不尸其名也。經云："大道氾兮，其可左右。萬物恃之以生而不辭，功成而不名有。"（見三十四章）此之謂也。

不明察也。

無遺身殃，是謂襲常。

【校】

"襲"，元本作"習"。案：唐開元甲幢、唐開元乙幢、遂州碑、唐天寶寫本、嚴遵本、傅奕本、唐玄宗本、陸希聲本、陳景元本、司馬氏本、張太守本、蘇轍本、李霖本、彭耜本、董思靖本、范應元本、李榮本、薛蕙本、焦竑本及《經典釋文》《太平御覽·道部一》所引皆作"襲"（《經典釋文》於"蚖蟺"下出"襲"字，然諗本書五十章經注皆無"襲"字，字當在此）。蓋王本亦當作"襲"，其作"習"者，乃河上公本（見存宋河上公本正作"習"，注云"人能行此，是謂修習常道"），非王本也，今改。箋案：常有循環往復、始終相襲之誼（説見一章）。"無遺身殃，是謂襲常"者，謂功成而不尸其名，則殃不及乎身，而其所行如此，是謂因襲道之循環也。經云"功成身退，天之道也哉"（見九章），此之謂也。

襲，道之常也。校 "道之常也"上，元本無"襲"字。案：其誼應有，今補。

五十三章

使我介然有知，

【箋】

　　顏師古曰："介然，特異之意。"（見《漢書·律曆志上》"介然有常"注）蓋"使我介然有知"者，謂使我異於凡輩獨有所知也。

行於大道，

【箋】

　　《韓非子·解老》云："《書》之所謂大道也者，端道也。"

唯迤是畏。

【校】

　　"迤"，元本作"施"。案：當作"迤"（說見一章），今改。又案：此字據《韓非子》實當作迤。王念孫曰："'施'讀爲'迤'，迤，邪也。言行於大道之中，唯懼其入於邪道也。下文云：'大道甚夷，而民好徑。'河上公注'徑，邪不正也'，是其證矣。《說文》'迤，衺行也'，引《禹貢》'東迤北，會于匯'。《孟子·離婁篇》'施從良人之所之'趙注曰：'施者，邪施而行，丁公著音迤。'《淮南子·齊俗篇》'去非者非批，邪施也'，高注曰：'施，微曲也。'《要略篇》'接徑直施'，高注曰：'施，邪也。'是施與迤通。《史記·賈生傳》'庚子日施兮'，《漢書》施作斜，斜亦邪也。《韓子·解老篇》釋此章之義曰：'所謂大道也者，端道也。所謂貌施者也，邪道也。所謂徑也者，佳麗也。佳麗也者，邪道之分也。'此又其明證矣。"（見《讀書雜誌・餘編》"老子唯施是畏"條）今改作"岐"者，從王注訓爲之誼也。[箋]《韓非子・解老》云："所謂貌施也者，邪道也。"

言若使我介然有知，行大道於天下，唯岐爲之是畏也。[校]"岐"，元本作"施"。案：當從經文作"岐"，今改。

大道甚夷，而民好徑。

【箋】

《韓非子・解老》云："所謂徑也者（元本'所謂徑'下有'大'字，今據王先慎說刪），佳麗也。佳麗也者，邪道之分也。"

言大道宕然正平，[校]"宕"，元本作"蕩"。案：當作"宕"（說見五章），今改。而民猶尚捨之而不由，[校]"捨"，元本作"舍"。案：當作"捨"（說見四章），今改。好從衺徑，[校]"衺"，元本作"邪"。案：當作"衺"（說見十章），今改。況復岐爲以塞大道之中乎？[校]"岐"，元本作"施"。案：當從經文作"岐"，今改。故曰："大道甚夷，而民好徑也。"[校]"而民好徑"下，無"也"字。案：其文例應有，今補。

朝甚除，

【箋】

《韓非子・解老》云："朝甚除也者，獄訟繁也。"

朝，宮室也。除，絜好也。[校]"絜"，元本作"潔"。案：正統王本及

307

《經典釋文》所引皆作"絜"。"潔"字《説文新附詩序》云"《白華》,孝子之絜白也";《春秋左傳・桓公六年》云"絜粢豐盛";《漢書・揚雄傳上》云"惟天軌之不辟兮,何純絜而離紛"。蓋其字當作"絜","潔"俗書,今改。

田甚蕪,

【箋】

《韓非子・解老》云:"獄訟繁則田荒。"

倉甚虛。

【箋】

《韓非子・解老》云:"田荒則府倉虛。"

朝甚除,則田甚蕪,倉甚虛矣。校 "倉甚虛"下,元本無"矣"。案:張太守本有,今補。設一而眾害生也。

服文采,

【校】

"采",元本作"綵"。案:嚴遵本、傅奕本、唐玄宗本、陳景元本、蘇轍本、彭耜本、董思靖本、范應元本、李榮本、薛蕙本、焦竑本及《韓非子・解老》《羣書治要》所引皆作"采"。《説文》有"采"字,無"綵"字。《論衡・知量》云:"染練布帛,名之曰采,貴吉之服也。"《漢書・貨值傳》云:"其帛絮細布千鈞,文采千匹。"蓋其字當作"采","綵"俗書,今改。

【箋】

《韓非子·解老》云："府倉虛則國貧，國貧而民俗淫侈，民俗淫侈則衣食之業絕，衣食之業絕則民不得無飾巧詐，飾巧詐則知采文，知采文之謂服文采。"

帶利劍，

【箋】

《韓非子·解老》云："獄訟繁，倉廩虛，而有以淫侈爲俗，則國之傷也，若以利劍刺之，故曰：'帶利劍。'"

猒飲食，

【校】

"猒"，元本作"厭"。案：唐開元甲幢、陳景元本、范應元本皆作"猒"。《說文》云"厭，笮也"；又云"猒，飽也"。諟誼以作"猒"爲是，"厭"借字，今改。

財貨有餘，

【箋】

《韓非子·解老》云："諸夫飾智故以至於傷國者，其私家必富；私家必富，故曰：'資貨有餘。'"

是謂盜夸。

【校】

　　"盜夸"，元本作"夸盜"。案：宋河上公本、顧歡本、傅奕本、陸希聲本、蘇轍本、乾隆王本、光緒王本、明和王本皆作"盜夸"。王注云"夸而不以其道得之，盜夸也"（見本章）；又云"故舉非道以明，非道則皆盜夸矣"（同上）。據此則王本亦作"盜夸"，今乚轉。又"盜夸"，《韓非子·解老》引作"盜竽"。姚鼐曰："《韓非子》作'盜竽'，雖古而説自訛，何必從之？"（見《老子章義》）俞樾曰："夸字無義，《韓非子·解老篇》作盜竽，其解曰，竽也者，五聲之長者也。故竽先則鍾瑟皆隨，竽唱則諸樂皆和。今大姦作，則俗之民唱；俗之民唱，則小盜必和。故服文采、帶利劍、厭飲食而資貨有餘者，是之謂盜竽矣。蓋古本如此，當從之。"（見《諸子平議》）于省吾曰："《韓非子·解老》盜夸作盜竽，謂竽也者五聲之長也，姚鼐已譏其訛，而俞樾從之。"案：各本夸、誇互作。夸，古誇字，盜夸即誕誇，盜、誕雙聲，《獵碣文》"帛魚鱳鱳，其盜氏鮮"，盜，應讀若涎，謂白魚在水中所吐之涎沫至鮮明也。《説文》次字段注：'次，俗作涎。郭注《爾雅》作䜊。'案：《古文四聲韻·上聲二十三》：'旱誕，古文作䜊，从言从口一也。'盜字本應从皿，次聲，《説文》以欲皿爲盜，誤以形聲爲會意。次、涎並屬邪紐，古讀邪，歸定詳。錢玄同《古音無邪紐》：'證盜夸即誕誇。'上言'服文采，帶利劍，厭飲食，財貨有餘'，正就'誕誇'爲言。誕誇亦作夸誕。《荀子·不苟》'夸誕生惑'，楊注：'矜誇妄誕，則貪惑於物也。'楊注與老子之説可以互證。"（見《雙劍誃諸子新證》）案：王本作盜夸，不誤。《説文》云："夸，奢也。"盜夸者，謂盜民財力以窮其奢欲也。《荀子·仲尼》云："貴而不爲夸。"其"服文采、帶利劍、厭飲食、財貨有餘"者，是皆貴而爲夸者也。其貴而爲夸者實盜民財力爲之，豈止誕誇而已哉？甚矣！于氏知俞樾從韓説之非，而不知其説之鑿也。

【笺】

《韓非子·解老》云："國有若是者，則愚民不得無術而效之，效之則小盜生。由是觀之，大姦作則小盜隨，大姦唱則小盜和。竽也者，五聲之長者也，故竽先則鍾瑟皆隨，竽唱則諸樂皆和。今大姦作則俗之民唱，俗之民唱則小盜必和，故曰（元本'故'下無'曰'字，今據顧廣圻説補）：'服文采，帶利劍，厭飲食，而資貨有餘者，是之謂盜竽矣。'"案：《韓非子》解"盜竽"殊迂曲，固未若王注以"夸而不以其道得之"釋"道夸"之簡當也。又陸希聲曰："入其國，其政教可知也；觀朝闕甚修、除牆宇甚雕峻，則知其君好土木之功、多嬉游之娛矣；觀田野甚荒蕪，則知其君好力役、奪民時矣；觀倉廩甚空虛，則知其君好末作、廢本業矣；觀衣服多文采，則知其君好淫巧、蠹女工矣；觀佩帶皆利劍，則知其君好勇武、生國患矣；觀飲食常猒飫，則知其君好醉飽、忘民事矣；觀資貨常有餘，則知其君好聚斂、困民財矣。凡此數者，皆盜用民力以爲夸訛，故謂之盜夸。"（見《道德真經傳》）其說詳於王注而大恉略同。

盜夸，非道也哉！

【校】

"非道也哉"上，元本無"盜夸"二字。案：傅奕本及《經典釋文》所引皆有，蓋王本亦有此二字，其無者乃河上公本（見存宋河上公本正無此二字），非王本也，今補。

【笺】

陸希聲曰："盜夸者，非有道之治也。"（見《道德真經傳》）

凡物，不以其道得之，則皆衺矣，衺則盜矣。校上二"衺"字，元本皆作"邪"。案：當作"衺"（説見十章），今改。又上二"矣"字，元本皆作"也"。案：當作"矣"，今改。**夸而不以其道得之，盜夸也；貴而不以**

其道得之，校 "夸而不以其道得之"下，元本無 "盜夸也，貴而不以其道得之"十一字。案：張太守本有，唯 "夸"作 "誇"，非是，今補，並改 "誇"爲 "夸"。竊位也。故舉非道以明，非道則皆盜夸矣。校 "矣"，元本作 "也"。案：當作 "矣"，今改。

五十四章

善建者不拔，

【箋】

《韓非子·解老》云："人無愚智，莫不有趣舍。恬淡平安，莫不知禍福之所由來。得於好惡，怵於淫物，而後變亂。所以然者，引於外物，亂於玩好也。恬淡有趣舍之義，平安知禍福之計。而今也玩好變之，外物引之，引之而往，故曰：'拔。'至聖人不然，一建其趣舍，雖見所好之物不能引，不能引之謂'不拔'。"《淮南子·主術》云："是故君人者，無爲而有守也，有立而無好也（元本'立'作'爲'，今據王念孫説改）。有爲則讒生，有好則諛起。昔者齊桓公好味而易牙烹其首子而餌之，虞君好寶而晉獻以璧馬釣之，胡王好音而秦穆公以女樂誘之，是皆以利見制於人也。故善建者不拔，言建之無形也（元本'言建之無形也'六字剗入高誘注，今據王念孫説迻作正文）。"

固其根，而後營其末，故不拔也。

善抱者不挩，

【校】

"挩"，元本作 "脱"。案：范應元本作 "挩"，諡誼以作 "挩"爲是，"脱"

借字（説見三十六章），今改。

【箋】

《韓非子・解老》云："一於其情，雖有可欲之類神不爲動，神不爲動之謂'不脱'。"

不貪於多，齊其所能，故不挩也。校 "挩"，元本作"脱"。案：當從經文作"挩"，今改。

子孫以祭祀不輟。

【箋】

《韓非子・解老》云："爲人子孫者，體此道以守宗廟不滅之謂'祭祀不輟'（元本'輟'作'絶'，今據王先慎説改）。"又《喻老》云："楚莊王既勝，狩於河雍，歸而賞孫叔敖，孫叔敖請漢閒之地，沙石之處。楚邦之法，禄臣再世而收地，唯孫叔敖獨在。此不以其邦爲收者，瘠也，故九世而祀不絶。故曰'善建不拔，善抱不脱，子孫以其祭祀，世世不輟'，孫叔敖之謂也。"

子孫傳此道，以祭祀則不輟矣。校 "矣"，元本作"也"。案：當作"矣"（説見一章），今改。

修之於身，其悳乃真；

【校】

"悳"，元本作"德"。案：當作"悳"（説見四章），今改。

【箋】

《淮南子·道應》云："楚莊王問詹何曰：'治國奈何？'對曰：'何明於治身，而不明于治國？'楚王曰：'寡人得奉宗廟社稷（元本"奉"作"立"，今據劉文典說改），願學所以守之。'詹何對曰：'臣未嘗聞身治而國亂者也，未嘗聞身亂而國治者也。故本在於身（元本"在"作"任"，今據王念孫說改），不敢對以末。'楚王曰：'善。'故老子曰：'脩之身，其德乃真也。'"

脩之於家，其惪乃餘；

【校】

"惪"，元本作"德"。案：當作"惪"（説見四章），今改。又"其惪乃餘"下，元本有注云："以身及人也。修之身則真，修之家則有餘，修之不廢，所施轉大（'施'當作'歧'）。"案：其誼乃并釋本章經文"修之於鄉，其惪乃長；修之於邦，其惪乃豐；修之於天下，其惪乃溥"，今逯彼。

修之於鄉，其惪乃長；

【校】

"惪"，元本作"德"。案：當作"惪"（説見四章），今改。

修之於邦，

【校】

"邦"，元本作"國"。案：傅奕本、范應元本、薛蕙本、焦竑本及《韓非子·解老》所引皆作"邦"。此以"邦""豐"相叶，據《經韻》以作"邦"爲是。其作"國"者乃避漢高祖諱，非《老子》之舊也，今改。

其悳乃豐；修之於天下，其悳乃溥。

【校】

上二"悳"字，元本皆作"德"。案：當作"悳"（説見四章），今改。又"溥"，元本作"普"。案：傅奕本作"溥"。《説文》云"普，日無色也"；又云"溥，大也"。諶誼以作"溥"爲是，"普"借字，今改。

【箋】

《管子·牧民》云："以家爲鄉，鄉不可爲也。以鄉爲邦，邦不可爲也。以邦爲天下，天下不可爲也。以家爲家，以鄉爲鄉，以邦爲邦，以天下爲天下。毋曰不同生，遠者不聽。毋曰不同鄉，遠者不行。毋曰不同邦，遠者不從（元本諸'邦'字皆作'國'，今據豬飼彦博説改）。"又《形勢》云："道之所言者一也，而用之者異。有聞道而好爲家者，一家之人也。有聞道而好爲鄉者，一鄉之人也。有聞道而好爲邦者，一邦之人也（元本二'邦'字，皆作'國'，今據《牧民》篇例改）。有聞道而好爲天下者，天下之人也。"又《權修》云："有身不治，奚待於人？有人不治，奚待於家？有家不治，奚待於鄉？有鄉不治，奚待於邦？有邦不治（元本二'邦'字，皆作'國'，今據《牧民》篇例改），奚待於天下？"《韓非子·解老》云："身以積精爲德，家以資財爲德，鄉邦天下皆以民爲德（元本'邦'作'國'，今據下文'治邦者行此節'例改）。今治身而外物不能亂其精神，故曰：'脩之身，其德乃真。'真者，慎之固也。治家者，無用之物不能動其計，則資有餘，故曰：'脩之家，其德乃餘（元本乃作有，今據盧文弨説改）。'治鄉者行此節，則家之有餘者益衆，故曰：'脩之鄉，其德乃長。'治邦者行此節，則鄉之有德者益衆，故曰：'脩之邦，其德乃豐。'莅天下者行此節，則民之生莫不受其澤，故曰：'脩之天下，其德乃普。'"

以身及人也。修之身則真，修之家則有餘，修之不廢，所蚳轉大。

校 "蚳"，元本作"施"。案：當作"蚳"（説見一章），今改。又"以身及人"至"所歧轉大",元本在本章經文"修之於家,其惠乃餘"下。案:其誼乃并釋本章經文"修之於鄉,其惠乃長;修之於邦,其惠乃豐;修之於天下,其惠乃溥",今逐此。

故以身觀身,以家觀家,以鄉觀鄉,以邦觀邦,

【校】

上二"邦"字,元本皆作"國"。案:傅奕本、范應元本、薛蕙本、焦竑本及《韓非子·解老》所引皆作"邦",此與上文"修之於邦"同例,以作邦爲是,今改。

彼皆然也。

以天下觀天下。

以天下百姓心,觀天下之道也。天下之道,屰順吉凶,│校│"屰",元本作"逆"。案:當作"屰"(説見六章),今改。亦皆如人之道也。

吾何以知天下之然哉?

【校】

"吾何以知天下"下,元本無"之"字。案:唐景龍碑、唐開元甲幢、唐景福碑、遂州碑、唐天寶寫本、宋河上公本、顧歡本、傅奕本、唐玄宗本、陸希聲本、陳景元本、司馬氏本、張太守本、蘇轍本、李霖本、彭耜本、董思靖本、范應元本、李榮本、薛蕙本、焦竑本及《韓非子·解老》所引皆有。經云"吾何以知眾甫之然哉?以此"(見二十一章),此同其例,以有"之"字爲是,今補。

以此。

【箋】

《韓非子・解老》云："修身者以此別君子小人，治鄉治邦莅天下者各以此科適觀息耗，則萬不失一。故曰：'以身觀身，以家觀家，以邦觀邦，以天下觀天下。吾奚以知天下之然也？以此。'"

此，上之所云也。言吾何以得知天下乎？察己以知之，不求於外也。所謂不出戶以知天下者也。

五十五章

含惪之厚者，

【校】

"惪"，元本作"德"。案：當作"惪"（說見四章），今改。又"含惪之厚"下，元本無"者"字。案：傅奕本、司馬氏本、范應元本皆有，當從之，今補。

比於赤子。

【箋】

趙岐曰："赤子，嬰兒也。"（見《孟子・離婁下》"大人者，不失赤子之心者也"趙岐注）劉奉世曰："嬰兒體色赤，故曰赤子耳。"（見《漢書・賈誼傳》"故自爲赤子耳教固已行矣"三劉刊誤）

毒蟲不螫，

【校】

"毒蟲不螫"，元本作"蜂蠆虺蛇不螫"。案：唐開元甲幢、遂州碑、宋河上公本、顧歡本、嚴遵本、唐玄宗本、陸希聲本、陳景元本、司馬氏本、張太守本、蘇轍本、李霖本、彭耜本、董思靖本、李榮本、薛蕙本、焦竑本皆作"毒蟲不螫"。王注云："赤子，無求無欲，不犯眾物，故毒蟲之物無犯於人也。"（見本章）據此則王本亦作"毒蟲不螫"，其作"蜂蠆虺蛇不螫"者，乃從誤本《經典釋文》竄改，非王本之舊也，今改。

【箋】

高誘曰："螫，讀解釋之釋。"（見《淮南子·俶真》"蜂蠆螫指而神不能憺"高誘注）《說文》云："螫，蟲行毒也。"

猛兕不攫，鷙鳥不搏。

【校】

"猛兕不攫，鷙鳥不搏"，元本作"猛獸不據，攫鳥不搏"。案："獸"當作"兕"（說見五章），又"不據"當作"不攫"，"攫鳥"當作"鷙鳥"。《說苑·修文》云"天地陰陽盛長之時，猛獸不攫，鷙鳥不搏"，是其證也，今改。

赤子，無求無欲，不犯眾物，故毒蟲之物無犯於人也。校 "於"，元本作"之"。案：張太守本作"於"，當從之，今改。含惠之厚者，校 "惠"，元本作"德"。案：當作"惠"（說見四章），今改。不犯於物，故無物以損其全也。

骨弱筋柔而握固，

　　以柔弱之故，故握能周固也。校"故握能周固"下，元本無"也"字。案：其文例應有（説見一章），今補。

未知牝牡之合而全作，

【校】

　　"全"，宋河上公本作"朘"。俞樾曰："全字之義未詳。王注云：'作，長也。無物以損其身，故能全長也。'説殊未安。河上公本'全'作'朘'，而其注曰：'赤子未知男女之合會而陰作怒者，由精氣多之所致也。'是以'陰'字釋'朘'字。《玉篇·肉部》'朘，赤子陰也'，朘即朘也。疑王氏所據本作'全'者乃'侌'字之誤。侌者，陰之本字，蓋'陰陽'本作'侌昜'，其從𨸏者，陽則山南水北，陰則山北水南，並以地言，非侌昜之本義也。《老子》古本蓋從古文作'侌'，而隸書或作侌。武梁祠堂畫象'陰'字，左旁作侌是也。侌字闕壞止存上半，則與全字相似，因誤爲'全'矣，是故作'侌'者。《老子》之原文作'全'者，'侌'之誤字；作'朘'者，其別本也。王氏據誤本作注，不能訂正，遂使《老子》原文不可復見，惜之。"（見俞著《諸子平議》）于省吾曰："釋文'全'，河上作'朘'，本一作'脧'。何氏校刊樓古作'屡'。俞樾云，疑王氏所據本作'全'者乃'侌'字之誤。案：俞氏昧於古音，故改'全'爲'侌'。全，元部。朘，諄部。元、諄通轉，如酸从夋，聲素官切，隸元部。《漢書·地理志》'金城郡有允吾縣'，應劭曰'允吾，音鉛牙'；又'允街縣'，孟康曰：'允音鉛。'案：'鉛'隸元部，允、夋古同字，沇，从允聲，以轉切，隸元部。《説文》'悛，止也'；《繫傳》'七沿反'。朱駿聲云：'叚借爲銓。《左傳》哀公三年：傳外內以悛注次也，又爲恮。《廣雅·釋詁》：'悛，敬也。'案：《文選·魏都賦》注引《左氏傳》杜注'銓，次也'。故朱謂：'叚悛爲銓。'王氏《廣雅疏證》：'悛者，《説文》恮謹也。'恮與悛通，是王説與朱説同，由是言之，'全'與'朘''脧''屡'字

通，例證至顯。"（見于箸《雙劍誃諸子新證》）

作，長也。無物以損其身，故能全長也。言含惪之厚者，無物可以損其惪、校二"惪"字，元本皆作"德"。案：當作"惪"（說見四章），今改。渝其真。柔弱不爭而不催折者，皆若此也。

精之至也。終日號而不嗄，

【箋】

司馬彪曰："楚人謂嗁極無聲爲嗄。"（見《經典釋文·莊子音義下·庚桑楚第二十三》）無爭欲之心，故終日出聲而不嗄也。

和之至也。知和曰常，

不皦不昧、不溫不涼，故曰常也。校"故曰常也"，元本作"此常也"。案：王注云："無形不可得而見，故曰明也。"（見本章）此同其例，以作"故曰常也"爲是，今改。又"不皦不昧"至"故曰常也"，元本在本章經文"知常曰明"下。案：其誼乃釋本章經文"知和曰常"之"常"字，今迻此。物以和爲常，故知和則得常矣。校"矣"，元本作"也"。案：當作"矣"（說見一章），今改。

知常曰明，

無形不可得而見。校"無形不可得而見"上，元本有"不皦不昧、不溫不涼，此常也"（"此常也"，當作"故曰常也"）十一字。案：其誼乃釋本章經文"知和曰常"之"常"字，今迻彼。故曰校"曰"上，元本無"故"字。案：其文例應有，今補。明也。

益生曰祥，

【箋】

案：益生者，謂其生生之厚也。經云："生之徒，十有三；死之徒，十有三，民之生動之死地，亦十有三。夫何故？以其生生之厚也。"（見五十章）是故生不可益，益生者非善其生者也；善其生者，常因其自然而已。《莊子·則陽》①云"常因自然而不益生"，今反乎自然之道而劈益之如揠苗助長，適足以喪其生也。喪生曰凶祥、凶事也。《曲禮·檀弓上》云"孔子既祥，五日彈琴而不成聲"，鄭玄注云："祥亦凶事。"又案：祥有祦異之誼。《尚書·成乂序》云"亳有祥，桑穀共生于朝"，孔安國傳云"祥，妖怪然"，譣《老子》經文殊與此誼不合，今王注釋祥爲祦，失之。

生不可益，益之則祦矣。 校 "祦"，元本作"夭"。案：張太守本作"妖"，蓋"夭"爲"妖"之壞字，而"妖"又"媄"之消文也。《説文》云"媄，巧也"；又云"地反物爲祦也"。譣誼以作"祦"爲是，此借"媄"爲"祦"，既從俗消作"妖"，又復壞爲"夭"字，於是輾轉益非矣。今改。又"矣"，元本作"也"。案：當作"矣"（説見一章），今改。

心使气曰彊。

【校】

"气"，元本作"氣"。案：當作"气"（説見十章），今改。又"彊"，元本作"強"。案：唐天寶寫本、傅奕本、董思靖本皆作"彊"。譣誼以作"彊"爲是，"強"借字（説見三章），今改。

---

① 案：《莊子·則陽》應爲《莊子·德充符》。

【箋】

《淮南子·道應》云："中山公子牟謂詹子曰：'身處江海之上，心在魏闕之下。爲之奈何？'詹子曰：'重生。重生則輕利。'中山公子牟曰：'雖知之，猶不能自勝。'詹子曰：'不能自勝，則從之。從之，神無怨乎！不能自勝而強弗從者，此之謂重傷。重傷之人，無壽類矣！'故老子曰：'知和曰常，知常曰明，益生曰祥，心使氣曰強。是故用其光，復歸其明也。'"案：范望曰："彊，彊梁也。"（見《太玄·疑·次三》"疑彊昭受茲閔閔，于其心祖"范望注）孔穎達曰："彊梁，任威使氣之貌。"（見《詩·大雅·蕩之什·蕩》"曾是彊禦"，毛亨傳"彊禦，彊梁禦善也"孔穎達疏）

心宜無有，使气則彊矣。校 "气"，元本作"氣"。案：當作"气"（說見十章），今改。又"彊"，元本作"強"。案：當作"彊"（說見三章），今改。又"使气則彊"下，元本無"矣"字。案：王注云"生不可益，益之則祆矣"（見本章），此同其例，以有"矣"字爲是，今補。

物壯則老，是謂不道，

【校】

"是謂"，元本作"謂之"。案：唐開元甲幢、唐玄宗本、陳景元本、司馬氏本、張太守本、蘇轍本、李霖本、彭耜本、董思靖本、范應元本、薛蕙本皆作"是謂"。蓋是謂者，《老子》習用之語也。經云"谷神不死，是謂玄牝；玄牝之門，是謂天地之根"（見六章）；又云"生而不有，爲而不恃，長而不宰，是謂玄惠"（見十章）；又云"何謂寵辱若驚？得之若驚，失之若驚，是謂寵辱若驚"（見十三章）；又云"其上不曒，其下不昧，純純兮不可名，復歸於無物。是謂無狀之狀，無物之象。是謂忽恍"（見十四章）；又云"是以聖人常善救人，故無棄人；常善救物，故無棄物。是謂襲明"（見二十七章）；又云"物壯則老，是謂不道"（見三十章）；又云"將欲翕之，必固張之；將欲弱之，必固彊之；將欲廢之，必固興之；將欲取之，必固與之，是謂散明"

（見三十六章）；又云"用其光，復歸其明，無遺身殃。是謂襲常"（見五十二章）；又云"服文采，帶利劍，猒飲食，財貨有餘，是謂盜夸"（見五十三章）；又云"挫其銳，解其紛，和其光，同其塵，是謂玄同"（見五十六章）；又云"有國之母，可以長久。是謂深根固柢，長生久視之道"（見五十九章）；又云"能知稽式，是謂玄德"（見六十五章）；又云"善爲士者不武，善戰者不怒，善勝敵者不争，善用人者爲之下。是謂不争之德，是謂用人之力，是謂妃天之極"（見六十八章）；又云："用兵者有言曰：'吾不敢爲主而爲客，不敢進寸而退尺，是謂行無行，攘無臂，執無兵，扔無敵。'"（見六十九章）又云"夫代司殺者殺，是謂代大匠斵"（見七十四章）；又云"受國之垢，是謂社稷主；受國之不祥，是謂天下王"（見七十八章）。此同其例，以作"是謂"爲是，今改。

不道早已。

【校】

案："物壯則老"至"不道早已"，亦見三十章經文，顧王氏於彼有注於此無注，而河上公則网并注之，故疑此十二字爲河上公本所有，而非王本之所有也。

五十六章

挫其銳，

【校】

"挫其銳"上，元本有"知者不言（下注云'因自然也'），言者不知（下注云'造事端也'），塞其兑，閉其門"十四字。案："知者不言，言者不知"及其注文并應在八十一章經文"信言不美"上，今迻彼。又案："塞其兌，閉其門"乃五十二章經文重出於此，觀王氏於此無注，證王本實無此二句，其有者乃河上公本（見存宋河上公本正有此二句，注云"塞閉之者欲絕其源"），非王本也，今刪。

【箋】

郭象曰："進躁無崖爲銳。"（見《莊子·天下》"銳則挫矣"郭象注）

含守質也。

解其紛，

【校】

"紛"，元本作"分"。案：唐開元甲幢、宋河上公本、顧歡本、傅奕本、唐玄宗本、陸希聲本、陳景元本、司馬氏本、張太守本、蘇轍本、李霖本、彭耜本、董思靖本、范應元本、李榮本、薛蕙本、焦竑本皆作"紛"。經云："挫其銳，解其紛，和其光，同其塵，湛兮似或存。"（見四章）王注云："銳挫而無損紛，解而不勞，和光而不污其體，同塵而不渝其真，不亦湛兮，似或存乎。"（同上）據此則王本亦作"紛"，"分"誤字，今改。

【箋】

案：紛之言紛亂、紛糾、紛挐也。《戰國策·趙策》云："所貴於天下之士者，爲人排患釋難，解紛亂而無所取也。"《史記·孫子吳起列傳》云："夫解襍亂紛糾者，不控捲。"《漢書·衛青霍去病傳》云："漢、匈奴相紛挐。"又"人性紛挐不解古之通語"（見《淮南子·本經》"巧偽紛挐，以相摧錯"高誘注）。

除爭原也。

和其光，

無所特顯，則物無所偏爭矣。校 "矣"，元本作"也"。案：當作"矣"（説見一章），今改。

同其塵，

【箋】

《淮南子·道應》云："吳起爲楚令尹，適魏，問屈宜咎曰（元本'咎'作'若'，今據王念孫説改）：'王不知起之不肖，而以爲令尹。先生試觀起之爲之也（元本"爲之"作"爲人"，今據王念孫説改）。'屈子曰：'將奈何？'吳起曰：'將衰楚國之爵而平其制禄，損其有餘而綏其不足，砥礪甲兵，以時爭利於天下（元本"時爭利於天下"上無"以"字，今據王念孫説補）。'屈子曰：'宜咎聞之，昔善治國家者，不變其故，不易其常。今子將衰楚國之爵而平其制禄，損其有餘而綏其不足，是變其故，易其常也。行之者不利！'宜咎聞之曰：'怒者，逆德也；兵者，凶器也；爭者，人之所本也。今子陰謀逆德，好用凶器，始人之所本，逆之至也。且子用魯兵，不宜得志於齊，而行志焉。子用魏兵，不宜得志於秦，而得志焉。宜咎聞之（元本上三"咎"字皆作若，今據王念孫説改），非禍人，不能成禍。吾固惑吾王之數逆天道，戾人理，至今無禍，差須夫子也。'吳起惕然曰：'尚可更乎？'屈子曰：'成形之徒，不可更也。子不若敦愛而篤行之。'老子曰：'挫其鋭，解其紛，和其光，同其塵。'"顧炎武曰："老氏之學所以異乎孔子者，'和其光，同其塵'，此所謂似是而非也。《卜居》《漁父》二篇盡之矣。非不知其言之可從也，而義所有不當爲也。"（見《日知録》"鄉原"條）

無所特賤，則物無所偏恥矣。校 "矣"，元本作"也"。案：當作"矣"（説見一章），今改。

是謂玄同。

【箋】

　　薛蕙曰："玄同者，大同於物，深不可識也。"（見薛箸《老子集解》）案：玄，謂道之循環也（說見一章）。"挫其銳，解其紛，和其光，同其塵是謂玄同"者，謂天地萬物莫不循環轉化於玄中。體道者，苟能與物無爭而又不爲卓奇之行以自殊於物，但與之相爲遷流，斯可謂同於道之循環矣。

不可得而親，

【校】

　　"不可得而親"上，元本有"故"字。案：嚴遵本、傅奕本、彭耜本、董思靖本、范應元本、薛蕙本、焦竑本皆無，當從之，今刪。

不可得而疏；

　　可得而親，則可得而疏矣。校 "矣"，元本作"也"。案：當作"矣"（說見一章），今改。

不可得而利，不可得而害；

　　可得而利，則可得而害矣。校 "矣"，元本作"也"。案：當作"矣"（說見一章），今改。

不可得而貴，不可得而賤，

　　可得而貴，則可得而賤矣。校 "矣"，元本作"也"。案：當作"矣"

（説見一章），今改。

故爲天下貴。

【箋】

　　案：此謂夫人之所行，既合於道之循環而不可別異，則不可得而親，不可得而疏；不可得而利，不可得而害；不可得而貴，不可得而賤矣。其所以爲天下貴者，亦以此也。

五十七章

以正治國，

【箋】

　　《管子·法法》云："正也者，所以正定萬物之命也。是故聖人精德立中以生正，明正以治國。"《戰國策·韓策》云："史疾爲韓使楚，楚王問曰：'客何方所循？'曰：'治列子圉寇之言。'曰：'何貴？'曰：'貴正。'王曰：'正亦可爲國乎？'曰：'可。'王曰：'楚國多盜，正可以圉盜乎？'曰：'可。'曰：'以正圉盜，奈何？'頃閒有鵲止於屋上者，曰：'請問楚人謂此鳥何？'王曰：'謂之鵲。'曰：'謂之烏，可乎？'曰：'不可。'曰：'今王之國有柱國、令尹、司馬、典令，其任官置吏，必曰廉潔勝任。今盜賊公行，而弗能禁也，此烏不爲烏，鵲不爲鵲也。'"

· 老子校箋 ·

以奇用兵，

【箋】

　　《孫子·勢》云："凡戰者，以正合，以奇勝。故善出奇者，無窮如天地，不竭如江河。"《淮南子·兵略》云："靜爲躁奇，治爲亂奇，飽爲飢奇，佚爲勞奇。"

以無事取天下。

【箋】

　　《尹文子·大道下》云："老子曰：'以政治國，以奇用兵，以無事取天下。'政者，名法是也，以名法治國，萬物所不能亂。奇者，權術是也，以權術用兵，萬物所不能敵。凡能用名法權術，而矯抑殘暴之情，則己無事焉。己無事，則得天下矣。"案：鄭玄曰："事，戎事也。"（見《禮記·樂記》"恐不逮事也"鄭玄注）以無事取天下者，言不叚暴力以得天下也。經云："其取天下者，常以無事，及其有事，又不足以取天下矣。"（見四十八章）又案："以正治國，以奇用兵，以無事取天下"爲正反對舉之竝剝語，前兩句爲反，后一句爲正。正者老氏之所然，反者老氏之所不然也。尹文子以名家之言釋之，殆非老氏之恉。

　　以道治國則國平，以正治國則奇兵起矣。校"兵"，元本作"正"。案：張太守本作"兵"。經云"以奇用兵"（見本章），諗誼以作"兵"爲是。其作"正"者，蓋因形似而誤也，今改。又"矣"，元本作"也"。案：當作"矣"（説見一章），今改。**以無事，則能取天下矣。**校"矣"，元本作"也"。案：當作"矣"（説見一章），今改。上章云，其取天下者，常以無事，及其有事，又不足以取天下矣。故以正治國，則不足以取天下，而以奇用兵矣。校上二"矣"字，元本皆作"也"。案：當作"矣"（説見一章），今改。夫以道治國，崇本以息末；以正治國，立辟以攻末。[箋]案：《詩·大雅·生民之什·板》云"民之多辟，無自立辟"，毛亨傳云："辟，法也。"本不立而末淺，民無所及，故必至於以奇用兵也。[校]"故必至於"下，元本無"以"字。案：據經文應有，今補。

吾何以知其然哉？以此。夫天下多諲諱，

【校】

"天下多諲諱"上，元本無"夫"字。案：傅奕本、陸希聲本、司馬氏本、張太守本、彭耜本、董思靖本、范應元本皆有，當從之，今補。又"諲"，元本作"忌"。案：《説文》云"忌，憎惡也"，又云"諲，誡也"，諫誼以作"諲"爲是。"忌"，借字，今改。

而民彌貧；

【校】

"彌"，元本作"彌"。案：傅奕本作"彌"，蓋其字當作"彌"，"彌"俗書（説見四十七章），今改。

民多利器，而國家滋昏；

【校】

"國家滋昏"上，元本無"而"字。案：范應元本有，下文"民多智慧，而衺事滋起"，王本既有"而"字，則此亦當有之，其無者乃河上公本（見存宋河上公本正無"而"字），非王本也，今補。

【箋】

案：利器即淫器，謂先進之生產工具也。《管子·國准》云："諸侯無牛馬之牢，不利其器者，曰淫器而壹民心者也。"（姚永概曰："曰乃遏之壞字。"）民多利器而國家滋昏，謂民多先進之具，則其心不壹；其心不壹則國家益昏亂矣。《莊子·天地》載漢陰丈人反對桔槔之言曰"有機械者必有機事，有機事者必有機心"，其意蓋略同焉。

利器，凡所以利己之器也。民彊則國家弱。校 "彊"，元本作"強"。案：當作"彊"（説見三章），今改。

民多智慧，而衺事滋起；

【校】

"民多智慧，而衺事滋起"，元本作"人多伎巧，奇物滋起"。案：傅奕本、范應元本皆作"民多智慧，而衺事滋起"（唯傅奕本"智"作"知"，范應元本"慧"作"惠"，蓋"知"與"智"、"惠"與"慧"古相通用）。范應元曰："王弼同古本。"（見范著《老子道德經古本集注》）王注云："民多智慧，則巧偽生；巧偽生，則衺事起。"（見本章）據此則王本亦作"民多智慧，而衺事滋起"，其作"人多伎巧，奇物滋起"者乃河上公本（見存宋河上公本正作"人多伎巧，奇物滋起"，注云"多知伎巧，謂刻畫宮觀雕琢服章，奇物滋起，下則化上，飾金鏤玉，文繡綵色，日以滋甚"），非王本也，今改。

民多智慧，則巧偽生；巧偽生，則衺事起。校 "衺"，元本作"邪"。案：當從經文作"衺"，今改。

法令滋彰，而盜賊多有。

【校】

　　"盜賊多有"上，元本無"而"字。案：范應元本有，上文"民多智慧，而衺事滋起"，王本既有"而"字，則此亦當有之，其無者乃河上公本（見存宋河上公本正無"而"字），非王本也，今補。

【箋】

　　《淮南子·道應》云："惠子爲惠王爲國法，已成而示諸先生，先生皆善之。奏之惠王，惠王甚說之，以示翟煎，翟煎曰：'善！'（元本'曰善'上無'翟煎'二字，今據王念孫說補）惠王曰：'善，可行乎？'翟煎曰：'不可。'惠王曰：'善而不可行，何也？'翟煎對曰：'今夫舉大木者，前呼邪許，後亦應之，此舉重勸力之歌也。豈無鄭、衛激楚之音哉？然而不用者，不若此其宜也。治國在禮（元本"在"作"有"，今據王念孫說改），不在文辯。'故老子曰：'法令滋彰，盜賊多有。'此之謂也。"《後漢書·東夷列傳》論曰："昔箕子違衰殷之運，避地朝鮮。始其國俗未有聞也，及施八條之約，使人知禁，遂乃邑無淫盜，門不夜扃，回頑薄之俗，就寬略之法，行數百千年，故東夷通以柔謹爲風，異乎三方者也。苟政之所暢，則道義存焉。仲尼懷憤，以爲九夷可居。或疑其陋。子曰：'君子居之，何陋之有！'亦徒有以焉耳。其後遂通接商賈，漸交上國。而燕人衛滿擾雜其風，於是從而澆異焉。老子曰：'法令滋章，盜賊多有。'若箕子之省簡文條而用信義，其得聖賢作法之原矣！"

【箋】

　　案：周衰荆重，戰國異制，李悝爲魏相，乃集諸國刑典箸法經，以爲王者之政。莫急於盜賊，首隳盜法賊法（見《唐律疏義》及《晉書·刑法志》）。老氏譏之，故曰："法令滋彰，而盜賊多有也。"

　　立正欲以息衺，[校] "衺"，元本作"邪"。案：當從經文作"衺"，今改。而奇兵用；多記諱欲以恥貧，[校]"諠"，元本作"忌"。案：當從經文作"諠"，今改。而民瀰貧；[校]"瀰"，元本作"彌"。案：當作"瀰"（説見四十七章），今改。利器欲以彊國者也，[校]"彊"，元本作"强"。案：當作"彊"（説見三章），今改。而國俞昏弱，[校]"俞"，元本作"愈"。案：當作"俞"（説見五章），今改。又"弱"，元本作"多"。案：王注云"利器，凡所以利己之器也。民彊則國家弱"（見本章），諗誼以作"弱"爲是，其作"多"者，蓋"多"字古文作夛，从竝夕，"弱"字似之，因以致誤也，今改。皆捨本以治末，[校]"捨"，元本作"舍"。案：當作"捨"（説見四章），今改。故以致此也。

故聖人云，我無爲而而民自化，

【箋】

　　經云："道常無爲，而無不爲。侯王若能守之萬物將自化。"（見三十七章）

我好埩而民自定，

【校】

　　"埩"，元本作"静"。案：當作"埩"（説見六章），今改。又"定"，元本作"正"。案：定與正古相通用，《尚書·虞書》"堯典以閏月定四時"，《史記·武帝紀》引作"以閏月正四時"；《國語·齊語》"正卒伍"，《漢書·刑法志》引作"定卒伍"；《周禮·天官宰》"歲終，則令羣吏正歲"，鄭玄注云："正，猶定也。"蓋"定"字從宀從正，正亦聲，與"正"字形聲皆近，故誼相通也。顧老氏之書實以正訓長，如"清埩爲天下正"（見四十五章），是也而以定訓安，如"無欲以埩，天下將自定"（見三十七章），是其證也。《漢書·蕭何曹參傳》云"蓋公爲言治道貴清静而民自定"，證班氏所見《老子》

正作"定",今改。

我無事而民自富,

【箋】

案:鄭玄曰:"事,戎事也。"(見《禮記·樂記》"恐不逮事也"鄭玄注)又曰:"富,福也。"(見《詩·召旻》"維昔之富不如時"鄭玄箋)《新書·道德說》云:"安利之謂福。""我無事而民自富"者,言我不啓兵戎,而天下民人自安利其生也。

我無欲而民自樸。

【箋】

案:樸者,以無欲爲其質性者也。我無欲而民自樸,猶云我無欲則天下民人亦自然無欲也。

【箋】

《鹽鐵論·周秦》云:"古者,周其禮而明其教,禮周教明,不從者然後等之以刑,刑罰中,民不怨。故舜施四罪而天下咸服,誅不仁也。輕重各服其誅,刑必加而無赦,赦惟疑者。若此,則世安得不軌之人而罪之?今殺人者生,剽攻竊盜者富。故良民內解怠,輟耕而隕心。古者,君子不近刑人,刑人非人也,身放殛而辱後世,故無賢不肖,莫不恥也。今無行之人,貪利以陷其身,蒙戮辱而捐禮義,恒於苟生。何者?一日下蠶室,創未瘳,宿衛人主,出入宮殿,由得受奉祿,食大官享賜,身以尊榮,妻子獲其饒。故或載卿相之列,就刀鋸而不見閔,況衆庶乎?夫何恥之有!今廢其德教(元本'廢其德教'上無'今'字,今據《羣書治要》所引補),而責之以禮義,是虐民也。《春秋傳》(元本'春秋'下無'傳'字,今據《羣書治要》所引補)曰:'子有罪,執其父;臣有罪,執其君,聽失之大者也。'今以子誅父,以弟誅兄，親戚相坐（元本'相'作'小'，今據《羣書治要》所引改），什伍相連，若引根本之及華葉，傷小指之累四體也。如此，則以有罪誅及無罪（元本'誅及'作'及誅'，今據張之象本乙轉），無罪者寡矣。臧文仲治魯，勝其盜而自矜。子貢曰：'民將欺，而況盜乎！'（元本'而況'下有'民'字，今據盧文弨說刪）故吏不以多斷爲良，醫不以多刺爲工。子產刑二人，殺一人，道不拾遺，而民無諑心。故爲民父母，似養疾子（元本'似'作'以'，今據《羣書治要》所引改），長恩厚而已。自首匿相坐之法立，骨肉之恩廢，而刑罪多矣（元本'而刑罪多'下無'矣'字，今據《羣書治要》所引補）。父母之於子，雖有罪猶匿之，其不欲服罪爾（元本'其'作'豈'，今據《羣書治要》所引改）。聞子爲父隱（元本'聞'字在上文父母之於子上，今據陳遵默說逐此），父爲子隱，未聞父子之相坐也。聞兄弟緩追以免賊，未聞兄弟之相坐也。聞惡惡止其人，疾始而誅首惡，未聞什伍而相坐也（元本'未聞什伍之相坐'下無'也'字，今據《羣書治要》所引補）。老子曰：'上無欲而民樸，上無事而民自富。'君君臣臣，父父子子。比地何伍，而執政何責也？"

上之所欲，民從之速也。我之所欲唯無欲，而民亦無欲而自樸矣。

校 "而民亦無欲"下，元本無"而"字。案：張太守本、正統王本、乾隆本、光緒王本、明和王本皆有，當從之，今補。又"矣"，元本作"也"。案：當作"矣"（說見一章），今改。案：樸椒爲器，乃與生產發展之一定歷史階段相聯繫，非以人之意志爲轉移也。老氏欲反器爲樸，而責之於在上者之一人，曰"我無爲而民自化，我好靜而民自定，我無事而民自富，我無欲而民自樸"，非歷史唯心主義而何？此四者，崇本以息末也。

五十八章

其政悶悶，

【校】

"悶悶"，傅奕本、范應元本皆作"閔閔"。

【箋】

案：悶悶即閔閔，蓋悶、閔二字於古音皆屬諄部，故得相通也。《史記·范雎蔡澤列傳》云"竊閔然不敏"，司馬貞索引云："閔，猶昏闇也。"此云悶悶者，蓋亦昏闇之貌也。

言善治政者，無正可舉，無形可名。校 "無正可舉，無形可名"，元本作"無形、無名、無事、無政可舉"。案：王注云："言誰知善治之極乎？唯無正可舉，無形可名，悶悶然而天下大化，是其極也。"（見本章）此同其例，以作"無正可舉，無形可名"爲是，今改。悶悶然，卒至於大治，故曰"其政悶悶"也。校 "言善治政者"至"其政悶悶也"，元本在本章經文"其民惇惇"下。案：其誼乃釋本章經文"其政悶悶"，今迻此。

其民惇惇；

【校】

"惇惇"，元本作"淳淳"。案：陳景元曰："古本作偆偆，王本作惇惇。"（見陳著《道德真經藏室纂微篇》）據此則王本作"惇惇"，其作"淳淳"者乃唐玄宗本（見存唐玄宗本正作"淳淳"，注云"政教悶悶，無爲寬大，人則應之淳淳然而質樸矣"），非王本也，今改。

【箋】

案：《說文》云"惇，厚也"，此云"惇惇"者，蓋亦惇厚之貌也。

其民無所争競，校 "其民無所争競"上，元本有"言善治政者，無形、無名、無事、無政可舉（'無形、無名、無事、無政可舉'，當作'無正可舉，無形可名'）。悶悶然，卒至於大治，故曰'其政悶悶'也"三十字。案：其誼乃釋本章經文"其政悶悶"，今逸彼。寬大惇惇，故曰"其民惇惇"也。校 上四"惇"字，元本皆作"淳"。案：當從經文作"惇"，其作"淳"者乃後人改易其字以合唐玄宗本經文，非王注之舊也，今改。

其政察察，

【箋】

案：《新書·道術》云："纖微皆審謂之察。"此云"察察"者，蓋亦精明之貌也。

立彤名，校 "彤"，元本作"荆"。案：《說文》云"荆，罰辠也"；又云："彤，象形也。"《尹文子·大道上》云"大道無形，稱器有名"；又云："有形者必有名，有名者未必有形。彤而不名，未必失其方圓白黑之實。名而無形，不可不尋名以檢其差。故亦有名以檢彤，彤以定名，名以定事，事以檢名。察其所以然，則彤名之與事物無所隱其理矣。"讖誼以作"彤"爲是，荆，借字，今改。**明賞罰，以檢姦僞，故曰"其政察察"也。**校 "察察也"上，元本無"其政"二字。案：王注云："言善治政者，無正可舉，無彤可名。悶悶然，卒至於大治，故曰'其政悶悶'也。"（見本章）又云"其民無所爭競，寬大惇惇，故曰'其民惇惇'也"（同上）；又云："殊類分析，民裏爭競，故曰'其民缺缺'也。"（同上）此同其例，以有"其政"二字爲是，今補。又"立形名"至"其政察察也"，元本在本章經文"其民缺缺"下。案：其誼乃釋本章經文"其政察察"，今迻此。

其民缺缺。

【箋】

《淮南子·道應》云："灃水之深千仞，而不受塵垢，投金鐵焉（元本'投金鐵'下有'鍼'字，今據王念孫説刪），則形見於外。非不深且清也，魚鼈龍蛇莫之肎歸也。是故石上不生五穀，禿山不遊麋鹿，無所陰蔽也（元本'無所陰蔽'下有'隱'字，今據王念孫刪）。昔趙文子問於叔向曰：'晉六將軍，其孰先亡乎？'對曰：'中行、知氏。'文子曰：'何乎？'對曰：'其爲政也，以苛爲察，以切爲明，以刻下爲忠，以計多爲功。譬之猶廓革者也，廓之，大則大矣，裂之道也。'故老子曰：'其政悶悶，其民純純。其政察察，其民缺缺。'"案：缺缺即蹶蹶，蓋缺、蹶二字，於古音皆屬祭部，故得相通也。《方言·第二》云："劋蹶，獪也。秦晉之間曰獪，楚謂之劋，或曰蹶。"此云"缺缺"者，蓋亦狡獪之貌也。

殊類分析，校 "殊類分析"上，元本有"立荆名（'荆'當作'形'），明賞罰，以檢姦僞，故曰'察察'也（'察察也'上應有'其政'二字）"十五字。案：其誼乃釋本章經文"其政察察"，今迻彼。民裏爭競，校 "裏"，元本作"懷"。案：當作"裏"（說見一章），今改。故曰"其民缺缺"也。

禍兮福所倚，

【箋】

《韓非子·解老》云："人有禍，則心畏恐；心畏恐，則行端直；行端直，則思慮熟；思慮熟，則得事理。行端直，則無禍害；無禍害，則盡天年。得事理，則必成功。盡天年，則全而壽；必成功，則富與貴。全壽富貴之謂福，而福本於有禍。故曰：'禍兮福之所倚。'以成其功也。"

福兮禍所伏。

【箋】

《韓非子·解老》云："人有福則富貴至，富貴至則衣食美，衣食美則驕心生，驕心生則行邪僻而動棄理。行邪僻則身死夭，動棄理則無成功。夫內有死夭之難，而外無成功之名者，大禍也。而禍本於有福（元本'而禍'下有'生'字，據王先謙説刪），故曰：'福兮禍之所伏。'"《説苑·敬慎》云："老子曰：得其所利，必慮其所害；樂其所成，必顧其所敗。人爲善者，天報以福；人爲不善者，天報以禍也。故曰：'禍兮福所倚，福兮禍所伏。'戒之慎之，君子不務，何以備之？夫上知天則不失時，下知地則不失財，日夜慎之則無災害。"

孰知其極？

【箋】

《韓非子·解老》云："夫緣道理以從事者，無不能成。無不能成者，大能成天子之勢尊，而小易得卿相將軍之賞禄。夫棄道理而忘舉動者，雖上有天子諸侯之勢尊，而下有倚頓、陶朱、卜祝之富，猶失其民人而亡其財資也。眾人之輕棄道理而易妄舉動者，不知其禍福之深大而道闊遠若是也，故論人曰：'孰知其極。'"《吕氏春秋·季夏紀·制樂》云："成湯之時，有穀生於庭，昏而生，比旦而大拱。其史請卜其故（元本'史'作'吏'，今據《太平御覽·皇王部八》所引改），湯退卜者曰：'吾聞祥者福之先者也，見祥而爲不善，則福不至。妖者禍之先者也，見妖而爲善，則禍不至。'於是早朝晏退，問疾弔喪，務鎮撫百姓，三日而穀亡。故禍兮福之所倚，福兮禍之所伏，聖人所獨見，眾人焉知其極。"案：此言人生禍福循環轉化無有已時，是故窮根極柢，其爲禍爲福，亦殊未可知也。

言誰知善治之極乎？唯無正可舉，[校]"正可"，元本作"可正"。案：張太守本作"正可"，今乚轉。無形可名，[校]"形可"，元本作"可形"。案：張太守本作"形可"，今乚轉。悶悶然，而天下大化，是其極也。[校]"言誰知善治之極乎"至"是其極也"，元本在本章經文"其無正邪"下。案：其誼乃釋本章經文"孰知其極"，今迻此。

其無正邪？

【校】

"其無正"下，元本無"邪"字。案：唐開元甲幢、唐開元乚幢、宋景祐幢、唐玄宗本、陳景元本、司馬氏本、張太守本、蘇轍本、李霖本、彭耜本、董思靖本、范應元本、李榮本、薛蕙本、焦竑本皆有。張太守曰："明皇、王弼二本正下有邪字。"（見張著《道德真經集注》）據此則王本亦有，今補。又"其無正邪"下，元本有注云："言誰知善治之極乎？唯無可正舉（'可正'當作'正可'），無可形名（'可形'當作'形可'），悶悶然，而天下大化，是其極也。"案：其誼乃釋本章經文"孰知其極"，今迻彼。楊樹達曰："其，猶豈也。《易·繫辭傳》曰：'妻其可得見邪？'謂豈可得見也。《書·盤庚》曰：'若火之燎于原，不可鄉邇，其猶可撲滅？'言猶可撲滅也。僖五年《左傳》曰：'一之謂甚，其可再乎？'言豈可再也。又十年《傳》曰：'欲加之罪，其無辭乎？'言豈無辭也（中略），'其無正'，即豈無正問辭也。"（見楊氏所著《古書疑義舉例續補》）

正復爲奇；

以正治國，則便復以奇用兵矣。故曰"正復爲奇"也。校 "正復爲奇"下，元本無"也"字。案：其文例應有（説見十五章），今補。

其無善邪？

【校】

元本無"其無善邪"四字。案：上文云"其無正邪？正復爲奇"，此同其例，以有此四字爲是，今補。

善復爲祅；

【校】

"祅"，元本作"妖"。案：《説文》有"祅"字，無"妖"字。王注云："立善以和萬物，則便復有妖佞之患矣。"（見本章）《説文》"祅"訓巧佞，訓譎高材。王注既以妖佞同言，則"妖"是當作"祅"亦已明矣，今改。又案："祅"字，傅奕本、范應元本皆作"祑"。《説文》云"地反物爲祑也"，此對善而言，諫誼固以作"祑"爲是，然非王本，故弗從也。

立善以和萬物，則便復有祅佞之患矣。校 "祅"，元本作"妖"。案：當從經文作"祅"，今改。又"則便復有祅"下，元本無"佞"字。案：張太守本有，今補。又"矣"，元本作"也"。案：當作"矣"（説見一章），今改。故曰："善復爲祅也。"校 元本無"故曰善復爲祅也"七字。案：王注云："以正治國，則便復以奇用兵矣，故曰：'正復爲奇也。'"（見本章）此同其例，以有此四字爲是，今補。

民之迷也，其日固已久矣。

【校】

　　"民之迷也，其日固已久矣"，元本作"人之迷，其日固久"。案：彭耜本作"民之迷也，其日固已久矣"。《周易·明夷》九三王弼注云："民之迷也，其日固已久矣。化宜以漸，不可速正。"前兩句即引《老子》，蓋王本亦作"民之迷也，其日固已久矣"。其作"人之迷，其日固久"者，乃河上公本（見存宋河上公本正作"人之迷，其日固久"，注云言"人君迷惑失正以來，其日已固久"），非王本也，今改。

【箋】

　　《韓非子·解老》云："人莫不欲富貴全壽，而未有能免於貧賤死夭之禍也。心欲富貴全壽，而今貧賤死夭，是不能至於其所欲至也。凡失其所欲之路而妄行者之謂迷，迷則不能至於其所欲至矣。今眾人之不能至於其所欲至，故曰'迷'。眾人之所不能至於其所欲至也，自天地之剖判以至于今，故曰：'人之迷也，其日故以久矣。'"

　　言民之迷惑失道固久矣，校"民"，元本作"人"。案：當從經文作"民"，其作"人"者，乃後人改易其字，以合河上公本經文，非王注之舊也，今改。不可便正善治以責。

是以聖人方而不割，

　　以方導物，令去其衺，校"令"，元本作"舍"。案：《經典釋文》引作"令"，王注云："以清廉清民，令去其汙。"（見本章）又云"以直導物，令去其僻"（同上），此同其例，以作"令"爲是。其作"舍"者，蓋因形似而誤也，今改。又"衺"，元本作"邪"。案：當作"衺"（説見十章），今改。

而不以方割物也。校 "不以方割物"上，元本無"而"字，下元本無"也"字。案：王注云"以直導物，令去其僻，而不以直激沸於物也"（見本章），此同其例，以有此二字爲是，今補。所謂大方無隅也。校 "所謂大方無隅"下，元本無"也"字。案：王注云"以直導物，令去其僻，而不以直激沸於物也，所謂大直若詘也"（見本章）；又云"以光鑑其所以迷，不以光照求其隱匿也。所謂明道若昧也"（同上），此同其例，以有"也"字爲是，今補。

廉而不劌，

【箋】

《淮南子·道應》云："景公謂太卜曰：'子之道何能？'對曰：'能動地。'晏子往見公，公曰：'寡人問太卜曰：子之道何能？對曰：能動地。地可動乎？'晏子默然不對。出，見太卜曰：'昔吾見句星在房心之閒，地其動乎？'太卜曰：'然。'晏子出，太卜走往見公曰：'臣非能動地，地固將動也。'田子陽聞之曰：'晏子默然不對者，不欲太卜之死。往見太卜者，恐公之欺也。晏子可謂忠於上而惠於下矣。'故老子曰：'方而不割，廉而不劌。'"

廉，清廉也。劌，傷也。以清廉清民，校 "以清廉清民"下，元本有"令去其邪"（"邪"當作"衺"）四字。案：其文乃本章經文"是以聖人方而不割"下注文，重出於此，今刪。令去其汙，而不以清廉劌傷於物也。校 "不以清廉劌上於物也"上，元本無"而"字。案：王注云"以直導物，令去其僻，而不以直激沸於物也"（見本章），此同其例，以有"而"字爲是，今補。

直而不肆，

【校】

"肆"，元本作"肆"。案：《説文》有"肆"字，無"肆"字。蓋其字當作"肆","肆"俗書，今改。

以直導物，令去其僻，而不以直激沸於物也。校 "沸"，《經典釋文》引作"拂"。所謂大直若詘也。校 "詘"，元本作"屈"。案：當作"詘"（説見四十五章），今改。

光而不燿。

【箋】

《韓非子・解老》云："所謂方者，内外相應也，言行相稱也。所謂廉者，必生死之命也，輕恬資財也。所謂直者，義必公正，心不偏黨也。所謂光者，官爵尊貴，衣裘壯麗也。今有道之士，雖中外信順，不以誹謗窮隋（元本'隋'作'墮'，今據盧文弨説改）；雖死節輕財，不以侮罷羞貪；雖義端不黨，不以去邪罪私；雖勢尊衣美，不以夸賤欺貧。其故何也？使失路者而肎聽能問知（元本'能'作'習'，今據王渭説改），即不成迷也。今衆人之所以欲成功而反爲敗者，生於不知道理而不肎問知而聽能。衆人不肎問知聽能，而聖人强以其禍敗適之，則怨。衆人多而聖人寡，寡之不勝衆，數也。今舉動而與天下爲讎，非全身長生之道也，是以行軌節而舉之也。故曰：'方而不割，廉而不劌，直而不肆，光而不燿。'"

以光鑑其所以迷，而不以光照求其隱匿也。校 "匿"，元本作"慝"。案：張太守本、正統本、明和王本及《經典釋文》所引皆作"匿"。《説文》有"匿"字，無"慝"字。《春秋左傳・宣公十五年》云"瑾瑜匿瑕"；《淮南子・説林》云："清則見物之形，弗能匿也。"蓋其字當作"匿"，"慝"俗書，今改。所謂明道若昧也。此皆崇本以息末、不攻而使復之也。

343

五十九章

治人事天莫若嗇。

【箋】

《韓非子·解老》云:"聰明睿智天也,動静思慮人也。人也者,乘於天明以視,寄於天聰以聽,託於天智以思慮。故視強則目不明,聽甚則耳不聰,思慮過度則智識亂。目不明則不能決黑白之色(元本'色'作'分',今據王先慎説改),耳不聰則不能別清濁之聲,智識亂則不能審得失之地。目不能決黑白之色則謂之盲,耳不能別清濁之聲則謂之聾,心不能審得失之地則謂之狂。盲則不能避畫日之險,聾則不能知雷霆之害,狂則不能免人閒法令之禍。書之所謂治人者,適動静之節,省思慮之費也。所謂事天者,不極聰明之力,不盡智識之任。苟極盡則費神多,費神多則盲聾悖狂之禍至,是以嗇之。嗇之者,愛其精神,嗇其智識也。故曰:'治人事天莫如嗇。'"案:韓説是也。王注釋"嗇"爲嗇夫之"嗇",失之。莫若,猶莫過也。嗇,農夫。

【箋】

《周禮·冬官·考工記》云:"飭力以長地財,謂之農夫"。孫炎曰:"農夫,田官也。"(見《詩·國風·豳·七月》"田畯至喜"孔穎達疏)郭璞曰:"今之嗇夫是也。"(見《爾雅·釋言》"畯,農夫也"注)

農夫之治田,校"夫",元本作"人"。案:此承上文"嗇,農夫"而言,譣誼以作"夫",爲是。其作"人"者,蓋因形似而誤,今改。務去其殊類,箋案:殊類,謂異類之害苗者。《淮南子·説山》云:"治國者,若鎒田去害苗者而已。"歸於齊一也。全其自然,不急其荒病,除其所以荒病。上承天命，下綏百姓，莫過于此。

夫唯嗇，是以早復。

【校】

"是以"，元本作"是謂"。案：遂州碑、六朝寫本、唐景龍寫本、唐天寶寫本、顧歡本、嚴遵本、傅奕本、張太守本、彭耜本、董思靖本、范應元本、李榮本及《韓非子·解老》所引皆作"是以"。經云"夫唯不尻，是以不去"（見二章）；又云"夫唯無知，是以不我知"（見七十章）；又云"夫唯病，病是以不病"（見七十一章）；又云"夫唯不猒，是以不猒"（見七十二章），此同其例，以作"是以"爲是，今改。又"早復"，元本作"早服"。案：陸希聲本、司馬氏本、張太守本、李霖本、彭耜本、董思靖本及《經典釋文》《困學紀聞》所引皆作"早復"。范應元曰："王弼、孫登及世本作早復，如《易·復卦》不遠復之義象，曰：'不遠之復以修身也。'"（見范著《老子道德經古本集注》）王應麟曰："王弼注本作早復。"（見王箸《困學紀聞·諸子》）據此則王本亦作"早復"。其作"早服"者，乃河上公本（見存宋河上公本正作"早服"，注云"早，先也；服，得也。夫獨愛民財、愛精氣，則能先得天道也"），非王本也，今改。

【箋】

《韓非子·解老》云："眾人之用神也躁，躁則多費，多費之謂侈。聖人之用神也靜，靜則少費，少費之謂嗇。嗇之爲術也（元本'爲'作'謂'，今據張鼎文本改），生於道理。夫能嗇也，是從於道而服於理者也。眾人離於患，陷於禍，猶未知退，而不服從道理。聖人雖未見禍患之形，虛無服從於道理，以稱蚤服。故曰：'夫惟嗇（元本惟作謂，今據張鼎文本改），是以蚤服。'"

早復，常也。校 "復"，元本作"服"。案：張太守本作"復"。王應麟曰："王弼注本作'早復'，而注云：早服，常也，亦當爲復。"（見《困學紀聞·諸子》）據此，以作"復"爲是，其作"服"者乃後人改易其字以合河上公本經文，非王注之舊也，今改。

早復謂之重積悳，

【校】

　　"早復"，元本作"早服"。案：陸希聲本、彭耜本、董思靖本及《困學紀聞》所引皆作"早復"。此與上文"夫唯嗇，是以早復"同例，以作"早復"爲是，今改。又"悳"，元本作"德"。案：當作"悳"（説見四章），今改。

【箋】

　　《韓非子·解老》云："知治人者，其思慮静；知事天者，其孔竅虚。思慮静，故德不去；孔竅虚，則和氣日入。故曰：'重積德。'夫能令故德不去，新和氣日至者，蚤服者也。故曰：'蚤服是謂重積德。'"

　　唯重積悳，不欲鋭速，然後乃能使早復其常。故曰"早復謂之重積悳"也。校上二"悳"字，元本皆作"德"。案：當作"悳"（説見四章），今改。又上二"復"字，元本皆作"服"。案：張太守本作"復"。此與王注"早復，常也"（見本章）同例，以作"復"爲是，今改。又"早復謂之重積悳下"，元本有"者"字，案是衍文，今删。

重積悳

【校】

　　"悳"，元本作"德"。案：當作"悳"（説見四章）。今改。

則無不克，

【箋】

《韓非子·解老》云："積德而後神靜，神靜而後和多，和多而後計得，計得而後能御萬物，能御萬物則戰易勝敵，戰易勝敵而論必蓋世，論必蓋世故曰'無不克'。"無不克本於重積德，故曰"重積德則無不克"。

無不克則莫知其極，

【箋】

《韓非子·解老》云："戰易勝敵則兼有天下，論必蓋世則民人從。進兼天下而退從民人，其術遠則眾人莫見其端末。莫見其端末，是以莫知其極。故曰：'無不克則莫知其極。'"

道無窮也。

莫知其極，則可以有國。

【校】

"可以有國"上，元本無"則"字。案：范應元本及《韓非子·解老》所引皆有。上文云"重積德則無不克，無不克則莫知其極"，此同其例，以有"則"字爲是，今補。

【箋】

《韓非子·解老》云："凡有國而後亡之，有身而後殃之，不可謂能有其國能保其身。夫能有其國必能安其社稷，能保其身必能終其天年，而後可謂能有其國，能保其身矣。夫能有其國保其身者，必且體道。體道則其智深，其智深則其會遠，其會遠眾人莫能見其所極。唯夫體道（元本'唯夫'下無'體道'二字，今據顧廣圻說補）能令人不見其事極，不見事極者爲保其身，有其國，故曰：'莫知其極，莫知其極則可以有國。'"

以有窮而蒞國，校 "蒞"，元本作"莅"。案：當作"蒞"（說見六十章），今改。非能有國也。

有國之母，可以長久。

【箋】

《韓非子·解老》云："所謂有國之母，母者，道也。道也者，生於所以有國之術，所以有國之術，故謂之有國之母。夫道以與世周旋者，其建生也長，持祿也久，故曰：'有國之母可以長久。'"

國之所以安，謂之母。重積悳，校 "悳"，元本作"德"。案：當作"悳"（說見四章），今改。是唯圖其根，然后營末，乃得其終也。

是謂深根固柢，長生久視之道。

【箋】

《韓非子·解老》云："樹木有曼根，有直根。直根者（元本'根'者上無'直'字，今據俞樾說補），書之所謂柢也。柢也者，木之所以建生也；曼根者，木之所以持生也。德也者，人之所以建生也；祿也者，人之所以持生也。今建於理者，其持祿也久，故曰：'深其根。'體其道者，其生日長，故曰：'固其柢。'柢固則生長，根深則視久，故曰：'深其根，固其柢，長生久視之道也。'"案：高誘曰"視，活也"（見《呂氏春秋·孟春紀》"重己莫不欲長生久視"注），長生久視，猶云長生久活也。

老子校箋 卷四

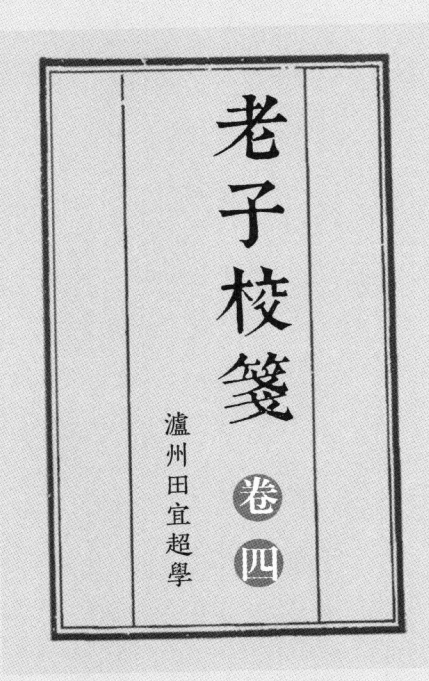

瀘州田宜超學

六十章

治大國若亯小鮮。

【校】

"亯",元本作"烹"。案:唐景龍碑、唐寫成玄英本皆作"亨"。唐開元甲幢、六朝寫本皆作"享"。《説文》有"亯"字,無"亨""烹""享"三字。孔廣森曰:"亨、烹、享三字,後人所別,古人皆祇作亯字而隨義用之,其讀亦似祇有亨音。"(見孔著《詩聲類·陽聲三》)據此以作"亯"爲是,今改。

【箋】

《韓非子·解老》云:"工人數變業則失其功,作者數搖徙則亡其功。一人之作日亡半日,十日則亡五人之功矣。萬人之作日亡半日,十日則亡五萬人之功矣。然則數變業者其人彌衆,其虧彌大矣。凡法令更則利害易,利害易則民務變,民務變謂之變業。故以理觀之,事大衆而數搖之則少成功,藏大器而數徙之則多敗傷,烹小鮮而數撓之則賊其澤,治大國而數變法則民苦之。是以有道之君貴虛静而重變法。故曰:'治大國者若烹小鮮。'"《淮南子·齊俗》云:"天下是非無所定,各是其所是而非其所非,所謂是與非各異,皆自是而非人。由此觀之,事有合於己者,而未始有是也;有忤於心者,而未始有非也。故求是者,非求道理也,求合於己者也;去非者,非批邪施也,去忤於心者也。忤於我,未必不合於人也;合於我,未必不非於俗也。至是之是無非,至非之非無是,此真是非也。若夫是於此而非於彼,非於此而是於彼者,此之謂一是一非也。此一是非,隅曲也;夫一是非,宇宙也。今吾欲擇是而居之,擇非而去之,不知世所謂是非者,孰是孰非(元本'孰是孰非'上有'不知'二字,今據陳觀樓説刪)老子曰:'治大國若烹小鮮。'爲寬裕者曰勿數撓,爲刻削者曰致其醶酸而已矣。"案：《説文》云："鮮，魚名，出貉國。"烹小鮮，猶烹小魚也。《詩·國風·檜·匪風》云"誰能亨魚？溉之釜鬵"，毛亨傳云："亨魚煩則碎，治民煩則散。知亨魚則知治民矣。"

不擾也。趡則多害，⬚校 "趡"，元本作"躁"。案：當作"趡"（説見二十六章），今改。竫則全真。⬚校 "竫"，元本作"静"。案：當作"竫"（説見六章），今改。故其國彌大，而其主彌竫，⬚校 上二"彌"字，元本皆作"彌"。案：當作"彌"（説見四十七章），今改。又"竫"，元本作"静"。案：當作"竫"（説見六章），今改。然後乃能廣得眾心也。⬚校 "也"，元本作"矣"。案：當作"也"（説見二十七章），今改。

以道涖天下者，

【校】

"涖"，元本作"莅"。案：《淮南子·俶真》高誘注引作"涖"。《説文》有"涖"字，無"莅"字，蓋其字當作"涖"，"莅"俗書，今改。又"以道涖天下"，元本無"者"字。案：唐景福碑、六朝寫本、傳奕本、陸希聲本、張太守本、彭耜本、董思靖本及《羣書治要》《意林》《太平御覽·治道部五》所引皆有，當從之，今補。

其鬼不神。

【箋】

《韓非子·解老》云："人處疾則貴醫，有禍則畏鬼。聖人在上則民少欲，民少欲則血氣治而舉動理，舉動理則少禍害（元本'則少禍害'上無'舉動理'三字，今據正統道藏本補）。夫内無痤疽癉痔之害，而外無刑罰法誅之禍者，其輕恬鬼也甚，故曰：'以道莅天下，其鬼不神。'"

治大国则若亨小鲜，校"亨"，元本作"烹"。案：當從經文作"亨"，今改。以道埭天下，校"埭"，元本作"莅"。案：當從經文作"埭"，今改。則其鬼不神矣。校"矣"，元本作"也"。案：當作"矣"（説見一章），今改。

非其鬼不神，

【箋】

案：非，猶非但也。《詩・大雅・蕩之什抑》云"匪手攜之，言示之事；匪面命之，言提其耳"，鄭玄箋云："我非但以手攜掣之，親示以其事之是非；我非但對面語之，親提撕其耳。"古非、匪通用。匪，訓非但，故非亦訓非但，下文"非其神不傷人"，非字誼同。

其神不傷人；

【箋】

《韓非子・解老》云："治世之民不與鬼神相害也，故曰：'非其鬼不神也，其神不傷人也。'"（元本"其神不傷"下無"人"字，今據正統道藏本補）案：鬼謂人鬼，若《儀禮・少牢・饋食禮》所傌之皇祖、伯某是也。神，謂天神，若《禮記・月令》所傌之皇天、上帝是也。《周禮・春官・大祝》云"一曰神號，二曰鬼號"，鄭玄注云："神號若云皇天上帝，鬼號若云皇祖伯某。"

神不害自然也。物守自然，則神無所加。神無所加，則不知神之爲神矣。校"矣"，元本作"也"。案：當作"矣"（説見一章），今改。

非其神不傷人，聖人亦不傷人。

【箋】

《韓非子·解老》云："鬼祟疾人（元本'鬼祟'下有'也'字，今據王渭説刪）之謂鬼傷人，人逐除之之謂人傷鬼也。民犯法令之謂民傷上，上刑戮民之謂上傷民。民不犯法則上亦不行刑，上不行刑之謂上不傷人，故曰：'聖人亦不傷民。'"

道洽，則神不傷人。神不傷人，則不知神之爲神。道洽，則聖人亦不傷人，聖人不傷人，則亦不知聖人之爲聖矣。校 "則"下，元本無"亦"字。案：張太守本、正統王本、明和王本皆有，當從之，今補。又"矣"，元本作"也"。案：當作"矣"（説見一章），今改。猶云非獨不知神之爲神，校 "不知神之爲神"上，元本無"非獨"二字。案：張太守本、正統本、明和王本皆有，當從之，今補。亦不知聖人之爲聖也。夫恃威網以使物者，治之衰也。使不知神聖之爲神聖，道之極也。

夫兩不相傷，

【校】

"兩"，元本作"兩"。案：當作"兩"（説見一章），今改。箋 《韓非子·解老》云："上不與民相害，而人不與鬼相傷，故曰'兩不相傷'。"

神不傷人，聖人亦不傷人；聖人不傷人，神亦不傷人，故曰"兩不相傷"也。校 "兩"，元本作"兩"。案：當從經文作"兩"，今改。又"神不傷人"至"兩不相傷也"，元本在本章經文"故惠交歸焉"下。案：其誼乃釋本章經文"夫兩不相傷"，今迻此。

故悳交歸焉。

【校】

"悳"，元本作"德"。案：當作"悳"（説見四章），今改。

【箋】

《韓非子‧解老》云："民不敢犯法，則上內不用刑罰而外不事利其產業，上內不用刑罰而外不事利其產業則民蕃息，民蕃息而蓄積盛；民蕃息而蓄積盛之謂有德。凡所謂祟者，魂魄去而精神亂，精神亂則無德。鬼不祟人則魂魄不去，魂魄不去而精神不亂，精神不亂之謂有德。上盛蓄積而鬼不亂其精神，則德盡在於民矣。故曰：'兩不相傷則德交歸焉。'言其德上下交盛而俱歸於民也。"

神聖合道，校 "神聖合道"上，元本有"神不傷人，聖人亦不傷人；聖人亦不傷人，神亦不傷人，故曰'兩不相傷'也（'兩'當作'网'）"二十八字。案：其誼乃釋本章經文"夫网不相傷"，今逐彼。交歸之也。案：此章乃老氏辟墨之言也。墨者尊天事鬼，偁古聖王之治天下，必先鬼神而後人（見《墨子‧明鬼下》）。老氏尊道貴悳，故辟之也。

六十一章

大國者下流。

【校】

案：王注云"故曰大國下流也"（見本章），疑王本"大國"下無者字。

江海尻大而處下，則百川流之；大國尻大而處下，校上二"尻"字，元本皆作"居"。案：當作"尻"（説見二章），今改。則天下歸之，校"歸"，元本作"流"。案：《道德真經‧取善集》引作"歸"，譣誼以作"歸"爲是，其作"流"者，蓋涉上文"則百川流之"而誤也，今改。故曰："大國下流也。"

天下之交，

天下所歸會也。

天下之牝。

竫而不求，校"竫"，元本作"静"。案：當作"竫"（説見六章），今改。物自歸之也。

牝常以竫勝牡，

【校】

"竫"，元本作"静"。案：當作"竫"（説見六章），今改。

牝，雌也。牡，雄也。校元本無"牡，雄也"三字。案：此乃以牝、牡對舉，譣誼以有此三字爲是，今補。雄趮動貪欲，校"趮"，元本作"躁"。案：當作"趮"（説見二十六章），今改。雌常以竫，校"竫"，元本作"静"。案：當作"竫"（説見六章），今改。故能勝雄也。校"牝，雄也"至"故能勝雄也"，元本在本章經文"以其竫復能爲下也"下，接注文"以其竫故能爲下也"後。案：其誼乃釋本章經文"牝常以竫勝牡"，今迻此。

以其靜復能爲下也。

【校】

"以其靜復能爲下也",元本作"以靜爲下"。案:此下元本有注云"以其靜,故能爲下也",其文蓋即王本經文羼入注中而又誤復爲故也。王注云"以其靜復能爲下,故物歸之也"(見本章),譣誼王本當作"以其靜復能爲下也"。其作"以靜爲下"者,乃河上公本(見存宋河上公本正作"以靜爲下",注云"陰道以安靜爲謙下"),非王本也,今改。

以其靜,校 "以其靜"上,元本有"以其静('静'當作'靜'),故能爲下也('故'當作'復')。牝,雌也('牝雌也'下,應有'牡雄也'三字)。雄躁動貪欲('躁'當作'趮'),雌常以静('静'當作'靜'),故能勝雄也"二十五字。案:"以其静故能爲下也",乃王本元有經文羼入注中,今刪。"牝,雌也"至"故能勝雄也",乃釋本章經文"牝常以靜勝牡",今迻彼。復能爲下,故物歸之也。

故大國以下小國,

大國以下小國,校 "大國以下"下,元本無"小國"二字。案:據經文應有,今補。猶云以大國下小國。

則聚小國;

【校】

"聚",元本作"取"。案:《說文》云"取,捕取也";又云"聚,會也",譣誼以作"聚"爲是。"取",借字,今改。

小國則附之矣。 校 "小國則附之"下，元本無"矣"字。案：王注云"大國則納之矣"（見本章）。此同其例，以有"矣"字爲是，今補。

小國以下大國，則聚大國。

【校】

"聚"，元本作"取"。案：唐開元甲幢、遂州碑、唐景龍寫本、唐天寶寫本、唐寫成玄英本、顧歡本皆作"聚"。此與上文"則聚小國"同例，以作"聚"爲是，今改。

【箋】

案：此"聚"字爲受事之詞，與上文"則聚小國"之"聚"，微異其言。蓋謂苟能以小國下大國，則見聚於大國矣。又案：《孟子·梁惠王下》云："齊宣王問曰：'交鄰國有道乎？'孟子對曰：'有。惟仁者爲能以大事小，是故湯事葛，文王事混夷。惟智者爲能以小事大，故大王事獯鬻，句踐事吳。以大事小者，樂天者也。以小事大者，畏天者也。樂天者保天下，畏天者保其國。《詩》云：畏天之威，于時保之。'"此雖儒家之言，蓋亦近乎老氏之恉矣。

大國則納之矣。 校 "大國下"，元本無"則"字。案：王注云"小國則附之矣"（見本章），此同其例，以有"則"字爲是，今補。又"矣"，元本作"也"。案：當作"矣"（説見一章），今改。

故或下以聚，

【校】

"聚"，元本作"取"。案：此與上文"則聚小國"同例，以作"聚"爲是，今改。

【箋】

案：或下以聚，謂或以大國下小國而聚小國也。

或下而聚。

【校】

"聚"，元本作"取"。案：唐開元甲幢、遂州碑、唐景龍寫本、唐天寶寫本、唐寫本成玄英本、顧歡本皆作"聚"，此與上文"則聚小國"同例，以作"聚"爲是，今改。

【箋】

案：或下而聚，謂或以小國下大國，而見聚於大國也。

言唯修卑下，然後乃各得其所欲。校 "然後乃各得其所"下，元本無"欲"字。案：經云"大國不過欲兼畜人，小國不過欲入事人"（見本章），王氏本此爲注，諟誼以有"欲"字爲是，今補。

大國不過欲兼畜人，小國不過欲入事人，

【箋】

李源澄曰："蓋大國兼畜小國，小國以入事大國而得護，此春秋列國相維之道。戰國則視滅國爲常事，大國無兼畜之恩，小國無入事之利，其道變矣。"（見《論老子非晚出書》）

夫网者各得其所欲，

【校】

"网"，元本作"兩"。案：當作"网"（説見一章），今改。

則大者宜爲下。

【校】

"大者宜爲下"上，元本無"則"字。案：王注云："小國修下，自全而已，不能令天下歸之。大國修下，則天下歸之。故曰'各得其所欲，則大者宜爲下'也。"（見本章）據此則王本有"則"字，其無者乃河上公本（見存宋河上公本正無"則"字），非王本也，今補。

【箋】

吴澄曰："大國下小國者，欲兼畜小國而已。小國下大國者，欲入事大國而已。兩者皆能下，則大小各得其所欲。然小者素在人人下，不患乎不能下，大者非在人下，或恐其不能下。故曰'大者宜爲下'。"（見吴箸《道德真經注》）高延第曰："此章爲當時主盟之君進説首數語，所以開發其意，欲其省攻戰而存弱小也。"（見高箸《老子證義》）

小國修下，自全而已，不能令天下歸之。大國修下，則天下歸之。故曰"各得其所欲，則大者宜爲下"也。

六十二章

道者萬物之奧，

奧，猶篸也。校"篸"，元本作"曖"。案：《說文》有"篸"字，無"曖"字，蓋其字當作"篸"，"曖"俗書，今改。箋《說文》云："篸，蔽不見也。"《廣雅釋詁》云："篸，障也。"可得庇蔭之詞。校"詞"，元本作"辭"。案：當作"詞"（說見二十五章），今改。

善人之寶，

寶以爲用也。

不善人之所保。

【箋】

《尹文子·大道上》云："以大道治者（元本'大道治者'上無'以'字，今據王啟湘說補），則名法儒墨自廢，以名法儒墨治者，則不得離道。老子曰：'道者，萬物之奧，善人之寶，不善人之所寶。'是道治者，謂之善人，藉名法儒墨者，謂之不善人，善人之與不善人，名分日離，不待審察而得也。"

保以全也。

美言可以市，

【箋】

　　韋昭曰："市，取也。"（見《國語·齊語》"市賤鬻貴"韋昭注）案：王注云："美言之，則可以奪眾貨之賈，故曰'可以市也'。"（見本章）蓋亦以取釋市。

尊行可以加於人。

【校】

　　"尊行可以加"下，元本無"於"字。案：傅奕本、張太守本、彭耜本、董思靖本、范應元本皆有。王注云："尊行之，則千里之外應之，故曰'可以加於人'也。"（見本章）據此則王本亦有，其無者，乃河上公本（見存宋河上公本正無"於"字），非王本也，今補。又《淮南子·道應》《人間》引此文作"美言可以市尊，美行可以加人"，於尊字絕句，蓋其傳本有異也。

【箋】

　　《淮南子·人間》云："智伯率韓、魏二國伐趙，圍晉陽，決晉水而灌之。城中緣木而處（元本'中'作'下'，今據王念孫說改），縣釜而炊。襄子謂張孟談曰：'城中力已盡，糧食匱（元本"糧食匱"下有"乏"字，今據王念孫說刪），武大夫病（元本"大夫病"上無"武"字，今據王念孫說補），爲之奈何？'張孟談曰：'亡不能存，危不能安，無爲貴智（元本"無爲貴智"下有"士"字，今據王念孫說刪）。臣請試潛行，見韓、魏之君而約之。'乃見韓、魏之君，説之曰：'臣聞之，脣亡而齒寒。今智伯率二君而伐趙，趙將亡矣。趙亡，則二君爲之次矣（元本"則"下無"二"字，今據王念孫說補）。及今而不圖之，禍將及二君。'二君曰：'智伯之爲人也，粗中而少親。我謀而泄，事必敗。爲之奈何？'張孟談曰：'言出君之口，入臣之耳，人孰知之者乎？且同情相成，同利相死，君其圖之！'二君乃與張孟談謀，陰與之期

（元本'謀''陰'二字顛倒，今乙轉）。張孟談乃報襄子。至其日之夜，趙氏殺其守堤之吏，決水灌智伯軍（元本'決水灌智伯'下無'軍'字，今據王念孫說補）。智伯軍救水而亂，韓、魏翼而擊之，襄子將卒犯其前，大敗智伯軍，殺其身而三分其國。襄子乃賞有功者，而高赫為賞首。羣臣請曰：'晉陽之存，張孟談之功也。而赫為賞首，何也？'襄子曰：'晉陽之圍也，寡人國家危，社稷殆，羣臣無不有驕侮之心者，唯赫不失君臣之禮，吾是以先之。'由此觀之，義者，人之大本也。雖有戰勝存亡之功，不如行義之隆。故老子（元本'老'作'君'，今據王念孫說改）曰：'美言可以市尊，美行可以加人。'"

言道無所不先，物無有貴於此也。雖有珍寶璧馬，無以匹之。美言之，則可以敆眾貨之賈，[校]"敆"，元本作"奪"。案：《說文》云"奪，持隹失之也"，又云："敆，彊取也。"諟誼以作"敆"為是，"奪"，借字，今改。[箋]案：賈，讀如價。鄭玄曰："賈，謂物貴賤厚薄也。"（見《禮記‧王制》"命市納賈，以觀民之好惡"鄭玄注）故曰"可以市"也。[校]"可以市也"上，元本有"美言"二字。案：下文云"尊行之，則千里之外應之，故曰'可以加於人'也"，此同其例，以無此二字為是，今刪。尊行之，則千里之外應之，故曰"可以加於人"也。

人之不善，何棄之有！

不善當保道以免放。[校]陶鴻慶曰："放為於字之誤，下又奪罪字，其文云：'不善當保道以免於罪。'保道承上節經文不善人之所保而言，免於罪依下節經文有罪以免為說也。"（見陶著《讀諸子札記》）案：《小爾雅‧廣言》云："放，棄也。"《淮南子‧脩務》云："放讙兜於崇山。"免放，即免棄之意，其言正釋經文"何棄之有也"。陶氏謂有奪誤，失之。

故立天子，

【箋】

《禮記·曲禮下》云："君天下曰天子。"

置三公，

【箋】

案：三公謂太師、太傅、太保也。《尚書·周書·周官》云："立太師、太傅、太保，茲惟三公，論道經邦，燮理陰陽。"又《説苑·臣術》云："三公者，知通於大道，應變而不窮，辯於萬物之情，通於天道者也，其言足以調陰陽，正四時，節風雨，如是者舉以爲三公，故三公之事，常在於道也。"

言以尊行道也。

雖有拱璧以先駟馬，

【箋】

案：拱璧謂大璧也。孔穎達曰："拱謂合兩手也。此璧兩手拱抱之，故爲大璧。"（見《春秋左傳·襄公二十八年》"與我其拱璧"孔穎達疏）駟馬，猶四馬也。王肅曰："夏后氏駕兩，謂之麗；殷益以一騑，謂之驂；周人又益一騑，謂之駟。"（見《詩·國風·鄘·干旄》毛亨傳"驂馬五轡"孔穎達疏）《説文》云"駟，一乘也"，高誘曰："四馬曰乘。"（見《呂氏春秋·慎大覽》"權勳請以垂棘之璧與屈産之乘，以賂虞公"高誘注）"雖有拱璧以先駟馬"者，猶云雖有拱抱之璧以先乎四馬而進之也。杜預曰："古之獻物，必有以先。"（見《春秋左傳·襄公十九年》"賄荀偃束錦、加璧、乘馬，先吳壽夢之鼎"杜預注）孔穎達曰："老子云'雖有拱抱之璧以先駟馬'，謂以璧爲馬先也。僖公三十三年，'鄭商人弦高以乘韋先牛十二犒師'，謂以韋爲牛先也。

襄公二十六年，鄭伯'享子展，賜之先路三命之服，先八邑'，謂以車服爲邑之先也，皆以輕物先重物。"（見《春秋左傳·襄公二十六年》杜預注"古之獻物必有以先"孔穎達疏）《春秋左傳·襄公二十六年》云："夫人使饋之錦與馬，先之以玉。"《說苑·權謀》云："智伯欲襲衛，故遺之乘馬，先之一璧。"又云："趙簡子使人以明白之乘六，先以一璧爲遺於衛。"皆以璧或玉先馬之證，獨近人高亨以"以先"二字置諸駟馬之下，而訓先爲聘，謂"雖有供璧，駟馬以先，猶云雖有拱璧，駟馬以聘也"。（見《老子正詁》）苟依其說，則不但與下文"不如坐進此道"之誼不合，亦難以解釋《左傳》《說苑》之文矣。

不如坐進此道。

此道，上之所云也。言故立天子，置三公，尊其位，重其人，所以爲道也。物無有貴於此者，故雖有拱抱寶璧以先駟馬而進之，不如坐而進此道也。

古之所以貴此道者，何也？

【校】

"何"下，元本無"也"字。案：傅奕本、陳景元本、張太守本、彭耜本皆有，當從之，今補。

不曰求以得之，

【校】

"求以得之"，元本作"以求得"。案：六朝寫本作"求以得之"，蓋此與下文"有罪以免邪相"並爲耦句，諗其文以作"求以得之"爲是，今改。

【箋】

《説苑·談叢》云："求以其道則無不得。"

有罪以免邪？故爲天下貴。

以求則得求，以免則得免，無所而不攱，校 "攱"，元本作"施"。案：當作"攱"（説見一章），今改。故爲天下貴也。

六十三章

爲無爲，

【箋】

案：高誘曰："爲，治也。"（見《吕氏春秋·審應覽》"離謂此爲國之禁也"高誘注）治者何？謂設官分職，以爲邦國之治也。《周禮·天官·敘目》云："惟王建國，辨方正位，體國經野，設官分職，以爲民極。乃立天官冢宰，使帥其屬而掌邦治。""爲無爲"者，言其不設物官，而爲乎無分職授政之治也。經云："是以聖人凥無爲之事。"（見二章）

事無事，

【箋】

《太玄·事初一》云："事無事，至無不事。測曰：事無事，以道行也。"案：鄭玄曰："事，戎事也。"（見《禮記·樂記》"恐不逮事也"鄭玄注）"事無事"者，言其不任暴力，而事乎無兵戎之事也。經云"甘取天下者，常以無事"（見四十八章）；又云"雖有甲兵者，無所廄之"（見八十章）。

味無爲。

【箋】

案："味無味"者，言其不嗜虛華，而味乎無味之道也。經云："道之出言，淡兮其無味。"（見三十五章）

以無爲爲凥，校 "凥"，元本作"居"。案：當作"凥"（說見二章），今改。以不言爲教，以恬憺爲味，校 "憺"，元本作"淡"。案：當作"憺"（說見三十一章），今改。治之極也。

大小多少，

【箋】

案："大小多少"者，謂大原於小，多原於少也。《韓非子‧喻老》云："有形之類，大必起於小；行久之物，族必起於少。"此之謂也。《鶡冠子‧度萬》云："大乎小，眾乎少，莫不從微始。"

報怨以悳。

【校】

"悳"，元本作"德"。案：當作"悳"（說見四章），今改。

【箋】

《新書‧退讓》云："梁大夫宋就者爲邊縣令，與楚鄰界。梁之邊亭與楚之邊亭皆種瓜，各有數。梁之邊亭劬力而數灌，其瓜美。楚窳而希灌，其瓜惡。楚令固以梁瓜之美怒其亭瓜之惡也，楚亭惡梁瓜之賢己，因夜往竊搔梁亭之瓜，皆有死焦者矣。梁亭覺之，因請其尉，亦欲竊往報搔楚亭之瓜。尉以請，宋就曰：'惡，是何言也！是講怨分禍之道也。惡，何稱之甚也！若我教子，必誨莫令人往，竊爲楚亭夜善灌其瓜，令勿知也。'於是梁亭乃每夜往竊灌楚亭之瓜，楚亭旦而行瓜，則此已灌矣。瓜日以美，楚亭怪而察之，則乃梁亭也。楚令聞之，大悦，具以聞。楚王聞之，恕然醜以志自惛也。告吏曰：'微搔瓜，得無他罪乎？'說梁之陰讓也，乃謝以重幣，而請交於梁王。楚王時則稱說梁王，以爲信，故梁楚之驩由宋就始。語曰：'轉敗而爲功，因禍而爲福。'老子曰：'報怨以德。'此之謂乎！夫人既不善，胡足效哉。" [箋] 《論語・憲問》云："或曰：'以德報怨，何如？'子曰：'何以報德？以直報怨，以德報德。'"案："以直報怨"者，欲以明是非、正恩怨也；"抱怨以直"者，欲以泯是非、平恩怨也。顧無名之樸梂，而階級對抗之形箸，而恩怨生矣。今老氏乃欲平之其見，詘伸相推，悆惡相攻，而內自怵邪。夫相推相攻，乃出於道之必然，老氏蓋未之達也。

小怨則不足以報，大怨則天下之所欲誅，順天下之所同者，惠也。[校] "惠"，元本作"德"。案：當從經文作"惠"，今改。

圖難於其易，爲大於其細。

【箋】

《韓非子・難三》云："或曰：仲尼之對，亡國之言也。葉民有倍心，而說之'悦近而來遠'，則是教民懷惠。惠之爲政，無功者受賞，則有罪者免，此法之所以敗也。法敗而政亂，以亂政治敗民，未見其可也。且民有倍心者，君上之明有所不及也。不紹葉公之明，而使之悦近而來遠，是舍吾勢之所能禁而使與下行惠以争民（元本'下'作'不'，今據顧廣圻説改），非能持勢者也。夫堯之賢，六王之冠也，舜一從而咸包，而堯無天下矣。有人無術以禁下，恃爲舜而不失其民，不亦無術乎！明君見小姦於微，故民無大謀；行小誅於細，故民無大亂。此謂'圖難於其所易'也，'爲大者於其所細'也。"

天下之難事

【校】

"天下"下，元本無"之"字。案：六朝寫本、傅奕本、張太守本、彭耜本、董思靖本、范應元本及《韓非子·喻老》所引皆有，今補。

必作於易，天下之大事

【校】

"天下"下，元本無"之"字。案：傅奕本、張太守本、彭耜本、董思靖本、范應元本及《韓非子·喻老》所引皆有，今補。

必作於細，

【箋】

《韓非子·喻老》云："有形之類，大必起於小；行久之物，族必起於少。故曰：'天下之難事必作於易，天下之大事必作於細。'是以欲制物者於其細也。故曰：'圖難於其易也，爲大於其細也。'千丈之堤，以螻蟻之穴潰，百尺之室以突隙之煙焚（元本'煙'作'烟'，今據王引之說改）。故：白圭之行隄也（元本'故'下有'曰'字，今據顧廣圻說刪）塞其穴，丈人之慎火也塗其隙。是以白圭無水難，丈人無火患。此皆慎易以避難，敬細以遠大者也。扁鵲見蔡桓公，立有閒，扁鵲曰：'君有疾在腠理，不治將恐深。'桓侯曰：'寡人無疾。'扁鵲出，桓侯曰：'醫之好治不病以爲功。'居十日，扁鵲復見曰：'君之病在肌膚，不治將益深。'桓侯不應。扁鵲出，桓侯又不悅。居十日，扁鵲復見曰：'君之病在腸胃，不治將益深。'桓侯又不應。扁鵲出，桓侯又不悅。居十日，扁鵲望桓侯而還走。桓侯故使人問之，扁鵲曰：'疾在腠理，湯熨之所及也；在肌膚，鍼石之所及也；在腸胃，火齊之所及也；在骨髓，司命之所屬，無奈何也。今在骨髓，臣是以無請也。'居五日，桓公體痛，使人索扁鵲，已逃秦矣。桓侯遂死。故良醫之治病也，攻之於腠理，此皆爭之於小者也。夫事之禍福亦有腠理之地，故：聖人蚤從事焉（元本'故'下有'曰'字，今據顧廣圻説刪）。"

是以聖人終不爲大，故能成其大。

【箋】

《太玄·大次三》云："大不大，利以成大。測曰：'大不大，以小作基也。'"

夫輕諾者

【校】

"夫輕諾"下，元本無"者"字。案：嚴遵本、傅奕本、范應元本皆有，今補。

必寡信，多易者

【校】

"多易"下，元本無"者"字。案：嚴遵本、傅奕本、范應元本皆有，今補。

必多難，是以聖人猶難之。

以聖人之才，猶尚難於細易，況非聖人之才，而欲忽於此乎？故曰"猶難之"也。

故終無難矣。

【箋】

《國語·晉語》云："文公問於郭偃曰：'始也吾以治國爲易，今也難。'對曰：'君以爲易，其難也將至矣；君以爲難，其易也將至焉。'"

唯其難於細易，故終無難大之事也。校元本無 "唯其難於細易，故終無難大之事也" 十四字。案：《道德真經取善集》於本章經文 "故終無難矣" 下，引王注云 "惟其難於細易，故終無難大之事"。蓋王注逸文也，今補，並據例改 "惟" 爲 "唯"，於 "故終無難大之事下" 增 "也" 字。

六十四章

其安易持，其未兆易謀，

【校】

"其未兆易謀" 下，元本有注云："以其安不忘危，持之不忘亡，謀之無功之勢，故曰易也。"案："以其安不忘危" 至 "謀之無功之勢"，應在本章經文 "其散易柀" 下，尻注文 "雖失無入有" 前，今迻彼。又 "故曰易也" 四字誤衍，今刪。

【箋】

《韓非子·喻老》云："昔晉公子重耳出亡過鄭，鄭君不禮。叔瞻諫曰：'此賢公子也，君厚待之，可以積德。'鄭君不聽。叔瞻又諫曰：'不厚待之，不若殺之，無令有後患。'鄭君又不聽（元本 '君' 作 '公'，今據王先慎説改）。及公子返晉邦，舉兵伐鄭，大破之，取八城焉。晉獻公以垂棘之璧假道於虞而伐虢，大夫宮之奇諫曰：'不可。脣亡而齒寒，虞、虢相救，非相德也。今日晉滅虢，明日虞必隨之亡。'虞君不聽，受其璧而假之道。晉已取虢，還，反滅虞。此二臣者皆爭於腠理者也，而二君不用也。然則叔瞻、宮之奇亦虞、鄭之扁鵲也，而二君不聽，故鄭以破，虞以亡。故曰'其安易持也，其未兆易謀'也。"

其脆易判，

【校】

"脆"，元本作"脆"。案：范應元本作"脃"。《說文》有"脃"字，無"脆"字。《周禮·冬官·考工記》弓人云："夫角之末，遠於朼而不休於氣，是故脃。"蓋其字當作"脃"，"脆"俗書，今改。又"判"，元本作"泮"。案：傅奕本、范應元本、焦竑本皆作"判"。范應元曰："判，分也。王弼、司馬公同古本。"（見范著《老子道德經古本集注》）據此則王本亦作"判"。《說文》云："泮，諸侯鄉射之宮，西南爲水，東北爲牆。"又云："判，分也。"譣誼以作"判"爲是，"泮"借字，今改。

其散易梂。

【校】

"散"，元本作"微"。案：當作"散"（説見一章），今改。又"梂"，元本作"散"。案：當作"梂"（説見二十八章），今改。

以其安不忘危，持之不忘亡，謀之無功之勢。[校]"以其安不忘危"至"謀之無功之勢"，元本在本章經文"其未兆易謀"下。案：其誼應在本章經文"其散易梂"下，尻注文"雖失無入有"前，今迻此。雖失無入有，以其散脆之故，[校]"散"，元本作"微"。案：當作"散"（説見一章），今改。

又"脆",元本作"脆"。案：當從經文作"脆",今改。未足以興大功,故曰校"故"下,元本無"曰"字。案其文例應有,今補。易也。此四者,皆説慎終也。不可以無之故而不持,不可以散之故而弗梂也。無而弗持則生有焉,散而不梂校上二"散"字,元本皆作"微"。案：當作"散"（説見一章）,今改。又上二"梂"字,元本皆作"散"。案：當作"梂"（説見二十八章）,今改。則生大焉。故慮終之患如始之禍,則無敗事。

爲之於未有,

　　謂其安未兆也。

治之於未亂。

【校】

　　"亂",元本作"亂"。案：當作"亂"（説見三章）,今改。

【箋】

　　《新書·審微》云："善不可謂小而無益,不善不可謂小而無傷,非以小善爲一足以利天下,小不善爲一足以亂國家也。當夫輕始而傲微,則其流必至於大亂也,是故子民者謹焉。彼人也,登高則望,臨深則窺,人之性,非窺且望也,勢使然也。夫事有逐姦,勢有召禍。老聃曰：'爲之於未有,治之於未亂。'管仲曰'備患於未形',上也。"

　　謂散脆也。校"散",元本作"微"。案：當作"散"（説見一章）,今改。又"脆",元本作"脆"。案：當從經文作"脆",今改。

合抱之木，生於豪末；

【校】

"豪"，元本作"毫"。案：宋景祐幢、唐天寶寫本、傅奕本、司馬氏本、范應元本、焦竑本皆作"豪"。《説文》有"豪"字，無"毫"字，"豪"即"豪"渻。《禮記·經解》云："差若豪氂，繆以千里。"《後漢書·班彪傳》云："外運混元，内浸豪芒。"蓋其字當作"豪"，"毫"俗書，今改。

【箋】

案："豪末"，謂秋豪之末也。《莊子·秋水》云"鴟鵂夜撮蚤，察豪末"，成玄英疏云："鴟鵂，鵂也（中略），夜則目明，故夜能撮捉蚤蝨，密視秋豪之末。"

九層之臺，起於蕢土；

【校】

"蕢"，元本作"累"。案：此"累"字，即《越絶書·外傳記吴地傳》"越王候干戈人一累土以葬之"之"累"，《管子·山國軌》"桿籠纍簦"（元本"桿籠"作"捍寵"，今據王念孫説改）之"纍"，《孟子·滕文公》"蘽梩而掩之"之"蘽"，《淮南子·説山》"蔂成城"之"蔂"，《尚書·周書》"旅獒功虧一簣"之"簣"，《漢書·禮樂志》"未成一匱"之"匱"，蓋其古音皆屬脂部也，然皆非正字。攷《説文》，其正字實當作"蕢"。《論語·憲問》云"有荷蕢而過孔氏之門者"是也，今改。

千里之行，始於足下。爲者敗之，執者失之。

當以慎終除欨，慎欨除敳。校上二"欨"字，元本皆作"微"。案：當作"欨"（説見一章），今改。又"敳"，元本作"亂"。案：當作"敳"（説見三章），今改。而以歧爲治之，校 "歧"，元本作"施"。案：當作"歧"（說見一章），今改。箋案："而"字在此用爲假設連詞，誼與"如"同。《周易·明夷》象云"用晦而明"，虞翻注云："而，如也。"（見《周易集解》）《詩·小雅·魚藻之什·都人士》云"彼都人士，垂帶而厲"，鄭玄箋云："而，亦如也。""而以歧爲治之"者，猶云"如以歧爲治之"也。形名執之，反生事原，巧僻滋作，校 "僻"，元本作"辟"。案：《說文》云"辟，法也"，又云"僻，避也"，引申之則爲衺僻之偁。諟誼以作"僻"爲是，"辟"借字，今改。故敗失也。

是以聖人無爲，故無敗；無執，故無失。民之從事，常於幾成而敗之。

不愼終也。

愼終如始，則無敗事矣。

【校】

"則無敗事"下，元本無"矣"字。案：傅奕本、張太守本、彭耜本、董思靖本皆有，當從之，今補。

是以聖人欲不欲，而不貴難得之貨。

【校】

"不貴難得之貨"上，元本無"而"字。案：《韓非子·喻老》所引有，當從之。《韓非子·喻老》云："宋之鄙人得璞玉而獻之子罕。子罕不受。鄙人曰：'此寶也，宜爲君子器，不宜爲細人用。'子罕曰：'爾以玉爲寶，我以不受子玉爲寶。'是鄙人欲玉，而子罕不欲玉。故曰：'欲不欲，而不貴難得之貨。'"

好欲雖散，校 "散"，元本作"微"。案：當作"散"，今改（説見一章）。争尚爲之興；難得之貨雖細，貪盜爲之起也。

學不學，以復衆人之所過。

【校】

"復衆之所過"上，元本無"以"字。案：傅奕本、張太守本、彭耜本皆有。王注云："不學而能者，自然也。踰於不學者過也。故曰：'學不學，以復衆人之所過也。'"（見本章）據此則王本亦有"以"字，其無者乃河上公本（宋河上公本正無"以"字），非王本也，今補。

【箋】

《韓非子·喻老》云："王壽負書而行，見徐馮於周徐（元本'徐'作'塗'，今據王先慎説改），馮曰：'事者爲也，爲生於時，時者無常事（元本"時"作"知"，今據王渭説改）。書者言也。言生於知，知者不藏書。今子何獨負之而行?'於是王壽因焚其書而儛之。故知者不以言談教，而慧者不以藏書篋，此世之所過也，而王壽復之，是學不學也。故曰：'學不學，復歸衆人之所過也。'"案：顔師古曰："復，補也。"（見《漢書·眭兩夏侯京翼李傳》"雖有大令，猶不能復"顔師古注）衆人之過在乎學，故學不學以補之也。

不學而能者，自然也。踰於不學者，校 "踰"，元本作"喻"。案：陶鴻慶曰："'喻'，蓋'踰'字之誤。踰於不學，謂學而後知能者。"（見《讀諸子札記》）其説是也，今改。又"踰於"下，元本無"不"字。案：張太守本、正統王本、乾隆王本、光緒王本皆有，今補。過也。故曰校 "故下"元本無"曰"字。案：其文例應有，今補。"學不學，以復衆人之所過"也。

|校| "以復眾人"之下，元本無"所"字。案：張太守本、正統王本、明和王本皆有，今補。又"以復眾人之所過"下，元本無"也"字。案：其文例應有，今補。

以輔萬物之自然，而不敢爲也。

【校】

"以輔萬物之自然而不敢爲"下，元本無"也"字。案：傅奕本、范應元本皆有，今補。

【箋】

《韓非子·喻老》云："夫物有常容，因乘以導之，因隨物之容。故靜則建乎德，動則順乎道。宋人有爲其君以象爲楮葉者，三年而成。豐殺莖柯，毫芒繁澤，亂之楮葉之中而不可別也。此人遂以巧食禄於宋邦（元本'巧'作'功'，今據王先慎説改）。列子聞之曰：'使天地三年而成一葉，則物之有葉者寡矣。'故不乘天地之資而載一人之身，不隨道理之數而學一人之智，此皆一葉之行也。故冬耕之稼，后稷不能美也（元本'美'作'羡'，今據俞樾説改）；豐年大禾，臧獲不能惡也。以一人力，則后稷不足；隨自然，則臧獲有餘。故曰：'恃萬物之自然，而不敢爲也。'"

【箋】

案："輔"，老子故書當作"待"，《韓非子·喻老》引作"恃"者，蓋因形似而誤也。《吕氏春秋·士容論·審時》"不得恃定熟"，高誘注云："恃或作待。"《說文》云"待，竢也"；顏師古曰"竢與俟同"（見《漢書·古今人表》"夷竢"顏師古注）；《禮記·中庸》"君子居易以俟命"，鄭玄注云"俟命，聽天認命也"，故"待"函聽之任之之誼。萬物即萬方或萬官，謂臣工之分職也（説見一章），待萬物之自然而不敢爲者，言樸之將椒，臣工之分職漸興，無以止之，則聽任其自成而不敢爲之始也。經云"萬物作焉而不爲始"

377

（見二章），兩者誼同。

六十五章

古之善爲道者，非以明民，將以愚之。

　　明，謂多智巧詐，[校]"智"，元本作"見"。案：經云"民之難治，以其多智也"（見本章），王注云"多智巧詐，故難治也"（同上），諗誼以作"智"爲是，"見"誤字，今改。蔽其樸也。愚，謂無知守真、順自然也。

民之難治，以其多智也。

【校】

　　"多智"，元本作"智多"。案：唐景龍碑、唐景龍寫本、唐寫成玄英本皆作"多智"。王注云："多智巧詐，故難治也。"（見本章）又云："民之難治，以其多智也。"（同上）據此則王本亦作"多智"，其作"智多"者，乃河上公本（見存宋河上公本正作"智多"，注云"以其智多，故爲巧僞"），非王本也，今乙轉。又"以其多智"下，元本無"也"字。案：傅奕本、范應元本皆有，今補。

　　多智巧詐，故難治也。

故以智治國，國之賊；

【箋】

《韓非子·難三》云："鄭子產晨出，過東匠之閭，聞婦人之哭，撫其御之手而聽之。有閒，遣吏執而問之，則手絞其夫者也。異日，其御問曰：'夫子何以知之？'子產曰：'其聲懼。凡人於其親愛也，始病而憂，臨死而懼，已死而哀。今哭已死不哀而懼，是以知其有姦也。'或曰：子產之治，不亦多事乎！姦必待耳目之所及而後知之，則鄭國之得姦者寡矣。不任典成之吏，不察參伍之政，不明度量，恃盡聰明勞智慮，而以知姦，不亦無術乎！且夫物眾而智寡，寡不勝眾（元本'寡不勝眾'下有'知不足以徧知物'七字，今據俞樾說刪），故因物以治物。下眾而上寡，寡不勝眾（元本'寡不勝眾'下有'者言君不足以徧知臣也'十字，今據俞樾說刪），故因人以知人。是以形體不勞而事治，智慮不用而姦得。故宋人語曰：'一雀過羿，羿必得之，則羿誣矣。以天下為之羅，則雀不失矣。'夫知姦亦有大羅，不失其一而已矣。不修其理，而以己之胥察為之弓矢，則子產誣矣。老子曰：'以智治國，國之賊也。'其子產之謂矣。"《後漢紀·靈帝紀下》云："在溢則激，處平則恬，水之性也。急之則擾，緩之則靜，民之情也。故善治水者，引之使平，故無衝激之患。善治人者，雖不為盜，終歸刻薄矣。以民心為治者，下雖不時整，終歸敦厚矣。老子曰：'古之為道者，不以明民，將以愚之。故以智治國，國之賊也。'"

智，猶巧也。以智巧治國，乃所以賊之，故謂之賊也。校 "智，猶巧也"至"故謂之賊也"，元本作"智，猶治也。以智而治國，所以謂之賊者，故謂之智也"。案：其文誼不順，殆有奪誤。陶鴻慶曰："下文云'邪心既動，復以巧術防民之偽'，又云'思惟密巧，奸偽益滋'。疑元文本云：'智，猶巧也。以智巧治國，乃所以賊之，故謂之賊也。'"（見《讀諸子札記》）其說是也，今改。民之難治，以其多智也。當務塞兌閉門，令無知無欲。而以智術動民，衷心既動，校 "衷"，元本作"邪"。案：當作"衷"（說見十章），今改。復以巧術防民之僞，民知其防，[校]"民知其"下，元本有"術"字。案：《老子集解》所引無，今刪。隨而避之。思惟密巧，姦偽益滋，[校]"姦"，元本作"奸"。案：《説文》云"奸，犯婬也"，又云"姦，私也"。諝誼以作"姦"爲是，"奸"，借字，今改。故曰："以智治國，國之賊也。"案：昔者盧梭薄雅典而厚斯巴達者，一以智治國，一不以智治國也（見盧梭《論科學與藝術》）。

不以智治國，國之福。

【箋】

　　梁玉繩曰："《老子》下篇有云：'古之善爲道者，非以明民，將以愚之。民之難治，以其智多。故以智治國，國之賊；不以智治國，國之福。'自此論興，而商鞅遂教秦孝公燔詩書而明法令；《韓非子·喻老》箸王壽焚書之事，其《姦劫弑臣》篇以誦書爲亂當世之治；《五蠹》篇云'明主之國，無書簡之文，以法爲教，無先王之語，以吏爲師'，至李斯竟緣此亡秦。噫，孰階之厲哉！"（見《清白士集·瞥記五》）高延第曰："愚之謂反樸還純、革去澆漓之習，即爲天下渾其心之義，與秦人燔詩書、愚黔首不同。三代以降，人情險薄，變詐日起，徒立法以防之，而法不必果用，上下徒以智數虛文相應。法令益煩，而奸不止，尚智之患也。"（見《老子證義》）

知此网者，

【校】

　　"网"，元本作"兩"。案：當作"网"（説見一章），今改。

亦稽式也。

【校】

"亦稽式"下，元本無"也"字。案：傅奕本、范應元本皆有。范應元曰："傅奕、王弼同古本。"（見《老子道德經古本集注》）據此則王本亦有，今補。

【箋】

鄭玄曰："稽，同也。"（見《後漢書·李固傳》"臣聞君不稽古，無以承天"注引《尚書·堯典》鄭玄注）傅奕曰："稽式，今古之所同式也。"（見《老子道德經古本集注》）

稽，同也。[箋]此以"同"釋"稽"用《尚書》鄭氏誼也。今古之所同，則不可廢①。[校]"則"下元本有"而"字。案：張太守本、正統王本、乾隆王本皆無，今刪。又"稽，同也"至"則不可廢"，元本在本章經文"玄惠深矣，遠矣"下。案：其誼乃釋本章經文"知此网者，亦稽式也"，今迻此。

知此稽式，

【校】

"知此"，元本作"常知"。案：范應元本作"知此"。范應元曰："傅奕、王弼同古本。"（見《老子道德經古本集注》）據此則王本亦作"知此"，其作"常知"者，乃河上公本（見存宋河上公本正作"常知"），非王本也，今改。

---

① 樓宇烈等學者將此句斷爲"今古之所同則，不可廢"。

是謂玄悳。玄悳深矣，遠矣，

【校】

　　上二"悳"字，元本皆作"德"。案：當作"悳"（説見四章），今改。又"玄悳深矣，遠矣"下，元本有注云："稽，同也。今古之所同，則而不可廢（'而'字衍）。能知稽式，是謂玄德。玄德深矣，遠矣。"案："稽，同也"至"則而不可廢"乃釋本章經文"知此兩者，亦稽式也"，今迻彼。又"能知稽式"至"玄悳深矣，遠矣"，乃本章經文誤入注中，今刪。

與物返矣，

【校】

　　"返"，元本作"反"。案：當作"返"（説見二十一章），今改。

　　返其真也。校 "返"，元本作"反"。案：當從經文作"返"，今改。

然後乃至大順。

【箋】

　　《春秋左傳·昭公二十八年》云"慈和徧服曰順"，《莊子·外篇·天地》云："其合緡緡若愚，若昏，是謂玄德，同乎大順。"

六十六章

江海所以能爲百谷王者，以其善下之，故能爲百谷王。

【箋】

　　《説文》云："王，天下所歸往也。"百谷之水皆歸往於江海，故江海爲百谷王，其所以能爲百谷王者，以其處於百谷之下也。

是以聖人欲上民，

【校】

　　"是以"下，元本無"聖人"二字。唐景龍碑、唐開元甲幢、唐景福碑、遂州碑、六朝寫本、唐景龍寫本、唐天寶寫本、唐寫成玄英本、宋河上公本、顧歡本、嚴遵本、傅奕本、唐玄宗本、陸希聲本、陳景元本、司馬氏本、張太守本、蘇轍本、李霖本、彭耜本、董思靖本、范應元本、李榮本、薛蕙本、焦竑本、正統王本及《太平御覽·皇王部一》所引皆有，今補。

必以其言下之；

【校】

　　"必以"下，元本無"其"字。案：傅奕本、范應元本、李榮本及《太平御覽·皇王部一》所引皆有，今補。

【箋】

《周易·屯卦》初九象云"以貴下賤,大得民也";又《益卦象》云:"自上下下,其道大光。"

欲先民,必以其身後之。

【校】

"必以"下,元本無"其"字。案:傅奕本、范應元本、李榮本及《太平御覽·皇王部一》所引皆有,今補。

是以聖人處上而民不重,處前而民不害,是以天下樂推而不猒。

【校】

"猒",元本作"厭"。案:唐開元甲幢、顧歡本、嚴遵本、傅奕本、范應元本皆作"猒"。《説文》云"厭,笮也",又云"猒,飽也",引申之則爲猒棄之猒。諗誼以作"猒"爲是,"厭",借字,今改。

【箋】

《淮南子·主術》云:"乘衆人之智,則天下之不足有也。專用其心,則獨身不能保也。是故人主覆之以德,不行其智,而因萬人之所利。夫舉踵天下而得所利,故百姓載之上,弗重也;錯之前,弗害也;舉之而弗高也,推之而弗猒。"

以其不争,故天下莫能與之争。

六十七章

天下皆謂我道大，似不肖。

【箋】

《說文》云："肖，骨肉相似也，从肉小聲。"不似其先，故曰不肖也。

夫唯大，故似不肖。若肖，久矣其細也夫。

久矣其細，猶云 校 "猶云"，元本作"猶曰"。案：王注云"猶云十分有三分"（見五十章）；又云"猶云非獨不知神之爲神"（見六十章）；又云"猶云以大國下小國也"（見六十一章）。此同其例，以作"猶云"爲是，今改。其細久矣。肖則失其所以爲大矣，故曰："若肖，久矣其細也夫。"

我有三寶，

【箋】

《廣雅·釋詁》云："寶，道也。"《論語·陽貨》云："懷其寶而迷其邦，可謂仁乎？"皇侃疏云："寶，猶道也。"經云："道者萬物之奧，善人之寶。"（見六十二章）證老氏亦以道爲寶，蓋此承上文"天下皆謂我道大"而言。所謂三寶皆道之屬也。

持而寶之。

【校】

　　"寶"，元本作"保"。案：唐景龍碑、六朝寫本、傅奕本、范應元本及《韓非子·解老》所引皆作"寶"。范應元曰："韓非、王弼、傅奕同古本。"（見《老子道德經古本集注》）據此則王本亦作"寶"，今改。

【箋】

　　《韓非子·解老》云："事必萬全而舉無不當，則謂之寶矣。故曰：'吾有三寶，持而寶之。'"

一曰慈，二曰儉，三曰不敢爲天下先。

【箋】

　　《韓非子·解老》云："凡物之有形者，易裁也，易割也。何以論之？有形則有短長，有短長則有小大，有小大則有方圓，有方圓則有堅脆，有堅脆則有輕重，有輕重則有白黑。短長、小大（元本'小大'作'大小'，今據王先慎說乙轉）、方圓、堅脆、輕重、白黑之謂理。理定而物易割也。故議於大庭而後言則立，權議之士知之矣。故欲成方圓而隨其規矩，則萬事之功形矣。而萬物莫不有規矩。議言之士，計會規矩也。聖人盡隨於萬物之規矩，故曰：'不敢爲天下先。'"

慈，故能勇；

【箋】

　　《韓非子·解老》云："愛子者慈於子，重生者慈於身，貴功者慈於事。慈母之於弱子也，務致其福，務致其福則事除其禍，事除其禍則思慮熟，思慮熟則得事理，得事理則必成功，必成功則其行之也不疑，不疑之謂勇。聖人之於萬事也，盡如慈母之爲弱子慮也，故見必行之道；見必行之道則其從事亦不疑，不疑之謂勇。不疑生於慈，故曰：'慈故能勇。'"

【箋】

案：《墨子・經上》云："勇，志之所以敢也。"《孫子・地形》云："視卒如嬰兒，故可與之赴深谿；視卒如愛子，故可與之俱死。"蓋夫將銜慈，則士卒敢，故曰："慈，故能勇。"

夫慈，以賊則正，校 "賊"，元本作"陳"。案：當作"賊"（說見二章），今改。又"正"，元本作"勝"。案：經云"夫慈以賊則正"（見本章），王注引之誼作"正"爲是，今改。以守則固，故能勇也。

儉，故能廣；

【箋】

《韓非子・解老》云："周公曰：'冬日之閉凍也不固，則春夏之長草木也不茂。'天地不能常侈常費，而況於人乎！故萬物必有盛衰，萬事必有弛張，國家必有文武，官治必有賞罰。是以智士儉用其財則家富，聖人愛寶其神則精盛，人君重戰其卒則民衆，民衆則國廣。是以舉之曰：'儉故能廣。'"

節儉忞費，校 "忞"，元本作"愛"。案：當作"忞"（說見十章），今改。天不下匱，故能廣也。

不敢爲天下先，故能成器長。

【箋】

《韓非子・解老》云："不敢爲天下先，則事無不事，功無不功，而議必蓋世，欲無處大官，其可得乎！處大官之謂爲成事長，故曰：'（元本"故曰"上有"是以"二字，今據王先慎說刪）不敢爲天下先，故能爲成事長。'"

【箋】

案：器長，謂天下國家之長也。"不敢爲天下先，故能成器長"者，教世之王侯，以後起之藉，而爲天下國家之長也。《戰國策・齊策》云："昔吴王夫差以強大爲天下先，強襲郢而棲越，身從諸侯之君，而卒身死國亡，爲天下戮者，何也？此夫差平居而謀王，強大而喜先天下之禍也（中略）。語曰：'麒麟之衰也，駑馬先之；孟賁之倦也，女子勝之。'夫駑馬、女子，筋骨力勁，非賢於麒麟、孟賁也。何則？後起之藉也。今天下之相與也不並滅，有而案兵後起，寄怨而誅不直。微用兵而寄於義，則王天下可蹺足而須也。"（"王"元本作"亡"。案：當作"王"，今改。）

唯後外其身，爲物所歸，然後乃能立器以爲天下利，[校]"爲天下利"上，元本無"以"字。案：《周易・繫辭上》云"備物致用，立成器以爲天下利，莫大乎聖人"，王注引之以有"以"字爲是，今補。又陶鴻慶曰："立成無義，立疑善之壞字。四十一章注云'無物而不濟其形，故曰善成'，是其證也。器字當在爲天下利下。"（見《讀諸子札記》）案：其説無據，未可從也。爲物之長也。

今捨慈担勇，

【校】

"捨"，元本作"舍"。案：唐景龍碑、唐開元甲幢、宋景祐幢、遂州碑、顧歡本、傅奕本、陳景元本、司馬氏本、張太守本、彭耜本、董思靖本皆作"捨"。諶誼以作"捨"爲是，"舍"，借字（説見三十八章），今改。又"担"，元本作"且"。案：且，薦也，與王注"且，猶取也"之誼不合。《廣雅・釋詁》云"担，取也"；《方言》云："掩索，取也。自關而東曰'掩'，自關而西曰'索',或曰'担'。"又云:"担,攄取也。南楚之閒,凡取物溝泥中謂之担。"諗誼以作"担"爲是,"且"借字,今改。

担,猶取也。校 "担",元本作"且"。案:當從經文作"担",今改。

捨儉担廣,捨後担先,

【校】

上二"捨"字,元本皆作"舍"。案:唐景龍碑、唐開元甲幢、宋景祐幢、遂州碑、顧歡本、傅奕本、陳景元本、司馬氏本、張太守本、彭耜本、董思靖本皆作"捨"。諗誼以作"捨"爲是,"舍",借字,今改。又上二"担"字,元本皆作"且"。案:當從上文作"担",今改。

是謂入死門!

【校】

"是謂入死門",元本作"死矣"。案:傅奕本、范應元本皆作"是謂入死門",蓋古本如此,今改。

夫慈,以陬則正。

【校】

"以陬則正",元本作"以戰則勝"。案:遂州碑、傅奕本、張太守本、范應元本皆作"以陳則正",蓋借陳爲陬也。王注云"夫慈以陬則正"(見本章),即引此語;又云"相憋而不避於難,故正也"(同上),即釋"正"字之誼。據此則王本亦作"以陬則正",其作"以戰則勝"者,乃河上公本(見存宋河上公本正作"以戰則勝",注云"夫仁慈者,百姓親附并心一意,故以戰則勝敵,以守衛則堅固"),非王本也。

【箋】

案：正者，謂其旗正正，其隊堂堂，軍頌嚴整不可犯也。《孫子·軍爭》云："無邀正正之旗，勿擊堂堂之陳。"故隊而正，則其隊不可犯也。

相憨而不避於難，校 "憨"，元本作"慭"。案：《説文》有"憨"字，無"慭"字。《春秋左傳·昭公元年》云："吾代二子憨矣。"《漢書·五行志》云："憨周公之德，痛其將有敗亡之釁。"當作"憨"，"慭"俗書，今改。故正也。①

以守則固，

【箋】

《韓非子·解老》云："慈於子者不敢絶衣食，慈於身者不敢離法度，慈於方圓者不敢舍規矩。故臨兵而慈於士吏則戰勝敵，慈於器械則城堅固。故曰：'慈，於戰則勝，以守則固。'"

天將救之，以慈衛之。

【箋】

《韓非子·解老》云："夫能自全也而盡隨於萬物之理者，必且有天生。天生也者，生心也。故天下之道盡之生也，若以慈衛之也。"

---

① 樓宇烈《老子道德經注校釋》作"故勝也"，中華書局 2018 年版，第 170 頁。

六十八章

善爲士者不武，

【箋】

案：士，謂上士、中士、下士也。《周禮·夏官司馬·敍官》云："凡制軍，萬有二千五百人爲軍，王六軍，大國三軍，次國二軍，小國一軍，軍將皆命卿。二千有五百人爲師，師帥皆中大夫；五百人爲旅，旅帥皆下大夫；百人爲卒，卒長皆上士；二十五人爲兩，兩司馬皆中士；五人爲伍，伍皆有長。"賈公彥疏云："伍皆有長，是比長下士。不言皆下士者，以眾多官卑，故略而不言也。"此所云士，即卒長、兩司馬、伍長之屬。王注釋士爲卒之衛而不及兩司馬、伍長，是專以上士當之，於誼未爲晐也。不武，謂不武進也。《孫子·行軍》云："惟無武進，足以併力料敵取人而已。"

士，卒之衛也。校 "衛"，元本作"帥"。案：《説文》云"帥，佩巾也"，又云"衛，將衛也"。段玉裁曰："將帥字，古祇作將衛。"（見《説文解字》段注行部"衛"字條）諡誼以作"衛"爲是，"帥"借字，今改。武尚先夌人也。校 "夌"，元本作"陵"。案：《説文》云"陵，大自"也，又云"夌，越也"，引申之則爲夌犯之偶。諡誼以作"夌"爲是，"陵"借字，今改。

善戰者不怒，

【箋】

《孫子·火攻》云："主不可以怒而興師，將不可以慍而致戰（中略），怒可以復喜，愠可以復悦，亡國不可以復存，死者不可以復生。"張預注云："君因怒而興兵，則國必亡；將因愠而輕戰，則士必死。夫怒者，兵家之所切戒。故善戰者不怒也。"

後而不先，應而不唱，故不在怒也。校 "故不在怒"下，元本無"也"字。案：其文例應有（説見一章），今補。

善勝敵者不與，

【箋】

案：不與，謂不與戰也。《春秋左傳·哀公九年》云："宋方吉，不可與也。"杜預注云："不可與戰，然則既求勝敵，曷又言不與戰邪？曰其怡在於不戰而屈人之兵。《孫子·謀功》云：'凡用兵之法，全國爲上，破國次之；全軍爲上，破軍次之；全旅爲上，破旅次之；全伍爲上，破伍次之。是故百戰百勝，非善之善者也。不戰而屈人之兵，善之善者也。'"

（不①）與，爭也。

善用人者爲之下。

【箋】

《春秋左傳·宣公十二年》云："其君能下人，必能信用其民矣。"

用人而不爲之下，則力不爲用矣。校 "矣"，元本作"也"。案：當作"矣"（説見一章），今改。又"用人而不爲之下，則力不爲用矣"，元本在本章經文"是謂用人之力"下。案：其誼乃釋本章經文"善用人者爲之下"，

---

① 案：據文意，"不"字當刪。參《老子道德經注校釋》，中華書局2009年版，第172頁。

今逸此。

是謂不爭之惪，

【校】

"惪"，元本作"德"。案：當作"惪"（説見四章），今改。

是謂用人之力，

【校】

"是謂用人之力"下，元本有注云："用人而不爲之下，則力不爲用也（'也'當作'矣'）。"案：其誼乃釋本章經文"善用人者爲之下"，今逸彼。

是爲妃天古之極。

【校】

"妃"，元本作"配"。案：《説文》云"配，酒色也"；又云："妃，匹也。"譣誼以作"妃"爲是，"配"，借字，今改。俞樾曰："疑古字衍文也。'是謂配天之極'六字爲句，與上文'是謂不爭之德''是謂用人之力'，文法一律，其衍'古'字者，古即天也。《周書·周祝篇》曰'天爲古'，《尚書·堯典篇》曰'曰若稽古帝堯'。鄭注曰：'古，天也。'是古與天同義。此經'配天之極'，他本或有作'配古之極'者。後人傳寫誤合之耳。"（見《諸子平議》）案：天古猶玄古也，《釋名·釋天》云："天又謂之玄。"《莊子·外篇·天地》云："玄古之君天下，無爲也，天德而已矣。"俞氏疑"古"字衍文，失之。

六十九章

用兵者有言曰：

【校】

"用兵"下，元本無"者"字。案：范應元本有，今補。又"有言"下，元本無"曰"字。案：傅奕本、范應元本皆有，今補。

吾不敢易主而爲客，

【校】

"易"，元本作"爲"。案：韋昭曰"爲，作也"（見《國語·魯語》"季武子爲三軍"韋昭注）；又曰"易，變也"（見《國語·晉語》"子常易之"韋昭注）。譣誼以作"易"爲是，其作"爲"者，蓋"易""爲"二字，古音皆屬支部，以聲近而致譌也，今改。

【箋】

案：客之，言侵略人者也。主之，言反侵略者也。《春秋公羊傳·莊公二十八年》云"《春秋》伐者爲客，伐者爲主"，何休注云："伐人者爲客，讀伐，長言之，齊人語也；見伐者爲主，讀伐短言之，齊人語也。"伐人者，侵略人者也。見伐者，侵略於人者也。故侵略者爲客，反侵略者爲主也。"吾不敢易主而爲客"者，言吾不敢變反侵略戰而爲侵略戰爭也。《春秋左傳·宣公十二年》云"師直爲壯，曲爲老"；《國語·晉語》云："戰鬪直爲壯，曲爲老。"言用兵貴直也。侵略人者，理屈。反侵略者，理直。故老氏有取於主而無取於客也。經云"物壯則老，是謂不道，不道早已"（見三十章）者，誠易主而爲客也。

不敢進寸而退尺。

【箋】

案：進退者以兩國之境界爲言也，進寸而戰則犯人之境，是侵略戰爭也；退尺而戰則在吾之境内，是反侵略戰爭也。"不敢進寸而退尺"者，言吾之用兵不敢以侵略爲事，而唯以反侵略爲事也。蓋重申上文"吾不敢易主而爲客"之誼也。

是謂行無行，

【校】

"是謂行無行"下，元本有注云："彼遂不止。"案：此四字乃河上公注（見《老子道德經注》），非王注也，今刪。

【箋】

《廣雅·釋詁》云："行，陳也。"（"陳"，當作"陣"）行無行，謂無行陣之可陣也。

攘無臂，

【校】

"攘"，元本作"攘"。案：當作"攘"（説見三十八章），今改。

【箋】

《説文》云："攘，援臂也。"攘無臂，謂無左臂之可援也。

執無兵，

【校】

"執無兵"，元本在本章經文"扔無敵"下（中隔行"謂行殤也"至"言無有與之抗也"一段注文）。案：遂州碑、唐景龍寫本、唐天寶寫本、唐寫成玄英本、顧歡本、嚴遵本、傅奕本、陸希聲本皆在本章經文"攘無臂下"。王注云："言以哀慈謙退，不敢為物先。用戰猶行無行，攘無臂，執無兵，扔無敵也。"（見本章）據此，則王本亦在本章經文"攘無臂"下，其在本章經文"扔無敵"下者，乃河上公本（見存宋河上公本正在本章經文"扔無敵"下），非王本也，今逐此。

【箋】

"執無兵"，謂無兵械之可執也。

扔無敵。

【箋】

《聲類》云："扔，摧也。"（見《後漢書·馬融傳》"竄伏扔輪"李賢注）扔無敵，謂無敵寇之可摧也。

行，謂行殤也。校 "殤"，元本作"陳"。案：當作"殤"（說見二章），今改。言以哀慈謙退，校 "哀慈謙退"，元本作"謙退哀慈"。案：王注云："言吾哀慈謙退，非欲以取彊無敵於天下也。"（見本章）此同其例，以作"哀慈謙退"為是，今乙轉。箋 高誘曰："哀，愍也。"（見《呂氏春秋·慎大覽·報更》"人主胡可以不務哀士"注）哀慈，猶云慈愍也。不敢為物先。用戰猶行無行，攘無臂，校 "攘"，元本作"攘"。案：當從經文作"纕"，今改。執無兵，扔無敵也。言無有與之抗也。校 此處元本有"執無兵"三字。案：此三字當在本章經文"纕無臂"下，今迻彼。

禍莫大於無敵，無敵則幾亡吾寶。

【箋】

案：無敵，謂以兵彊於天下也。經云："以道佐人主者，不以兵彊於天下。"（見三十章）寶，謂三寶也。經云："吾有三寶，持而寶之。一曰慈，二曰儉，三曰不敢爲天下先。慈故能勇，儉故能廣，不敢爲天下先，故能成器長。今捨慈且勇，捨儉且廣，捨後且先，死矣。"（見六十七章）"禍莫大於無敵，無敵幾亡吾寶"者，謂禍莫大於以兵彊於天下。以兵彊於天下，則捨慈且勇，捨儉且廣，捨後且先，幾乎亡吾之寶也。校 "禍莫大於無敵，無敵則幾亡吾寶"，元本作"禍莫大於輕敵，輕敵幾喪吾寶"。案：傅奕本作"禍莫大於無敵，無敵則幾亡吾寶"。王注云："言吾哀慈謙退，非欲以取彊無敵於天下也。不得已而卒至於無敵，斯乃吾之所以爲大禍。故曰'幾亡吾寶'也。"（見本章）據此則王本亦作"禍莫大於無敵，無敵則幾亡吾寶"。其作"禍莫大於輕敵，輕敵幾喪吾寶"者，乃河上公本（見存宋河上公本正作"禍莫大於輕敵，輕敵喪吾寶"，並於"禍莫大於輕敵"下注云"夫禍亂之害莫大於欺輕敵家"，"輕敵幾喪吾寶"下注云"欺輕敵者，近喪身也"），非王本也，今改。寶，三寶也。校 "寶，三寶也"，元本在下文"斯乃吾之所以爲大禍"下。案：王氏注經之例皆先釋一詞一字之誼，然後乃就其全文貫通釋之（參攷四章校記）。此注言"吾哀慈謙退"至"幾亡吾寶也"，乃通釋本章經文"禍莫大於無敵，無敵則幾亡吾寶"。而"寶，三寶也"，則專釋"寶"字之誼者也。據例應在"言吾哀慈謙退"上，今迻此。言吾哀慈謙退，非欲以取彊無敵於天下也。校 "彊"，元本作"強"。案：當作"彊"（説見三章），今改。不得已而卒至於無敵，斯乃吾之所以爲大禍。校 "斯乃吾之所以爲大禍"下，元本有"也寶三寶也"五字。案：上"也"字是衍文，今删。"寶三寶也"四字，當在上文"言吾哀慈謙退"上，今迻彼。又陶鴻慶曰："此當云'言吾哀慈謙退，非欲以兵取強於天下。不得已也，無敵而卒，至於輕敵，斯乃吾之所以爲大禍也'，傳寫錯誤，遂不可通。"（見《讀諸子札記》）案：此注本無大誤，蓋陶氏誤執河上公本經文以爲王本經文，而欲劈改王注以合之，顛倒之甚也。故曰"幾亡吾寶"也。校 "幾亡吾寶"下，元本無"也"字。案：其文例應有（説見十五章），今補。

故抗兵相若，

【校】

"若"，元本作"加"。案：唐景龍寫本、唐天寶寫本、唐寫成玄英本、傅奕本皆作"若"。王注云："若，當也。"（見本章）據此則王本亦作"若"，其作"加"者，乃河上公本（見存宋河上公本正作"加"），非王本也，今改。

則哀者勝矣。

【校】

"哀者勝矣"上，元本無"則"字。案：唐景龍碑、唐景龍寫本、唐天寶寫本、唐寫成玄英本、顧歡本、傅奕本、彭耜本、范應元本皆有，今補。又俞樾曰："哀字無義，疑襄字之誤。《史記》梁惠王卒，襄王立；襄王卒，哀王立。據《竹書紀年》無哀王。顧氏《日知錄》謂哀襄字近，《史記》誤分爲二人。又案：秦哀公、陳哀公，《史記·十二諸侯年表》皆作襄公。是二字之相混久矣。襄者，讓之叚字，《周官·保氏職》鄭注'襄公釋文'曰'襄音讓，本作讓。是古襄、讓通用'。上文曰'吾不敢爲主而爲客，吾不敢進寸而退尺'即所謂讓也。故曰'抗兵相加，讓者勝矣'，亦即七十三章'不爭而善勝'之意。因叚襄爲讓。又誤襄爲哀，故學者失其解耳。"（見《諸子平議》）案：俞説是也，顧讓亦攘之借字。《説文》云"讓，相責讓"；又云："攘，推也。"《漢書·禮樂志》云："隆雅頌之聲，盛揖攘之容。"又《司馬遷傳》

云："小子何敢攘焉？"《老子》古本蓋當作"攘"，今王本作"哀"，非其舊也。

【箋】

案："哀"當作"攘"，其作"哀"者，蓋叚"襄"爲"攘"，而誤"襄"爲"哀"也。秦哀公、陳哀公、《史記・十二諸侯年表》"哀"皆作"襄"可證。故"抗兵相若則攘者勝矣"者，言兩國舉兵，力量相若，則其退讓者，必因理直而致勝也。《國語・晉語》云："楚既陳，晉師退舍，軍吏請曰：'以君避臣，辱也。且楚師老矣，必敗。何故退？'子犯曰：'二三子忘在楚乎？偃也聞之：戰鬬，直爲壯，曲爲老。未報楚惠而抗宋，我曲楚直，其眾莫不生氣，不可謂老。若我以君避臣，而不去，彼亦曲矣。'退三舍避楚。楚眾欲止，子玉不肯，至于城濮，果戰，楚眾大敗。"

抗，舉也。若，校"若"，元本作"加"。案：張太守本作"若"，其作加者，乃後人改易其字，以合河上公本經文，非王注之舊也。當也。哀者必相惜箋《廣雅・釋話》云："惜，愛也。"（"愛"當作"悉"）而不趣利避害，故必勝也。校"故必勝"下，元本無"也"字。案其文例應有（說見一章），今補。

七十章

吾言甚易知，

可不出戶窺牖而知，故曰"甚易知"也。校"可不出戶牖而知"至"甚易知也"，元本在本章經文"莫之能行下"。案：其誼乃釋本章經文"吾言甚易知",今迻此。

甚易行,

　　無爲而成,故曰"甚易行"也。校 "無爲而成"至"甚易行也",元本在本章經文"莫之能行"下,接注文"甚易知也"後。案:其誼乃釋本章經文"甚易行",今迻此。

而人莫之能知,

【校】

　　"而人莫之能知",元本作"天下莫能知"。案:傅奕本、范應元本皆作"而人莫之能知"。王注云:"惑於趮欲,故曰'莫之能知'也。"(見本章)據此則王注亦作"而人莫之能知"。其作"天下莫知能知"者,乃河上公本(見存宋河上公本正作"天下莫能知"),非王本也,今改。

　　惑於趮欲,校 "趮",元本作"躁"。案:當作"趮"(説見二十六章),今改。故曰"莫之能知"也。校 "惑於趮欲"至"莫之能知"也,元本在本章經文"莫之能行"下,接注文"甚易行也"後。案:其誼乃釋本章經文"而人莫之能知",今迻此。

莫之能行。

【校】

　　"莫"下,元本無"之"字。案:傅奕本、范應元本皆有。王注云:"迷於榮利,故曰'莫之能行'也。"(見本章)據此則王本亦有,其無者乃河上公本(見存宋河上公本正無"之"字),非王本也,今補。

迷於榮利，校 "迷於榮利"上，元本有"可不出戶窺牖而知，故曰'甚易知'也。無爲而成，故曰'甚易行'也。惑於躁欲（'躁'當作'趣'），故曰'莫之能知也'"三十五字。案："可不出戶牖而知"至"甚易知也"，乃釋本章經文"吾言甚易知"。"無爲而成"至"甚易行也"，乃釋本章經文"甚易行"。"惑於躁欲"至"莫之能知也"，乃釋本章經文"而人莫之能知"，今各逐其處。故曰"莫之能行"也。

言有宗，

宗，萬物之宗也；校 "宗，萬物之宗也"，元本在本章經文"事有君"下。案：其誼乃釋本章經文"言有宗"，今逐此。

事有君。

君，校 "君"上，元本有"宗，萬物之宗也"六字。案：其誼乃釋本章經文"言有宗"，今逐彼。萬事之主也。校 "事"，元本作"物"。案：張太守本作"事"。經云"事有君"（見本章），諗誼以作"事"爲是，今改。

夫唯無知，是以不我知。

【箋】

《淮南子·道應》云："白公問於孔子曰：'人可以微言？'孔子不應。白公曰：'若以石投水（元本若以石投水下有中字，今據俞樾說刪），何如？'曰：'吳、越之善沒者能取之矣。'曰：'若以水投水，何如？'孔子曰：'菑、澠之水合，易牙嘗而知之。'白公曰：'然則人固不可與微言乎？'孔子曰：'何謂不可！唯知言之謂者乎（元本唯作誰，今據王念孫說改）？夫知言之謂者，不以言言也。爭魚者濡，逐獸者趨，非樂之也。故至言去言，至爲無爲。夫淺知之所爭者，末矣！'白公不得也，故死於浴室。故老子曰：'言有宗，事有君。夫唯無知，是以不吾知也。'白公之謂也。"

以其言有宗、事有君之故，故有知之人，不得不知之也。

知我者希，則我貴矣。

【校】

"則我貴矣"，元本作"則我者貴"。案：六朝寫本、嚴遵本、傅奕本、司馬氏本、彭耜本、董思靖本、范應元本、李榮本、薛蕙本、焦竑本及《老子疑問反訊》《三國志·蜀志·秦宓傳》《羣書治要》所引皆作"則我貴矣"。王注云："知我益希，我益無匹，故曰'知我者希，則我貴矣'。"（見本章）據此則王本亦作"則我貴矣"，其作"則我者貴"者，乃河上公本（見存宋河上公本正作"則我者貴"），非王本也，今改。

【箋】

《漢書·揚雄傳》云："若夫閎言崇議，幽微之塗，蓋難與覽者同也。昔人有觀象於天，視度於地，察法於人者，天麗且彌，地普而深，昔人之辭，迺金迺玉。彼豈好為艱難哉？勢不得已也。獨不見夫翠虯絳螭之將登虖天，必聳身於蒼梧之淵；不階浮雲，翼疾風，虛舉而上升，則不能撠膠葛，騰九閎。日月之經不千里，則不能燭六合，耀八紘；泰山之高不嶕嶢，則不能浡滃雲而散歊烝。是以宓犧氏之作《易》也，緜絡天地，經以八卦，文王附六爻，孔子錯其象而象其辭，然後發天地之藏，定萬物之基。《典謨》之篇，《雅頌》之聲，不溫純深潤，則不足以揚鴻烈而章緝熙。蓋胥靡為宰，寂寞為尸；大味必淡，大音必希；大語叫叫，大道低回。是以聲之眇者不可同於眾人之耳，形之美者不可揗於世俗之目，辭之衍者不可齊於庸人之聽。今夫弦者，高張急徵，追趨逐耆，則坐者不期而附矣；試為之施《咸池》，揄《六莖》，發《蕭韶》，詠《九成》，則莫有和也。是故鍾期死，伯牙絕弦破琴而不耳與眾鼓；獿人亡，則匠石輟斤而不敢妄斲。師曠之調鍾，俟知音者之在後也；孔子作《春秋》，幾君子之前睹也。老聃有遺言，貴知我者希，此非其操與！"

唯深，故知之者希也。知我益希，我益無匹，校"益"，元本作"亦"。案：當作"益"，今改。故曰"知我者希，則我貴矣"。校"則我"下，元本有"者"字。案：張太守本無，今刪。又"矣"，元本作"也"。案：當從經文作"矣"，今改。

是以聖人被褐而襄玉。

【校】

"是以聖人被褐"下，元本無"而"字。案：嚴遵本、傅奕本、范應元本皆有，今補。又"襄"，元本作"懷"。案：當作"襄"（説見一章），今改。

【箋】

被褐而襄玉，謂抱道隱身而不自見於世也。《孔子家語·三恕》云："子路問於孔子曰：'有人於此披褐而懷玉，何如？'子曰：'國無道，隱之可也；國有道，則袞冕而執玉。'"

被褐者，同其塵也；校"同其塵"下，元本無"也"字。案：下文云"襄玉者，寶其真也"，此同其例，以有"也"字爲是，今補。襄玉者，寶其真也。聖人之所以難知，以其同塵而不殊，襄玉而不渝，校上二"襄"字，元本皆作"懷"。案：當從經文作"襄"，今改。故難知而爲貴也。

403

七十一章

知不知，上；不知知，病。

【箋】

《吕氏春秋·似順論·別類》云："知不知，上矣。過者之患，不知而自以爲知。物多類然而不然，故亡國僇民無已。夫草有莘有藟，獨食之則殺人，合而食之則益壽。萬堇不殺。漆淖水淖，合兩淖則爲蹇，湮之則爲乾。金柔錫柔，合兩柔則爲剛，燔之則爲淖。或湮而乾，或燔而淖，類固不必，可推知也。小方，大方之類也。小馬，大馬之類也。小智，非大智之類也。"《淮南子·道應》云："秦穆公興師，將以襲鄭。蹇叔曰：'不可。臣聞襲國者，以車不過百里，以人不過三十里，爲其謀未及發泄也，甲兵未及銳弊也，糧食未及乏絕也，人民未及罷病也。皆以其氣之高與其力之盛至，是以犯敵能威。今行數千里，又數絕諸侯之地，以襲國，臣不知其可也。君重圖之。'穆公不聽。蹇叔送師，衰絰而哭之。師遂行，過周而東。鄭賈人弦高矯鄭伯之命，以十二牛勞秦師而賓之。三師乃懼而謀曰：'吾行數千里以襲人，未至而人已知之。其備必先成，不可襲也。'還師而去。當此之時，晉文公適薨，未葬，先軫言於襄公曰：'昔吾先君與穆公交，天下莫不聞，諸侯莫不知。今君薨未葬，而不弔吾喪，而不假道，是死吾君而弱吾孤也。請擊之。'襄公許諾。先軫舉兵而與秦師遇於殽，大破之，擒其三帥以歸。穆公聞之，素服廟臨，以説於衆。故老子曰：'知而不知，尚矣。不知而知，病也。'"

【箋】

案：知不知者，言棄其智，故由知而至於不知也；由知而至於不知，則返於樸，故曰上也。不知知者，言啓其聰明，由不知而至於知也。由不知而至於知，則晉乎器，故曰病也。

不知知之不足任，則病矣。校"矣"，元本作"也"。案：當作"矣"（説見一章），今改。

聖人不病，以其病病。

【箋】

《韓非子·喻老》云："越王之霸也不病宦；武王之王也不病暑，故曰：'聖人之不病也，以其不病，是以無病也。'"

病病者，知所以爲病。校元本無"病病者，知所以爲病"八字，案：張太守本於本章經文"是以不病"下載王注云："病病者，知所以爲病。"譣其誼乃釋本章經文"聖人不病，以其病病"，今迻，補於此。

夫唯病病，是以不病。

【校】

"聖人不病，以其病病。夫唯病病，是以不病"，元本作"夫唯病病，是以不病。聖人不病，以其病病，是以不病"。案：《太平御覽·疾病部一》引作"聖人不病，以其病病。夫唯病病，是以不病"。俞樾曰："上文已言夫唯病病，是以不病，此又言以其病病，是以不病，則文複矣。《韓非子·喻老篇》作'聖人之不病也，以其不病，是以無病'。當從之。蓋上言'病病，故不病'，此言'不病，故無病'，兩意相承，不病者，不以爲病也。韓非所謂越王之霸也不病宦，武王之王也不病暑。是也，無病則莫之能矣。此越王所以霸，武王之所以王也。"（見《諸子平議》）劉師培曰："《韓非子·喻老篇》述此義曰：'越王之霸也不病宦，武王之王也，不病暑。故曰：聖人之不病也，以其不病，是以無病也。'據此文觀之，則'以其病病，是以不病'當作

‘以其不病，是以無病’，否則‘是以不病’句與上複，必非《老子》古本之舊。”（見《老子斠補》）竊謂《老子》行文之例，凡言"夫唯"，皆上有所承（說見三十一章），"夫唯病病，是以不病"，乃承"聖人不病，以其病病"而言，故當在"聖人不病，以其病病"下。元本上下文倒實，又衍"是以不病"四字，遂至不可卒讀。俞劉二氏，據《韓非子·喻老》說皆非，當以《御覽》爲正，今改。 箋 《潛夫論·思賢》云："國之所以存者治也，其所以亡者亂也。人君莫不好治而惡亂，樂存而畏亡。然嘗觀上記，近古已來，亡代有三，穢國不數，夫何故哉？察其敗，皆由君常好其所亂，而惡其所治；憎其所以存，而愛其所以亡。是故雖相去百世，縣年一紀，限隔九州，殊俗千里，然其亡徵敗迹，若重規襲矩，稽節合符。故曰：雖有堯、舜之美，必考於《周頌》；雖有桀、紂之惡，必譏於《版》《蕩》。‘殷鑒不遠，在夏后之世。’夫與死人同病者，不可生也；與亡國同行者，不可存也。豈虛言哉！何以知人之且病也？以其不嗜食也。何以知國之將亂也？以其不嗜賢也。是故病家之廚，非無嘉饌也，乃其人弗之能食，故遂於死也。亂國之君，非無賢人也，其君弗之能任，故遂於亡也。夫生飫稌粱，旨酒甘醪，所以養生也，而病人惡之，以爲不若菽麥糠糟飲清者（元本‘飲’作‘欲’，今據汪繼培說改），此其將死之候也。尊賢任能，信忠納諫，所以爲安也，而闇君惡之，以爲不若姦佞闒茸讒諛之（汪繼培箋云‘舊脱’）言者，此其將亡之徵。老子曰：‘夫唯病病，是以不病。’《易》稱：‘其亡其亡，繫于苞桑。’是故養壽之士，先病服藥；養世之君，先亂任賢，是以身常安而國脈永也（元本‘脈’作‘永’，今據程榮本改）。"

七十二章

民不畏威，則大威至。

【箋】

　　案：民不畏威之威，當釋爲滅悳作威之威。《尚書·商書·湯誥》云："夏王滅德作威，以敷虐于爾萬方百姓。"《周書·泰誓下》云："今商王受，狎侮五常，荒怠弗敬，自絶于天，結怨于民。斮朝涉之脛，剖賢人之心，作威杀戮，毒痡四海。"大威，當釋爲天威，蓋古者天、大相通。《詩·周頌·清廟之什·執競》云"不顯成康，上帝是皇"，毛亨傳云"不顯乎其成大功而安之也"，《經典釋文》云："大功本或作天功。"《莊子·德充符》云"謷乎大哉，獨成其天"，《經典釋文》云："崔本'天'字作'大'。"《禮記·學記》云"大時不齊"，孔穎達疏云："大時謂天時也。"《逸周書·周祝》云"大威將至，不可爲巧"，朱右曾注云："大威，天威也。"民不畏威，則大威至矣，謂爲人主者，滅悳作威，敷虐下民，民迫於死，而莫知畏；則皇天震怒，將降大威，以覆滅其宗祀也。《尚書·商書·西伯戡黎》云："天既訖我殷命。格人元龜，罔敢知吉。非先王不相我後人，惟王淫戲用自絶，故天棄我。不有康食，不虞天性，不迪率典。今我民罔弗欲喪，曰：'天曷不降威？'"《周書·泰誓上》云："今商王受，弗敬上天，降災下民。沈湎冒色，敢行暴虐，罪人以族，官人以世，惟宮室、臺榭、陂池、侈服，以殘害于爾萬姓。焚炙忠良，刳剔孕婦。皇天震怒，命我文考，肅將天威。"《荀子·彊國》云："狂妄之威成乎滅亡。"其誼同此。

無陜其所凥，

【校】

"陜"，元本作"狎"。案：唐景龍碑、唐開元甲幢、唐開元乙幢、唐廣明幢、唐景福碑、宋景祐幢、遂州碑、六朝寫本、唐景龍寫本、唐天寶寫本、唐寫成玄英本、宋河上公本、顧歡本、唐玄宗本、司馬氏本、張太守本、蘇轍本、李霖本、彭耜本、董思靖本、李榮本、薛蕙本、焦竑本皆作"狹"。顧《說文》有"陜"字，無"狹"字。《爾雅·釋宮》云"陜而脩曲曰樓"；《經典釋文》云："陜，戶夾反。《說文》云'隘也，從𨸏，夾聲'，俗作狹或作狎字。"蓋其字當作"陜"，"狹"俗書，"狎"、"陜"之借字也，今改。又"凥"，元本作"居"。案：當作"凥"（說見二章），今改。

無猒其所生。

【校】

"猒"，元本作"厭"。案：唐開元甲幢、唐開元乙幢、顧歡本、傅奕本、陳景元本、范應元本皆作"猒"。王注云"謙後不盈謂之生"（見本章），又云："棄其謙後，任其威權，則物擾而民僻。"（同上）是王注以"猒"棄之"猒"釋之，非以"厭"笮之厭釋之也。諗誼以作"猒"為是，"厭"借字，今改。

清埥無為謂之凥，校 "埥"，元本作"淨"。案：《說文》云："淨，魯北城門池也。"又云："埥，亭安也。"諗誼以作"埥"為是，"淨"，借字，今改。又"凥"，元本作"居"。案：當作"凥"（說見二章），今改。箋案：經云"是以聖人凥無為之事"（見二章），王注本其誼，故云："清埥無為謂之凥。"謙後不盈謂之生。箋案：經云"不敢為天下先"（見六十七章），又云"捨後担先是謂入死門"（同上），王注本其誼，故云："謙後不盈謂之生。"離其清埥，

校 "埩"，元本作"净"。案：當從上文作"埩"，今改。行其趡欲，校 "趡"，元本作"躁"。案：當作"趡"（説見二十六章），今改。棄其謙後，任其威權，則物擾而民僻，威不能復制民。民不能堪其威，則上下大潰矣，天誅將至。故曰："民不畏威，則大威至。無陝其所尻，校 "陝"，元本作"狎"。案：張太守本作"狹"，亦非。經文既當作"陝"，則此亦以作"陝"爲是，今改。"狎"當作"陝"。"無陝其所尻，無猒其所生"者，謂無陝隘其尻處，無厭笮其生業也。"尻""生"，古恒連用，《春秋左傳・僖公二十七年》云："晉侯始入而教其民，二年，欲用之。子犯曰：'民未知義，未安其居。'於是乎出定襄王，入務利民，民懷生矣。"王注釋"厭"爲"猒棄"之"猒"，失之。又"尻"，元本作"居"。案：當從經文作"尻"，今改。無猒其所生。校 "猒"，元本作"厭"。案：當從經文作猒，今改。言威力不可任也。"

夫唯無猒，

【校】

　　"無猒"，元本作"不厭"。案：傅奕本、范應元本皆作"無猒"。此承上文"無猒其所生"而言，據例以作"無猒"爲是，其作"不厭"者，蓋借"厭"爲"猒"，又涉王注"不自厭也"（見本章）而誤。竊謂王注以"不自猒"釋"無猒"，非王本作"不厭"也，今改。不自猒也。

【校】

　　"猒"，元本作"厭"。案：當從經文作"猒"，今改。

是以不猒。

【校】

　　"猒"，元本作"厭"。案：唐開元甲幢、顧歡本、傅奕本、陳景元本、范應元本皆作"猒"。此與上文"無猒其所生"同例，以作"猒"爲是，今改。

不自猒，是以天下莫之猒。校上二"猒"字，元本皆作"厭"。案：當從經文作"猒"，今改。

是以聖人自知，不自見；

不自見其所知，以光燿行臧也。校"燿"，元本作"耀"。案：當作"燿"（説見二十章），今改。又"臧"，元本作"威"。案：張太守本作"藏"，亦非。蓋其字當作"臧"，"藏"，俗書（説見四十四章），"威"，"臧"字之誤也，今改。箋行臧，謂行止也。《論語·述而》云"用之則行，舍之則藏"（"藏"亦當作"臧"），何晏集解云："言可行則行，可止則止。"

自忞，不自貴。

【校】

"忞"，元本作"愛"。案：當作"忞"（説見十章），今改。

自貴，則物陝猒凥生。校陶鴻慶曰："物，蓋將字之誤。草書似之。"（見《讀諸子札記》）又"陝猒"，元本作"狎厭"。案：當從經文作"陝猒"，今改。又"凥"，元本作"居"。案：當作"凥"（説見二章），今改。

故去彼取此。

七十三章

勇於敢則殺，

必不得其死也。

勇於不敢則活。

【箋】

　　《淮南子·道應》云："惠孟見宋康王，蹀足謦欬，疾言曰：'寡人所說者，勇有功也，不說爲仁義者也。客將何以教寡人？'惠孟對曰：'臣有道於此，人雖勇，刺之不入；雖巧有力，擊之不中。大王獨無意邪？'宋王曰：'善！此寡人之所欲聞也。'惠孟曰：'夫刺之而不入，擊之而不中，此猶辱也。臣有道於此，使人雖有勇弗敢刺，雖有力不敢擊。夫不敢刺不敢擊，非無其意也。臣有道於此，使人本無其意也。夫無其意，未有愛利之心也。臣有道於此，使天下丈夫女子莫不歡然皆欲愛利之（元本皆欲愛利之下，有心字，今據王念孫說刪）。此其賢於勇有力也，四累之上也。大王獨無意邪！'宋王曰：'此寡人所欲得也。'惠孟對曰：'孔、墨是已。孔丘、墨翟，無地而爲君，無官而爲長，天下丈夫女子莫不延頸舉踵，而願安利之者。今大王，萬乘之主也。誠有其志，則四境之内皆得其利矣。此賢于孔、墨也遠矣。'宋王無以應。惠孟出。宋王謂左右曰：'辯矣！客之以說勝寡人也。'故老子曰：'勇於敢則殺（元本無勇於敢則殺五字，今據王念孫說補），勇於不敢則活。'由此觀之，大勇反爲不勇耳。"

必濟命也。校 "濟"，元本作"齊"。案：張太守本作"濟"，當從之，今改。箋案：杜預曰："濟，益也。"（見《春秋左傳·桓公十一年》"請濟師於王"杜預注）又鄭玄曰："命，生之長短也。"（見《禮記·樂記》"則性命不同矣"鄭玄注）此云"濟命"，猶益生之謂也。

此网者，

【校】

"网"，元本作"兩"。案：當作"网"（説見一章），今改。

或利或害。

俱勇所蚑者異，校 "蚑"，元本作"施"。案：當作"蚑"（説見一章），今改。利害不同，故曰"或利或害"也。

天之所惡，孰知其故？

【箋】

《劉子·力命》云："楊朱之友曰季梁。季梁得疾，七日大漸。其子環而泣之，請醫。季梁謂楊朱曰：'吾子不肖如此之甚，汝奚不爲我歌以曉之？'楊朱歌曰：'天其弗識，人胡能覺？匪祐自天，弗孽由人。我乎汝乎！其弗知乎！醫乎巫乎！其知之乎？'其子弗曉，終謁三醫。一曰矯氏，二曰俞氏，三曰盧氏，診其所疾。矯氏謂季梁曰：'汝寒溫不節，虛實失度，病由飢飽色欲。精慮煩散，非天非鬼。雖漸，可攻也。'季梁曰：'眾醫也，亟屏之！'俞氏曰：'女始則胎氣不足，乳湩有餘。病非一朝一夕之故，其所由來漸矣，弗可已也。'季梁曰：'良醫也，且食之！'盧氏曰：'汝疾不由天，亦不由人，亦不由鬼。稟生受形，既有制之者矣，亦有知之者矣。藥石其如汝何？'季梁曰：'神醫也，重貺遣之！'俄而季梁之疾自瘳。生非貴之所能存，身非愛之所能厚；生亦非賤之所能夭，身亦非輕之所能薄。故貴之或不生，賤之或不死；愛之或不厚，輕之或不薄。此似反也，非反也；此自生自死，自厚自薄。或貴之而生，或賤之而死；或愛之而厚，或輕之而薄。此似順也，非順也；此亦自生自死，自厚自薄。鬻熊語文王曰：'自長非所增，自短非所損。算之所亡若何？'老聃語關尹曰：'天之所惡，孰知其故？'言迎天意，揣利害，不如其已。"

是以聖人猶難之。

孰，誰也。言誰能知天意邪？其唯聖人也。校"言誰能知天意邪？其唯聖人也"，元本作"言誰能知天下之所惡意故邪？其唯聖人"。案：《劉子·力命》張湛注引作"言誰能知天意邪？其唯聖人也"，當從之，今改。夫聖人之明，猶難於勇敢，況無聖人之明，而欲行之乎？校"乎"，元本作"也"。案：河上公《老子道德經注》引作"乎"（注云"言聖人之明德，猶難於勇敢，況無聖人之德，而欲行之乎？"其文與此略同，蓋即采自王注也），當從之，今改。故曰"猶難之"也。

天之道，不爭而善勝，

夫唯不爭，校"夫"，元本作"天"。案：張太守本作"夫"。經云"夫唯不爭，故天下莫能與之爭"（見八十一章）。此以經解經，作"夫"爲是。其作"天"者，蓋因形似而誤也，今改。故天下莫能與之爭。

不言而善應，

順則吉，屰則凶，校"屰"，元本作"逆"。案：当作"屰"（说见六章），今改。[箋]案：《周易·繫辭上》云"天之所助者，順也"；又《管子·形勢》云："順天者有其功，逆天者懷其凶。故云'順則吉，屰則凶'也。"不言而善應也。

不召而自來，

處下則物自歸。

坦然而善謀。

【校】

"坦"，元本作"繟"。

【箋】

案：鄭玄曰："坦，明貌也。"（見《禮記·祭法》"燔柴於泰壇，祭天也"鄭玄注）《淮南子·覽冥》云"參耦比周而陰謀"，蓋夫人事尚陰謀而天道則反，是故曰"坦然而善謀"也。案：六朝寫本、嚴遵本、張太守本、彭耜本、董思靖本皆作"坦"。陳景元曰："開元御本、河上公本竝作'繟'，嚴君平本作'默'，王弼本作'坦'。"（見《道德真經藏室纂微篇》）范應元曰："默字、傅奕本同古本，河上公并開元御注本作繟，王弼、梁王尚、孫登、張嗣作'坦'。"（見《老子道德經古本集注》）焦竑曰："王作坦，嚴作默。"（見《老子翼》）據此則王本亦作"坦"。《釋名·釋天》云："青徐以舌頭言之天，坦也。坦然，高而遠也。"譣誼以作"坦"爲是，其作"繟"者，乃河上公本（見存宋河上公本正作"繟"，注云"繟，寬也。天道雖寬博，善謀慮人事，脩善行惡，各蒙其報也"），非王本也，今改。

䋣象而見吉凶，[校]"䋣"，元本作"垂"。案：當作"䋣"（說見四十九章），今改。筶《周易·繫辭上》云"天垂象，見吉凶"，宋衷注云："天垂陰陽之象，以見吉凶，謂日月薄蝕，五星亂行。"（見《周易集解》）又《說苑·辨物》云："《易》曰：'天垂象，見吉凶，聖人則之。'昔者高宗、成王感於雊雉暴風之變，脩身自改而享豐昌之福也。逮秦皇帝即位，彗星四見，蝗虫蔽天，冬雷夏凍，石隕東郡，大人出臨洮，妖孽並見，熒惑守心，星茀太角，太角以亡，終不能改。二世立，又重其惡，及即位，日月薄蝕，山林淪亡，辰星出於四孟，太白經天而行，無雲而雷，枉矢夜光，熒惑襲月，孽火燒宫，野禽戲庭，都門内崩。天變動於上，羣臣昏於朝，百姓亂於下，遂不察，是以亡也。"先事而設誡，校"誡"，元本作"誠"。案：張太守本作"誡"，當從之，今改。筶案：誡與戒，古相通用。鄭玄曰："戒，猶告也。"（見《儀禮·公食大夫禮》"使大夫戒"鄭玄注）《尚書·夏書胤征》云"先王克謹天戒"；《漢書·董仲舒傳》云"國家將有失道之敗，而天迺先出災害以譴告之"；《白虎通·德論災變》云："天所以有災變何？所以譴告人君，覺悟其行，欲令悔過修德，深思慮也。《援神契》曰：'行有點缺，氣逆于天，情感變出，以戒人也。'"安而不忘危，未兆而謀之，校"兆"，元本作"召"。案：張太守本作"兆"，當從之，今改。筶案：《易緯·是類謀》云"爲帝演謀"，鄭玄注云："天道爲帝王豫謀也。"故曰"坦然而善謀"也。校"坦"，元本作"繟"。案：張太守本作"坦"，當從之。其作"繟"者，乃後人改易其字，以合河上公本經文，非王注之舊也，今改。

天網恢恢，疏而不失。

【筶】

《後漢書·郎顗傳》云："天網恢恢，疏而不失，隨時進退，應政得失。"

七十四章

民常不畏死,

【校】

"民"下,元本無"常"字。案:唐開元乚幢、遂州碑、唐景龍寫本、唐天寶寫本、顧歡本、傅奕本、唐玄宗本、陸希聲本、陳景元本、司馬氏本、張太守本、蘇轍本、李霖本、彭耜本、董思靖本、范應元本、焦竑本及《容齋續筆》(卷五"唐虞象刑"條及卷十"民不畏死"條)所引皆有。蓋下文"若使民常畏死",即承此而言,諟誼以有"常"字爲是,今補。

【箋】

案:常,誼如《史記·五帝紀》"余嘗西至空峒"之嘗。蓋常、嘗二字,於古音皆屬陽部,故得相通也(觀《禮記·少儀》"馬不常秣",《經典·釋文》云"本亦作嘗"可證),下文"若使民常畏死",常字誼同。

奈何以死懼之!

【校】

"奈",元本作"奈"。案:宋河上公本、顧歡本、唐玄宗本、陸希聲本、李霖本、彭耜本、董思靖本、李榮本、焦竑本皆作"奈"。蓋其字當作"奈","奈"俗書(説見二十六章),今改。

若使民常畏死，則爲奇者

【校】

　　"則"，元本作"而"。案：《容齋續筆》（卷五"唐虞象刑"條及卷十"民不畏死"條）引作"則"，蓋古承接連詞而、則通用。《禮記·樂記》云："喜則天下和之，怒則暴亂者畏之。先王之道，禮樂可謂盛矣。"《荀子·樂論》作"是故，喜而天下和之，怒而暴亂畏之，先王之道，禮樂正其盛者也"。《孟子·公孫丑上》云："可以仕則仕，可以止則止，可以久則久，可以速則速，孔子也。"《孟子·萬章下》作"可以速而速，可以久而久，可以處而處，可以仕而仕，孔子也"。《戰國策·秦策》云："臣聞之，物至而返，冬夏是也；致至而危，累棊是也。"《史記·春申君列傳》作"臣聞，物至則反，冬夏是也；致至則危，累棊是也"。皆其證也。然論《老子》經文"使夫智者不敢爲，則無不治矣"（見三章）；"故貴以身爲天下者，則可以託天下矣；愛以身爲天下者，則可以寄天下矣"（見十三章）；"曲則全，枉則正，窪則盈，敝則新，少則得，多則惑。是以聖人抱一爲天下式"（見二十二章）；"古之所謂曲則全者，豈虛言也哉！"（同上）"輕則失根，趮則失君"（見二十六章）；"樸散則爲器，聖人因之則爲官長"（見二十八章）；"物壯則老"（見三十章）；"夫樂殺人者，則不可以得志於天下矣"（見三十一章）；"是以君子凥則貴左，用兵則貴右"（同上）；"殺人眾多則以悲哀蒞之，戰勝則以喪禮處之"（同上）；"上禮爲之而莫之應，則攘臂而扔之"（見三十八章）；"無爲則無不爲"（見四十八章）；"重積惠，則無不克；無不克，則莫知其極；莫知其極，則可以有國"（見五十九章）；"故大國以下小國，則取小國；小國以下大國，則取大國"（見六十一章）；"慎終如始，則無敗事"（見六十四章）；"夫慈以陳則正，以守則固"（見六十七章）；"禍莫大於無敵，無敵則幾亡吾寶。故抗兵相若，則哀者勝矣"（見六十九章）；"知我者希，則我貴矣"（見七十章）；"民不畏威，則大威至"（見七十二章）；"勇於敢則殺，勇於不敢則活"（見七十三章）；"是以兵彊則滅，木彊則折"（見七十六章）；"人之道則不然，損不足以奉有餘"（見七十七章）。其字皆作"則"，不作"而"，其作"而"

者，唯"天下多忌諱，而民彌貧；民多利器，而國家滋昏；民多智慧，而衰事滋起；法令滋彰，而盜賊多有"（見五十七章），數例而已。又"無爲則無不爲"（見四十八章），宋河上公本作"無爲而無不爲"，而范應元則曰："則字，陳韶、王弼同古本。"（見范著《老子道德經古本集注》）然則，洪氏引此作則者，亦據王本也，今改。

吾得執而殺之，

【箋】

案：此云"吾者"，乃叚王侯之身分而言。

孰敢？

【箋】

《尹文子·大道下》云："老子曰：'民不畏死，如何以死懼之。'凡民之不畏死，由刑罰過。刑罰過，則民不聊其生。生無所賴，視君之威末如也。刑罰中則民畏死，畏死，由生之可樂也，故可以死懼之。此人君之所宜執，臣下之所宜慎。"李榮曰："此言世之刑罰不足恃以爲治也。民不畏死，吾奈何以死懼之。使民果畏死，有爲奇者執而殺之，則殺一人足以爲治矣。然愈殺而愈不可禁，則刑之不足恃也。秦人用法嚴，其網密，而姦宄不勝。漢用法疏，網漏吞舟之魚，而天下歸於漢，此亦足以見矣。"（見李著《道德真經義解》）案：此針對秦孝公用商鞅之法以重刑理國而發也。《商君書·賞刑》云："刑無等級，自卿相、將軍以至大夫、庶人，有不從王令，犯國禁，亂上制者，罪死不赦。有功於前，有敗於後，不爲損刑；有善於前，有過於後，不爲虧法。忠臣孝子有過，必以其數斷。守法守職之吏有不行王法者，罪死不赦，刑及三族。周官之人知而訐之上者，自免於罪，無貴賤尸襲其官長之官爵田祿。故曰：'重刑連其罪，則民不敢試。'"《新序·論》云："今衛鞅內刻刀鋸之刑，外深鈇鉞之誅。步過六尺者有罰，棄灰於道者被刑。一日臨渭，而論囚七百餘人。渭水盡赤，號哭之聲，動於天地。"（見《史記・商君列傳》裴駰集解）觀其所論及其行事，蓋以死懼民，而欲使之無敢爲奇也。爲老氏之學者，惡其慘礉而痛疨其術之非，故曰民不畏死云云。

　　詭異歡羣，[校]"歡"，元本作"亂"。案：當作"歡"（説見三章），今改。謂之奇也。

常有司殺者殺，

【箋】

　　于省吾曰："常，應讀當。"（見《雙劍誃諸子新證》）案：于説是，蓋常、當二字於古音皆屬陽部，故得相通也。

　　爲屰者，天之所惡也；[校]"爲屰者，天之所惡也"，元本作"爲逆，順者之所惡忿也"。案：經云"天之所惡，孰知其故"（見七十三章），王氏本此爲注，以作"爲屰者，天之所惡也"爲是（"逆"當作"屰"，説見六章），今改。不仁者，人之所俠也。[校]"俠"，元本作"疾"。案：當作"俠"（説見二章），今改。故曰"常有司殺"也。[校]"爲屰者"至"常有司殺也"，元本在本章經文"希有不傷其手矣"下。案：其誼乃釋本章經文"常有司殺者殺"，今迻此。

夫代司殺者殺，是謂代大匠斲。夫代大匠斲者，希有不傷其手矣。

【校】

　　"希有不傷其手矣"下，元本有注云："爲逆，順者之所惡忿也"（"爲逆，順者之所惡忿也"當作"爲屰者，天之所惡也"），"不仁者，人之所疾也（'疾'當作'俠'）。故曰'常有司殺'也。"案：其誼乃釋本章經文"常有司殺者殺",今逐彼。

【箋】

《淮南子·道應》云:"昔堯之佐九人,舜之佐七人,武王之佐五人。堯、舜、武王於九、七、五者,不能一事焉,然而丞拱受成功者,善乘人之資也。故人與驥逐走則不勝驥,託于車上則驥不能勝人。北方有獸,其名曰蹶,鼠前而兔後,趨則頓,走則顛,常爲蛩蛩巨虛取甘草以與之。蹶有患害,蛩蛩巨虛必負而走(元本网'蹶'字皆作'蹙',网'巨虛'皆作'駏驢',今據《説文·虫部》所載許慎説改)。此以其能託其所不能。故老子曰:'夫代大匠斲者,希不傷其手。'"案:此誡世之王侯,當以道治天下,毋以刑戮之威加於民也。蓋司殺者,天也,而王侯代之,何異拙工之代大匠斲乎。代大匠斲,則傷其手;代司殺者殺,則及其身矣。若夫《淮南子》以"乘人之資"釋之,則已流入法家之説,而非老氏之恉也。

七十五章

民之飢,以其上食税之多,是以飢。

【校】

上二"飢"字,元本皆作"饑"。案:唐景龍碑、唐開元甲幢、唐開元乙幢、唐景福碑、宋景祐幢、遂州碑、六朝寫本、唐景龍寫本、唐天寶寫本、唐寫成玄英本、宋河上公本、顧歡本、嚴遵本、傅奕本、唐玄宗本、陸希聲本、陳景元本、司馬氏本、張太守本、蘇轍本、李霖本、董思靖本、范應元本、李榮本、焦竑本、正統王本及《羣書治要》所引,皆作"飢"。《説文》云"穀不熟爲饑",又云:"飢,餓也。"諟諠以作"飢"爲是,"饑",借字,今改。

420

【箋】

《漢書·食貨志上》云"稅謂公田什一及工商衡虞之入也",又云:"稅給郊社宗廟百神之祀,天子奉養百官禄食庶事之費。"案:此針對秦孝公用商鞅之法改變古制而發也。董仲舒曰:"古者稅民不過什一,其求易供;使民不過三日,其力易足。民財内足以養老盡孝,外足以事上共稅,下足以畜妻子極愛,故民說從上。至秦則不然,用商鞅之法,改帝王之制,除井田,民得賣買,富者田連仟伯,貧者亡立錐之地。又顓川澤之利,管山林之饒,荒淫越制,踰侈以相高;邑有人君之尊,里有公侯之富,小民安得不困?又加月爲更卒,已,復爲正一歲,屯戍一歲,力役三十倍於古;田租口賦,鹽鐵之利,二十倍於古。或耕豪民之田,見稅什五。故貧民常衣牛馬之衣,而食犬彘之食。"(見《漢書·食貨志上》)蓋戰國賦稅之重,無踰於秦者,爲老氏之學者,罪其貪虐害民,故曰"民之飢,以其上食稅之多"云云。

民之難治,以其上之有爲,是以難治。民之輕死,以其上求生之厚,

【校】

"以其"下,元本無"上"字。案:傅奕本有此,與上文"民之飢,以其上食稅之多,是以飢","民之難治,以其上之有爲,是以難治"同例,以有"上"字爲是,今補。

是以輕死。

【箋】

案:此針對秦孝公用商鞅富國彊兵之術而發也。《商君書·算地》云:"夫民之情,樸則生勞而易力,窮則生知而權利。易力則輕死而樂用,權利則畏罰而易苦。易苦則地力盡,樂用則兵力盡。夫治國者能盡地力而致民死者,名與利交至。"又云:"利出於地,則民盡力;名出於戰,則民致死。入使民盡力,則草不荒;出使民致死,則勝敵。勝敵而草不荒,富彊之功可坐而致也。"蓋上求生厚,則將力農事、務戰鬥,以圖國之彊,而不惜使民盡力致死也。謫其生民之陿陇,使民之酷烈(《荀子·議兵》云:"秦人其生民也陿陇,其使民也酷烈。")。故曰"民之輕死,以其上求生之厚"云云。

夫唯無以生爲貴者,

【校】

"夫唯以生爲"下,元本無"貴"字。案:傅奕本有,下文云"是賢於貴生",蓋即承此而言,諟誼以有"貴"字爲是,今補。

是賢於貴生。

【箋】

《淮南子·道應》云:"昔孫叔敖三得令尹,無喜志;三去令尹,無憂色;延陵季子,吳人願一以爲王而不肎;許由,讓天下而弗受;晏子與崔杼盟,臨死地不變其儀,此皆有所遠通也。精神通於死生,則物孰能惑之!荊有佽非,得寶劍於干隊。還反度江,至於中流,陽侯之波,兩蛟挾繞其船。佽非謂枻船者曰:'嘗有如此而得活者乎?'對曰:'未嘗見也。'於是佽非勃然瞋目,攘臂拔劍(元本'勃然瞋目'作'瞋目勃然',今據王念孫說改)曰:'武士可以仁義之禮說也,不可劫而奪也。此江中之腐肉朽骨,棄劍而全已(元本棄劍而下無全字,今據俞樾說補)。余有奚愛焉!'赴江刺蛟,遂斷其頭,船中人盡活。風波畢除,荊爵爲執圭。孔子聞之,曰:'夫善哉(元本"哉"作"載",今據俞樾說改)!不以腐肉朽骨棄劍者(元本"腐肉朽骨棄劍者"上無"不以"二字,今據俞樾說補),佽非之謂乎!'故老子曰:'夫唯無以生爲者,是賢於貴生焉。'"案:貴生者,謂其求生之厚也。求生之厚者,尚富彊之功而輕賤民命,故弗若無以生爲貴者之爲賢也。《淮南子》舉佽非斬蛟龍爲說,殆未會老子之恉。

言民之所以僻，治之所以亂，皆由其上，校 "其"字，元本在下文"不由下"。案：陶鴻慶曰："其字誤奪，在下當云皆由其上不由下也，其上二字乃舉經文。"（見《讀諸子札記》）其說是也，今逡此。不由下也。"不由下"，元本有"其"字。案：當在上文"皆由（下）[上]"（説見上），今逡彼。民從上也。疑此非老子之所作。校 元本無"疑此非老子之所作"八字。案：張太守本有，彭耜曰："王弼注《道德經》，以夫'佳兵''民之飢'二章，疑非老子所作。"（見《道德真經集注雜説》）董思靖曰："王弼注謂此章疑非老子所作。"（見《道德真經集解》）蓋宋時諸家所見王注皆有此八字，後乃不知何時奪去，今補。

七十六章

人之生也柔弱，其死也堅彊。

【校】

"彊"，元本作"強"。案：唐景龍寫本、唐天寶寫本、傅奕本、陸希聲本、董思靖本、范應元本皆作"彊"，譣誼以作"彊"爲是，"強"，借字（説見三章），今改。

草木之生也柔脆，

【校】

"草木之生也"上，元本有"萬物"二字。案：嚴遵本、傅奕本、張太守本、彭耜本、董思靖本、薛蕙本、焦竑本皆無，今刪。又"脆"，元本作"脆"。案：范應元本作"脃"。蓋其字當作"脃"，"脆"俗書（説見六十四章），今改。

其死也枯槁。故堅彊者

【校】

"彊",元本作"強"。案:唐景龍寫本、唐天寶寫本、傅奕本、陸希聲本、董思靖本、范應元本皆作"彊",諟誼以作"彊"爲是,"強"借字(説見三章),今改。

死之徒也,

【校】

"死之徒"下,元本無"也"字。案:傅奕本、張太守本、彭耜本皆有,今補。

柔弱者生之徒也。

【校】

"生之徒"下,元本無"也"字。案:傅奕本、張太守本、彭耜本皆有,今補。

【箋】

《説苑·敬慎》云:"韓平子問於叔向曰:'剛與柔孰堅?'對曰:'臣年八十矣,齒再墮而舌尚存。老聃有言曰:天下之至柔,馳騁乎天下之至堅。又曰:人之生也柔弱,其死也剛強;萬物草木之生也柔脆,其死也枯槁。因此觀之,柔弱者生之徒也,剛強者死之徒也。夫生者毁而必復,死者破而愈亡,吾是以知柔之堅於剛也。'平子曰:'善哉!然則子之行何從?'叔向曰:'臣亦柔耳,何以剛爲。'平子曰:'柔無乃脆乎?'叔向曰:'柔者紐而不折,廉而不缺,何爲脆也!天之道微者勝。是以兩軍相加,而柔者克之;兩仇争利,而弱者得焉。'"

是以兵彊則滅，

【校】

"彊"，元本作"強"。案：唐天寶寫本、傅奕本、陸希聲本、董思靖本及《劉子》《黃帝》所引皆作"彊"，譣誼以作"彊"爲是，"強"，借字（說見三章），今改。又"則滅"，元本作"則不勝"。案：《劉子》《黃帝》引作"則滅"，張湛注於句下，引王注云"物之所惡，故必不得終焉"。據此則王本亦作"則滅"，其作"則不勝"者，乃河上公本（見存宋河上公本正作"則不勝"，注云"強大之兵，輕戰樂殺，毒流怨結，衆弱爲一強，故不勝"），非王本也，今改。[箋]《吳子·圖國》云："恃衆以伐曰強。"

彊兵以暴於天下者，[校]"彊"，元本作"強"。案：當從經文作"彊"，今改。物之所惡也，故必不得終焉。[校]"故必不得終焉"，元本作"故必不得勝"。案：《劉子》《黃帝》注引作"故必不得終焉"，其作"故必不得勝者"乃後人改易其字，以合河上公本經文，非王注之舊也，今改。

木彊則折。

【校】

"彊"，元本作"強"。案：唐景龍寫本、唐天寶寫本、傅奕本、陸希聲本、董思靖本及《劉子》《黃帝》所引皆作"彊"，譣誼以作"彊"爲是，"強"，借字（說見三章），今改。又"折"，元本作"兵"。案：《劉子》《黃帝》引作"折"，蓋王本亦作"折"，此以滅折相叶，據《經韻》，以作"折"爲是。其作"兵"者，乃"共"字之誤，而作"共"者，又爲河上公本（見存宋河上公本正作"共"，注云"木彊大，枝弱共生其上也"），非王本也，今改。

物所加也。

堅彊處下，

【校】

"堅彊"，元本作"強大"。案：唐景龍寫本、唐天寶寫本、傅奕本、董思靖本皆作"堅彊"，蓋王本亦作"堅彊"。此與下文"柔弱"對舉，諗誼以作"堅彊"爲是。其作"強大"者乃河上公本（見存宋河上公本正作"強大"，注云"興物造功，大木處下，小物處上。大道抑強扶弱，自然之效"），非王本也，今改。

木之本也。

柔弱處上。

【箋】

案：庈彊梁而尚柔弱，古者東方有老氏，西方有赫西阿德。

枝條是也。

七十七章

天之道，其猶張弓歟！

【校】

"歟"，元本作"與"。案：傅奕本、范應元本皆作"歟"。《説文》云"與，黨與也"；又云"歟，安气也"。徐鍇曰："孔子曰'歸歟，歸歟'，今試言之，則气緩而安也。"（見《説文繫傳》）《説文解字羣經正字》云："今經典統用與字，《史》《漢》皆同假借。"《説文·舁部》："與，黨與也，从舁。"从与，古文作㒳，余吕切，音義俱異。故張守節每逢語詞"與"字，必加音"歟"，顔師古每逢語詞與字，必注讀曰歟，此師古所以學有專門，守節所以音義詳密也。諗誼以作"歟"爲是，"與"，借字，今改。

【箋】

《説文》云："張，㢭弓弦也。"

高者抑之，下者舉之；

【箋】

焦竑曰："凡弛弓俯其體，則弣在上弰；向下張之而仰其體，則弣向下弰。在上是抑弣之高者，使之向下；舉弰之下者，使之在上。"（見《老子翼》）案：弓有往來體之異（見《周禮·冬官·考工記·弓人》），弛時弓體外撓，是爲往體；張時弓體内向，是爲來體。若其弓本弛而張之，則是以往體變爲來體，故其高下亦互易也。

427

有餘者損之，不足者補之。

【箋】

《道德真經全解》云："高者抑之，不使之有餘。故有餘者損，下者舉之，不使之不足。故不足者補。"

天之道，損有餘而補不足。人之道則不然，損不足以奉有餘。

【校】

"人之道則不然"下，元本有注云："與天地合德（'德'當作'惪'），乃能包之（'包'當作'勹'）如天之道。如人之量，則各有其身，不得相均。如惟無身（'如惟'當作'惟如'）無私乎？自然，然後乃能與天地合德（'德'當作'惪'）。"案：其誼乃並釋下文"損不足以奉有餘"，今迻彼。

【箋】

案：天者樸，人者器。天者，老氏之理想；人者，老氏所處之見實。

與天地合惪，[校]"惪"，元本作"德"。案：當作"惪"（說見四章），今改。乃能勹之[校]"勹"，元本作"包"。案：當作"勹"（說見十六章），今改。如天之道。如人之量，則各有其身，不得相均。唯如無身[校]"唯"，元本作"惟"。案：張太守本、正統王本、明和王本皆作"唯"。據例以作"唯"爲是（說見二十一章），今改。又"如"字，元本在"唯"字之上。案：當在"唯"字之下，今乙轉。無私乎？自然，然後乃能與天地合惪。[校]"惪"，元本作"德"。案：當作"惪"（說見四章），今改。又"與天地合惪"至"然後乃能與天地合惪"，元本在本章經文"人之道則不然"下。案：其誼乃并釋本章經文"損不足以奉有餘"，今迻此。

孰能損有餘以奉天下？

【校】

　　"孰能"下，元本無"損"字。案：嚴遵本、傅奕本、張太守本、彭耜本、董思靖本、范應元本皆有。王注云："言誰能處盈而全虛，損有以補無。"（見本章）據此則王本亦有，其無者乃河上公本（見存宋河上公本正無"損"字），非王本也，今補。

其唯有道者乎！是以聖人爲而不恃，功成而不尻，

【校】

　　"唯有道者"上，元本無"其"字，下無"乎"字。案：陸希聲本有，當從之，今補。

【校】

　　"尻"，元本作"處"。案：嚴遵本、傅奕本、陸希聲本、張太守本、李霖本、彭耜本、董思靖本、焦竑本皆作"居"。蓋借居爲尻也。經云"功成而不尻。夫唯不尻，是以不去"（見二章）。王注云："因物而用，功自彼成，故不尻也。"（同上）諗諠王本當作"尻"，其作"處"者，乃河上公本（見存宋河上公本正作"處"，注云"功成事就，不處其位"），非王本也，今改。

以其不欲示賢也。

【校】

　　"其不欲示賢也"上，元本無"以"字。案：以其者，老子習用之語也。經云"以其不自生"（見七章），又云"以其生生之厚也"（見五十章），又云"以其無死地也"（同上），又云"以其多智也"（見六十五章），又云"以其善下之"（見六十六章），又云"以其不爭"（同上），又云"以其病病"（見七十一章），又云"以其上食税之多"（見七十五章），又云"以其上之有爲"（同上），又云"以其生生之厚"（同上），又云"以其無以易之也"（見七十八章）。此同其例，以有"以"字爲是，今補。又"示"，元本作"見"。案：唐天寶寫本、顧歡本皆作"示"。王注云："是以聖人不欲示其賢，以均天下也。"（見本章）據此則王本亦作"示"，其作"見"者，乃河上公本（見存宋河上公本正作"見"），非王本也，今改。又"以其不欲示賢"下，元本無"也"字。案：六朝寫本有，今補。[箋]案：王注云"賢，猶能也"（見三章），不欲示賢，猶云不欲示能也。《吕氏春秋·審分覽·任數》云："人主以好爲示能（元本'爲'作'暴'，今據王念孫説改），以好唱自奮。人臣以不爭持位，以聽從取容。是君代有司爲有司也。"

言誰能處盈而全虛，[校]"誰"，元本作"唯"。案：經云："孰能損有餘以奉天下？"（見本章）以此"誰"釋"孰"。諫誼以作"誰"爲是，其作"唯"者，蓋因形似而誤也，今改。損有以補無，和光同塵，蕩而均者，唯其道也。是以聖人不欲示其賢，以均天下。

七十八章

天下莫柔弱於水，而堅彊者莫之能勝，

【校】

"彊"，元本作"强"。案：唐景龍寫本、唐天寶寫本、傅奕本、陸希聲本、張太守本、董思靖本皆作"彊"，諫誼以作"彊"爲是，"强"借字（説見三章），今改。

以其無以易之也。

【校】

"其無以易之也"上，元本無"以"字。案：唐景福碑、傅奕本、司馬氏本、彭耜本、董思靖本、焦竑本、明和王本皆有。王注云："以，用也。其，謂水也。言用水之柔弱，無物可以易之也。"（見本章）據此，則王本亦有，其無者乃河上公本（見存宋河上公本正無"以"字），非王本也，今補。又"以其無以易之"下，元本無"也"字。案：傅奕本、司馬氏本、張太守本、彭耜本、董思靖本、范應元本、焦竑本皆有，今補。

以，用也。其，謂水也。言用水之柔弱，無物可以易之也。

柔之勝剛，弱之勝彊，

【校】

"彊"，元本作"強"。案：唐景龍寫本、唐天寶寫本、傅奕本、陸希聲本、張太守本、董思靖本皆作"彊"。此承上文"天下莫之柔弱於水，而攻堅彊者莫之能勝"而言，上文既當作"彊"，則此亦以作"彊"爲是，今改。又"弱之勝彊"，元本在"柔之勝剛"上。案：傅奕本、陸希聲本、彭耜本、董思靖本、范應元本及《淮南子·道應》所引皆在"柔之勝剛"下，今乙轉。

天下莫不知，而莫之能行。

【校】

"莫之能行"上，元本無"而"字。案：傅奕本、張太守本、彭耜本、董思靖本、范應元本及《淮南子·道應》所引皆有，今補。

【箋】

《淮南子·道應》云："越王句踐與吳戰而不勝，國破身亡，困於會稽。忿心張膽，氣如涌泉，選練甲卒，赴火若滅，然而請身爲臣，妻爲妾，親執戈爲吳兵先馬（元本'爲吳王先馬'作'爲吳王先馬走'，今據王念孫說改），果擒之於干遂。故老子曰：'柔之勝剛也，弱之勝強也，天下莫不知，而莫之能行。'越王親之，故霸中國。"

是以聖人云，受國之垢，

【箋】

郭象曰："雌辱後下之類，皆物之所謂垢。"（見《莊子·天下》"受天下之垢"注）

是謂社稷主；

【箋】

《淮南子·道應》云："晉伐楚，三舍不止。大夫請擊之。莊王曰：'先君之時，晉不伐楚。及孤之身而晉伐楚，是孤之過也。若何其辱羣大夫？'曰：'先臣之時，晉不伐楚。今臣之身而晉伐楚，此臣之罪也。請三擊之。'王俛而泣涕沾襟，起而拜羣大夫。晉人聞之曰：'君臣爭以過爲在己，且輕下其臣，不可伐也。'夜還師而歸。老子曰：'能受國之垢，是謂社稷主。'"案：《春秋左傳·宣公十五年》云："諺曰'……國君含垢，天之道也'。"其言類此。

受國之不祥，

【校】

"受國"下，元本無"之"字。案：傅奕本、張太守本、董思靖本、薛蕙本、焦竑本及《淮南子·道應》所引皆有。經云"受國之垢，是謂社稷主"

（見本章），此同其例，以有"之"爲是，今補。

是謂天下王。

【校】

　　"謂"，元本作"爲"。案：唐景龍碑、唐開元甲幢、唐開元乙幢、唐景福碑、遂州碑、六朝寫本、唐景龍寫本、唐天寶寫本、唐寫成玄英本、宋河上公本、顧歡本、嚴遵本、傅奕本、唐玄宗本、陳景元本、司馬氏本、張太守本、蘇轍本、李霖本、范應元本、李榮本、薛蕙本、焦竑本、正統王本、明和王本及《淮南子·道應》所引皆作"謂"。經云"受國之垢，是謂社稷主"（見本章），此同其例，以作"謂"爲是，今改。《淮南子·道應》云："宋景公之時，熒惑在心，公懼，召子韋而問焉，曰：'熒惑在心，何也？'子韋曰：'熒惑，天罰也；心，宋分野，禍且當君。雖然，可移於宰相。'公曰：'宰相，所使治國家也，而移死焉。不祥。'子韋曰：'可移於民。'公曰：'民死，寡人誰爲君乎？寧獨死耳！'子韋曰：'可移於歲。'公曰：'歲，民之命。歲饑，民必死矣。爲人君而欲殺其民以自活也，其誰以我爲君者乎？是寡人之命固已盡矣，子無復言矣！'（元本'子'下有'韋'字，今據王念孫説刪）子韋還走，北面再拜曰：'敢賀君！天之處高而聽卑。君有君人之言三，天必三賞君（元本"天必"下有"有"字，今據王念孫説刪）。今夕星必徙三舍，君延年二十一歲。'公曰：'子奚以知之？'對曰：'君有君人之言三，故有三賞。星必三徙舍，舍行七星（元本星作里，今據王念孫説改），三七二十一，故君移年二十一歲。臣請伏於陛下以伺之。星不徙，臣請死之。'公曰：'可。'是夕也，星果三徙舍。故老子曰：'能受國之不祥，是謂天下王。'"

正言若反。

七十九章

和大怨，必有餘怨，

【箋】

案：大怨，謂民怨也。蓋爲人主者，處民之上而責取無猒，則下民必咸怨之。以怨之者衆，故云大怨也。"和大怨，必有餘怨"，謂大怨難泯，雖和之以惠，猶必有餘怨存焉。爲人主者，至可惕也。王注僞："不明理其契，以致大怨。"則其所謂之大怨者，乃下民因書契之不明，自相爭訟而生之怨也。余謂斯乃尋常之怨耳，殊不足以當之。老子之言大怨，殆別有深意，王氏未之知也。

不明理其契，以致大怨。[箋]案：王弼曰："契之不明，訟之所以生也。"（見《周易·訟卦》象"天與水違行，訟；君子以作事謀始"王弼注）夫爭訟之生，終必招致大怨，故云："不明理其契，以致大怨也。"大怨已至，[校]"已至"上，元本無"大怨"二字。案：古籍重文書寫之例，"以致大怨，大怨已至"二句，可寫爲"以致大＝怨＝已至"（參攷十六章校記）。後人不明此例，消"大＝怨＝"爲"大怨"，遂奪"大怨"二字，今補。而惠以和之，[校]"惠"，元本作"德"。案：當作"惠"（説見四章），今改。又"而惠"下，元本無"以"字。案：張太守本、正統王本、明和王本皆有，當從之，今補。其傷不復，故曰：[校]"故"下元本無"曰"字。案：其文例應有（説見九章），今補。"必有餘怨"也。[校]"有餘怨也"上，元本無"必"字。案：張太守本、正統王本、明和王本皆有，經云"和大怨，必有餘怨"（見本章），此引其文，以有"必"字爲是，今補。

安可以爲善？

【箋】

案：古外動詞爲、謂通用（説見二十六章）。安可以爲善，猶云何可也謂之善也。蓋大怨難泯，雖和之以惠，必有餘怨，故不得謂之善。唯能使大怨不生者，乃得謂之善也。

是以聖人執左契，

左契者，校"左契"下，元本無"者"字。案：張太守本有，當從之，今補。防怨之所由生也。

而不責於人。

【箋】

案：契，謂書契也。《周禮·地官·質人》云"掌稽市之書契"，鄭玄注云："書契，取予市物之券也。其券之象，書兩札，刻其側。"蓋兩札即左右契也，取物者執右契，而予物者執左契焉。《禮記·曲禮上》云"獻粟者，執右契"，爲獻粟之人執右契以獻之，而受獻者受其右契，然後憑右契以取粟也。《戰國策·韓策》云"操右契而爲公責德於秦魏之主"，《史記·平原君虞卿列傳》云："事成操券以責。"此皆言責取於人者，執右契也。若夫左契，則受責者執之。受責者，以物予人者也。聖人但有歧予而無責取，故譬猶執左契而不責於人也。不責於人，則大怨無由生；大怨無由生，斯乃可以謂之善矣。又案：刻木爲契，以爲約信之識，其俗後世頗有存者，《嶺外代答·蠻俗門》云："猺人無文字，其要約以木契合二板而刻之，人執其一，守之甚信。"《廣陽襍記》云："滇南玀玀之俗，無文書官，徵其賦，先與官刻木爲符，以一畫當一數，百十兩錢，分以長短爲差，畫訖中分之，官執其半。屆

435

期持而徵之符合，不少遲欠也。"

故有惪司契，

【校】

"有惪司契"上，元本無"故"字。案：唐景龍碑、唐開元甲幢、唐開元乚幢、宋景祐幢、唐天寶寫本、唐寫成玄英本、顧歡本、傅奕本、唐玄宗本、陸希聲本、陳景元本、司馬氏本、張太守本、蘇轍本、李霖本、彭耜本、董思靖本、范應元本、李榮本、焦竑本皆有。此承上文"和大怨，必有餘怨，安可以爲善，是以聖人執左契，而不責於人"而言，諟誼以有"故"字爲是，今補。又"惪"，元本作"德"。案：當作"惪"（説見四章），今改。

【箋】

案："有惪"，謂有惪之主，即上文所云聖人之疇也。司，謂主其事也。《淮南子·時則》云"太皞、句芒之所司者，萬二千里"，高誘注云："司，主也。"契，謂左契也，有惪之主務歧予而不務責取，故譬猶主契者也。蓋此句與上文"是以聖人執左契，而不責於人"誼同，所以重言"有惪司契者"，以對下文"無惪司徹"而言也。王注據《周禮》及《釋名》釋司爲念思（《周禮·地官·司市》云"上旌于思，次以令市"，鄭玄注云："思，當爲司。"《釋名·釋言語》云："司，思也。"凡有所司捕，必靜思忖亦然也），而又以獄訟之事爲説，於誼雖通，要非老氏之恉也。

有惪之人，[校]"惪"，元本作"德"。案：當作"惪"（説見四章），今改。念思其契，不令怨生而後責於人也。[校]"令"，元本作"念"。案：張太守本、正統王本、明和王本及《經典釋文》所引皆作"令"，當從之，今改。[箋]案：王弼曰："聽訟，吾猶人也，必也使无訟乎！无訟在於謀始，謀始在於制。契之不明，訟之所以生也。物有其分，職不相濫，争何由興？訟之所起，契之過也。故有惪司契而不責於人。"（見《周易·訟卦》象"天與水違行，訟君子以作事謀始"王弼注）此云"念思其契，不令怨生而後責於人"者，蓋謂謀始作制，務明其契，使訟及怨皆無由生而不至。如無惪之主，不知防患於未然，直令怨生而後責人之過也。

無惪司徹。

【校】

"惪"，元本作"德"。案：當作"惪"（說見四章），今改。

【箋】

案：無惪，謂無惪之主也。徹，謂責取也。趙岐曰："猶人徹取物也。"（見《孟子·滕文公上》"徹者，徹也"趙岐注）無惪之主，務責取於民，故云司徹。司徹，譬猶主右契者也，不云司右契而云司徹，乃變文言之。王注釋徹謂過，實爲無據。蓋以獄訟之事爲說，不得不如此劈解耳。又同一司字，王注於前者釋爲念思，而此則用爲察視之偶，其自相乖違亦已甚矣。

司徹，校 "徹"上元本無"司"字。案：下文"司人之過也"即釋司徹而言，非僅釋徹字之誼也。諶誼以有"司"字爲是，今補。**司人之過也。** 箋 案：顏師古曰："司者，察視之。"（見《漢書·高五王傳》"舍人怪之，以爲物而司之，得勃"顏師古注）司人之過，謂察視人之過失也。

天道無親，常與善人。

【箋】

錢大昕曰："古書言天道者，皆主吉凶禍福而言。古文《尚書》'滿招損，謙受益，時乃天道'，'天道福善而禍淫'；《易傳》'天道虧盈而益謙'；《春秋

437

傳》'天道多在西北','天道遠，人道邇。竈焉知天道','天道不諂';《國語》'天道賞善而罰淫','我非瞽史，焉知天道';《老子》:'天道無親常與善人。'皆論吉凶之數。"（見《十駕齋養新録》"天道條"）案：與，猶助也。《戰國策·齊策》云："君不與勝者而與不勝者，何故也？"高誘注云："與，猶助之。"善人謂不責取於人者，此云"天道無親，常與善人"，蓋謂天道無所偏黨，唯常助不責取於人者而畁之以吉也。然而不責取於人，則與人無怨；與人無怨，則人實助之，非天助之也。王氏於此二句無注，如依其誼釋之，則善人當爲謀始作制、能明理其契者，而有以異乎不責取於人者之誼也。又案：本章經恉在誡爲人主者，毋以天下奉一己之私，而多所責取。注誼則誡爲人主者，當善作制之始，以塞爭訟之原。經恉與注誼，蓋截然二事，善讀者宜知所別也。

八十章

小國寡民，

【箋】

《説文》云："國，邦也。"邦也者，城鄉差別之始，樸柀之象也。曰小國者，樸小而器大，言其去樸未遠也。

國既小，民又寡，尚可使返古，校 "返"，元本作"反"。案：當作"返"（説見二十一章），今改。況國大民眾乎！故舉小國而言也。

使民有什佰之器而不用，

【校】

"使"下，元本無"民"字。案：唐寫成玄英本、傅奕本、陸希聲本、張太守本、蘇轍本、彭耜本、董思靖本、范應元本皆有。王注云："言使民雖有什佰之器，而無所用之，何患不足也。"（見本章）據此則王本亦有，今補。又"佰"，元本作"伯"。案：唐天寶寫本及《説文繫傳・人部》所引皆作"佰"。《説文》云"伯，長也"，又云："佰，相什佰也。"諺誼以作"佰"爲是，"伯"，借字，今改。[箋]奚侗曰："《史記・五帝紀》'作什器于壽邱'，《索引》曰：'什器，什數也。'蓋人家常用之器非一，故以什爲數。猶今云什物也。此云什伯，絫言之耳。國小民寡，生事簡約，故雖有什伯之器，亦無所用之也。"（見奚著《老子集解》）

言使民雖有什佰之器，[校]"佰"，元本作"伯"。案：當從經文作"佰"，今改。而無所用之，[校]"而無所用"下，元本無"之"字。案：張太守本、正統王本皆有，當從之，今補。何患不足也。

使民重死而不遠徙。

使民不用，唯身是寶，[校]"唯"，元本作"惟"。案：當作"唯"（説見二十一章），今改。不貪貨賂。故各安其凥，[校]"凥"，元本作"居"。案：當作"凥"（説見二章），今改。重死而不遠徙也。

雖有舟輿，無所乘之；雖有甲兵，無所陳之；

【校】

"陳"，元本作"陳"。案：當作"陳"（説見二章），今改。

使民復結繩而用之。

【校】

　　"民"，元本作"人"。案：唐景龍碑、唐開元甲幢、唐開元乙幢、唐景福碑、宋景祐幢、六朝寫本、唐景龍寫本、唐天寶寫本、宋河上公本、顧歡本、傅奕本、唐玄宗本、陸希聲本、陳景元本、司馬氏本、張太守本、蘇轍本、李霖本、彭耜本、董思靖本、范應元本、李榮本、薛蕙本、焦竑本皆作"民"。經云："使民有什佰之器而不用，使民重死而不遠徙。"（見本章）又云："使民至老死而不相往來。"（同上）此同其例，以作"民"爲是，今改。

【箋】

　　案：《周易·繫辭下》云"上古結繩而治"，《九家易》云："古者无文字，其有約誓之事，事大大其繩，事小小其繩。結之多少，隨物衆寡，各執以相考，亦足以相治也。"（見《周易集解》）又案：結繩之俗，後世頗有存者，《北史·魏本紀》云："魏之先出自黃帝軒轅氏……其後世爲君，長統幽都之北，廣莫之野，畜牧遷徙，射獵爲業，淳樸爲俗，簡易爲化，不爲文字，刻木結繩而已。"《唐會要·吐蕃》云："吐蕃者，在長安西八千里……無文字，刻木結繩爲約。"《苗疆風俗考》云："苗民不知文字……性善記，懼有忘，則結於繩，爲契券，刻木以爲信，太古之意猶存。"案：既有什佰之器，又有舟輿甲兵，欲作之象也。有而不用，使民復於結繩者，鎮之以無名之樸也。經云："化而欲作，吾將鎮之以無名之樸。"（見三十七章）

至治之極，

【校】

　　元本無"至治之極"四字。案：傅奕本、范應元本及《史記·貨殖列傳》所引皆有，蓋古本如此也，今補。

民各甘其食，

【校】

　　"甘其食"上，元本無"民各"二字。案：傅奕本、范應元本及《史記·貨殖列傳》所引皆有，蓋古本如此也，今補。

美其服，安其尻，

【校】

　　"尻"，元本作"居"（説見二章），今改。

樂其俗。

【箋】

　　案：俗，謂風俗也。劉子《新論·風俗》云："風者，氣也；俗者，習也。土地水泉氣有緩急，聲有高下，謂之風焉；人居此地，習以成俗，謂之俗焉。"

鄰國相望，雞狗之聲相聞，

【校】

　　"狗"，元本作"犬"。案：唐景龍碑、唐景福碑、遂州碑、六朝寫本、唐景龍寫本、唐天寶寫本、唐寫成玄英本、宋河上公本、顧歡本、范應元本及《羣書治要》《莊子·胠篋》《史記·貨殖列傳》所引皆作"狗"。于省吾曰："作狗者是也。周人載籍恒以雞狗連稱：《莊子·胠篋》作'雞狗之音相聞'；《孟子·梁惠王》'雞豚狗彘之畜'；《公孫丑》'雞鳴狗吠相聞'；《史記·孟嘗君列傳》'最下座有能爲狗盜者，客之居下座者有能爲雞鳴'；《劉子·説符》'人而無義,唯食而已,是雞狗也'。然則老子本作'雞狗',作'犬'者,乃後人所易。"(見于箸《雙劍誃諸子新證》)其說是也,今改。

民至老死不相往來。

【箋】

至治之極,言其復返於樸也。此章所言皆返樸之道,而悖於人類歷史發展之大理。

無所欲求。

八十一章

知者不言,

因自然也。

言者不知;

【校】

"知者不言,言者不知"及其注文,元本并在五十六章經文"塞其兌,閉其門"上。案:其誼應在本章經文"信言不美,美言不信"上,今迻此。

【箋】

《莊子·天道》云:"世之所貴道者,書也,書不過語,語有貴也。語之所貴者,意也,意有所隨。意之所隨者,不可以言傳也,而世因貴言傳書。世雖貴之，我猶不足貴也，爲其貴非其貴也。故視而可見者，形與色也；聽而可聞者，名與聲也。悲夫！世人以形色名聲爲足以得彼之情！夫形色名聲果不足以得彼之情，則知者不言，言者不知，而世豈識之哉！"《淮南子·道應》云："太清問於無窮曰：'子知道乎？'無窮曰：'吾弗知也。'又問于無爲曰：'子知道乎？'無爲曰：'吾知道。''子之知道，亦有數乎？'無爲曰：'吾知道有數。'曰：'其數奈何？'無爲曰：'吾知道之可以弱，可以強；可以柔，可以剛；可以陰，可以陽，可以窈，可以明；可以包裹天地，可以應待無方。此吾所以知道之數也。'太清又問於無始曰：'鄉者吾問道於無窮，無窮曰："吾弗知之。"又問于無爲，無爲曰："吾知道。"曰："子之知道，亦有數乎？"無爲曰："吾知道有數。"曰："其數奈何？"無爲曰："吾知道之可以弱，可以強；可以柔，可以剛；可以陰，可以陽，可以窈，可以明；可以包裹天地，可以應待無方。吾所以知道之數也。"若是，則無爲之知（元本則無爲下無之字，今據王念孫說補）與無窮之弗知，孰是孰非？'無始曰：'弗知深（元本弗知下有之字，今據王念孫說刪），而知之淺。弗知內，而知之外。弗知精，而知之粗。'太清仰而歎曰：'然則不知乃知邪？知乃不知邪？孰知知之爲弗知，弗知之爲知邪？'無始曰：'道不可聞，聞而非也。道不可見，見而非也。道不可言，言而非也。孰知形之不形者乎？'（中略）故'知者不言，言者不知'也。"

造事耑也。校 "耑"，元本作"端"。案：當作"耑"（說見十五章），今改。

信言不美，

實在質也。

美言不信；

【箋】

《孔子家語·屈節解》云："孔子在衛，聞齊國田常將欲爲亂，而憚鮑晏，因欲移其兵以伐魯。孔子會諸弟子而告之曰：'魯，父母之國，不可不救，不忍視其受敵。今吾欲屈節於田常以救魯，二三子誰爲使？'於是子路請往齊，孔子弗許。子張請往，又弗許。子石請往，又弗許。三子退，謂子貢曰：'今夫子欲屈節以救父母之國，吾三人請使而不獲往，此則吾子用辯之時也，吾子盍請行焉？'子貢請使，夫子許之。遂如齊，說田常曰：'今子欲收功於魯，實難。不若移兵於吳，則易。'田常不悅。子貢曰：'夫憂在內者攻強，憂在外者攻弱。吾聞子三封而三不成，是則大臣不聽令。戰勝以驕主，破國以尊臣，而子之功不與焉，則交日疏於主，而與大臣爭。如此，則子之位危矣。'田常曰：'善。然兵甲已加魯矣，不可更。如何？'子貢曰：'緩師。吾請於吳，令救魯而伐齊。子因以兵迎之。'田常許諾。子貢遂南說吳王曰：'王者不滅國，霸者無強敵；千鈞之重，加銖兩而移。今以齊國而私千乘之魯，與吳爭強，甚爲王患之。且夫救魯以顯名，以撫泗上諸侯，誅暴齊以服晉，利莫大焉。名存亡魯，實困強齊，智者不疑。'吳王曰：'善。然吳常困越，越王今苦身養士，有報吳之心。子待我伐越，然後乃可。'子貢曰：'越之勁不過魯，吳之強不過齊。而王置齊而伐越，則齊必私魯矣。王方以存亡繼絕之名，棄強齊而伐小越，非勇也。勇者不避難，仁者不窮約，智者不失時，義者不絕世。今存越，示天下以仁；救魯伐齊，威加晉國；諸侯必相率而朝，霸業盛矣。且王必惡越，臣請見越君，令出兵以從。此則實害越而名從諸侯以伐齊。'吳王悅，乃遣子貢之越。越王郊迎，而自爲子貢御，曰：'此蠻夷之國，大夫何足儼然辱而臨之？'子貢曰：'今者吾說吳王以救魯伐齊，其志欲之；而心畏越，曰：待我伐越乃可。此則破越必矣。且無報人之志而令人疑之，拙矣；有報人之意而使人知之，殆矣；事未發而先聞者，危矣。三者舉事之患也。'勾踐頓首曰：'孤嘗不料力而興吳難，受困會稽，痛於骨髓，日夜焦脣乾舌，徒欲與吳王接踵而死，孤之願也。今大夫幸告以利害。'子貢曰：'吳王爲人猛暴，羣臣不堪，國家疲弊，百姓怨上，大臣內變，申胥以諫死，大宰嚭用事，此則報吳之時也。王誠能發卒佐之，以邀射其志，而重寶以悅其心，卑辭以尊其禮。則其伐齊必矣，此聖人所謂屈節求其達者也。彼戰不勝，王之福；若勝，則必以兵臨晉。臣還北請見晉君共攻之，其弱吳必矣。銳兵盡於齊，重甲困於晉，而王制其弊焉。'越王頓首許諾。子貢返，五日，越使大夫文種，頓首言於吳王曰：'越悉境內之士三千人以事吳。'吳王告子貢曰：'越王欲身從寡人，可乎？'子貢曰：'悉人之率眾，又從其君，非義也。'吳王乃受越王卒，謝留勾踐。遂自發國內之兵以伐齊，敗之。子貢遂北見晉君，令承其弊。吳、晉遂遇於黃池。越王襲吳之國，吳王歸與越戰，滅焉。孔子曰：'夫其亂齊存魯，吾之始願。若能強晉以弊吳，使吳亡而越霸者，賜之說也。美言傷信，慎言哉！'"

本在樸也。

善者不辯，辯者不善；智者不博，

【校】

"智"，元本作"知"。案：唐寫本成玄英本作"智"。知與智，故雖通用，然諲《老子》經文凡智慧字皆作智，不作知（參攷三章校記）。據例以作智爲是，今改。

極在一也。

博者不智。

【校】

"智"，元本作"知"。案：當從上文作"智"，今改。

【箋】

案：古者私家講學未盛，故辯詰之風不行。所謂《春秋》經世先王之志，聖人論而不辯也。洎乎戰國之初，顯學如墨子，後世猶偶其言多不辯（見《韓非子·外儲說左上》）。蓋至戰國中葉，相里勤之弟子、五侯之徒及南方之墨者苦獲、己齒、鄧陵子之屬出，始以堅白同異之辯相訾。而其同時，孟軻兒説等亦蒙辯名，然求其擅善辯之名，而又以晐博多智見偶于世者，則唯惠施足以當之。《莊子·天下》述其學云："惠施多方，其書五車，其道舛駁，其言也不中。歷物之意，曰：'至大无外，謂之大一；至小无內，謂之小一。无厚不可積也，其大千里。天與地卑，山與澤平。日方中方睨，物方生方死。大同而與小同異，此之謂小同異；萬物畢同畢異，此之謂大同異。南方无窮而有窮，今日適越而昔來。連環可解也。我知天下之中央，燕之北，越之南是也。汎愛萬物，天地一體也。'惠施以此爲大觀於天下而曉辯者，天下之辯者相與樂之。卵有毛，雞三足，郢有天下，犬可以爲羊，馬有卵，丁子有尾，火不熱，山出口，輪不蹍地，目不見，指不至，至不絕，龜長於蛇，矩不方，規不可以爲圓，鑿不圍枘，飛鳥之景未嘗動也，鏃矢之疾而有不行不止之時，狗非犬，黃馬、驪牛三，白狗黑，孤駒未嘗有母，一尺之捶，日取其半，萬世不竭。辯者以此與惠施相應，終身無窮。桓團、公孫龍辯者之徒，飾人之心，易人之意，能勝人之口，不能服人之心，辯者之囿也。惠施日以其知，與人辯（元本'惠施日以其知與人下'有'之'字，今據俞樾説刪），特與天下之辯者爲怪，此其柢也。然惠施之口談，自以爲最賢，曰：'天地其壯乎！'施存雄而无術。南方有倚人焉，曰黃繚，問天地所以不墜不陷，風雨雷霆之故。惠施不辭而應，不慮而對，徧爲萬物説；説而不休，多而无已，猶以爲寡，益之以怪。以反人爲實，而欲以勝人爲名，是以與眾不適也。弱於德，強於物，其塗隩矣。由天地之道觀惠施之能，其猶一蚉一蝱之勞者也，其於物也何庸！夫充一尚可，曰愈貴，道幾矣！惠施不能以此自寧，散於萬物而不厭，卒以善辯爲名。"此云"善者不辯，辯者不善"，又云"智者不博，博者不智"，疑即針對惠施之學而發也。

聖人不積，

【箋】

《莊子·天道》云："天道運而无所積，故萬物成；帝道運而无所積，故天下歸；聖道運而无所積，故海内服。"

無私自有，唯善是與，任物而已。

既以爲人，己俞有；

【校】

"俞"，元本作"愈"。案：范應元本作"俞"。蓋其字當作"俞"，"愈"俗書（説見五章），今改。

物所尊也。

既以與人，己俞多。

【校】

"俞"，元本作"愈"。案：范應元本作"俞"。此與上文"既以爲人，己俞多"同例，以作"俞"爲是，今改。

【箋】

案：鄭玄曰："爲，猶助也。"（見《詩·大雅·生民之什》"鳧鷖福禄來爲"鄭玄箋）郭璞曰"與，猶予也。"（見《爾雅·釋詁》"台朕賚畀卜陽予也"郭璞注）"既以爲人，己俞有；既已與人，己俞多"者，言聖人不事積聚，盡以助人而已，則益有；盡以予人而已，則益多也。[箋]《戰國策·魏策》云："魏公叔痤爲魏將，而與韓、趙戰澮北，禽樂祚。魏王説，迎郊，以賞田百萬禄之。公叔痤反走，再拜辭曰：'夫使士卒不崩，直而不倚，撓挀而不辟者，此吴起餘教也，臣不能爲也。前脈形埊之險阻，決利害之備，使三軍之士不迷惑者，巴寧、爨襄之力也。縣賞罰於前，使民昭然信之於後者，王之明法也。見敵之可也皷之，不敢怠倦者，臣也。王特爲臣之右手不倦賞臣，何也？若以臣之有功，臣何力之有乎？'王曰：'善。'於是索吴起之後，

447

賜之田二十萬。巴寧、爨襄田各十萬。王曰：'公叔豈非長者哉！既爲寡人勝强敵矣，又不遺賢者之後，又不揜能士之跡，公叔何可無益乎？'故又與田四十萬，加之百萬之上，使百四十萬。故《老子》曰：'聖人無積，盡以爲人，已愈有；既以與人，已愈多。'公叔當之矣。"

  物所歸也。

天之道，利而不害。

  動常生成之也。

【箋】

  竊謂春生秋殺，天之道，非利而不害也。其必兼生殺，葡利害乃爲天道乎。老氏謂天之道，利而不害，不晐不徧，判天地之美而析萬物之理矣。

聖人之道，爲而不爭。

【箋】

  案：爲，讀如上文"既以爲人，已俞有"之爲。"爲而不爭"者，言其使民和睦相助而不相爭也。竊謂樸樕則爭生，決生死定存亡，其爭尤烈。今老氏非爭，是使將興者懈其爭，將廢者得以苟存耳。

  順天之利，不相傷也。

夫唯不爭，故天下莫能與之爭。

【校】

  "夫唯不爭，故天下莫能與之爭"，元本在二十二章經文"不自矜，故長"

下。案：其誼乃承本章經文"聖人之道，爲而不爭"而言，今迻此。

【箋】

《淮南子·道應》云："趙簡子死，未葬，中牟入齊。已葬五日，襄子起兵攻圍之，未合而城自壞者數十丈，襄子擊金而退之。軍吏諫曰：'君誅中牟之罪，而城自壞，是天助我，何故去之？'襄子曰：'吾聞之叔向曰：君子不乘人於利，不迫人於險。使之治城，城治而後攻之。'中牟聞其義，乃請降。故老子曰：'夫唯不爭，故天下莫能與之爭。'"《人物志·釋爭》云："蓋善以不伐爲大，賢以自矜爲損。是故舜讓于德，而顯義登聞。湯降不遲，而聖敬日躋。郤至上人，而抑下滋甚。王叔好爭，而終于出犇。然則卑讓降下者，茂進之遂路也。矜奮侵陵者，毀塞之險途也。是以君子舉不敢越儀準，志不敢凌軌等，內勤己以自濟，外謙讓以敬懼。是以怨難不在於身，而榮福通於長久也。彼小人則不然。矜功伐能，好以陵人，是以在前者人害之，有功者人毀之，毀敗者人幸之。是故苙轡爭先，而不能相奪。兩頓俱折，而爲後者所趨。由是論之，爭讓之途，其別明矣。然好勝之人，猶謂不然。以在前爲速銳，以處後爲留滯，以下眾爲卑屈，以躡等爲異傑，以讓敵爲迴辱，以陵上爲高厲。是故抗奮遂往，不能自反也。夫以抗遇賢，必見遜下。以抗遇暴，必構敵難。敵難既構，則是非之理必涸而難明。涸而難明，則其與自毀何以異哉！且人之毀己，皆發怨憾而變生釁也。必依託於事，飾成端末。其於聽者雖不盡信，猶半以爲然也。己之校報，亦又如之。終其所歸，亦各有半。信著於遠近也。然則交氣疾爭者，爲易口而自毀也。苙辭競說者，爲貸手以自毆。爲惑繆豈不甚哉！然原其所由，豈有躬自厚責，以致變訟者乎？皆由內恕不足，外望不已。或怨彼輕我，或疾彼勝己。夫我薄而彼輕之，則由我曲而彼直也。我賢而彼不知，則見輕非我咎也。若彼賢而處我前，則我德之未至也。若德鈞而彼先我，則我德之近次也。夫何怨哉！且兩賢未別，則能讓者爲儁矣。爭儁未別，則用力者爲憊矣。是故藺相如以迴車決勝於廉頗，寇恂以不鬭取賢於賈復。物勢之反，乃君子所謂道也。是故君子知屈之可以爲伸，故含辱而不辭。知卑讓之可以勝敵，故下之而不疑。及其終極，乃轉禍而爲福，屈讎而爲友。使怨讎不延於後嗣，而美名宣於無窮。君子之道，豈不裕乎！且君子能受纖微之小嫌，故無變鬭之大訟。小人不能忍小忿之故，終有赫赫之敗辱。怨在微而下之，猶可以爲謙德也。變在萌而争之，則禍成而不救矣。是故陳餘以張耳之變，卒受離身之害；彭寵以朱浮之郄，終有覆亡之禍。禍福之機，可不慎哉！是故君子之求勝也，以推讓爲利鋭，以自修爲棚櫓，静則閉嘿泯之玄門，動則由恭順之通路。是以戰勝而争不形，敵服而怨不搆。若然者悔怪不存于聲色，夫何顯争之有哉！彼顯争者，必自以爲賢人，而人以爲險詖者。實無險德，則無可毁之義。若信有險德，又何可與訟乎！險而與之訟，是柙虎而攖虎，其可乎？怨而害人，亦必矣。《易》曰：'險而違者訟，訟必有眾起。'《老子》曰：'夫唯不争，故天下莫能與之争。'"

本書采用《老子》版本目録[*]

唐景龍二年刻《道德經碑》，見何士驥《古本道德經校刊》（一九三六年國立北平研究院印行，下同），校記偁唐景龍碑

唐開元二十六年刻《唐玄宗御注道德經幢》，見何士驥《古本道德經校刊》，校記偁唐開元甲幢

唐開元二十七年刻《唐玄宗御注道德經幢》，見何士驥《古本道德經校刊》，校記偁唐開元乙幢

唐廣明元年刻《道德經幢》，見何士驥《古本道德經校刊》，校記偁唐廣明幢

唐景福二年刻《道德經碑》，見何士驥《古本道德經校刊》，校記偁唐景福碑

宋景祐四年刻《道德經幢》，見何士驥《古本道德經校刊》，校記偁宋景祐幢

《遂州龍興觀道德經碑》，元石早逸，故不詳刻於何代，其經文見無名氏《道德真經次解》（明正統十年刻《道藏》本），校記偁遂州碑

六朝寫本《道德經》殘卷（存五十七章至八十一章），見羅振玉《道德經考異》（一九二二年上虞羅氏刻永豐鄉人雜箸續編本，下同），校記偁六朝寫本

唐寫本《道德經》殘卷（存一章至三十七章），見《敦煌秘籍留真新編》

---

[*] 見存《老子》版本無慮百種，此采用者僅三十七種（案：田宜超采用的版本實爲三十六種），取其足以正誤，不事博求也。

（日本景印，一九四七年臺灣大學出版社并發行，下同），校記俱唐寫本

　　唐景龍三年寫本《道德經》殘卷（存五十一章至八十一章），見《敦煌秘籍留真新編》，校記俱唐景龍寫本

　　唐天寶十年寫本《道德經》殘卷（存三十八章至八十一章），見《敦煌秘籍留真新編》，校記俱唐天寶寫本

　　唐寫本成玄英《道德經開題序訣義疏》殘卷（存六十章至八十章），見羅振玉《道德經考異》，此書羅氏定爲孟智周《老子義疏》，非是，校記俱唐寫成玄英本

　　宋建安虞氏刻本《河上公老子道德經注》，校記俱宋河上公本

　　宋刻本范應元《老子道德經古本集注》，校記俱范應元本

　　明正統十年刻《道藏》本《河上公道德真經注》，校記俱正統河上公本

　　明正統十年刻《道藏》本顧歡《道德真經注疏》，校記俱顧歡本

　　明正統十年刻《道藏》本嚴遵《道德真經指歸》，校記俱嚴遵本

　　明正統十年刻《道藏》本傅奕《道德經古本》，校記俱傅奕本

　　明正統十年刻《道藏》本唐玄宗《道德真經注》，校記俱唐玄宗本

　　明正統十年刻《道藏》本陸希聲《道德真經傳》，校記俱陸希聲本

　　明正統十年刻《道藏》本陳景元《道德真經藏室纂微篇》，校記俱陳景元本

　　明正統十年刻《道藏》本司馬氏《道德真經論》，校記俱司馬氏本

　　明正統十年刻《道藏》本張太守《道德真經集注》，集唐玄宗、河上公、王弼、王雱四家注，校記俱張太守本

　　明正統十年刻《道藏》本蘇轍《道德真經注》，校記俱蘇轍本

　　明正統十年刻《道藏》本李霖《道德真經取善集》，校記俱李霖本

　　明正統十年刻《道藏》本彭耜《道德真經集注》，校記俱彭耜本

　　明正統十年刻《道藏》本董思靖《道德真經集解》，校記俱董思靖本

　　明正統十年刻《道藏》本李榮《道德真經義解》，校記俱李榮本

　　明正統十年刻《道藏》本劉惟永《道德真經集義》，校記俱劉惟永本

　　明萬曆三十五年刻《續道藏》本焦竑《老子翼》，校記俱焦竑本

　　明正統十年刻《道藏》本王弼《道德真經注》，校記俱正統王本

· 本書采用《老子》版本目録 ·

  清乾隆中武英殿聚珍版王弼《老子道德經注》，校記俌乾隆王本
  清道光二十六年宏道書院刻惜陰軒叢書本薛蕙《老子集解》，校記俌薛蕙本
  清光緒元年浙江書局刻本王弼《老子道德經注》，校記俌光緒王本
  日本昭和十七年排印《老子諸注大成》本宇惠王注《老子道德經考訂》，此書初刻於日本明和七年至昭和十七年，關儀一郎收入《老子諸注大成》，校記俌明和王本
  清光緒十年黎庶昌刻《古逸叢書》本王弼《老子道德經注》，此書校刊不善，以其行格疏朗，便於批改，遂用爲底本，校記俌爲元本

附　録

陸德明《經典釋文・序錄》

漢文帝、竇皇后好黃老，言有河上公者，居河之湄，結草爲菴，以老子教授。文帝徵之不至，自詣河上，責之。河上公乃踊身空中，文帝改容謝之。於是作《老子章句》四篇以授文帝，言治身治國之要。其後談論者，莫不宗尚玄言，唯王輔嗣，妙得虛無之旨。

唐玄宗令《孝經》參用諸儒，解《易經》兼帖子夏《易傳》，詔輔嗣注《老子》，亦甚甄明。諸家所傳，互有得失，獨據一説，能無短長？其令儒官詳定所長，令明經者習讀，若將理等亦可兼行。（見《全唐文》卷二十八）

劉子玄《孝經老子注易傳議》

今俗行《老子》是河上公注，其序云："河上公者，漢文帝時人，結草庵於河曲，仍以爲號，以所注《老子》授文帝，因沖空上天。"此乃不經之鄙言，流俗之虚語。案《漢書・藝文志》，注《老子》者有三家，河上所釋，無聞焉爾。豈非注者，欲神其事，故假造其説邪？其言鄙陋，其理乖訛，雖始纔别朱紫，粗分菽麥，亦皆嗤其過謬，而況有識者乎？豈如王弼，英才儁識，探賾索隱，考其所注，義旨爲優，必黜河上公，昇王輔嗣，在於學者，實得其宜。（見《全唐文》卷二百七十四）

劉子玄重論《孝經老子注議》

當以鄭氏《孝經》、河上公《老子》二書，訛舛不足流行；孔、王兩家實堪師授。每懷此意，其願莫從。伏見去月十日，勅令所司詳定四書得失，具狀聞奏。臣草擬，請行孔、王二書，牒禮部訖。但今庸儒淺識，聞見不周，

可與共成，難與慮始（中略）伏望明恩，曲垂炤察，如將爲允，請即班行，不可使隨流腐儒參論其義。（見《全唐文》卷二百七十四）

司馬貞《孝經老子注易傳議》

河上公蓋憑虛立號，漢史實無其人。然其注以養神爲宗，以無爲爲體，其詞近，其理宏。小足以修身潔誠，大可以寧人安國。且河上公雖曰注書，即文立教，皆體指明近用，斯可謂知言矣。王輔嗣雅善玄談，頗深道要；窮神用乎橐籥，守靜於玄牝。其理暢，其旨微。在於玄學，頗是所長。至若近人立教，修身宏道，則河上爲得。今請望王河二注，令學者俱行。（見《全唐文》卷四百二）

劉肅《大唐世説新語・箸述第十八》

開元初，左庶子劉子玄奏議：請廢鄭子《孝經》，依孔注《老子》，請停河上公注，行王弼注。《易傳》非子夏所造，請停引今古爲證，文多不盡載其略。曰今所行《孝經》題曰鄭氏，爰在近古，皆云是鄭玄，而魏晉之朝無有此説。後魏北齊之代，立於學宫，蓋虞俗無識，故致斯謬。今驗《孝經》，非鄭玄所注。河上公者，漢文帝時人，菴於河上，因以爲號。以所注《老子》授文帝，因沖空上天，此乃不經之鄙言，習俗之虛語。案《藝文志》注《老子》有三家，而無河上公注。雖使纚別朱紫，蔍分菽麥，亦皆嗤其過謬，況有識者乎！《藝文志》《易》有十三家，而無子夏傳，子玄爭論頗有條貫。會蘇宋文吏拘於流俗，不能發明古義，竟排斥之，深爲識者所歎。

《新唐書》劉子玄傳

開元初遷左散騎常侍，嘗議（中略）《老子》書無河上公注，請存王弼學。宰相宋璟等不然其論，奏與諸儒質辯。博士司馬貞等阿意，共黜其言，請二家兼行。

謝守灝《混元紀聖》

唐傅奕考覈眾本，勘數其字云："項羽妾本，齊武平五年，彭城人開項羽妾冢，得望安丘之本，魏太和中，道士寇謙之得河上丈人本，齊處士仇嶽傳家之本，有五千七百二十二字，與《韓非・喻老》相參。又洛陽有官本五千六百三十五字，王弼本有五千六百八十三字，或五千六百一十字。河上公本有五千五百五十五字或五千五百九十字。并諸家之注，多少參差，然歷年既久，各信所傳，或以佗本相參，故舛戾不一。"

董思靖《道德真經集解序說》

王弼合上下爲一篇，亦不分章。

傅奕考覈衆本，勘數其字云："項羽妾本，齊武平五年，彭城人開妾冢得之。安丘望之本，魏太和中，道士寇謙之得之。河上丈人本，齊處士仇嶽傳之。三本有五千七百二十二字，與《韓非·喻老》相參。又洛陽官本五千六百三十五字，王弼本五千六百八十三字，或零六百一十，或三百五十五，或五百九十，多少不一。

彭耜《道德真經說序》

真宗咸平二年，上謂宰相曰："道德二經治世之要道，明皇注解雖粲然可觀，王弼所注言簡意深，真得清靜之旨也。"因令鏤板。

梁迥《道德真經集注序》

老氏之書，傳於世也久矣。其言微，其旨遠，而莫能極。學者非明白洞達，窮道德性命之理，未易測其津涯也。夫老氏豈欲爲甚高之論，以取惑於世？蓋至道之極，窈冥昏默，雖聖人猶且不能名方道術既散之際，苟不示其髣髴，明其大略，則天下後世，有愚而不靈者，蕩然無所適，茫然無所守，不知大道之本原，而爲倒置之民也。於是不得已強而爲之言以明乎。道大焉，彌滿六合而無外；小焉，入乎纖介而無閒。其玄則爲衆妙之門，其粗則治家治國治天下，無乎不在。昔之爲注者有三，曰河上公，曰明皇，曰王弼。夫三家之說，其閒不能無去取，然各有所長，要其歸宿，莫非究大道之本。近世王雱深於道德性命之學，而老氏之書，復訓厥旨，明散燭隱，自成一家之說，則八十一章愈顯於世。然世之學者，以老氏爲虛無無用之文，少嘗加意，陳言鄙論，自以爲得。殊不知大道之本，由老氏而後明，老氏之經，由數家而後知，非俗學者所易聞也。太守張公，深達夫道德性命之理，以文章作人，以經術訓多士，常患夫執經者不知道，乃命黌舍之學者，參其四說，無復加損，刊集以行於時，而廣其教，俾夫承學之士，知老氏之書非徒爲虛誕之辭，極深研精，皆足以造乎至理，其真以治身，其緒餘土苴爲天下國家，則學者且曰小補之哉？迥承教下風，幸得以親炙，故祇請以書歲月，且不泯其傳。時元符元年十月一日，前權英州軍事判官梁迥謹序。

· 附録 ·

晁説之《老子道德經跋》

王弼《老子道德經》二卷，真得老子之學歟，蓋嚴君平《指歸》之流也。其言仁義與禮，不能自用，必待道以用之。天地萬物，各得於一，豈特有功於老子哉？凡百學者，蓋不可不知乎此也。予於是知弼本深於《老子》，而《易》則末矣。其於《易》，多叚諸《老子》之旨，而《老子》無資於《易》者，其有餘不足之迹，斷可見也。嗚呼，學其難哉！弼知佳兵者不祥之器，至於戰勝，以喪禮處之。非老子之言，乃不知常善救人，故無棄人；常善救物，故無棄物。獨得諸河上公，而古本無有也。賴傅奕能辨之爾。然弼題是書曰"道德經"，不析乎道德，而上下之，猶近於古歟！其文字則多謬誤，殆有不可讀者，令人惜之。嘗謂弼之於《老子》，張湛之於《列子》，郭象之於《莊子》，杜預之於《左氏》，范甯之於《穀梁》，毛萇之於《詩》，郭璞之於《爾雅》，完然成一家之學，後世雖有作者，未易加也。予既繕寫弼書，并以記之。政和乙未十月丁丑，嵩山晁説之鄜畤記。

熊克《老子道德經跋》

克伏誦咸平，聖語有曰，老子《道德經》治世之要，明皇解雖燦然可觀，王弼所注，言簡意深，真得老氏清静之旨。克自此求弼所注甚力，而近世希有，蓋久而後得之，往歲攝建寧學官，嘗以刊行。既又得晁以道先生所題本，不分道德而上下之，亦無篇目，喜其近古，繕寫藏之，乾道庚寅，分教京口，復鏤板以傳。若其字之謬訛，前人已不能證，克焉敢輒易，姑俟夫知者。三月二十四日，左從事郎充鎮江府學教授熊克謹記。

陸游跋王輔嗣《老子》

晁以道謂王輔嗣《老子》題曰"道德經"，不析乎道德而上下之，猶近於古。此本乃已析矣，安知其佗無妄加竄定者乎？慶元戊午十月晦書。（見陸箸《渭南文集》）

陳振孫《直齋書録解題》

《老子注》二卷，魏王弼撰。魏晉之世，玄學盛行。弼之談玄，冠於流輩，故其注《易》亦多玄意。晁説之以道曰，弼本深於《老子》，而《易》則末也。其於《易》多叚諸《老子》之旨，而《老子》無資於《易》，其有餘不足之迹可見矣。世所行《老子》，分《道德經》爲上下卷，此本《道德經》且

457

無章目，當是古本。

焦竑《老子翼》附錄

河上公、嚴君平皆明理國之道，松靈仙人、魏代孫登、梁朝陶隱居、南齊顧歡皆明理身之道，符堅時羅什、后趙圖澄、梁武帝梁道士竇略皆明事理因果之道，梁朝道士孟智周、臧玄靜、陳朝道士諸糅、隋朝道士劉進喜、唐朝道士成玄英、蔡子晃、黃玄賾、李榮、車玄弼、張惠超、黎元興皆明重玄之道，何晏、鍾會、杜元凱、王輔嗣、張嗣、羊祜、盧氏、劉仁會皆明虛極無爲理家理國之道。此明注解之人意不同也。

白雲霽《道藏目錄詳注》

《道德真經注》四卷，山陽王弼注，言陰陽道理。

錢曾《讀書敏求記》

開元七年，劉子玄上議今之所注《老子》是河上公，其序云：漢文帝時人，結茆菴於河曲，因以爲號，以所注《老子》授文帝，因沖空上天。不經之鄙言，流俗之虛語。《漢書·藝文志》注《老子》者三家，河上公所釋無聞焉。請黜河上公，升弼所注。司馬微云，漢史實無其人，然所注以養神爲宗，以無爲爲體，請河上二注俱行。當時卓識之士辨析之如此。惜乎！輔嗣注不傳。

武英殿聚珍版《老子道德經敍錄》

《上篇》一章至三十七章，《下篇》三十八章至八十一章。臣等謹案《唐書·劉知幾傳》稱，《易》無子夏傳，《老子》無河上公注，請用王弼。爲宋璟所格，謹廢子夏《易》，而弼注《老子》終不用。然陸德明《經典釋文》所箸音訓，即弼此注。是自隋以來，已以弼書爲重也，後諸家之解日眾，弼書遂微，僅有傳本亦多訛謬。此本乃從明華亭張之象本錄出，亦不免於訛脫，而大致尚可辨別。後有政和辛未晁以道跋，稱文字多謬誤。又有乾道庚寅熊克重刊跋，稱近世希有，蓋久而後得之，則自宋已然矣。然二跋皆稱，不分道經、德經，而今本《經典釋文》上卷雖不題《道經》，下卷乃題曰《老子德經音義》，與此本及跋皆不合，殆傳刻釋文者，反據俗本增入。今據《永樂大典》所載本，詳加參校，考訂同異，闕其所疑，而仍依弼原本，不題"道經、德經"字，以存其舊云。乾隆四十年正月恭校上，總纂官侍讀臣紀昀、侍讀臣陸錫熊、纂修官臣庶吉士臣周永年。

《四庫全書總目提要》

《老子注》二卷，魏王弼撰。案《隋書·經籍志》載老子《道德經》二卷，王弼注。《舊唐書·經籍志》作《玄言新記道德》二卷，亦稱弼注，名已不同。《新唐書·藝文志》又以《玄言新記道德》爲王肅撰，而弼所注者別名《新記玄言道德》，益爲舛互，疑一書而誤分爲二，又顛錯其文也。唯《宋史·藝文志》作王弼《老子注》，與此本同，今從之。錢曾《讀書敏求記》謂弼注《老子》已不傳，然明萬曆中華亭張之象實有刻本，證以《經典釋文》及《永樂大典》所載，一一相符。《列子·天瑞篇》引"谷神不死"六句，張湛皆引弼注以釋之，雖增損數字，而文亦無異，知非依託，曾蓋偶未見也。此本即從張氏《三經晉注》中錄出，亦不免於脱譌，而大致尚可辨别。後有政和乙未晁説之跋，稱文字多謬誤。又有乾道庚寅熊克重刊跋，稱近世希有，蓋久而後得之。則書在宋時，已希逢善本矣。然二跋皆稱不分道經、德經，而今本《經典釋文》實上卷題《道經音義》，下卷題《德經音義》，與此本及跋皆不合，豈傳刻釋文者反據俗本增入歟？考陳振孫《書錄解題》尚稱不分道經、德經。而《陸游集》有此書跋曰："晁以道謂王輔嗣《老子》題曰《道德經》，不析乎道德而上下之，猶近乎古。此本乃已析矣，安知其佗無妄加竄定者乎？"其跋作於慶元戊午，已非晁、熊所見本，則《經典釋文》之遭妄改，固已久矣。

《四庫全書簡明目錄》

《老子注》二卷，晉王弼撰。弼以老莊説易論者，互有異同，至於解老，則用其所長。故是注，詞義簡遠，妙得微契。《老子》注本，此爲最古。

錢大昕《潛研堂金石文跋尾》

晁説之跋王弼注本，謂其不析道德，而上下之，猶近於古，不知陸德明所撰《釋文》正用輔嗣本，題云《道德經卷上》《道德經卷下》，與河上公本不異。晁氏所見者，特宋時轉寫之本，而翻以爲近古，亦未之攷矣。

武億《授堂金石文字續跋》

陸放翁題跋云："晁以道謂王輔嗣《老子》曰：'《道德經》不析乎道德，而上下之，猶近於古。'今此本已久離析，然則宋已失輔嗣定本。"

洪頤煊《讀書叢錄》

《辨正論》卷七引《老子》"人法地，地法天"四句，王弼云："言天地之道，竝不相違，故稱法也。"自然無稱，窮極之辭，道是智慧靈巧之號，與今本王弼注不同。今本王弼注，明代始出，或後人掇拾爲之。

孫詒讓《札逐》

《老子上下篇》八十一章，分題《道經》《德經》。河上公本、《經典釋文》所載、王注本、《道藏》、唐傅奕本、石刻唐玄宗注本竝同，《弘明集·牟子理惑論》云："所理止於三十七條，兼法老氏《道經》三十七篇。"則漢時此書已分《道》《德》二經，其《道經》三十七章，《德經》四十四章，亦與今本正同。今所傳王注出於宋晁説之所校，不分《道》《德》二經，於義雖通，然非漢唐故書之舊。

宇惠《王注老子道德經考訂序》

王輔嗣之注，意在標宗會，而不在章句，猶如九方皋之求馬矣。郭象注《莊子》、張湛注《列子》，皆倣焉，爲魏晉注家一體也。《老子》正文，諸書所引有不存者，則固有脱文，而文字異同亦甚多矣。焦竑《翼注》有考異，王注舊刻附孫鑛《古今本考正》，今共標於層，冠以"考異""考正"二考外，尚有異同。諸書隨見隨記，及王注錯誤今改正者，共冠一"考"字，而標於層。陸德明《音義》便於誦讀，又舉異同、誤脱，間有不可改補，加圈分附王注。王注今本多亂脱，無善本可取正，校以歲月，或當有得。余別有所志，不能專意於此書，以俟後之君子。明和己丑冬十月，南總宇惠撰。

黎庶昌《古逸叢書敍目》

日本有摹刻張參《五經文字》、唐玄度《九經》，字樣甚精，與石本無異。又有南總宇惠考訂晁以道、王輔嗣《老子道德經注》，今合以局刻華亭張氏本，集張唐二家經字爲之。

武内義雄《老子原始》

弼注《老子》，《隋志》題曰："《老子道德經》二卷，王弼注。"據《舊唐志》改題曰"《玄言新記道德》二卷"，《新唐志》以《玄言新記道德》二卷爲王肅撰，而別舉王弼注《新記玄言道德》二卷。雖然王肅《老子注》不見於佗書，《四庫提要》論其誤一書爲二，似可從。蓋王弼注原題《老子道德經》，後改題曰《玄言新記道德》，或有作《新記玄言道德》者。然則王注《老子道德經》何以改《玄言新記道德》，或作《新記玄言道德》乎？此爲應考究之問題也。法京國民圖書館所藏敦煌古寫本中存有《玄言新記·明老部》殘卷（《黑里阿目錄》二四六二號），其書雖卷首不存，然其《初部》存有河上本《老子序》之下半，次別行二行，署"太極隱訣顏監注、祕書監上護軍琅邪縣開國子顏佃字師古"，次行題"老子道德經上"，其次論八十一章次第之原由。第二卷首題曰"玄言雜記"，《明老部》卷第二、第三卷以下題"玄言新義"，卷第三"玄言新記"，《明老部》卷第四"玄言雜記"，《明老部》卷第五、第五卷末不完。每書題之下空格二三字，署"顏佃字師古"。遍檢全卷，此卷似爲王注之義疏，卷首第四卷之末，述今本《老子》第五十章之要，終分《老子》全部爲七八卷。《日本見在書目錄》載《老子義疏》八卷王弼，則此卷或爲完本歟。果然則不獨王弼注稱"玄言新記"，王弼注之疏亦同冠以此題號者可知。又此卷標題，每卷無一定，或曰"王注老子"，或冠以"玄言新記"，或稱"新記玄言"，可以想像其原故。案：《隋書·經籍志》載《玄言新記名莊部》二卷、梁澡撰，今其書雖不存，作者始末亦不可知，然據此則不獨《老子》得冠以"玄言新記"之名，即《莊子》亦得有此名者。可知更推測之，當有"玄言新記"明列部、明關尹部等矣，然則"玄言新記"非獨爲《老子》之標題，乃如集成道家箸作之標目。然者余竊疑是稱唐代道藏中《玄言新記》之一部門焉。案：道藏之編纂由宋太始七年，陸修静奉明帝勅而編，道書目錄爲其濫觴；次北周天和四年，再有道書目錄之編纂；翌年天和五年又有《玄都觀目錄》之編纂，見於甄鸞《笑道論》，又見於明胡元瑞《筆叢》四十二卷內引宋《三朝國史志》。而唐開元中整理道書爲藏目，名曰《三洞瓊綱》，至宋命徐鉉等讎校《道藏》，大中祥符中命王欽若從書目中補刊洞真部、洞玄部、洞神部、太真部、太平部、太清部、正一部，凡四千三百五十九卷，上獻篇名賜以"寶文統錄"之名。據《四庫提要》則此時王欽若薦張君房主其事，君房復撮其精要，作《雲笈七籤》一百二十二卷。君房之書題曰"雲笈七籤"者，是采三洞四輔等七部之要也。今檢明《道藏》亦是分全藏爲七部，每部又區別爲十二類，蓋是宋以後之《道藏》分類與唐以前道藏分類不同之點。甄鸞《笑道論序》云："《笑道論》三卷，合三十六條，三卷者笑其三洞之名，三十六條者笑其經有三十六部。"道安《二教論》云："上清爲洞玄靈寶，爲洞真三皇，爲洞神。"又所謂道經三十六部，北周道書之目分三洞爲三十六部，而無四輔。下至於唐，其藏目呼爲《三洞瓊綱》。唐文宗痛孝敬皇帝之登遐，嘗寫《一切道經》三十六部，見於敦煌古寫本《御製一切道經序》。然則自北周至唐，其《道藏》分三洞而無四輔，可以想見。而玄嶷《甄正論》又曰"洞者，洞徹明悟之義，言習此三經、明悟道理，謂之三洞。洞真者，學佛法大乘經，詮法體實相；洞玄者，説理契真；洞神者，符禁章醮之類。今考覈三洞經文，唯《老子》兩卷微契洞玄之目。其洞真部即是靈寶"云云。玄嶷，幼姓杜氏，初入道門，在則天武后時，剃髮爲僧，主持於洛都大恆觀，黃冠之儔，推爲明哲。其精通道藏可想，然其説道藏也，唯有三洞而無四輔。是豈非唐《道藏》不分四輔之明證乎？據其云，唯《老子》兩卷，微契洞玄之目。由此觀之，則在唐藏中，《老子》兩卷屬於洞玄部，而洞玄爲説理契真之書。莊子、列子、淮南、鬼谷等諸子，凡編於道藏者，皆在此部，可以想見。果然則《老子》《莊》《列》等之書爲洞玄部之本經，而《玄言新記》當爲其注釋，從而兩唐《志》所載王弼本當是唐《道藏》本之零帙。

太史公曰："老子所貴道，虛無，因應變化於無爲。"班孟堅曰，道家者，清虛以自守，卑弱以自持。自有老子之言，《莊》《列》《吕》《韓》《淮南》諸書，祖而述之。蓋公嚴遵之徒，治而推之；曹參汲黯之儔，用之治民。後世慕尚者，繼踵而起，其道易簡，而得功尤多矣，可謂有裨於治道也。雖然讀《老子》者不可不知其弊也。余謂《老子》出於《易》者也，《易》之爲書也。道陰陽消長，而及出處進退語默，有陰道焉，有陽道焉。《老子》唯主陰道而貴謙虛，敷衍退步之術耳，見虛無一途，八十一章無往而不虛無焉，猶《楚辭》數十篇無不歸怨者也。夫主張一偏者，必有所遺矣。荀卿曰："老子有見於詘，無見於信。"聖人之道，會萃衆美，兼智仁勇。老子之書，智者之言也，以智廢智，併廢仁與勇，欲勝而上之，此一偏已。所謂執一而廢百者也，禮、樂、刑、政五倫之道，皆是聖人所造，非自然之道也。雖曰則天，而制作在人，且主人情以立教，正乎治也。舍是而恬憺無爲，夫如禽何？却是爭奪益甚。故所謂無爲者，在聖人制作中，行之以簡耳。在他書其禮樂度數之言，諄諄可聽者，可以見已。唯其在衰世，懲末學拘腐之説道也迂，治官煩擾之勞下也濫，人臣義忠之遇害也慘。而見退虛守默之爲愈而已，亦是一偏也。豈無信時乎？余別有論矣。要之周末諸子之言，各有一長，先王之道之裂也，或足救時之用焉。學者不眩於文辭，識其意之所主，其弊之所在，而博其知見可也。王輔嗣之注，意在標宗會，而不在章句，猶如九方皋之求馬矣。郭象注《莊子》、張湛注《列子》，皆倣焉，爲魏晉注家之一體也。《老子》正文、諸書所引有不存者，則固有脱文，而文字異同亦甚多矣。焦竑《翼注》有考異，王注舊刻附孫鑛《古今本考正》，今共標於層，冠以"考異考正"。二考外尚有異同，諸書隨見隨記，及王注錯誤今改正者，共冠"考"一字而標於層。陸德明《音義》便於誦讀，又舉異同、誤脱、閒有不可改補，加圈分附王注。王注今本多亂脱，無善本可取正，校以歲月，或當有所得。余別有所志，不能專意於此書，以俟後之君子。明和己丑冬十月，南總宇惠撰。

後　記

　　田宜超（1927—1994），四川瀘州人，四川省圖書館原研究館員、四川省政協委員。一生耽於學術研究，以治學爲樂，發表《秦田律考釋》《釋鈼》《論印度用墨的早期歷史》《是〈墨子〉引〈老子〉，還是〈淮南子〉引〈老子〉？》等論文數篇，著《梵夾考》《虛白齋金文考釋》等论文（未發表）；於20世紀60年代初著《老子校箋》一書，惜未出版。

　　我於2009年入職四川省圖書館，因所学专业的关系，被分配在特藏部從事古籍編目、文獻整理等工作。雖然田宜超先生也曾是古籍部的員工，但已離世多年。偶爾從同事口中得知其爲一特別的老人，學問很好，但生活中却异於常人，同事間流傳着不少關於他亦真亦假的傳說。田先生去世後，其《老子校箋》的手稿，被其外甥女鄒家芬女士贈予原四川省圖書館副館長王嘉陵先生，因王嘉陵先生工作太忙，一直沒有時間整理。2014年後，因工作需要，我從特藏部調入采訪部，主要從事文獻采訪工作。一次與嘉陵副館長閑聊到文獻整理，他說他手裡有一部老館員的手稿，問我有没有興趣整理。我雖才疏學淺，擔心不能勝任，但對故紙堆有着莫名的情愫，那一堆發黄的手稿對我有着强大的吸引力，我決定一試。田先生的手稿，是傳統的校箋方式，文不加點，用毛筆楷體一絲不苟地書寫而成，中間曾有多次修改完善。2015年新館搬遷，工作確實比以前忙碌了不少，手稿整理工作斷斷續續地進行着。直到2016年，我申請四川省文化廳廳級項目，才在工作之餘，慢慢推進此項工作，至2019年10月才基本完成點校工作。

　　田先生的校箋，基於前代各種碑文、寫本、刻本及前人的研究成果，并以先秦著述中的引文爲證，有很多新的發現，部分章節與通行本有較大的不同，在現在通行本的基礎上，爲學者提供了一個可供參考的版本。茲以第二十章爲例，將通行本與田先生校箋本做一個簡單的對比：

通行本	田氏校箋本
絕學無憂	絕學無憂
唯之與阿	唯之與阿
相去幾何	相去幾何
善之與惡	美之與惡
相去若何	相去何若
人之所畏，不可不畏	人之所畏，不敢不畏
荒兮其未央哉	荒兮其未央哉
眾人熙熙	眾人皆熙熙
如享太牢	如亯大牢
如春登台	如登春臺
我獨泊兮其未兆	我獨霸兮其未兆
如嬰兒之未孩	如嬰兒之未孩
儽儽兮若無所歸	儽儽兮其不足，若無所歸
眾人皆有餘	眾人皆有餘
而我獨若遺	我獨若遺
我愚人之心也哉	我愚人之心也哉
沌沌兮	純純兮
俗人昭昭	眾人皆昭昭
我獨昏昏	我獨昏昏
俗人察察	眾人皆察察
我獨悶悶	我獨悶悶
澹兮其若海	澹兮其若海
飂兮若無止	飂兮其若無所止
眾人皆有以	眾人皆有以

而我獨頑似鄙	我獨頑且啚
我獨異於人而貴食母	我獨欲異於人，而貴得母

田先生文字學功底深厚，其身上有一種舊時學人的較真與韌勁。在《老子校箋·凡例》中，田先生道出了其校箋的動機。他認爲在《老子》舊注中，王弼注是最古的，但因爲王弼原書久逸，現存出於晁説之本，而晁本經文取自於河上公而校以陸德明《音義》、唐玄宗及張太守諸家之書，已非王弼真本，而王弼注文從張太守集注中録出，"事同輯逸，失誤良多。又以其經非王氏之經，注則王氏之注，經注時相牴牾。後世校讀此書，不明晁本之所由來，於經注之相牴牾者，或徑改注從經，既不能正經文，又增王注之誤。"

如何還原老子原文及王弼注？田先生的方法是"先理王注，於晁氏之失輯者補之，誤輯者汰之，誤植者移之。核之以誼，匡之以例，使歸於醇"。繼而在王注的基礎上，根據注文返求經文，辨别王注與河上公注之間的異同，確定王弼注，並參校先秦諸子之作，盡力還原《老子》原貌。因田先生長於文字、音韻、訓詁學，因此他從假借字入手，以《説文》爲據，將借字、俗字還原成正字，凡涉及聲音訓詁、名物制度的内容，根據音韻學、文字學以及《老子》的習慣用法等詳細地加以考證。田先生重視王弼注，但也不迷信王注，"不以魏晋玄言亂先秦道家思想，不以後世之所有施諸古人之所無"，力求老子之本旨；在引用先秦諸子著作的過程中，以考竟源流爲要，同時堅持自我的判斷，不盲從；旁征博引，積極利用前人研究成果，同時有着自己冷静的思考與判斷。

整理田先生《老子校箋》感受最深的是老先生的認真和嚴謹。通常學者選擇校刊精良的版本爲自己校注的底本，但田先生的選擇却大不同。田先生校箋所用的底本爲光緒十年黎庶昌刻《古逸叢書》本王弼《老子道德經注》，雖然田先生認爲此底本"校刊不善"，但取其"行格疏朗，便於批改"，這在一定程度上也説明田先生對於校箋工作的自信，其自信正是來源於自身的学养和治学能力，以及其掌握的丰足的文獻资源。田先生采用的三十六種老子版本，有碑文、寫本、刻本，且均有較强的代表性。在引用文獻上，較多地采用了先秦著作，如《周易》《詩經》《尚書》《禮記》《春秋左傳》《史記》

《漢書》《後漢書》《三國志》《戰國策》《國語》《説苑》《新序》《荀子》《列子》《韓非子》《淮南子》《呂氏春秋》《管子》《晏子春秋》《孔子家語》《鹽鐵論》《法言》《論衡》等等，同時也采用了諸如《太平御覽》《郡齋讀書志》《永樂大典》《道藏》等文獻的資料。田先生非常重視古代及近現代有關《老子》的著作，積極采納王念孫、汪中、陶鴻慶、盧文弨、顧廣圻、俞樾、劉師培、於省吾、高亨等人研究成果。

在具體字詞的考證與辨析中，田先生不遺餘力地通過《説文》、早期的碑文等字形、讀音等，並結合字形、字義不同時期的發展變化，力求字的本義，以還原《老子》最初的面貌。如形與彤、施與岐、爵與爵等等，按現在通行的《現代漢語通用字表》《第一批异體字整理表》來説，可能存在一些不規範的地方，但田先生比較堅持以《説文》中是否存在，以及《説文》中的解釋作爲判定的主要標準。爲了比較真實地再現田先生的校箋成果，在整理中，儘量保留其原貌。田先生的執着在論證過程中有著充分的體現，有時不惜將整本《老子》中的例子全部羅列出來；在引用其他著作時，不忍割捨，長篇引文甚多；作爲語氣助詞的"也""矣"在一般人眼裡，可能不是特別在意其用法，但田先生却花了不少時間去糾正二字的混用情况。其較真的程度甚至給人一種繁瑣感，其嚴謹的治學之風躍然紙上，這正是田先生的可愛之處。

仔細對照通行版《老子》，田先生校箋版《老子》在老子本經及王弼注方面均有不小的差异。田先生校箋版，在個別字詞、甚至部分句子以及語序上均有不同，可以説爲學者提供了一個可供參考和借鑒的版本。對於王弼注，田先生高度重視，做了認真的梳理，去僞存真。王弼注是田先生還原《老子》原文最爲重要的手段之一，且似將王注奉爲圭臬，箋釋中常云："王注云……，據此則王本作"，或"非王本也，今改……"，但在具體的分析中，田先生對王注是高度重視而不盲從，他有自己獨立的判斷。如箋釋"天道無親，常與善人"時，田先生指出"善人謂不責取於人者，此云'天道無親，常與善人'，蓋謂天道無所偏黨，唯常助不責取於人者而畀之以吉也。然而不責取於人，則與人無怨；與人無怨，則人實助之，非天助之也。王氏於此二句無注，如依其誼釋之，則善人當爲謀始作制、能明理其契者，而有以異乎不責取於人者之誼也。又案：本章經恉在誡爲人主者，毋以天下奉一己之私，而多所責取。注誼則誠爲人主者，當善作制之始，以塞爭訟之原。經恉與注誼，蓋截然二事，善讀者宜知所別也"。類似的例子很多，兹不贅述。

非常感謝在整理工作中給予我鼓勵和幫助的師友們，王嘉陵館長給了我整理手稿的機會，也不斷地爲我加油打氣；西華師範大學年逾八旬的楊世明老師，在頤養天年之際，花了不少精力幫我審核了點校稿，并提出來不少修改的意見。巴蜀書社的施維老師，在看了田先生的手稿後，欣然同意出版這部非"流行"的學術著作，并給我留下了充裕的校稿時間。編輯肖静，爲了此書的申報、版式設計、審校等費了不少的心血。在此一并致謝，感謝大家的信任、包容與支持！

這是我第一次做點校整理工作，并不如想象中的那般順利。任乃強先生曾在《華陽國志校補圖注》中感歎，點校并不比注釋容易，因對點校者的學識和素養有着很高的要求。點校工作在工作之餘碎片化的時間裏進行的，時斷時續，缺乏系統性，加之本人才疏學淺，點校和整理過程中，肯定存在不少的錯誤，敬請方家指正！田先生的校箋完成於 20 世紀 60 年代，時隔半個世紀才整理出版，實爲一大憾事。雖然整理工作耗時不少，但仍忐忑萬分，我唯求不要遮蔽田先生的學術之光，同時爲老子研究者提供一份參考。

付玉貞

2024 年 10 月於成都